여러분의 합격을 응원하는
해커스공무원의 특별 혜택

FREE 공무원 영어 특강

해커스공무원(gosi.Hackers.com) 접속 후 로그인 ▶ 상단의 [무료강좌] 클릭하여 이용

공무원 보카 어플 이용권

GOSIVOCA0000384

구글 플레이스토어/애플 앱스토어에서 '해커스공무원 기출보카' 검색 ▶
어플 설치 후 실행 ▶ '인증코드 입력하기' 클릭 ▶ 위 인증코드 입력 후 이용

* 등록 후 30일간 사용 가능(ID당 1회에 한해 등록 가능)
* 해당 자료는 [해커스공무원 기출 보카 3000+] 교재 내용으로 제공되는 자료로, 공무원 시험 대비에 도움이 되는 유용한 자료입니다.

해커스공무원 온라인 단과강의 20% 할인쿠폰

2C98C3EACC8646B8

해커스공무원(gosi.Hackers.com) 접속 후 로그인 ▶ 상단의 [나의 강의실] 클릭 ▶
좌측의 [쿠폰등록] 클릭 ▶ 위 쿠폰번호 입력 후 이용

* 등록 후 7일간 사용 가능(ID당 1회에 한해 등록 가능)

합격예측 온라인 모의고사 응시권 + 해설강의 수강권

66AC6FE724DBA8DP

해커스공무원(gosi.Hackers.com) 접속 후 로그인 ▶ 상단의 [나의 강의실] 클릭 ▶
좌측의 [쿠폰등록] 클릭 ▶ 위 쿠폰번호 입력 후 이용

* ID당 1회에 한해 등록 가능

쿠폰 이용 관련 문의 **1588-4055**

단기 합격을 위한 해커스공무원 커리큘럼

입문
탄탄한 기본기와 핵심 개념 완성!

누구나 이해하기 쉬운 개념 설명과 풍부한 예시로 부담없이 쌩기초 다지기

TIP 베이스가 있다면 **기본 단계**부터!

▼

기본+심화
필수 개념 학습으로 이론 완성!

반드시 알아야 할 기본 개념과 문제풀이 전략을 학습하고
심화 개념 학습으로 고득점을 위한 응용력 다지기

▼

기출+예상 문제풀이
문제풀이로 집중 학습하고 실력 업그레이드!

기출문제의 유형과 출제 의도를 이해하고 최신 출제 경향을 반영한
예상문제를 풀어보며 본인의 취약영역을 파악 및 보완하기

▼

동형모의고사
동형모의고사로 실전력 강화!

실제 시험과 같은 형태의 실전모의고사를 풀어보며 실전감각 극대화

▼

마무리
시험 직전 실전 시뮬레이션!

각 과목별 시험에 출제되는 내용들을 최종 점검하며 실전 완성

PASS

* 커리큘럼 및 세부 일정은 상이할 수 있으며,
자세한 사항은 해커스공무원 사이트에서 확인하세요.

단계별 교재 확인 및
수강신청은 여기서!

gosi.Hackers.com

해커스공무원
영어 기출
불변의 패턴

Contents

책의 특징과 구성   4
공무원 영어 이렇게 출제된다!   6

문법

Section 1 문장 성분
- 불패 01   절 안에는 반드시 동사가 있어야 한다.   12
- 불패 02   보어 자리에는 부사가 아닌 형용사가 와야 한다.   13
- Section Test   14

Section 2 동사구
- 불패 03   목적격 보어 자리에는 목적어와 목적격 보어의 관계와 동사의 종류에 따라 각기 다른 준동사가 와야 한다.   18
- 불패 04   자동사와 목적어 사이에는 반드시 전치사가 와야 한다.   19
- 불패 05   주어와 동사 사이의 수식어는 제외하고 수 일치해야 한다.   20
- 불패 06   부분/수량 표현을 포함하는 주어는 사용된 표현에 따라 다른 동사가 와야 한다.   21
- 불패 07   도치된 문장에서는 동사가 뒤에 있는 주어에 수 일치해야 한다.   22
- 불패 08   주격 관계절의 동사는 선행사에 수 일치해야 한다.   23
- 불패 09   과거와 현재를 모두 포함한 시간 표현은 현재완료와 쓰고, 과거 한 시점만 나타내는 시간 표현은 단순 과거와 써야 한다.   24
- 불패 10   시간/조건 부사절의 동사는 미래의 일이라도 현재 시제로 써야 한다.   25
- 불패 11   주절의 시제가 과거면 종속절에는 주로 과거나 과거완료가 온다.   26
- 불패 12   현재진행 시제로 미래에 일어날 일을 나타내기도 한다는 것에 주의해야 한다.   27
- Section Test [불변의 패턴 03-12]   28
- 불패 13   주어가 동사 행위의 주체이면 능동태, 대상이면 수동태로 써야 한다.   30
- 불패 14   자동사는 수동태로 쓸 수 없고, 능동태로 써야 한다.   31
- 불패 15   조동사와 조동사처럼 쓰이는 표현들 뒤에는 반드시 동사원형이 와야 한다.   32
- 불패 16   주장/제안/요구/명령 등의 동사가 목적어로 쓰인 that절에는 (should +) 동사원형이 와야 한다.   33
- 불패 17   현재/미래의 일은 「조동사 + 동사원형」으로, 과거 일에 대한 추측/후회는 「조동사 + have p.p.」로 써야 한다.   34
- 불패 18   반복되는 내용 대신 쓰는 do/be/have 동사는 그것이 대신하는 동사와 종류가 일치해야 한다.   35
- 불패 19   가정법 문장에서는 if절과 주절의 동사가 짝이 맞아야 한다.   36
- Section Test [불변의 패턴 13-19]   38

Section 3 준동사구
- 불패 20   동명사/to 부정사의 능동형과 수동형을 구분해야 한다.   42
- 불패 21   동사에 따라 다른 준동사가 목적어로 와야 한다.   43
- 불패 22   관용적으로 동명사와 to 부정사를 정해서 쓰는 표현을 구분해야 한다.   44
- 불패 23   분사의 의미상 주어가 분사가 나타내는 행위의 주체면 현재분사, 대상이면 과거분사가 와야 한다.   45
- 불패 24   감정을 나타내는 분사가 수식 또는 보충 설명하는 대상이 감정을 일으키면 현재분사, 감정을 느끼면 과거분사를 써야 한다.   46
- Section Test   48

Section 4 품사
- 불패 25   가산 명사와 불가산 명사의 쓰임을 구분해야 한다.   52
- 불패 26   「the + 형용사/분사」(~한 사람들)가 주어면 복수 동사가 와야 한다.   53
- 불패 27   대명사는 그것이 가리키는 명사와 수 일치해야 한다.   54
- 불패 28   목적어가 주어와 다른 대상이면 목적격 대명사로, 동일한 대상이면 재귀대명사로 써야 한다.   55
- 불패 29   명사는 형용사가 수식하고, 명사 이외의 것은 부사가 수식해야 한다.   56
- 불패 30   단수 명사 앞에는 every, another, either/neither가 오고, 복수 명사 앞에는 all, other, both가 와야 한다.   57
- 불패 31   강조 부사는 형용사나 부사를 앞에서 강조해야 한다.   58
- 불패 32   by/until, for/during 등의 혼동하기 쉬운 전치사의 쓰임을 구분해야 한다.   59
- Section Test   60

Section 5 접속사와 절
- 불패 33   상관접속사의 and/but/(n)or 앞뒤로는 형태와 기능이 대등한 것끼리 나열되어야 한다.   64
- 불패 34   완전한 절과 불완전한 절 앞에 오는 명사절 접속사를 구분해야 한다.   65
- 불패 35   적절한 의미로 절과 절을 연결하는 부사절 접속사가 와야 한다.   66
- 불패 36   명사 역할의 단어/구 앞에는 전치사가 오고, 절 앞에는 부사절 접속사가 와야 한다.   67
- 불패 37   that만 쓸 수 있는 구문에 주의해야 한다.   68
- 불패 38   that은 명사절 접속사와 관계사로 모두 쓸 수 있지만, what은 선행사를 수식하는 관계사로 쓸 수 없다.   69
- 불패 39   선행사의 종류와 격에 맞는 관계사가 와야 한다.   70
- 불패 40   불완전한 절 앞에는 관계대명사가 오고, 완전한 절 앞에는 관계부사 또는 「전치사 + 관계대명사」가 와야 한다.   71
- Section Test   72

Section 6 어순과 특수구문
- 불패 41   간접 의문문은 「의문사 + 주어 + 동사」 순으로 와야 한다.   76
- 불패 42   enough는 명사의 앞에 오거나, 형용사/부사의 뒤에 와야 한다.   77
- 불패 43   「타동사 + 부사」의 목적어가 대명사면 타동사와 부사 사이에 와야 한다.   78
- 불패 44   관용적으로 원급/비교급/최상급을 쓰는 표현들을 통째로 익혀두어야 한다.   79
- 불패 45   비교급 강조는 much/even/(by)/far/still/a lot 등이 해야 한다.   80
- 불패 46   동사가 주어 앞에 오는 도치 구문의 어순에 주의해야 한다.   81
- Section Test   82

독해

Section 1 신유형
불패 01 이메일의 형식은 정해져 있다. 88
불패 02 안내문·웹페이지의 제목/목적은 지문 처음에서 찾는다. 89
불패 03 안내문·웹페이지의 세부 내용은 소제목 중심으로 확인한다. 90
불패 04 유의어 문제는 밑줄 친 어휘의 앞뒤 문맥에서 유의어를 찾을 수 있는 단서가 제공된다. 91
Section Test 92

Section 2 글의 내용 파악 유형
불패 05 주제·제목·요지·목적은 처음과 마지막 두세 문장에서 제시된다. 98
불패 06 자주 출제되는 오답의 유형은 정해져 있다. 99
불패 07 내용 일치·불일치 파악 문제의 선택지는 글의 순서대로 나온다. 100
불패 08 내용 일치·불일치 파악 문제의 선택지는 글에 나온 정보가 일부 변형된 것이다. 101
Section Test 102

Section 3 추론 유형
불패 09 글의 초반부에 나온 빈칸 문장은 주제문이다. 108
불패 10 글의 중반부에 나온 빈칸 문장은 보통 주제문을 뒷받침하는 구체적인 설명이나 예시이다. 109
불패 11 글의 후반부에 나온 빈칸 문장은 주제문을 재진술하는 문장이다. 110
불패 12 빈칸이 두 개 있는 경우, 보통 글의 주제문이나 중심 소재와 관련된 키워드가 정답이다. 111
불패 13 빈칸 앞뒤 문장의 논리적 관계를 나타내는 연결어가 정답이다. 112
불패 14 지문의 흐름을 자연스럽게 이어주는 연결어가 정답이다. 113
Section Test 114

Section 4 논리적 흐름 파악 유형
불패 15 대명사나 연결어를 찾으면 앞뒤 글의 순서가 보인다. 120
불패 16 주어진 글을 보고 뒤에 나올 글의 구조를 예측할 수 있다. 121
불패 17 주어진 문장에는 문장이 들어갈 위치에 대한 결정적인 단서가 있다. 122
불패 18 뜬금없는 대명사나 지시어, 어색한 연결어가 있는 문장 앞이 주어진 문장이 들어갈 위치이다. 123
불패 19 주제만 파악하면 흐름과 무관한 문장이 보인다. 124
불패 20 핵심 소재만 같고 주제에서 살짝 벗어나는 문장이 글의 흐름과 무관한 문장이다. 125
Section Test 126

어휘&생활영어

Section 1 어휘
불패 01 선택지가 형용사로 구성된 경우, 형용사가 수식하거나 서술하는 명사에서 단서를 찾는다. 134
불패 02 선택지가 동사(구)로 구성된 경우, 문맥상 주어/목적어의 동작이나 상태를 가장 잘 나타내는 것이 정답이다. 135
불패 03 선택지가 명사로 구성된 경우, 빈칸/밑줄 앞뒤에 나온 정의/설명/예시에서 단서를 찾는다. 136
불패 04 선택지가 부사로 구성된 경우, 부사가 수식하는 형용사나 서술어에서 단서를 찾는다. 137
Section Test 138

Section 2 생활영어
불패 05 대화 초반부에 나온 빈칸 문장은 빈칸 다음 문장에서 단서를 찾는다. 144
불패 06 대화 후반부에 나온 빈칸 문장은 빈칸 앞 문장에서 단서를 찾는다. 145
Section Test 146

약점 보완 해설집 [책 속의 책]

책의 특징과 구성

72개 불변의 패턴으로 공무원 영어 전 영역을 효율적이고 전략적으로 학습할 수 있습니다.

불변의 패턴

최신 기출문제를 완벽 분석하여 매해 시험이 바뀌고 시간이 흘러도 변함없이 출제되는 불변의 패턴으로 정리했습니다. 문법/독해/어휘&생활영어 영역별로 꼭 필요한 패턴을 정리하여 효율적인 학습이 가능합니다.

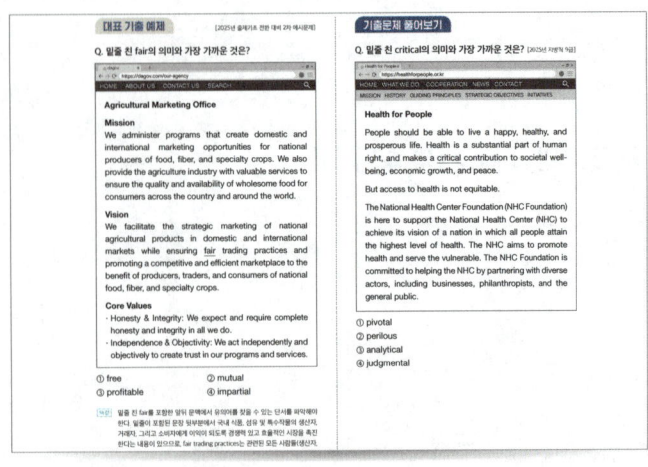

대표 기출 예제, 기출문제 풀어보기

공무원 영어 출제 패턴을 가장 잘 보여주는 최신 기출문제들을 '대표 기출 예제'와 '기출문제 풀어보기'로 수록하여 패턴을 효과적으로 학습할 수 있습니다.

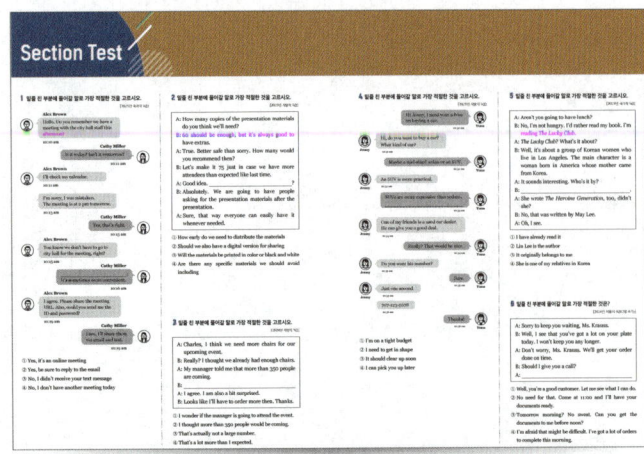

Section Test

매 Section마다 제공되는 Section Test를 통해 앞서 학습한 패턴들이 적용된 기출문제를 실전처럼 풀어보며 실전 적용력을 높일 수 있습니다.

추가 개념과 상세한 해설을 통해 흔들리지 않는 진짜 실력을 쌓을 수 있습니다.

패턴 PLUS

패턴별로 꼭 알아 두어야 하는 필수 문법 개념, 패턴에 대한 상세한 설명, 그리고 추가적으로 알아 두면 좋을 최신 기출 어휘 등을 제공하여, 기본 실력을 탄탄히 할 수 있습니다.

고득점 포인트

헷갈리기 쉬운 문법 포인트나 함정으로 자주 출제되는 개념을 제공하여, 빈틈없는 실전 대비를 통해 고득점을 달성할 수 있습니다.

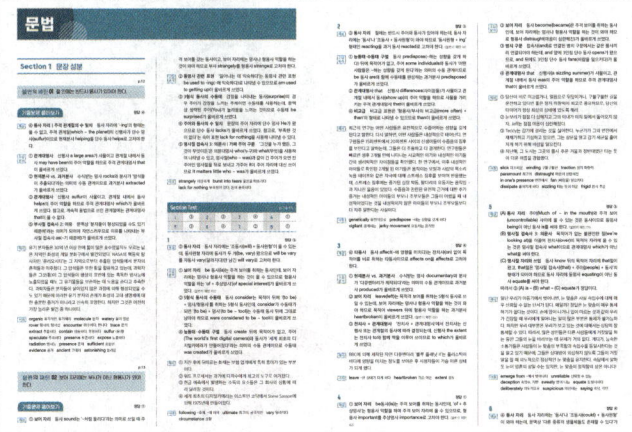

약점 보완 해설집

이해하기 쉬운 해설과 오답분석, 그리고 끊어읽기 해석을 수록하여 혼자서도 효과적인 복습이 가능하며, 문제마다 패턴 표시를 제공하여 어떤 패턴을 다시 학습하면 좋을지 점검할 수 있습니다.

공무원 영어 이렇게 출제된다!

공무원 영어 시험 구성

공무원 영어 시험은 총 20~25문항으로 구성되며 크게 3개의 영역으로 나눌 수 있습니다. 공무원 영어 시험의 약 50%를 차지하는 독해 영역과, 나머지 50%를 차지하는 문법 영역, 어휘 영역으로 구분되는데, 어휘 영역의 경우, 세부적으로 어휘, 표현, 생활영어로 구분할 수 있습니다. (법원직의 경우 독해 약 80%, 문법 및 어휘 약 20%)

시험 구분	총 문항 수	영역별 출제 문항 수		
		문법	독해	어휘
국가직 9급	총 20문항	3~4문항	9~13문항	4~8문항
지방직 9급	총 20문항	3~4문항	9~13문항	4~8문항
서울시 9급*	총 20문항	3~5문항	9~10문항	6~7문항
법원직 9급	총 25문항	3~5문항	20~22문항	0~1문항
국회직 9급	총 20문항	4~5문항	10~11문항	4~5문항

*서울시 9급 영어 과목 시험은 2020년부터 지방직과 동일하게 인사혁신처에서 출제했습니다.

영역별 최신 출제 경향

문법

문법 영역에서는 **동사구, 접속사와 절, 준동사구**를 묻는 문제가 자주 출제되며, 세부 빈출 포인트로는 **수 일치, 관계절, 분사**가 있습니다. 최근에는 출제 의도가 명확한 지문형 또는 빈칸형 문제 등 활용성 높은 문법 문제가 등장하고 있습니다.

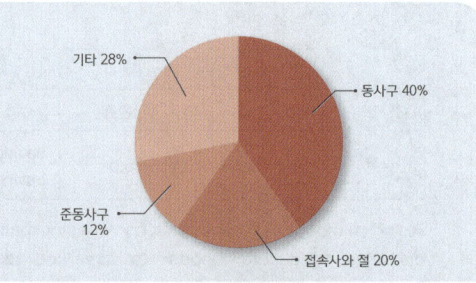

독해

독해 영역에서는 **빈칸 완성(단어, 구, 절), 내용 일치·불일치 파악, 주제·제목·요지·목적 파악** 유형의 출제 비중이 순서대로 높은 편입니다. 최근에는 글의 내용 파악과 논리적 흐름 파악 유형의 출제가 증가하고 있으며, 한 지문에서 두 문항이 출제되는 다문항과 이메일·안내문·웹페이지 등의 실용문을 활용한 신유형 문제도 등장하고 있습니다.

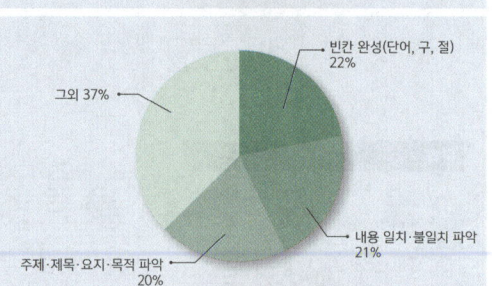

어휘&생활영어

어휘 문제에서는 기존에 자주 출제되던 유의어 찾기 유형이 아닌 **문맥 속에서 적절한 단어를 추론하여 정답을 찾는 유형**의 문제가 주로 출제되고 있습니다. 생활영어에서는 실생활과 밀접한 주제의 대화가 주로 출제되지만, **비대면 의사소통이나 직무 관련 소재를 활용한 대화**도 함께 출제되고 있습니다.

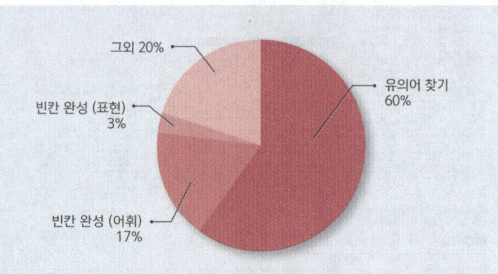

신유형 출제 경향 및 2026년 대비 전략

문법

☑ **활용성 높은 어법** 출제!
☑ **묻는 어법을 명확히** 한 문제 출제!

→ 실생활에서 자주 쓰이는 활용성 높은 어법이 출제됩니다. 즉, 지엽적이거나 암기가 필요한 어법이 아니라 기본적인 어법을 묻는 적정 난이도의 빈출 문법 포인트가 출제되는 추세입니다.
→ 기존에 출제되던 단문형 문제의 출제 비율이 감소하고, 밑줄을 그어 어떤 것을 묻는지 명확히 하는 지문형 문제가 주로 출제됩니다.

대비 전략
지엽적이고 다소 심화적인 문법 포인트보다는 시험에 매번 출제되던 빈출 문법 포인트를 정리한 불변의 패턴 위주로 꼼꼼하게 학습하고, 이를 기출문제에 반복적으로 적용해보는 방식으로 실전에 대한 감각을 키워야 합니다.

독해

☑ 한 지문에 두 개의 문항이 포함된 **다문항 문제** 출제!
☑ 실용적인 영어 능력을 평가하기 위한 **실용문/직무 관련 지문** 출제!

→ 하나의 긴 지문을 읽고 2개의 문제를 푸는 다문항 문제가 출제됩니다. 문제 유형은 주제·제목·요지·목적 파악 유형, 내용 일치·불일치 파악 유형, 유의어 찾기 유형 등 다양한 유형의 문제가 골고루 출제됩니다.
→ 실용적인 영어 능력을 기르기 위한 실용문 독해 문제가 '이메일', '안내문', '웹페이지' 형식으로 출제되며, 직무에 밀접한 영어 능력을 평가하기 위한 직무 관련 소재의 문제가 출제됩니다.

대비 전략
지문의 형식이나 소재에 있어 변화가 있었지만, 공무원 시험에서 항상 출제되던 문제 유형은 달라지지 않았으므로, 빈출 문제 유형을 정리한 불변의 패턴을 중심으로 문제를 푸는 연습이 필요합니다. 또한, 실용문에 익숙해지기 위해 직무와 관련된 어휘를 학습하고, 관련 소재 및 정책에 대해서도 알아두는 것이 좋습니다.

어휘&생활영어

☑ 암기 부담을 덜고 **문맥 속에서 추론 가능한 어휘** 출제!
☑ 시대의 흐름에 맞는 **비대면 의사소통 상황을 표현한 문제** 출제!

→ 어휘 영역에서는 문맥 속에서 추론할 수 있는 유형의 문제와, 난이도가 높지 않은 활용성 높은 어휘 위주로 출제됩니다.
→ 생활영어 영역에서는 시대의 흐름에 맞게 비대면 의사소통 상황을 표현한 문제가 출제되며, 직무와 관련된 내용의 실용적인 대화가 출제됩니다.

대비 전략
빈출 어휘를 통해 정리한 불변의 패턴을 바탕으로 문맥 속에서 추론하는 방법을 연습하는 것과 더불어, 빈출 어휘와 표현을 암기하는 것이 필요합니다. 또한, 비대면 의사소통 상황에서 쓰일 수 있는 표현과 직무 관련 표현을 알아두는 것이 좋습니다.

gosi.Hackers.com

해커스공무원 영어 기출 **불변의 패턴**

문법

gosi.Hackers.com

Section 1
문장 성분

최신 출제경향

최근 5개년 출제율

6%

최근 5개년 출제 문항 수

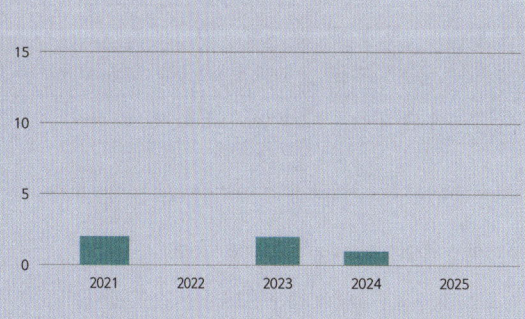

■ '25~'21 국가직·지방직·서울시·법원직·국회직 9급(2025.09 기준)

불변의 패턴 01 — 절 안에는 반드시 동사가 있어야 한다.

대표 기출 예제
[2023년 법원직 9급]

However, **the exact number of emotions disputing**, with some researchers suggesting there are only four, and others counting as many as 27.

그러나, 감정의 정확한 수에 이의가 제기되었는데, 일부 연구원들은 단지 네 개만 있다고 제안하고, 다른 연구원들은 27개까지 세고 있기 때문이다.

- 절의 주어 자리에 the exact number of emotions(감정의 정확한 수)가 왔고, 절 안에 동사가 없다.
- 동사 자리에 준동사는 올 수 없으므로, 준동사 disputing을 동사 is disputed로 고쳐야 한다. 참고로, 주어(the exact number of emotions)와 동사가 '감정의 정확한 수에 이의가 제기되다'라는 의미의 수동 관계이므로 be + p.p. 형태의 수동태가 쓰여야 한다.

기출문제 풀어보기

Q. 밑줄 친 부분 중 어법상 옳지 않은 것을 고르시오.
[2023년 국회직 9급]

The organic molecules were found in Mars's Gale Crater, a large area ① that may have been a watery lake over three billion years ago. NASA's nuclear-powered rover Curiosity encountered traces of the molecule in rocks ② extracted from the area. The rocks also contain sulfur, ③ which scientists speculate ④ helping preserve the organics even when the rocks were exposed to the harsh radiation on the surface of the planet. Scientists are quick to state that the presence of these organic molecules is not sufficient evidence for ancient life on Mars, ⑤ as the molecules could have been formed by non-living processes. But it's still one of the most astonishing discoveries.

패턴 PLUS

문장 안에 접속사/관계사가 있다면 절마다 동사가 한 개씩 있어야 한다. 즉, 동사는 문장에 포함된 접속사/관계사 개수보다 하나 더 많아야 한다.

부사절 접속사		when while if as because 등
명사절 접속사		that what whether if 등
관계사	관계대명사	which who(m) whose that
	관계부사	when where how why

The children <u>have been</u> eager to be astronauts [since they
　　　　　　　동사 1　　　　　　　　　　　　　　　　부사절
　　　　　　　　　　　　　　　　　　　　　　　접속사
saw the movie about wonderful space travel].
동사 2

아이들은 멋진 우주여행에 관한 영화를 본 이후로 우주 비행사가 되고 싶어 했다.

→ 부사절 접속사(since)로 두 개의 절이 연결되어 있으므로, 주절의 동사(have been), 부사절의 동사(saw)가 쓰였다.

불변의 패턴 02: 보어 자리에는 부사가 아닌 형용사가 와야 한다.

대표 기출 예제
[2022년 서울시 9급(2월 추가)]

We need to stretch the perception of fashion to **remain open** to the many layers and complexities that exist.

우리는 현존하는 많은 계층과 복잡성에 변함없이 열려 있기 위해 패션에 대한 인식을 확장할 필요가 있다.

- 동사 remain은 '변함없이 ~이다'라는 의미로 쓰일 때 주격 보어를 갖는 2형식 동사이다.
- 주격 보어 자리에는 부사가 아닌 형용사가 와야 하므로, 형용사 open이 올바르게 쓰였다.

기출문제 풀어보기

Q. 다음 문장을 영어로 옮긴 것 중 가장 어색한 것을 고르면?
[2014년 국회직 9급]

① 이상하게 들릴지 모르겠지만 그것은 사실이다.
 → Though it sounds strangely, it is quite true.
② 나는 아침에 일찍 일어나는 데 익숙하다.
 → I am used to getting up early in the morning.
③ 그녀가 울음을 터뜨린다고 해서 놀라지 마십시오.
 → Don't be surprised even if she suddenly bursts into tears.
④ 그에게 부족한 것이 없다.
 → He lacks for nothing.
⑤ 그것을 누가했든, 그것이 무엇이든지 간에 별로 상관없다.
 → It matters little who did it or what it was.

패턴 PLUS

- 주격 보어로 형용사를 자주 취하는 동사

상태/상태 추측 (~이다, ~인 것 같다)	be 동사, seem, appear
상태 변화 (~하게 되다, ~해지다)	become/turn, come/grow, go, run, get
상태 유지 (계속 ~이다, ~하게 유지하다)	remain, keep, stay, stand, continue
감각 (~하게 보이다/들리다/느끼다 등)	look, sound, smell, taste, feel

- 목적격 보어로 형용사를 자주 취하는 동사

생각하다/알게 되다/느끼다	think, believe, consider, find, feel
~하게 하다/만들다	make, drive, render
유지하다/남기다	keep, leave

고득점 포인트

『as + 원급 + as』 또는 『비교급 + than』과 같은 비교 구문에서도 보어 자리에는 형용사가 와야 한다. 이때, 문장에서 as와 than을 제외하고 보면 보어 자리인 것을 쉽게 확인할 수 있다.

You should be as ~~specifically~~ as possible.
  주어   동사   → specific(주격 보어)
너는 최대한 구체적이어야 한다.

Jason considers exercise more ~~importantly~~ than his diet.
              목적어   → important(목적격 보어)
Jason은 식단보다 운동을 더 중요하게 생각한다.

Section Test

1 어법상 옳지 않은 것은? [2021년 지방직 9급]

① Fire following an earthquake is of special interest to the insurance industry.
② Word processors were considered to be the ultimate tool for a typist in the past.
③ Elements of income in a cash forecast will be vary according to the company's circumstances.
④ The world's first digital camera was created by Steve Sasson at Eastman Kodak in 1975.

2 다음 글의 밑줄 친 부분 중 어법상 틀린 것은? [2019년 법원직 9급]

Recent research reveals that some individuals are genetically ① predisposed to shyness. In other words, some people are born shy. Researchers say that between 15 and 20 percent of newborn babies show signs of shyness: they are quieter and more vigilant. Researchers have identified physiological differences between sociable and shy babies ② that show up as early as two months. In one study, two-month-olds who were later identified as shy children ③ reacting with signs of stress to stimuli such as moving mobiles and tape recordings of human voices: increased heart rates, jerky movements of arms and legs, and excessive crying. Further evidence of the genetic basis of shyness is the fact that parents and grandparents of shy children more often say that they were shy as children ④ than parents and grandparents of non-shy children.

3 밑줄 친 부분 중 어법상 가장 옳지 않은 것은? [2018년 서울시 9급(6월 시행)]

Blue Planet II, a nature documentary ① produced by the BBC, left viewers ② heartbroken after showing the extent ③ to which plastic ④ affects on the ocean.

4 밑줄 친 부분 중 어법상 옳지 않은 것은? [2019년 기상직 9급]

① When you are driving on rain-slick, icy, or winding roads, good traction is of paramount important, so always be sure your tires are in top condition.
② As the snowstorm got worse and worse and his wife still hadn't arrived home from work, Jeff became increasingly distraught.
③ Teddy hates catching a cold. When anyone is sneezing and coughing in his presence, he opens a window and fans the air to dissipate the cold germs.
④ Last year, the town experienced a sizzling summer that was the reverse of its frigid winters.

5 (A), (B), (C)의 각 네모 안에서 어법에 맞는 표현으로 가장 적절한 것은? [2017년 법원직 9급]

Once we emerge from childhood, eye contact actually becomes a very unreliable clue to deception. Why? The answer is that eye contact is very easy to control. Much of what happens to us when we feel nervous, such as getting sweaty hands or feeling dry in the mouth, (A) [is / being] uncontrollable. Most of us, however, have a great deal of control over (B) [which / what] we're looking at. Thus, many adults have little problem looking others in the eye while lying to them. Moreover, because skilled communicators know that people (C) [equate / equating] the lack of eye contact with deception, they deliberately maintain normal eye contact when they lie so the other person won't get suspicious. The eyes may be the windows to the soul, as the saying goes, but eye contact is no window to honesty!

	(A)	(B)	(C)
①	is	... which ...	equate
②	being	... which ...	equating
③	is	... what ...	equate
④	being	... what ...	equating

6 다음 밑줄 친 부분 중 어법상 틀린 것은? [2017년 국회직 9급]

Many pharaohs' tombs ① were sealed so tightly that the outside air could not get inside. When this happens, certain bacteria ② grow in the oxygen-free environment and they could be very harmful if ③ inhaled. Other types of organisms like molds and fungi could also ④ present, some of which can cause serious health problems. For these reasons, modern archaeologists, unlike those in the 1920s, ⑤ wear protective filter masks and gloves when entering a tomb for the first time.

7 밑줄 친 부분 중 어법상 옳지 않은 것은? [2015년 사회복지직 9급]

A college girl was really ① upset with her father. She was ashamed of him because he didn't treat his workers well. She demanded that he ② shared the profits with the employees. She explained to him ③ how unfairly workers ④ were treated.

8 Which of the following is not grammatically correct? [2016년 국회직 8급]

Confirmation that a severed head is a good match with an unidentified torso, and that a bent leg found on the Chatsworth Estate in Derbyshire actually (A) belonging to a different body, sounds like the plot of a thriller, but this is the work of restorers (B) preparing a star exhibit for a British Museum show on Sicily. One of the leading attractions of Sicily: Culture and Conquest, the first major British exhibition (C) to examine the early history of the island, will be the reunited marble head and limbless body of a Greek warrior. It is now thought that the impressive statue of a stumbling soldier, a rare piece dating from 470 BC, was designed to inspire and entertain people, much as a Hollywood epic might do today. Part of a 3D narrative tableau, it once told the story of a recent conflict, like (D) frozen footage from an action blockbuster. "The ancient Greeks were subtle in their storytelling," said British Museum curator Peter Higgs. "While the Egyptians and Babylonians tended to depict themselves (E) trampling their enemy underfoot, the Greeks showed themselves fighting. It was very much propaganda, like a cartoon or an epic film. They also had guides at these key sites, who would take people around and explain the relevance of the statues."

① A ② B ③ C ④ D ⑤ E

gosi.Hackers.com

Section 2
동사구

최신 출제경향

최근 5개년 출제율

40%

최근 5개년 출제 문항 수

■ '25~'21 국가직·지방직·서울시·법원직·국회직 9급(2025.09 기준)

불변의 패턴 03

목적격 보어 자리에는 목적어와 목적격 보어의 관계와 동사의 종류에 따라 각기 다른 준동사가 와야 한다.

정답·해설·해석_p.5

대표 기출 예제
[2023년 국가직 9급]

A woman with the tip of a pencil stuck in her head has finally **had it remove**.

연필 끝이 머리에 박힌 여자는 마침내 그것이 제거되게 했다.

- 목적어 it은 '제거되는' 행위의 대상이다.
- 목적어가 목적격 보어가 나타내는 행위의 대상일 때는 목적격 보어 자리에 과거분사가 와야 하므로, 동사원형 remove를 과거분사 removed로 고쳐야 한다.

기출문제 풀어보기

Q. 어법상 가장 옳지 않은 것은? [2022년 서울시 9급(2월 추가)]

① With nothing left, she would have to cling to that which had robbed her.
② Send her word to have her place cleaning up.
③ Alive, she had been a tradition, a duty, and a care.
④ Will you accuse a lady to her face of smelling bad?

패턴 PLUS

- 목적어가 목적격 보어 행위의 주체일 때는 동사에 따라 목적격 보어 자리에 올 수 있는 것이 다르다. 따라서 동사를 보고 목적격 보어 자리에 적절한 준동사가 왔는지 확인해야 한다.

to 부정사를 목적격 보어로 취하는 동사		want, force, get, tell, compel, expect, allow, permit, advise, enable, invite, encourage, cause, ask, require, lead, warn, forbid, tempt
동사원형을 목적격 보어로 취하는 동사	사역동사	make, have, let
	지각동사	see, watch, listen to, hear, feel, smell
현재분사를 목적격 보어로 취하는 동사		keep, find, leave

- 목적어가 목적격 보어가 나타내는 행위의 대상일 때는 동사가 무엇인지와 관계없이 목적격 보어 자리에 과거분사가 와야 한다.

고득점 포인트

help는 목적격 보어로 to 부정사를 취하지만, 이때 to를 생략하고 동사원형만 쓸 수도 있다. 따라서 help의 목적격 보어 자리에 동사원형이 와도 틀린 문장이 아닌 것에 주의한다.

Swimming **helps** me (to) **improve** my physical strength.
　　　　　　　　　목적격보어

수영은 내가 체력을 개선시키는 것을 돕는다.

불변의 패턴 04 : 자동사와 목적어 사이에는 반드시 전치사가 와야 한다.

대표 기출 예제
[2022년 국회직 9급]

They ingest energy, excrete waste energy, and pass on their genes through reproduction. But they also **respond to their environments**.

그들은 에너지를 섭취하고, 폐(廢) 에너지를 방출하며, 번식을 통해 그들의 유전자를 물려준다. 하지만 그들은 또한 그들의 환경에 반응한다.

- 동사 respond는 자동사이다.
- 자동사가 목적어인 their environments를 취하기 위해서는 전치사가 있어야 하므로, 자동사 respond와 목적어 사이에 전치사 to가 올바르게 쓰였다.

기출문제 풀어보기

Q. 다음 문장 중 어법상 맞는 것은? [2017년 국회직 9급]

① I like that you will await for me.
② You'd better attend to your study.
③ She resembles to her mother very closely.
④ He explained me the meaning of the sentence.
⑤ If you are free now, I want to discuss about it with you.

패턴 PLUS

특정 전치사와 자주 쓰이는 자동사가 있다.

to	respond to ~에 대응하다 object to ~에 반대하다	belong to ~에 속하다 reply to ~에 대답하다
for	account for ~을 설명하다 wait for ~을 기다리다	look for ~을 찾다
with	agree with (사람)에게 동의하다 cooperate with ~와 협력하다	comply with ~을 따르다 deal with ~을 다루다
from	differ from ~과 다르다 arise from ~에서 발생하다	refrain from ~을 삼가다 suffer from ~으로 고통받다
in	engage in ~에 종사하다 succeed in ~에 성공하다	participate in ~에 참여하다 result in ~을 초래하다
of	approve of ~을 인정하다 dispose of ~을 처분하다	consist of ~으로 구성되다 think of ~을 생각하다
기타	feast on ~을 마음껏 먹다 ponder over ~을 생각하다 improve upon ~을 더 낫게 하다	recede into ~로 물러나다

고득점 포인트

의미가 비슷해서 혼동하기 쉬운 자동사와 타동사

의미	자동사+전치사	타동사
말하다	speak to / about ~에게 / ~에 대해 말하다 talk to / about ~와 / ~에 대해 이야기하다	tell ~에게 말하다 discuss ~에 대해 토론하다 mention ~에 대해 말하다 explain ~에 대해 설명하다
답하다	respond to ~에 답하다 reply to ~에 답하다	answer ~에 답하다
반대하다	object to ~에 반대하다 rebel against ~에 대항하다	oppose ~에 반대하다 resist ~에 저항하다
기타	arrive at / in ~에 도착하다 participate in ~에 참여하다 agree with / to ~에 동의하다 wait for ~을 기다리다 complain about ~에 대해 불평하다	reach ~에 도착하다 approach ~에 접근하다 enter ~에 들어가다 resemble ~을 닮다 contact ~에게 연락하다 marry ~와 결혼하다

A large suitcase lay on the bed.
　　　　　　　　　자동사
침대 위에는 커다란 여행 가방이 놓여 있다.

He laid a large suitcase on the bed.
　　타동사　　목적어
그는 침대 위에 커다란 여행 가방을 놓았다.

불변의 패턴 05

주어와 동사 사이의 수식어는 제외하고 수 일치해야 한다.

정답·해설·해석_p.5

대표 기출 예제 [2022년 지방직 9급]

Toys children wanted all year long **has** recently been discarded.

아이들이 일 년 내내 갖고 싶어 했던 장난감들이 최근에 버려졌다.

- 주어는 Toys이고, children wanted all year long은 수식어인 목적격 관계대명사가 생략된 관계절이다.
- 주어(Toys)가 복수 명사이므로, 단수 동사 has를 복수 동사 have로 고쳐야 한다.

기출문제 풀어보기

Q. 밑줄 친 부분 중 어법상 옳지 않은 것은? [2023년 국가직 9급]

While advances in transplant technology have made ① it possible to extend the life of individuals with end-stage organ disease, it is argued ② that the biomedical view of organ transplantation as a bounded event, which ends once a heart or kidney is successfully replaced, ③ conceal the complex and dynamic process that more ④ accurately represents the experience of receiving an organ.

패턴 PLUS

- to 부정사(to + 동사원형)와 분사(v-ing와 p.p.)는 다른 단어들과 함께 하나의 구를 이루어 주어와 동사 사이에서 주어를 수식하는 역할을 할 수 있으며, 주어-동사의 수 일치에는 영향을 미치지 않는다.

  The students [to stay after school] ~~includes~~ Sam, Ashley, and Jason.
  (복수 주어 / to 부정사구 / → include(복수 동사))

  방과 후에 남을 학생들에는 Sam, Ashley, Jason이 포함된다.

- 관계대명사/관계부사가 이끄는 관계절은 앞에 있는 명사(선행사)를 수식하는 역할을 한다. 따라서 주어와 동사 사이에서 주어를 수식하는 역할을 할 수 있지만, 주어-동사의 수 일치에는 영향을 미치지 않는다.

  Some products [the company ordered] ~~was~~ unavailable.
  (복수 주어 / 관계절 / → were(복수 동사))

  회사에서 주문한 일부 제품은 이용할 수 없었다.

고득점 포인트

주어와 동사 사이에는 여러 수식어가 동시에 올 수도 있다. 수식어가 몇 개이든 상관없이 모든 수식어는 제외하고 주어와 동사의 수 일치를 확인해야 한다.

The report, [except for some sections] [that require graphs and charts], is almost complete.
(단수 주어 / 수식어1 / 수식어2 / 단수 동사)

도표와 표가 필요한 일부 부분을 제외하고, 그 보고서는 거의 완성되었다.

불변의 패턴 06 — 부분/수량 표현을 포함하는 주어는 사용된 표현에 따라 다른 동사가 와야 한다.

대표 기출 예제
[2022년 지방직 9급]

The number of car accidents **is** on the rise.
자동차 사고의 수가 증가하고 있다

- 주어는 The number of car accidents이다.
- 『the number of』는 단수 취급하는 수량 표현이므로, 단수 동사 is가 올바르게 쓰였다.

기출문제 풀어보기

Q. 우리말을 영어로 바르게 옮긴 것은? [2024년 국가직 9급]

① 지원자 수가 증가하고 있어서 우리는 기쁘다.
  → We are glad that the number of applicants is increasing.

② 나는 2년 전에 그에게서 마지막 이메일을 받았다.
  → I've received the last e-mail from him two years ago.

③ 어젯밤에 그가 잔 침대는 꽤 편안했다.
  → The bed which he slept last night was quite comfortable.

④ 그들은 영상으로 새해 인사를 교환했다.
  → They exchanged New Year's greetings each other on screen.

패턴 PLUS

단수 취급하는 수량 표현에는 단수 동사를, 복수 취급하는 수량 표현에는 복수 동사를 쓴다.

단수 취급하는 수량 표현	one / each (+명사) every / the number of / one of / neither of + 명사 somebody, someone, something anybody, anyone, anything everybody, everyone, everything nobody, no one, nothing
복수 취급하는 수량 표현	many / several / few / both (of + the) + 복수 명사 a number of / a couple of / a range of / a variety of + 복수 명사

고득점 포인트

『the number of + 명사』는 '~의 수'라는 뜻으로 단수 동사가 오지만, 『a number of + 명사』는 '많은 ~'이라는 뜻이며, 복수 동사가 와야 하는 것에 주의한다.

The number of customers at our stores is higher than last year. _{단수 동사}
우리 매장의 고객 수가 작년보다 증가했다.

A number of customers at our stores prefer the self-checkout counters. _{복수 동사}
우리 매장의 많은 고객들은 셀프 계산대를 선호한다.

불변의 패턴 07 — 도치된 문장에서는 동사가 뒤에 있는 주어에 수 일치해야 한다.

정답·해설·해석_p.6

대표 기출 예제 [2020년 지방직 9급]

Among her most prized possessions sold during the evening sale **were a 1961 bejeweled timepiece by Bulgari**.

그 저녁 경매 동안에 팔린 그녀의 가장 가치 있는 소유물 중에는 불가리의 보석으로 장식된 1961년식 시계가 있었다.

- 부사구(Among ~ sale)가 문장의 앞쪽에 와서 주어(a 1961 ~ Bulgari)와 동사의 순서가 바뀐 도치된 구조의 문장이다.
- 주어 자리에 단수 명사 a 1961 ~ Bulgari가 왔으므로 복수 동사 were를 단수 동사 was로 고쳐야 한다.

기출문제 풀어보기

Q. 어법상 옳은 것은? [2017년 지방직 9급(6월 시행)]

① The oceans contain many forms of life that has not yet been discovered.
② The rings of Saturn are so distant to be seen from Earth without a telescope.
③ The Aswan High Dam has been protected Egypt from the famines of its neighboring countries.
④ Included in this series is "The Enchanted Horse," among other famous children's stories.

패턴 PLUS

다음과 같이 특정한 어구들이 문장의 앞쪽에 오면 주어와 동사의 순서가 바뀌는 도치가 일어난다. 따라서 도치된 구조의 문장에서는 동사가 뒤에 나오는 주어에 수 일치하는지 확인해야 한다.

장소/방향을 나타내는 어구	there/here, in/on/under/beneath 등의 전치사 + 명사
부정/제한을 나타내는 어구	not/never/no/nor 아닌 not only ~뿐 아니라 not until ~까지는 아닌, ~에서야 비로소 only 겨우, 오로지 rarely/little/seldom/hardly/scarcely 거의 ~않는

고득점 포인트

- 장소/방향을 나타내는 어구가 문장 앞쪽에 있더라도, 주어가 대명사인 경우에는 도치가 일어나지 않는다.
  Here he comes with today's mail.
  　　대명사 주어 동사
  오늘의 우편물을 가지고 그가 온다.

- 주격 보어는 보통 동사 뒤에 나오지만, 의미를 강조하기 위해 형용사/분사 주격 보어가 동사 앞에 올 수 있으며 이때 주어가 동사 뒤로 도치된다. 따라서 동사는 뒤에 나오는 주어에 수 일치해야 한다.
  Undisturbed was the temple near the construction site.
  　주격 보어　단수 동사　단수 주어
  공사장 근처의 절은 조용했다.

불변의 패턴 08 — 주격 관계절의 동사는 선행사에 수 일치해야 한다.

대표 기출 예제
[2019년 서울시 9급(6월 시행)]

Each of these animals has **special cells** under its skin **that contains** pigment, a colored liquid.

이 동물들 각각은 피부 아래에 색깔이 있는 액체인 색소가 들어 있는 특별한 세포들을 가지고 있다.

- 주격 관계절인 that contains pigment 내의 동사는 선행사에 수를 일치시켜야 한다.
- 선행사 special cells가 복수 명사이므로 주격 관계절 내의 단수 동사 contains를 복수 동사 contain으로 고쳐야 한다.

기출문제 풀어보기

Q. 밑줄 친 부분 중 어법상 가장 옳지 않은 것은?

[2018년 서울시 9급(6월 시행)]

I'm ① <u>pleased</u> that I have enough clothes with me. American men are generally bigger than Japanese men so ② <u>it's</u> very difficult to find clothes in Chicago that ③ <u>fits</u> me. ④ <u>What</u> is a medium size in Japan is a small size here.

패턴 PLUS

앞의 절 전체 내용을 대신하는 관계대명사 뒤에는 항상 단수 동사가 온다. 이때 관계대명사 앞의 명사를 선행사로 착각하지 않도록 주의한다.

It takes 7,000 liters of water to make a pair of jeans, **which** (= It ~ jeans) **contributes** significantly to environmental pollution.
　　　　단수 동사

청바지 한 벌을 만드는 데는 7,000리터의 물이 필요하며, 이는 환경 오염에 큰 영향을 미친다.

불변의 패턴 09

과거와 현재를 모두 포함한 시간 표현은 현재완료와 쓰고, 과거 한 시점만 나타내는 시간 표현은 단순 과거와 써야 한다.

대표 기출 예제
[2023년 국회직 9급]

Kind neighbors, a fund-raising campaign organized and sponsored by local corporate leaders, **jump-started** its first benefit event for Kalamazoo Hospital **this past Sunday**.

지역의 기업 지도자들이 조직하고 후원하는 모금 캠페인인 '다정한 이웃'은 지난 일요일에 칼라마주 병원을 위한 첫 번째 혜택 행사를 시작했다.

- 문맥상 '지난 일요일에 첫 번째 혜택 행사를 시작했다'라는 의미가 되어야 자연스럽다.
- 과거의 특정한 한 시점을 나타내는 시간 표현(this past Sunday)이 왔으므로, 단순 과거 jump-started가 올바르게 쓰였다.

기출문제 풀어보기

Q. 어법상 옳은 것은? [2021년 국가직 9급]

① This guide book tells you where should you visit in Hong Kong.
② I was born in Taiwan, but I have lived in Korea since I started work.
③ The novel was so excited that I lost track of time and missed the bus.
④ It's not surprising that book stores don't carry newspapers any more, doesn't it?

패턴 PLUS

- 다음과 같이 과거의 한 시점부터 현재까지를 모두 포함하는 시간 표현은 단순 과거와 쓸 수 없고, 현재완료와 써야 한다.

since ~ 이래로 (지금까지)	for (지금까지) ~ 동안
how long (지금까지) 얼마나 오래	

- 다음과 같이 과거의 특정한 한 시점을 나타내는 시간 표현은 현재완료와 쓸 수 없고, 단순 과거와 써야 한다.

  yesterday 어제
  last/past + 시간 표현 지난 ~에
  ~ ago ~ 전에
  in + 과거 세기/연도/계절/월 등 (과거 세기/연도/계절/월 등)에

고득점 포인트

- since는 '~이기 때문에'라는 뜻의 접속사로도 쓰일 수 있다. 이때는 단순 과거와도 함께 쓸 수 있다.

  We bought bottled water **since** the tap water was not fit to
  　단순 과거　　　　　　　~이기 때문에(접속사)
  drink.
  수돗물이 마시기에 적합하지 않았기 때문에, 우리는 생수를 샀다.

- for와 how long이 '지금까지'를 포함하는 기간을 뜻하면 현재완료와 써야 하지만, 그렇지 않다면 단순 과거와 쓸 수 있다.

  I'm not sure how long he has played on the soccer team so
  　　　　　　지금까지 얼마나 오래　　현재완료
  far.
  그가 지금까지 얼마나 오래 축구팀에서 활동했는지는 잘 모르겠다.

  Do you remember how long you played soccer yesterday?
  　　　　　　　　　어제 얼마나 오래　　단순 과거
  어제 얼마나 오래 축구를 했는지 기억하니?

불변의 패턴 10
시간/조건 부사절의 동사는 미래의 일이라도 현재 시제로 써야 한다.

대표 기출 예제
[2017년 사회복지직 9급]

We must arrive in the city **before the sun will set**.
우리는 해가 지기 전에 그 도시에 도착해야 한다.

- 'before the sun will set'은 시간을 나타내는 부사절이다.
- 시간을 나타내는 부사절에서는 미래의 일이라도 현재 시제를 써야 하므로, 미래 시제 will set을 현재 시제 sets로 고쳐야 한다.

기출문제 풀어보기

Q. 우리말을 영어로 잘못 옮긴 것은? [2015년 국가직 7급]

① 남에게 의존하지 말고 너 자신이 직접 그것을 하는 것이 중요하다.
→ It is important that you do it yourself rather than rely on others.

② 은행 앞에 주차된 내 차가 불법 주차로 인해 견인되었다.
→ My car, parked in front of the bank, was towed away for illegal parking.

③ 토요일까지 돈을 갚을 수 있다면, 돈을 빌려줄게.
→ I'll lend you with money provided you will pay me back by Saturday.

④ 만약 태풍이 접근해오지 않았었더라면 그 경기가 열렸을 텐데.
→ The game might have been played if the typhoon had not been approaching.

패턴 PLUS

when/if등의 접속사가 이끄는 시간/조건 부사절의 동사는 아직 일어나지 않은 미래의 일이라도 동사를 미래 시제가 아닌 현재 시제로 써야 한다. 부사절은 문장의 앞쪽에 있을 수도 있고 뒤쪽에 있을 수도 있다. 다음은 시간/조건을 나타내는 부사절을 이끄는 접속사이다.

시간을 나타내는 부사절 접속사	when ~할 때 before ~하기 전에 as soon as ~하자마자 while ~하는 동안 after ~한 후에 until[till] ~할 때까지 by the time ~할 때쯤에
조건을 나타내는 부사절 접속사	if 만약 ~한다면 unless 만약 ~하지 않는다면 as long as ~하는 한에는 once 일단 ~하면 in case ~하는 경우에 대비해서 provided 만약 ~라면

고득점 포인트

when/if절이 부사절이 아니라 주어/목적어 등으로 쓰이는 명사절이면, 미래의 일은 미래 시제로 써야 한다.

시간을 나타내는 부사절
We will start the meeting [when James **comes** to the office].
현재 시제
우리는 James가 사무실에 오면 회의를 시작할 것이다.

동사 know의 목적어로 쓰인 명사절
I don't know [when James **will come** to the office].
미래 시제
나는 James가 언제 사무실에 올지 모르겠다.

불변의 패턴 11

주절의 시제가 과거면 종속절에는 주로 과거나 과거완료가 온다.

대표 기출 예제
[2020년 국가직 9급]

They **had** to fight against winds that **will blow** over 40 miles an hour.

그들은 한 시간에 40마일이 넘는 바람과 싸워야 했다.

- 주절의 시제가 과거(had)이므로, 종속절에는 과거나 과거완료 시제가 쓰여야 한다.
- 문맥상 '바람이 부는' 시점과 '바람과 싸우던' 시점이 일치하므로, 미래 시제 will blow를 과거 시제 blew로 고쳐야 한다.

기출문제 풀어보기

Q. 밑줄 친 부분 중 어법상 가장 옳은 것은?
[2019년 서울시 9급(2월 추가)]

Severe acute respiratory syndrome(SARS) is a serious form of pneumonia. It is caused by a virus that ① <u>identified</u> in 2003. Infection with the SARS virus causes acute respiratory distress and sometimes ② <u>dies</u>. SARS is caused by a member of the coronavirus family of viruses(the same family that can cause the common cold). It ③ <u>believes</u> the 2003 epidemic started when the virus ④ <u>spread</u> from small mammals in China.

패턴 PLUS

역사적 사실을 나타낼 때는 주절의 시제와 상관없이 종속절에 항상 과거 시제를 쓴다.

She **knows** that 2018 Winter Olympics <u>was held</u> in Pyeongchang. (과거 시제)

그녀는 2018 동계 올림픽이 평창에서 열렸다는 것을 안다.

The students **learned** that Neil Armstrong <u>landed</u> on the moon in 1969. (과거 시제)

학생들은 닐 암스트롱이 1969년에 달에 착륙했다는 것을 배웠다.

고득점 포인트

다음과 같은 경우에는 주절의 시제와 상관없이 종속절에 항상 현재 시제를 써야 한다.

- 현재의 습관이나 반복되는 일을 나타낼 때
  Linda **said** that she plays tennis every weekend. (현재 시제)
  Linda는 주말마다 테니스를 친다고 말했다.

- 일반적·과학적 사실을 나타낼 때
  They **didn't know** that Big Ben is in London. (현재 시제)
  그들은 빅벤이 런던에 있는지 몰랐다.

- 속담·격언을 말할 때
  My parents **said** that haste makes waste. (현재 시제)
  나의 부모님은 서두르면 일을 그르친다고 말씀하셨다.

불변의 패턴 12

현재진행 시제로 미래에 일어날 일을 나타내기도 한다는 것에 주의해야 한다.

대표 기출 예제 [2022년 지방직 9급]

I'm aiming to start my own business in five years.
나는 5년 후에 내 사업을 시작할 작정이다.

- 전치사 in이 숫자를 포함한 시간 표현(five years) 앞에 쓰여 '~ 후에'라는 미래 시점을 나타내고 있다.
- 현재진행 시제를 사용해 미래에 일어나기로 예정되어 있는 일이나 곧 일어나려고 하는 일을 표현할 수 있으므로, 현재진행 시제 am aiming이 올바르게 쓰였다.

기출문제 풀어보기

Q. 어법상 옳은 것은? [2020년 지방직 9급]

① Of the billions of stars in the galaxy, how much are able to hatch life?
② The Christmas party was really excited and I totally lost track of time.
③ I must leave right now because I am starting work at noon today.
④ They used to loving books much more when they were younger.

패턴 PLUS

현재 시제도 가까운 미래를 나타내는 부사(구)와 함께 쓰여 미래에 확실히 일어나도록 예정되어 있는 일을 나타낼 수 있다.

Minos Apparel's annual charity event **begins** [two weeks from now].
(가까운 미래를 나타내는 부사구 / 현재 시제)
Minos Apparel 사의 연례 자선 행사가 앞으로 2주 후에 시작할 것이다.

Section Test
불변의 패턴 03-12

1 다음 글의 밑줄 친 부분 중, 어법상 가장 틀린 것은?

[2023년 법원직 9급]

Humans have an inborn *affinity for nature that goes beyond the tangible benefits we derive from the microbes, plants, and animals of the **biomes ① in which we live. The idea that nature in the form of landscapes, plants, and animals ② are good for our well-being is old and can be traced to Charles Darwin or earlier. This idea was called biophilia by psychologist Erich Fromm and was studied by Harvard ant biologist Edward O. Wilson and Stephen Kellert. In 1984, Wilson published *Biophilia*, which was followed by another book, The Biophilia Hypothesis, ③ edited by Kellert and Wilson, in 1995. Their biophilia hypothesis is ④ that humans have a universal desire to be in natural settings.

* affinity 친밀감
** biome 생물군계(生物群系)

2 밑줄 친 부분에 들어갈 표현으로 가장 적절한 것을 고르시오.

[2022년 국회직 9급]

So far, around 130 students _____ suspensions, which means they are not allowed to use the library for up to 30 days.

① to give
② are given
③ have been given
④ have been giving
⑤ will have been given

3 밑줄 친 부분 중 어법상 가장 옳지 않은 것은?

[2016년 서울시 9급(6월 시행)]

He acknowledged that ① the number of Koreans were forced ② into labor ③ under harsh conditions in some of the locations ④ during the 1940's.

4 밑줄 친 부분 중 어법상 옳지 않은 것은?

[2022년 국가직 9급]

To find a good starting point, one must return to the year 1800 during ① which the first modern electric battery was developed. Italian Alessandro Volta found that a combination of silver, copper, and zinc ② were ideal for producing an electrical current. The enhanced design, ③ called a Voltaic pile, was made by stacking some discs made from these metals between discs made of cardboard soaked in sea water. There was ④ such talk about Volta's work that he was requested to conduct a demonstration before the Emperor Napoleon himself.

5 우리말을 영어로 잘못 옮긴 것을 고르시오. [2021년 지방직 9급]

① 경찰 당국은 자신의 이웃을 공격했기 때문에 그 여성을 체포하도록 했다.
→ The police authorities had the woman arrested for attacking her neighbor.

② 네가 내는 소음 때문에 내 집중력을 잃게 하지 말아라.
→ Don't let me distracted by the noise you make.

③ 가능한 한 빨리 제가 결과를 알도록 해 주세요.
→ Please let me know the result as soon as possible.

④ 그는 학생들에게 모르는 사람들에게 전화를 걸어 성금을 기부할 것을 부탁하도록 시켰다.
→ He had the students phone strangers and ask them to donate money.

6 다음 중 어법상 옳은 것은? [2013년 지방직 7급]

① The sound of her footsteps receded into the distance.
② The police squad began to approach on the building.
③ A cup of coffee isn't enough to sustain for you till lunchtime.
④ Her advice nerved for him to go his own way.

7 밑줄 친 부분에 들어갈 말로 가장 옳은 것은? [2019년 서울시 9급(6월 시행)]

> I am writing to you from a train in Germany, sitting on the floor. The train is crowded, and all the seats are taken. However, there is a special class of "comfort customers" who are allowed to make those already seated _____ their seats.

① give up ② take
③ giving up ④ taken

8 밑줄 친 부분 중 어법상 옳은 것은? [2017년 지방직 9급(12월 추가)]

> Last week I was sick with the flu. When my father ① heard me sneezing and coughing, he opened my bedroom door to ask me ② that I needed anything. I was really happy to see his kind and caring face, but there wasn't ③ anything he could do it to ④ make the flu to go away.

불변의 패턴 13

주어가 동사 행위의 주체이면 능동태, 대상이면 수동태로 써야 한다.

정답·해설·해석_p.9

대표 기출 예제
[2024년 법원직 9급]

Thanks to media technologies **we are brought** ever closer to the famous, allowing us to enjoy an illusion of intimacy with them.

미디어 기술 덕분에 우리는 유명인에게 훨씬 더 가까워지게 되고, 그들과 친밀감을 느끼는 환상을 즐길 수 있다.

- 주어인 we(우리)가 동사 bring의 행위의 대상이다.
- 문맥상 '우리는 유명인에게 훨씬 더 가까워지게 된다'라는 의미가 되어야 자연스러우므로, 수동태 are brought이 올바르게 쓰였다.

기출문제 풀어보기

Q. 밑줄 친 부분 중 어법상 가장 옳지 않은 것은?

[2022년 서울시 9급(2월 추가)]

Newspapers, journals, magazines, TV and radio, and professional or trade publications ① <u>provide</u> further ② <u>information</u> that may help interpret the facts ③ <u>given</u> in the annual report or on developments since the report ④ <u>published</u>.

패턴 PLUS

주격 관계절 내의 동사는 선행사가 동사 행위의 주체라면 능동태로 오고, 동사 행위의 대상이라면 수동태로 와야 한다.

The speaker introduced the local artist, who **was selected** as the best young painter in the city.

그 강연자는 도시 최고의 젊은 화가로 선정된 지역 예술가를 소개했다.

고득점 포인트

다음과 같은 동사들은 능·수동을 헷갈릴 수 있는 의미를 둘 다 가지고 있으므로, 문맥에 맞게 해석해야 한다.

open 열다-열리다	increase 늘리다-늘어나다
expand 확대하다-확대되다	sell 팔다-팔리다
close 닫다-닫히다	decrease 줄이다-줄어들다
change 바꾸다-바뀌다	grow 기르다-자라다

불변의 패턴 14

자동사는 수동태로 쓸 수 없고, 능동태로 써야 한다.

정답·해설·해석_p.9

대표 기출 예제
[2025년 출제기조 전환 대비 2차 예시문제]

New and changed business models **are emerged**: cars are being shared via apps, languages learned online, and music streamed.

새롭고 변화된 사업 모델이 등장한다. 즉, 자동차는 앱을 통해 공유되고, 언어는 온라인으로 학습되고, 음악은 스트리밍된다.

- 동사 emerge는 목적어를 갖지 않는 자동사이다.
- 자동사는 수동태로 쓸 수 없으므로, 수동태 are emerged를 능동태 emerge로 고쳐야 한다.

기출문제 풀어보기

Q. 밑줄 친 부분 중 어법상 가장 옳지 않은 것은?

[2019년 서울시 9급(6월 시행)]

By 1955 Nikita Khrushchev ① had been emerged as Stalin's successor in the USSR, and he ② embarked on a policy of "peaceful coexistence" ③ whereby East and West ④ were to continue their competition, but in a less confrontational manner.

패턴 PLUS

일부 자동사들은 의미상 수동태로 쓰이는 것이 자연스럽다고 여겨져 혼동하기 쉬우니 주의해야 한다. 다음은 수동태로 쓸 수 없는 자동사이다.

appear 나타나다, ~처럼 보이다	seem ~처럼 보이다, ~인 것 같다
become ~이 되다, ~해지다	remain 남아 있다, 계속 ~하다
happen 일어나다, 벌어지다	occur 발생하다, 일어나다
arise 생기다, 발생하다	emerge 생겨나다, 드러나다
rise 오르다, 일어나다	lie 눕다, 놓여있다, 거짓말하다
belong (to) (~에) 속하다	result (in) (~라는) 결과를 낳다

Most new islands ~~are appeared~~ where volcanic eruptions create
→ appear(능동태)
rocky material above the surface of the oceans.
대부분의 새로운 섬은 화산 폭발이 바다 표면 위에 암석 물질을 생성하는 곳에 나타난다.

The clothes on the back of the chair ~~are belonged~~ to my sister.
→ belong(능동태)
의자 뒤쪽에 있는 옷은 내 여동생의 것이다.

고득점 포인트

두 개 이상의 단어로 이루어진 구동사를 수동태로 쓸 때 동사만 「be 동사 + p.p.」의 형태로 쓰고, 나머지 부분은 동사 뒤에 그대로 쓴다.

put off ~을 미루다 →	be put off ~이 미뤄지다
look after ~를 돌보다 →	be looked after ~가 돌봐지다
deal with ~을 다루다 →	be dealt with ~이 다뤄지다
associate with ~와 관련이 있다 →	be associated with ~와 관련되다
take care of ~를 돌보다 →	be taken care of ~가 돌봐지다
look up to ~를 존경하다 →	be looked up to ~가 존경받다
look down on ~를 무시하다 →	be looked down on ~가 무시되다
refer to as ~이라고 부르다 →	be referred to as ~이라고 불리다

불변의 패턴 15

조동사와 조동사처럼 쓰이는 표현들 뒤에는 반드시 동사원형이 와야 한다.

정답·해설·해석_p.10

대표 기출 예제
[2022년 지방직 9급]

She **will have to pay** the bill sooner or later.

그녀는 조만간 요금을 내야만 할 것이다.

- '요금을 내야만 할 것이다'의 의미를 나타내기 위해 미래 시제를 나타내는 조동사 will(~할 것이다)과 조동사처럼 쓰이는 표현 have to(~해야 한다)가 쓰였다.
- 조동사와 조동사처럼 쓰이는 표현들 뒤에는 반드시 동사원형이 와야 하므로, 조동사 will 뒤에 동사원형 have가, have to 뒤에 동사원형 pay가 올바르게 쓰였다.

기출문제 풀어보기

Q. 어법상 가장 옳은 것은? [2022년 서울시 9급(2월 추가)]

① The poverty rate is the percentage of the population which family income falls below an absolute level.

② Not surprisingly, any college graduate would rather enter the labor force in a year of economic expansion than in a year of economic contraction.

③ It is hard that people pick up a newspaper without seeing some newly reported statistic about the economy.

④ Despite the growth is continued in average income, the poverty rate has not declined.

패턴 PLUS

아래 표현들은 조동사처럼 쓰이는 표현들로 뒤에는 동사원형을 쓴다.

ought to ~해야 한다	have to ~해야 한다
be going to ~할 것이다	need to ~해야 한다
be able to ~할 수 있다	used to ~하곤 했다
had better ~하는 게 좋겠다	dare to 감히 ~하다
would rather 차라리 ~하는 게 낫다	may well ~하는 게 당연하다
may[might] as well ~하는 편이 더 낫겠다	would like to ~하고 싶다
cannot (help) but ~할 수밖에 없다	
cannot ~ too 아무리 ~해도 지나치지 않다	

불변의 패턴 16
주장/제안/요구/명령 등의 동사가 목적어로 쓰인 that절에는 (should +) 동사원형이 와야 한다.

대표 기출 예제
[2022년 법원직 9급]

A number of scholars **suggested** people **to use** music as psychotherapeutic agent.

많은 학자들은 사람들에게 음악을 심리 요법의 동인으로 사용할 것을 제안했다.

· 제안을 나타내는 동사 suggest가 주절에 나오면 종속절에 '(should +) 동사원형'의 형태가 와야 한다.
· that절의 조동사 should는 생략될 수 있으며, 이때 should가 없어도 동사는 동사원형으로 와야 하므로, to 부정사 to use를 동사원형 use로 고쳐야 한다.

기출문제 풀어보기
Q. 다음 밑줄 친 (A), (B), (C)에 들어갈 가장 적절한 표현은?

[2020년 국회직 9급]

William Tell's home was among the mountains, and he was a famous hunter. No one in all the land could shoot with bow and arrow so well as he. Gessler knew this, and so he thought of a cruel plan to make the hunter's own skill ____(A)____ him to grief. He ordered that Tell's little boy should be made ____(B)____ up in the public square with an apple on his head; and then he suggested Tell ____(C)____ the apple with one of his arrows.

	(A)	(B)	(C)
①	to bring	to stand	shot
②	bring	to stand	shoot
③	bring	stand	shot
④	bring	to stand	shot
⑤	to bring	stand	shoot

패턴 PLUS

· 주장/제안/요구/명령의 의미를 가진 동사

insist 주장하다	ask 요청하다
suggest 제안하다	urge 촉구하다
propose 제안하다	advise 충고하다
demand 요구하다	order 명령하다
request 요청하다	recommend 권고하다

· 동사 suggest와 insist가 해야 할 것에 대한 제안과 주장의 의미가 아닌 '암시하다', '~라는 사실을 주장하다'라는 의미를 나타낼 때는 종속절에 (should +) 동사원형을 쓸 수 없다.

All the evidence **suggests** [that he stole the money].
　　　　　　　　　　　　　　　　　　과거 동사
그 모든 증거가 그가 그 돈을 훔쳤음을 암시한다.

They **insisted** [that the report was inaccurate].
　　　　　　　　　　　　　　　　과거 동사
그들은 그 보고가 정확하지 않다고(정확하지 않다는 사실을) 주장했다.

불변의 패턴 17

현재/미래의 일은 「조동사 + 동사원형」으로, 과거 일에 대한 추측/후회는 「조동사 + have p.p.」로 써야 한다.

대표 기출 예제
[2023년 지방직 9급]

I **should have gone** this morning, but I was feeling a bit ill.

나는 오늘 아침에 갔어야 했는데, 몸이 약간 좋지 않았다.

- 문맥상 '오늘 아침에 갔어야 했는데, 몸이 약간 좋지 않아서 가지 못했다'는 과거의 일에 대한 후회의 의미가 되어야 자연스럽다.
- 과거의 일에 대한 후회의 의미를 나타낼 때 조동사 뒤에는 have p.p.가 와야 하므로, 조동사 should 뒤에 have + p.p.(have gone)가 올바르게 쓰였다.

기출문제 풀어보기

Q. 밑줄 친 부분에 들어갈 말로 가장 적절한 것을 고르시오.
[2025년 국가직 9급]

Whitworths, a retailer offering online grocery shopping, says it has discovered that some staff members who are paid a salary _____ paid enough in recent years.

① may not have been　② should not have
③ would not be　　　　④ will not be

패턴 PLUS

- 다음과 같이 추측의 의미를 나타내는 조동사 뒤에 현재나 미래의 일은 동사원형으로 와야 하고, 과거의 일은 have p.p.로 와야 한다.

현재	cannot + 동사원형 ~일리가 없다 could + 동사원형 ~일 수도 있다 may[might] + 동사원형 ~일지도 모른다 must + 동사원형 ~임이 틀림없다
과거	cannot[couldn't] have p.p. ~했을 리가 없다 could have p.p. ~했을 수 있었다 (그런데 그러지 않았다) may[might] have p.p. ~했을지 모른다 must have p.p. ~했었음에 틀림없다

- 다음과 같이 조동사 뒤에 현재나 미래의 일은 동사원형으로 와야 하고, 과거의 일에 대한 후회는 have p.p.로 와야 한다.

현재/미래의 일	can + 동사원형 ~할 수 있다 should + 동사원형 ~해야 한다
과거 일에 대한 후회	can have p.p. ~할 수 있었는데 안 했다 should have p.p. ~했어야 했는데 안 했다

불변의 패턴 18
반복되는 내용 대신 쓰는 do/be/have 동사는 그것이 대신하는 동사와 종류가 일치해야 한다.

정답·해설·해석_p.10

대표 기출 예제
[2020년 국회직 9급]

When we start to lift weights, our muscles do not **strengthen and change** at first, but our nervous systems **do**, according to a fascinating new study in animals of the cellular effects of resistance training.

저항 훈련의 세포상 효과에 관한 대단히 흥미로운 새로운 동물 연구에 의하면, 우리가 역기를 들기 시작할 때, 우리의 근육은 처음에는 강화되거나 바뀌지는 않지만, 우리의 신경계는 그렇다(바뀐다).

- 앞에 나온 일반동사(strengthen and change)가 반복되고 있으므로, 이를 대신하여 do/be/have 동사를 쓰고 나머지 내용은 생략할 수 있는데, 반복되는 동사가 일반동사(strengthen and change)이므로 do 동사를 쓴다.
- do 동사는 자신이 속한 절의 주어(nervous systems)와 수 일치해야 하므로, 복수 동사 do가 올바르게 쓰였다.

기출문제 풀어보기

Q. 다음 빈칸 (A), (B)에 들어갈 표현으로 어법상 가장 적절한 것을 고르시오.
[2017년 교육행정직 9급]

The French arrived in North America about the same time the English ____(A)____, but France was more interested in the profitable fur trade than in colonization and sent few French settlers; as a result, the population of New France stayed tiny compared with ____(B)____ of the English colonies to the south.

 (A) (B)
① did — that
② was — this
③ did — this
④ was — that

패턴 PLUS

동사부터 그 뒤 내용 전체가 앞에 나온 내용을 반복하면, do/be/have 동사를 쓰고 나머지 내용은 생략한다. 이때 반복되는 동사가 일반동사이면 do 동사, be 동사이면 be 동사, have 동사이면 have 동사를 쓴다.

The opposing team **has** practiced more hours than we **have** since they hired a new coach.
상대팀은 새 코치를 고용한 이후 우리보다 더 많은 시간을 연습했다.

불변의 패턴 19 — 가정법 문장에서는 if절과 주절의 동사가 짝이 맞아야 한다.

대표 기출 예제 [2020년 국회직 9급]

If **the police had asked** for a safety licence for their new flying camera, it **would have been** a major crime-fighting success.

만약 경찰이 그들의 새로운 비행 카메라에 대한 안전 면허를 요구했다면, 그것은 범죄와의 싸움에서 중대한 성공이었을 것이다.

- 문맥상 '안전 면허를 요구했다면, ~ 성공이었을 것이다'라는 의미로 과거의 상황을 반대로 가정하고 있다.
- if절에 가정법 과거완료 'if + 주어 + had p.p.'(If the police had asked)가 왔으므로, 주절에도 가정법 과거완료 '주어 + would + have p.p.'의 형태를 만드는 would have been이 올바르게 쓰였다.

기출문제 풀어보기

Q. 어법상 옳은 것은? [2018년 지방직 9급]

① Please contact to me at the email address I gave you last week.
② Were it not for water, all living creatures on earth would be extinct.
③ The laptop allows people who is away from their offices to continue to work.
④ The more they attempted to explain their mistakes, the worst their story sounded.

패턴 PLUS

- 상황을 반대로 가정해 보는 가정법 문장에서는 실제 시제보다 하나 앞선 시제를 사용한다. 가정법 문장에서 if절이나 주절 중 하나의 동사에 밑줄이 있다면, 밑줄이 없는 다른 동사를 보고 짝이 맞는 동사가 왔는지 확인해야 한다.

가정법 과거 (현재 상황의 반대)
if절 / *주절*
If + 주어 + 과거시제, 주어 + would/should/could/might + 동사원형
가정법 과거완료 (과거 상황의 반대)
if절 / *주절*
If + 주어 + had p.p., 주어 + would/should/could/might + have p.p.

- if를 포함하지 않았지만 다음과 같은 표현들은 가정법의 의미를 나타낸다.

Were it not for / Had it not been for = Without [But for]
~이 아니라면, ~이 없다면

Were it not for(=Without/But for) the accidents, the traffic would be going smoothly.
사고가 아니라면, 교통이 원활할 텐데.

공무원시험전문 해커스공무원
gosi.Hackers.com

Section Test
불변의 패턴 13-19

1. 우리말을 영어로 잘못 옮긴 것은? [2024년 지방직 9급]

① 그는 이곳에서 일하는 것이 흥미롭다는 것을 알았다.
→ He found it exciting to work here.
② 그녀는 나에게 일찍 떠날 것이라고 언급했다.
→ She mentioned me that she would be leaving early.
③ 나는 그가 오는 것을 원하지 않았다.
→ I didn't want him to come.
④ 좀 더 능숙하고 경험 많은 선생님이었다면 그를 달리 대했을 것이다.
→ A more skillful and experienced teacher would have treated him otherwise.

2. 밑줄 친 부분 중 어법상 옳지 않은 것은? [2018년 국가직 9급]

It would be difficult ① to imagine life without the beauty and richness of forests. But scientists warn we cannot take our forest for ② granted. By some estimates, deforestation ③ has been resulted in the loss of as much as eighty percent of the natural forests of the world. Currently, deforestation is a global problem, ④ affecting wilderness regions such as the temperate rainforests of the Pacific.

3. 다음의 우리말을 영어로 가장 알맞게 옮긴 것은? [2018년 기상직 9급]

① 내 인생에서 가장 중요한 목표는 인정을 받는 것보다는 성공을 하는 것이다.
The most important goal in my life is not so much achieving success as receiving recognition.
② 스마트폰은 내가 집중력을 향상시킬 필요가 있을 때는 언제나 유용하지 않다.
A smartphone is not always useful for me when I need to increase my concentration.
③ 그는 네가 파티에 가도록 끝까지 너를 설득할 사람이다.
He would be the last person to persuade you to go to the party.
④ 너는 어머니가 상 차리시는 것을 도와주는 것보다 차라리 빨래를 너는 편이 낫겠다.
You may as well hang the washing out to dry as help your mother set the table.

4. 다음 중 표현상 올바르지 않은 것은? [2017년 기상직 9급]

① I wish I will use my imagination earlier.
② In Australia, donating is not a special but an ordinary act.
③ Tom might have been like that throughout his life, had he not found his son.
④ It is necessary that the language in any advertising campaign be examined carefully.

5 우리말을 영어로 잘못 옮긴 것을 고르시오. [2016년 지방직 9급]

① 오늘 밤 나는 영화 보러 가기보다는 집에서 쉬고 싶다.
→ I'd rather relax at home than going to the movies tonight.

② 경찰은 집안 문제에 대해서는 개입하기를 무척 꺼린다.
→ The police are very unwilling to interfere in family problems.

③ 네가 통제하지 못하는 과거의 일을 걱정해봐야 소용없다.
→ It's no use worrying about past events over which you have no control.

④ 내가 자주 열쇠를 엉뚱한 곳에 두어서 내 비서가 나를 위해 여분의 열쇠를 갖고 다닌다.
→ I misplace my keys so often that my secretary carries spare ones for me.

6 다음 글의 밑줄 친 부분 중, 어법상 옳지 않은 것은? [2016년 법원직 9급]

To "win hands down" which means to "win easily" or "win with little or no effort" has ① its origins in horse racing. In a close, photo-finish race, a jockey ② typically strikes his horse with a bat or the reins to force it to maintain or increase speed. When the horse is leading by several lengths and a win is assured, the jockey will usually cease striking the horse or let the reins ③ go loose: In effect, he puts his "hands down." The expression ④ was appeared in the mid-19th century; by the end of the century, it was being used outside of horse racing to mean "with no trouble at all."

7 밑줄 친 부분에 들어갈 표현으로 가장 적절한 것은? [2010년 국회직 9급]

A competing firm _____ Tom a job before we made our offer.

① may already offer
② already may offer
③ may already offered
④ already may have offered
⑤ may have already offered

8 어법상 옳은 것은? [2017년 지방직 9급(12월 추가)]

① A week's holiday has been promised to all the office workers.
② She destined to live a life of serving others.
③ A small town seems to be preferable than a big city for raising children.
④ Top software companies are finding increasingly challenging to stay ahead.

gosi.Hackers.com

Section 3
준동사구

최신 출제경향

최근 5개년 출제율

12%

최근 5개년 출제 문항 수
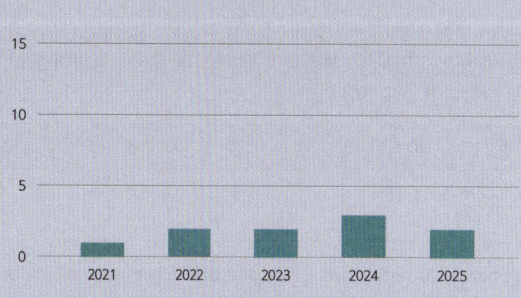
■ '25~'21 국가직·지방직·서울시·법원직·국회직 9급(2025.09 기준)

불변의 패턴 20: 동명사/to 부정사의 능동형과 수동형을 구분해야 한다.

대표 기출 예제 [2021년 국가직 9급]

Urban agriculture (UA) has long been dismissed as a fringe activity that has no place in cities; however, its potential is beginning **to be realized**.

도시 농업(UA)은 도시에는 적절한 곳이 없는 변두리 활동으로 오랫동안 묵살되어 왔다. 하지만, 그것의 가능성이 실현되기를 시작하고 있다.

- 동사 begin(is beginning)은 to 부정사를 취하는 동사이다.
- 주어 its potential과 to부정사가 '그것의 가능성이 실현되다'라는 의미의 수동 관계이므로 to 부정사 뒤에서 to 부정사의 수동형을 완성하는 be realized가 올바르게 쓰였다.

기출문제 풀어보기

Q. 우리말을 영어로 잘못 옮긴 것은? [2020년 국가직 9급]

① 인간은 환경에 자신을 빨리 적응시킨다.
→ Human beings quickly adapt themselves to the environment.

② 그녀는 그 사고 때문에 그녀의 목표를 포기할 수밖에 없었다.
→ She had no choice but to give up her goal because of the accident.

③ 그 회사는 그가 부회장으로 승진하는 것을 금했다.
→ The company prohibited him from promoting to vice-president.

④ 그 장난감 자동차를 조립하고 분리하는 것은 쉽다.
→ It is easy to assemble and take apart the toy car.

패턴 PLUS

- 동명사/to 부정사가 '~되는 것', '~될' 등의 수동의 의미일 때는 수동형이 와야 한다.

	동명사	to 부정사
능동형	v-ing (~하기, ~하는 것)	to + 동사원형 (~하는 것/~할/~하기 위해 등)
수동형	being + p.p. (~되기, ~되는 것)	to be + p.p. (~되는 것/~될/~되기 위해 등)

The scientist's colleagues congratulated him on ~~awarding the~~ → being awarded
gold medal in the science competition.
그 과학자의 동료들은 그가 과학 경연대회에서 금메달을 받은 것을 축하했다

- 동명사/to 부정사는 다음과 같이 의미상 주어를 가질 수 있으며, 이 의미상 주어가 동명사/to 부정사의 행위의 주체면 능동형이 오고, 행위의 대상이면 수동형이 와야 한다.

동명사	to 부정사
소유격/목적격 + 동명사 의미상 주어	for + 목적격 + to 부정사 의미상 주어

Eating meals together has been one of the greatest ways for people to ~~be bond~~. → bond
함께 식사하는 것은 사람들이 유대감을 형성하는 가장 좋은 방법 중 하나였다.

고득점 포인트

준동사는 동사처럼 자신만의 시제를 표현할 수도 있다. 준동사가 문장의 동사보다 앞선 시점에 일어난 일이라면 이를 나타내기 위해 다음과 같이 완료형을 쓸 수 있다.

	동명사	to 부정사	분사
원형	v-ing	to + 동사원형	v-ing 또는 p.p.
완료형	having p.p.	to have p.p.	having p.p. 또는 having been p.p.

Rising temperatures and shifting weather patterns, which disrupted agriculture, **appear to have led to** widespread famine.
농업에 지장을 준 기온 상승과 기후 패턴의 변화는 광범위한 기근으로 이어진 것으로 보인다.

불변의 패턴 21 : 동사에 따라 다른 준동사가 목적어로 와야 한다.

대표 기출 예제
[2020년 지방직 9급]

I regret to tell you that I lost your key.
나는 네 열쇠를 잃어버렸다고 네게 말한 것을 후회한다.

- 동사 regret은 동명사와 to 부정사를 둘 다 목적어로 취할 수 있는 동사이다.
- '~한 것을 후회하다'라는 과거의 의미를 나타낼 때는 동명사를 목적어로 취하므로, to 부정사 to tell을 동명사 telling으로 고쳐야 한다.

기출문제 풀어보기

Q. 우리말을 영어로 잘못 옮긴 것을 고르시오.
[2017년 지방직 9급(6월 시행)]

① 나는 매달 두세 번 그에게 전화하기로 규칙을 세웠다.
→ I made it a rule to call him two or three times a month.

② 그는 나의 팔을 붙잡고 도움을 요청했다.
→ He grabbed me by the arm and asked for help.

③ 폭우로 인해 그 강은 120cm 상승했다.
→ Owing to the heavy rain, the river has risen by 120 cm.

④ 나는 눈 오는 날 밖에 나가는 것보다 집에 있는 것을 더 좋아한다.
→ I prefer to staying home than to going out on a snowy day.

패턴 PLUS

- 다음의 동사들은 목적어로 동명사와 to 부정사 중 한 가지만 취한다. 따라서 동사를 보고 목적어 자리에 적절한 준동사가 왔는지 확인해야 한다.

동명사를 목적어로 취하는 동사	to 부정사를 목적어로 취하는 동사
enjoy, avoid, mind, deny, suggest, recommend, discuss, consider, keep, finish, quit, stop*, imagine, give up, postpone, put off	want, need, wish, hope, expect, decide, plan, choose, offer, ask, promise, agree, refuse, fail, manage, afford

* stop은 동명사만 목적어로 취하지만, '~하기 위해 (하던 일을) 멈추다'라는 의미로 뒤에 부사적 용법의 to 부정사가 올 수 있다.

- 다음의 동사들은 목적어로 동명사와 to 부정사를 모두 취할 수 있지만, 동명사일 때와 to 부정사일 때 의미가 다르므로 적절한 의미가 되는 준동사가 목적어로 와야 한다.

동사	목적어가 동명사일 때	목적어가 to 부정사일 때
forget	(과거에) ~한 것을 잊다	(미래에) ~할 것을 잊다
remember	(과거에) ~한 것을 기억하다	(미래에) ~할 것을 기억하다
regret	(과거에) ~한 것을 후회하다	(미래에) ~하게 되어 유감이다
try	(시험 삼아) ~해보다	~하려고 노력하다

- 다음의 동사들은 목적어로 동명사와 to 부정사를 모두 취할 수 있으며, 이때 의미 차이가 없다.

begin, start, like, love, prefer, hate, continue

불변의 패턴 22 : 관용적으로 동명사와 to 부정사를 정해서 쓰는 표현을 구분해야 한다.

정답·해설·해석_p.13

대표 기출 예제 [2019년 지방직 9급]

I am busy preparing for a trip to Europe.

나는 유럽 여행을 준비하느라 바쁘다.

- 문맥상 '유럽 여행을 준비하느라 바쁘다'는 의미가 되어야 자연스럽다.
- '~하느라 바쁘다'라는 의미를 나타내기 위해 be busy 뒤에 동명사 preparing이 올바르게 쓰였다.

패턴 PLUS

- 관용적으로 동명사를 쓰는 표현들

  on/upon v-ing ~하자마자
  be worth v-ing ~할 가치가 있다
  be busy v-ing ~하느라 바쁘다
  end up v-ing 결국 ~하게 되다
  keep (on) v-ing 계속 ~하다
  cannot help v-ing ~하지 않을 수 없다
  spend + 시간/돈/노력 + (in) + v-ing ~하는 데 시간/돈/노력을 쓰다

- 관용적으로 to 부정사를 쓰는 표현들

형용사 + to 부정사	be about to 막 ~하려는 참이다 be likely/unlikely to ~할 것 같다/같지 않다 be able to ~할 수 있다 be willing to 기꺼이 ~하다 be eager to ~하고 싶어 하다
명사 + to 부정사	plan to ~하려는 계획 effort to ~하려는 노력 attempt to ~하려는 시도 need to ~할 필요 plan to ~하려는 계획 attempt to ~하려는 시도 right to ~할 권리
동사 + to 부정사	seem to ~처럼 보이다 be said to ~라고 한다 remain to 여전히 ~이다 appear to ~처럼 보이다 be reported to ~하는 것으로 나타나다

Cindy said that she **was about to** make a very important business call.
Cindy는 매우 중요한 업무상 전화를 할 예정이라고 말했다.

기출문제 풀어보기

Q. 밑줄 친 부분 중 어법상 가장 옳지 않은 것은?

[2017년 서울시 7급(6월 시행)]

A survey ① <u>conducted</u> for the journal *American Demographics* by the research from Market Facts found some surprising results. In modern America, ② <u>where</u> superstitions are seen as nothing more than the beliefs of a weak mind, 44 percent of the people surveyed still admitted they were superstitious. The other 56 percent claimed to be only "optimistically superstitious," ③ <u>meaning</u> they were more willing to believe superstitions relating to good luck over ones related to bad luck. For example, 12 percent of those who said they were not really superstitious confessed to ④ <u>knock</u> on wood for good luck. And 9 percent confessed they would pick up a penny on the street for good luck. A further 9 percent of non-believers also said they would pick a four-leaf clover for luck if they found one. And some still believed in kissing under the mistletoe for luck.

불변의 패턴 23

분사의 의미상 주어가 분사가 나타내는 행위의 주체면 현재분사, 대상이면 과거분사가 와야 한다.

정답·해설·해석_p.14

대표 기출 예제
[2019년 국가직 9급]

Utilizing with other techniques, **animals** can raise human living standards very considerably, both as supplementary foodstuffs (protein in meat and milk) and as machines to carry burdens, lift water, and grind grain.

다른 기술들과 함께 활용되어, 가축들은 (고기와 우유에 있는 단백질 같은) 추가 식량으로써 그리고 짐들을 옮기고, 물을 들어 올리고, 곡물을 가는 기계로써 인간의 생활 수준을 매우 상당히 향상시킬 수 있다.

- 분사의 의미상 주어인 명사 animals는 분사가 나타내는 행위(utilize)의 대상이다.
- 분사의 의미상 주어가 분사가 나타내는 행위의 대상인 경우 과거분사를 써야 하므로, 현재분사 Utilizing을 과거분사 Utilized로 고쳐야 한다.

기출문제 풀어보기

Q. 밑줄 친 부분 중 어법상 옳지 않은 것을 고르시오.
[2025년 국가직 9급]

Fire served humans in many ways besides ① <u>cooking</u>. With it they could begin ② <u>rearranging</u> environments to suit themselves, clearing land to stimulate the growth of wild foods and ③ <u>opening</u> landscapes to encourage the proliferation of food animals that could be later driven by fire to a place ④ <u>choosing</u> to harvest them.

패턴 PLUS

분사가 명사를 수식할 때는 명사가 분사의 의미상 주어이다. 이 명사가 분사가 나타내는 행위의 주체이면 현재분사가 오고, 분사가 나타내는 행위의 대상이면 과거분사가 와야 한다. 이때 분사는 명사 앞이나 뒤에 온다.

In the silence, she heard the ~~ticked~~ **clock**.
→ ticking
고요함 속에서, 그녀는 똑딱거리는 시계 소리를 들었다.

We could not open the ~~locking~~ **door** because we had no key.
→ locked
우리는 열쇠가 없었기 때문에 잠겨 있는 문을 열 수 없었다.

고득점 포인트

「with + (대)명사 + 분사」에서는 (대)명사가 분사의 의미상 주어이다. 따라서 이 (대)명사가 분사가 나타내는 행위의 주체이면 현재분사가 오고, 분사가 나타내는 행위의 대상이면 과거분사가 와야 한다.

I tried to concentrate, but I had a hard time listening to the lecture **with the kids making** so much noise.
나는 집중하려고 노력했지만, 아이들이 너무 시끄러워서 강의를 듣는 데 어려움을 겪었다.

She made a wish and blew out the candles **with her eyes closed**.
그녀는 소원을 빌고 눈을 감은 채 촛불을 껐다.

불변의 패턴 24

감정을 나타내는 분사가 수식 또는 보충 설명하는 대상이 감정을 일으키면 현재분사, 감정을 느끼면 과거분사를 써야 한다.

대표 기출 예제
[2017년 지방직 9급(12월 추가)]

The movie was so **bored** that I fell asleep after half an hour.

그 영화가 너무 지루해서 나는 삼십 분 후에 잠이 들었어.

- 문맥상 '그 영화가 너무 지루하다'라는 의미가 되어야 자연스러우므로, 분사가 보충 설명하는 대상인 The movie는 지루한 감정을 일으키는 행위의 주체이다.
- 분사가 수식 또는 보충 설명하는 대상이 감정을 일으키면 현재분사가 와야 하므로, 과거분사 bored를 현재분사 boring으로 고쳐야 한다.

기출문제 풀어보기

Q. 우리말을 영어로 잘못 옮긴 것은? [2023년 지방직 9급]

① 우리는 그의 연설에 감동하게 되었다.
→ We were made touching with his speech.

② 비용은 차치하고 그 계획은 훌륭한 것이었다.
→ Apart from its cost, the plan was a good one.

③ 그들은 뜨거운 차를 마시는 동안에 일몰을 보았다.
→ They watched the sunset while drinking hot tea.

④ 과거 경력 덕분에 그는 그 프로젝트에 적합하였다.
→ His past experience made him suited for the project.

패턴 PLUS

- 감정동사의 현재분사는 '~한 감정을 느끼게 하는'이라는 뜻이고, 과거분사는 '~한 감정을 느끼는'이라는 뜻이다. 따라서 분사가 수식 또는 보충 설명하는 대상이 감정을 일으키는 행위의 주체라면 현재분사가 오고, 감정을 느끼는 행위의 대상이라면 과거분사가 와야 한다.

- 자주 쓰이는 감정동사의 현재분사-과거분사

  surprising-surprised 놀라게 하는-놀라움을 느끼는
  satisfying-satisfied 만족하게 하는-만족감을 느끼는
  relaxing-relaxed 느긋하게 하는-느긋하게 느끼는
  pleasing-pleased 기쁘게 하는-기쁘게 느끼는
  fascinating-fascinated 매력을 느끼게 하는-매력을 느끼는
  interesting-interested 흥미롭게 하는-흥미를 느끼는
  appealing-appealed 매력을 느끼게 하는-매력을 느끼는
  shocking-shocked 충격을 주는-충격을 받은
  annoying-annoyed 성가시게 하는-성가시게 느끼는
  exhausting-exhausted 지치게 하는-지치게 느끼는
  discouraging-discouraged 낙담하게 하는-낙담을 느끼는
  depressing-depressed 우울하게 하는-우울하게 느끼는
  frustrating-frustrated 좌절하게 하는-좌절감을 느끼는
  frightening-frightened 무섭게 하는-무서움을 느끼는
  confusing-confused 혼란스럽게 하는-혼란스럽게 느끼는
  humiliating-humiliated 굴욕감을 주는-굴욕감을 느끼는
  overwhelming-overwhelmed 압도되게 만드는-압도되게 느끼는
  embarrassing-embarrassed 당황하게 하는-당황을 느끼는

공무원시험전문 해커스공무원
gosi.Hackers.com

Section Test

1 밑줄 친 부분 중 어법상 옳지 않은 것을 고르시오.

[2025년 출제기조 전환 대비 1차 예시문제]

> Beyond the cars and traffic jams, she said it took a while to ① get used to have so many people in one place, ② all of whom were moving so fast. "There are only 18 million people in Australia ③ spread out over an entire country," she said, "compared to more than six million people in ④ the state of Massachusetts alone."

2 밑줄 친 부분에 들어갈 말로 가장 적절한 것을 고르시오.

[2025년 출제기조 전환 대비 2차 예시문제]

> Overpopulation may have played a key role: too much exploitation of the rain-forest ecosystem, on which the Maya depended for food, as well as water shortages, seems to _____ the collapse.

① contribute to
② be contributed to
③ have contributed to
④ have been contributed to

3 밑줄 친 부분에 들어갈 말로 가장 적절한 것을 고르시오.

[2025년 지방직 9급]

> Preliminary investigations indicate that some, if not all, of the clients' money, _____ to be $6 million in total, has found its way into unquoted companies and property purchases.

① believe   ② believing
③ believed   ④ believes

4 다음 글의 밑줄 친 부분 중 어법상 틀린 것은? [2020년 법원직 9급]

> As soon as the start-up is incorporated it will need a bank account, and the need for a payroll account will follow quickly. The banks are very competitive in services to do payroll and related tax bookkeeping, ① starting with even the smallest of businesses. These are areas ② where a business wants the best quality service and the most "free" accounting help it can get. The changing payroll tax legislation is a headache to keep up with, especially when a sales force will be operating in many of the fifty states. And the ③ requiring reports are a burden on a company's add administrative staff. Such services are often provided best by the banker. The banks' references in this area should be compared with the payroll service alternatives such as ADP, but the future and the long-term relationship should be kept in mind when a decision is ④ being made.

5 다음 글의 밑줄 친 부분 중 어법상 틀린 것은? [2020년 법원직 9급]

Many people refuse to visit animal shelters because they find it too sad or ① depressed. They shouldn't feel so bad because so many lucky animals are saved from a dangerous life on the streets, ② where they're at risk of traffic accidents, attack by other animals or humans, and subject to the elements. Many lost pets likewise ③ are found and reclaimed by distraught owners simply because they were brought into animal shelters. Most importantly, ④ adoptable pets find homes, and sick or dangerous animals are humanely relieved of their suffering.

6 밑줄 친 부분 중 어법상 옳지 않은 것은? [2019년 지방직 9급]

Each year, more than 270,000 pedestrians ① lose their lives on the world's roads. Many leave their homes as they would on any given day never ② to return. Globally, pedestrians constitute 22% of all road traffic fatalities, and in some countries this proportion is ③ as high as two thirds of all road traffic deaths. Millions of pedestrians are non-fatally ④ injuring — some of whom are left with permanent disabilities. These incidents cause much suffering and grief as well as economic hardship.

7 밑줄 친 부분 중 어법상 가장 옳지 않은 것은? [2017년 서울시 9급]

Strange as ① it may seem, ② the Sahara was once an expanse of grassland ③ supported the kind of animal life ④ associated with the African plains.

8 다음 밑줄 친 부분에 들어갈 가장 적절한 표현은? [2017년 국회직 9급]

When the detective interrogated Steve about the incident, he remembered _____ a black figure passing by. But he couldn't be sure of what it was.

① seen
② to see
③ seeing
④ being seen
⑤ to be seen

gosi.Hackers.com

Section 4
품사

최신 출제경향

최근 5개년 출제율
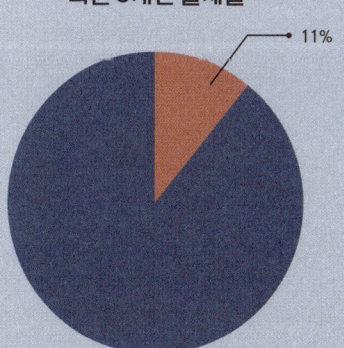
11%

최근 5개년 출제 문항 수
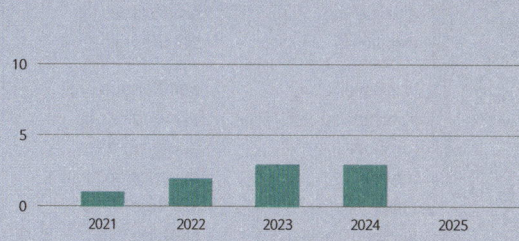

'25~'21 국가직·지방직·서울시·법원직·국회직 9급(2025.09 기준)

불변의 패턴 25 : 가산 명사와 불가산 명사의 쓰임을 구분해야 한다.

대표 기출 예제 [2017년 국가직 9급(10월 추가)]

If you like scary **movies**, this is **a** must-see **movie**.
무서운 영화를 좋아한다면 이것은 꼭 봐야 할 영화이다.

- 명사 movie는 가산 명사이므로 단수형 또는 복수형으로 쓸 수 있다.
- 문맥상 첫 번째 movie는 '무서운 영화 전체'를 의미하므로 뒤에 '-s'가 붙은 복수형으로 써야 하고, 두 번째 movie는 '봐야 할 하나의 영화'를 의미하므로 앞에 'a'가 붙은 단수형으로 써야 한다. 따라서 scary movies와 a must-see movie가 각각 복수형과 단수형으로 올바르게 쓰였다.

기출문제 풀어보기

Q. 어법상 옳지 않은 것은? [2013년 지방직 9급]

① George has not completed the assignment yet, and Mark hasn't either.
② My sister was upset last night because she had to do too many homeworks.
③ If he had taken more money out of the bank, he could have bought the shoes.
④ It was so quiet in the room that I could hear the leaves being blown off the trees outside.

패턴 PLUS

- 가산 명사가 단수일 때는 명사 앞에 a(n)를 붙이고 복수일 때는 보통 명사에 -(e)s를 붙여서 복수형으로 써야 한다.

I have **a notebook**, Joseph has three **notebooks**.
나는 공책 한 권을 가지고 있다. Joseph은 공책 세 권을 가지고 있다.

- 고유명사·추상명사·물질명사 등의 불가산 명사는 항상 단수 취급하며, 명사 앞에 a(n)를 붙일 수 없고 복수형으로도 쓸 수 없다. 불가산 명사는 단위명사를 활용하여 수량을 나타내고, 복수형은 단위명사에 -(e)s를 붙여서 만들어야 한다.

Tom is drinking **milk**.
Tom은 우유를 마시고 있다.

We ordered **a glass of** juice and **two bowls of** cereal.
우리는 주스 한 잔과 시리얼 두 그릇을 주문했다.

- 혼동하기 쉬운 가산 명사·불가산 명사

가산 명사	a price 가격 a result/an outcome 결과 a noise 소음 measures 수단, 대책	a workplace 일터 a disaster 재해 an excuse 변명 belongings 소지품
불가산 명사	homework 숙제 information 정보 furniture 가구 advice 조언 news 뉴스 access 접근, 출입 machinery 기계류 politics (등의 학문 이름) 정치학	certification 자격 evidence 증거 equipment 장비 knowledge 지식 luggage 수하물, 짐 clothing 의류 stationery 문구류

고득점 포인트

glass와 같이 어떤 명사들은 의미에 따라 가산 명사이기도 하고 불가산 명사이기도 하다. 또한 의미에 따라 단수나 복수 중 한 가지 형태로만 쓸 수 있기도 하다. 따라서 명사의 형태가 맞는지 확인하기 위해서는 먼저 문맥상 어떤 의미로 쓰였는지 파악해야 한다.

불변의 패턴 26 「the + 형용사/분사」(~한 사람들)가 주어면 복수 동사가 와야 한다.

대표 기출 예제
[2017년 국가직 9급(4월 시행)]

The homeless usually **have** great difficulty getting a job, so they are losing their hope.

노숙자들은 대개 일자리를 구하는 데 큰 어려움을 겪어서, 그들은 희망을 잃고 있다.

- 주어 자리에 '~한 사람들'이라는 의미를 나타내는 'the + 형용사 (homeless)'가 왔다.
- 'the + 형용사'가 주어면 복수 동사가 와야 하므로, 복수 동사 have가 올바르게 쓰였다.

기출문제 풀어보기

Q. 다음 밑줄 친 부분 중 어법상 옳지 않은 것은?

[2019년 국회직 9급]

At the time of writing, it remains unclear ① what this administration's plans are in regard to immigration policing more generally. All names are fictitious names ② to protect the identities of our undocumented research collaborators. These facts run contrary to the common belief that the undocumented ③ does not pay taxes on their wages. On the contrary, undocumented workers pay billions of dollars annually in income taxes ④ using false documents. Many undocumented workers also have a legitimate Individual Taxpayer Identification Number ⑤ with which they pay income taxes.

패턴 PLUS

다음과 같은 「the + 형용사/분사」(~한 사람들) 표현이 자주 쓰인다.

the poor 가난한 사람들	the old/elderly/aged 나이가 든 사람들
the young 젊은 사람들	the homeless 집이 없는 사람들(노숙자들)
the rich 부유한 사람들	the blind 눈이 안 보이는 사람들(시각 장애인들)
the unemployed 직업이 없는 사람들(실업자들)	

고득점 포인트

the 뒤에 추상적인 의미를 가진 형용사가 올 경우 '~한 것'이라는 뜻의 명사로 쓸 수도 있으며, 이때는 단수 동사가 와야 한다.

the true 진실한 것, 참인 것	the unknown 알려지지 않은 것
the false 잘못된 것, 거짓인 것	the beautiful 아름다운 것
the personal 개인적인 것	the supernatural 초현실적인 것

Often, **the unknown gives** us a sense of fear.
　　　　　　　　　　단수 동사
종종 알려지지 않은 것은 우리에게 공포감을 준다.

불변의 패턴 27 — 대명사는 그것이 가리키는 명사와 수 일치해야 한다.

대표 기출 예제 [2024년 국가직 9급]

Despite the belief that **the quality** of older houses is superior to **those** of modern houses, the foundations of most pre-20th-century houses are dramatically shallow compared to today's, and have only stood the test of time due to the flexibility of their timber framework or the lime mortar between bricks and stones.

오래된 주택의 품질이 현대 주택의 그것(품질)보다 뛰어나다는 믿음에도 불구하고, 대부분의 20세기 이전 주택의 기반은 오늘날의 것과 비교했을 때 극히 얕고, 단지 그것들의 목재 구조의 유연성이나 벽돌과 돌 사이의 석회 모르타르 덕분에 시간의 시험을 견뎌왔을 뿐이다.

- 대명사가 지칭하는 명사(the quality)는 단수 취급하는 불가산 명사이다.
- 대명사는 그것이 가리키는 명사와 반드시 수가 일치해야 하므로, 복수 지시대명사 those를 단수 지시대명사 that으로 고쳐야 한다.

기출문제 풀어보기

Q. 어법상 옳은 것은? [2022년 국가직 9급]

① A horse should be fed according to its individual needs and the nature of its work.
② My hat was blown off by the wind while walking down a narrow street.
③ She has known primarily as a political cartoonist throughout her career.
④ Even young children like to be complimented for a job done good.

패턴 PLUS

- 대명사는 그것이 가리키는 명사와 반드시 수가 일치해야 한다. 따라서 대명사의 앞뒤를 살펴보고 대명사가 가리키는 것이 무엇인지 정확히 파악하는 것이 중요하다. 다음은 수를 구분해야 할 단수/복수 대명사이다.

단수 대명사	it/its/it, this, that, one
복수 대명사	they/their/them, these, those, ones

- it은 to 부정사나 that절 등 긴 주어나 목적어를 대신하여 가주어나 가목적어로 쓰일 수도 있다. 이러한 it을 앞에 언급된 명사 대신 쓴 대명사로 착각하지 않도록 주의한다.

We cannot know people's thoughts, but **it** is easy [to judge people based on their actions].
　　　　　　　　　　　　　　　　　가주어
　　　　　　　　　　진짜 주어

우리는 사람의 생각을 알 수 없지만, 그들의 행동으로 사람을 판단하는 것은 쉽다.

The architecture firm considered **it** disappointing [that its designs were rejected].
　　　　　　　　　　　　　가목적어
　　　　　　　　　진짜 목적어

그 건축 회사는 그것의 디자인이 거부된 것을 실망스럽게 생각했다.

불변의 패턴 28

목적어가 주어와 다른 대상이면 목적격 대명사로, 동일한 대상이면 재귀대명사로 써야 한다.

정답·해설·해석_p.17

대표 기출 예제
[2024년 법원직 9급]

She has promised me to take care of **her** for their sake.

그녀는 나에게 그들을 위해 그녀 스스로를 돌보겠다고 약속했다.

- to 부정사구(to take care of)의 목적어(her)가 지칭하는 대상이 문장의 주어(She)와 동일하다.
- 목적어가 주어와 동일한 대상이면 재귀대명사로 써야 하므로, 목적격 대명사 her를 재귀대명사 herself로 고쳐야 한다.

기출문제 풀어보기

Q. 다음 밑줄 친 부분 중 어법상 옳지 않은 것은?

[2019년 국회직 9급]

Michael Phelps is one of ① the most decorated athletes of all time. As the first Olympic swimmer to earn a spot on five Olympic teams and ② the oldest individual swimmer to earn Olympic gold, he's earned himself the nickname the "Flying Fish." Swimmers tend to have longer torsos and shorter legs than the average person. ③ Standing at 6 feet 4 inches, Phelps has the torso of a man who's 6 feet 8 inches tall, and the legs of a man 8 inches shorter. Double-jointed elbows allow Phelps ④ to create more downward thrust in the water. His large hands also act like paddles. Paired with his extra-long wingspan, his arms serve like propellers to shoot ⑤ himself through the water.

패턴 PLUS

목적어나 전치사의 목적어가 가리키는 명사에 따라 다음 목적격 대명사와 재귀대명사를 구분하여 사용한다.

목적격 대명사	재귀대명사
me	myself
you	yourself/yourselves
it	itself
him	himself
her	herself
us	ourselves
them	themselves

고득점 포인트

명령문에는 주어 you가 생략되어 있으므로, 목적어가 주어 you와 동일한 대상이라면 재귀대명사 yourself나 yourselves로 와야 한다.

(You) Promise yourself that you will always relax during one full evening after work.
(생략된 주어 / 목적어 / 동일한 대상)

퇴근 후에 저녁 동안 항상 휴식을 취할 것이라고 스스로에게 약속해라.

불변의 패턴 29 — 명사는 형용사가 수식하고, 명사 이외의 것은 부사가 수식해야 한다.

대표 기출 예제 [2021년 법원직 9급]

Congratulate them, **publicly showcase** their accomplishment, and spread the word.

그들을 축하해주고, 그들의 업적을 공개적으로 전시하고, 소문을 퍼뜨려라.

- publicly가 수식하는 showcase는 동사이다.
- 동사는 부사가 수식해야 하므로, 부사 publicly가 동사 showcase 앞에 올바르게 쓰였다.

기출문제 풀어보기

Q. 다음 밑줄 친 부분 중 어법상 옳지 않은 것은?

[2018년 국회직 9급]

Democracy, after all, is not just ① <u>a set of practices but a culture</u>. It lives not only ② <u>in so formal mechanisms as</u> party and ballot ③ <u>but in the instincts and expectations of</u> citizens. Objective circumstances—jobs, war, competition from abroad—shape ④ <u>that political culture</u>, but ⑤ <u>so do the words and deeds of leaders</u>.

패턴 PLUS

- 형용사와 부사 둘 다로 쓰이면서, -ly가 붙으면 별개의 부사가 되는 단어들이 있다. 이런 단어들 중, -ly가 붙은 단어는 부사이므로 형용사 자리에 올 수 없고, 부사 자리에는 -ly가 붙은 것과 아닌 것 중 의미가 적절한 것이 와야 한다.

형용사=부사	+ -ly 부사
near (형) 가까운 (부) 가까이	nearly (부) 거의
close (형) 가까운, 친밀한 (부) 가까이	closely (부) 자세히, 긴밀하게
deep (형) 깊은 (부) 깊이, 깊게	deeply (부) 깊이, 매우
high (형) 높은 (부) 높이, 높게	highly (부) 고도로, 매우
late (형) 늦은, ~말의 (부) 늦게	lately (부) 최근에
short (형) 짧은, 키 작은, 부족한 (부) 짧게, 갑자기	shortly (부) 곧, 간단히
free (형) 자유로운, 무료인, ~이 없는 (부) 자유롭게, 무료로	freely (부) 자유롭게
hard (형) 어려운, 단단한, 열심히 하는 (부) 열심히, 심하게, 세게	hardly (부) 거의 ~ 않다

- 다음과 같은 단어들은 형용사와 부사 둘 다로 쓰이는데, 별개의 부사로 쓰일 때 끝에 -ly가 붙지 않는 것에 주의해야 한다.

long (형) 긴, 오랜 (부) 길게, 오래
fast (형) 빠른 (부) 빠르게, 빨리
early (형) 이른, 초기의 (부) 일찍, 초기에
that (형) 저, 그 (부) 그렇게, 그 정도로
enough (형) 충분한 (부) 충분히
alike (형) 비슷한, 서로 같은 (부) 비슷하게, 마찬가지로

Although there was a <u>long</u> line, we did not have to <u>wait</u> very <u>long</u>.
　　　　　　　　　형용사 명사　　　　　　　　동사　부사
줄이 길기는 했지만, 우리는 그렇게 오래 기다리지 않아도 됐다.

고득점 포인트

어떤 명사들은 앞에 다른 명사가 쓰여 복합 명사를 만들 수도 있음을 알아둔다.

laughter therapy 웃음 치료	movie theater 영화관
checkout counter 계산대	school bus 학교 버스
lunch box 점심 도시락	wedding ceremony 결혼식
water bottle 물병	summer vacation 여름 방학
paper clip 종이 클립	price tag 가격표
bottle opener 병따개	customer service 고객 서비스
train station 기차역	snow storm 눈폭풍
sports center 체육관	animal shelter 동물 보호소
class president 반장	text message 문자 메시지
football coach 축구 코치	class schedule 수업 시간표

불변의 패턴 30: 단수 명사 앞에는 every, another, either/neither가 오고, 복수 명사 앞에는 all, other, both가 와야 한다.

정답·해설·해석_p.18

대표 기출 예제 [2018년 국회직 9급]

In 1900, not a single country had what we would today consider a democracy: a government created by elections where **every adult citizen** could vote.

1900년에는, 어느 한 나라도 우리가 오늘날 민주주의라고 여기는, 즉, 모든 성인 시민이 투표할 수 있는 선거들에 의해 정부가 형성되는 것을 갖추고 있지 않았다.

- every(모든) 뒤에는 단수 명사가 와야 한다.
- every 뒤에 단수 명사 adult citizen이 올바르게 쓰였다.

기출문제 풀어보기

Q. 밑줄 친 부분 중 어법상 가장 옳은 것은? [2018년 서울시 9급]

More than 150 people ① <u>have fell ill</u>, mostly in Hong Kong and Vietnam, over the past three weeks. And experts ② <u>are suspected</u> that ③ <u>another 300 people</u> in China's Guangdong province had the same disease ④ <u>begin</u> in mid-November.

패턴 PLUS

「every + 단수 명사」는 단수 대명사로 가리켜야 하며, 주어로 쓸 때 단수 동사가 와야 한다. 마찬가지로, 「all + 복수명사」는 복수 명사로 가리켜야 하며, 주어로 쓸 때 복수 동사가 와야 한다.

Every device requires a battery to power it.
every + 단수 명사 단수 동사   단수 대명사
모든 장치는 그것에 전원을 공급하기 위한 배터리를 필요로 한다.

All products come with a money-back guarantee, and they also have a 10-year warranty.
all + 복수 명사 복수 동사   복수 대명사
모든 제품은 환불 보증이 제공되며, 그것들(모든 제품)은 10년 보증도 포함한다.

고득점 포인트

another와 every는 'few/숫자 + 복수 명사' 앞에도 올 수 있음을 알아둔다. 이때 뒤에 온 'few/숫자 + 복수 명사'는 한 단위로 취급되며, another는 '(~만큼) 더', every는 '매 (~만큼) 마다'라는 의미이다.

Ms. Choi was informed that she could upgrade to business class for **another** 100 dollars.
Ms. Choi는 100달러를 더 내면 비즈니스석으로 업그레이드할 수 있음을 알게 되었다.

불변의 패턴 31: 강조 부사는 형용사나 부사를 앞에서 강조해야 한다.

대표 기출 예제
[2023년 국회직 9급]

In relying **so heavily** on economic processes it is able to say little about, for example, the social geographies of cities that are clearly related to economic change.

예를 들어, 경제적 과정에 너무 과하게 의존함으로써, 경제 변화와 명백하게 관련된 도시들의 사회적 지형에 대해서는 거의 말할 수 없다.

- '경제적 과정에 너무 과하게 의존하다'라는 의미를 나타내기 위해 부사(heavily)를 수식하며 '매우, 너무' 등의 의미를 더해주는 강조 부사를 써야 한다.
- 강조 부사는 부사를 앞에서 강조해야 하므로, 강조 부사 so가 부사 heavily 앞에 올바르게 쓰였다.

기출문제 풀어보기

Q. 어법상 가장 옳지 않은 것은? [2022년 서울시 9급(2월 추가)]

① An ugly, old, yellow tin bucket stood beside the stove.
② It is the most perfect copier ever invented.
③ John was very frightening her.
④ She thought that he was an utter fool.

패턴 PLUS

강조 부사는 '매우, 너무' 등의 의미를 더해 수식하는 대상을 강조하며, 보통 형용사나 부사를 앞에서 강조한다. 다음은 다양한 강조 부사이다.

very 매우	much 너무, 많이
so (긍정적·부정적 의미로) 매우, 너무	too (부정적 의미로) 너무
pretty 꽤, 제법	quite 꽤, 상당히
ever 항상, 도대체	
much/even/still/far/a lot/by far (비교급 앞에서) 훨씬	

Thank you **very** much.
매우 대단히 감사합니다.

New laptop computers continue to get **even** smaller.
새로운 노트북 컴퓨터들은 계속 훨씬 더 작아지고 있다.

고득점 포인트

수식하는 대상을 강조하는 다른 강조 부사들도 함께 알아두도록 한다.

quite	'a(n) + 형용사 + 명사'를 앞에서 강조
enough	동사와 형용사를 뒤에서 강조
well, right, way	전치사구를 앞에서 강조
even	명사, 동사, 전치사구를 앞에서 강조
just, only	명사, 전치사구를 앞에서 강조

My apartment required **quite a large deposit**.
내 아파트는 꽤 많은 보증금을 필요로 했다.

She is **smart enough** to get any job she wants.
그녀는 그녀가 원하는 어떤 직업이든 구할 수 있을 만큼 충분히 똑똑하다.

Breakfast is available **only until 10 a.m.**
아침 식사는 오전 10시까지만 이용 가능하다.

불변의 패턴 32

by/until, for/during 등의 혼동하기 쉬운 전치사의 쓰임을 구분해야 한다.

대표 기출 예제 [2023년 국가직 9급]

We have to finish the work **until the end of this month**.

우리는 그 일을 이번 달 말까지 끝내야 한다.

- 문맥상 정해진 시점(이번 달 말)까지 '그 일'이 완료되는 상황을 나타내고 있다.
- 정해진 시점까지 어떤 행동이나 상황이 완료되는 것을 의미하는 전치사는 by이므로 특정 시점까지 어떤 행동이나 상황이 계속되는 것을 나타내는 전치사 until을 by(~까지)로 고쳐야 한다.

기출문제 풀어보기

Q. 어법상 옳은 것을 고르시오. [2017년 국가직 9급(10월 추가)]

① My father was in the hospital during six weeks.
② The whole family is suffered from the flu.
③ She never so much as mentioned it.
④ She would like to be financial independent.

패턴 PLUS

우리말로 비슷하게 해석되는 전치사라도 서로 다른 의미로 쓰이는 경우가 있으므로, 적절한 전치사가 쓰였는지는 전체 문장의 맥락을 파악한 후 판단해야 한다.

~까지	until	특정 시점까지 어떤 행동이나 상황이 계속되는 것
	by	정해진 시점까지 어떤 행동이나 상황이 완료되는 것
~ 동안	for	+ 숫자를 포함한 시간 표현 (얼마나 오래 지속되는가)
	during	+ 명사 (언제 일어나는가)
사이	between	'둘 사이'에 쓰여서 위치와 시간의 '사이'를 의미
	among	'셋 이상'의 그룹 '사이'를 의미

The lunch special is available **until** two o'clock.
점심 특선은 2시까지 이용 가능합니다.

The Pope will be visiting London **during** August.
교황이 8월 동안에 런던을 방문할 것이다.

His car was parked **between** two vans.
그의 차는 두 대의 밴 사이에 주차되어 있었다.

Section Test

1 다음 글의 밑줄 친 부분 중, 어법상 가장 틀린 것은?

[2022년 법원직 9급]

I was released for adoption by my biological parents and ① spend the first decade of my life in orphanages. I spent many years thinking that something was wrong with me. If my own parents didn't want me, who could? I tried to figure out ② what I had done wrong and why so many people sent me away. I don't get close to anyone now because if I do they might leave me. I had to isolate ③ myself emotionally to survive when I was a child, and I still operate on the assumptions I had as a child. I am so fearful of being deserted ④ that I won't venture out and take even minimal risks. I am 40 years old now, but I still feel like a child.

2 밑줄 친 부분 중 어법상 옳지 않은 것은?

[2015년 서울시 9급]

The cartoon character SpongeBob SquarePants is ① in a hot water from a study ② suggesting that watching just nine minutes ③ of that program can cause short-term attention and learning problems ④ in 4-year-olds.

3 밑줄 친 부분 중 어법상 가장 옳지 않은 것은?

[2018년 서울시 9급(6월 시행)]

His survival ① over the years since independence in 1961 does not alter the fact that the discussion of real policy choices in a public manner has hardly ② never occurred. In fact, there have always been ③ a number of important policy issues ④ which Nyerere has had to argue through the NEC.

4 우리말을 영어로 잘못 옮긴 것을 고르시오.

[2017년 지방직 9급(6월 시행)]

① 그를 당황하게 한 것은 그녀의 거절이 아니라 그녀의 무례함이었다.
→ It was not her refusal but her rudeness that perplexed him.

② 부모는 아이들 앞에서 그들의 말과 행동에 대해 아무리 신중해도 지나치지 않다.
→ Parents cannot be too careful about their words and actions before their children.

③ 환자들과 부상자들을 돌보기 위해 더 많은 의사가 필요했다.
→ More doctors were required to tend sick and wounded.

④ 설상가상으로, 또 다른 태풍이 곧 올 것이라는 보도가 있다.
→ To make matters worse, there is a report that another typhoon will arrive soon.

5 Which of the following best completes the blanks (A) and (B)?

[2017년 국회직 8급]

> Since (A) _____ creation, the Community of Democracies has aspired to actively engage in the promotion of democratic values and practices, whether through supporting countries in (B) _____ first steps in the democratic world or helping experienced democracies with challenges and dilemmas. The Community realizes this mission by providing and supporting series of initiatives and mechanisms alongside its participating states and its partners.

	(A)	(B)
①	its	our
②	their	their
③	its	its
④	their	its
⑤	its	their

6 우리말을 영어로 잘못 옮긴 것을 고르시오. [2016년 지방직 7급]

① 탄소배출은 가스, 석탄, 석유와 같은 화석연료 연소의 결과물이다.
   → Carbon emissions are a result of burning fossil fuels such as gas, coal, or oil.
② 모든 연령대의 사람들이 여왕에게 존경을 표하기 위해 차려 입었다.
   → People of all ages dressed up to show themselves their respect to the queen.
③ 당뇨병은 우리 건강에 심각한 위협이지만 완벽히 예방할 수 있다.
   → Although diabetes is a critical threat to our health, it can be completely prevented.
④ 토요일로 예정된 집회는 금세기에 가장 큰 정치적 모임이 될 것이다.
   → The rally scheduled for Saturday will be the largest political gathering in this century.

7 (A), (B), (C)의 각 네모 안에서 어법에 맞는 표현으로 가장 적절한 것은?

[2021년 법원직 9급]

> Some of our dissatisfactions with self and with our lot in life are based on real circumstances, and some are false and simply (A) (perceive / perceived) to be real. The perceived must be sorted out and discarded. The real will either fall into the changeable or the unchangeable classification. If it's in the latter, we must strive to accept it. If it's in the former, then we have the alternative to strive instead to remove, exchange, or modify it. All of us have a unique purpose in life; and all of us are gifted, just (B) (different / differently) gifted. It's not an argument about whether it's fair or unfair to have been given one, five, or ten talents; it's about what we have done with our talents. It's about how well we have invested (C) (them / those) we have been given. If one holds on to the outlook that their life is unfair, then that's really holding an offense against God.

	(A)	(B)	(C)
①	perceive	different	them
②	perceive	differently	those
③	perceived	different	them
④	perceived	differently	those

8 다음 세 문장의 밑줄 친 부분에 들어갈 말이 순서대로 짝지어진 것은?

[2011년 국회직 9급]

> • Many a student _____ to pass the exam.
> • A number of people _____ late for work because there was a traffic accident.
> • I could not read every _____ of the library.

① tries — were — book ② try — was — books
③ tries — was — book ④ try — were — books
⑤ tries — was — books

gosi.Hackers.com

Section 5
접속사와 절

최신 출제경향

최근 5개년 출제율

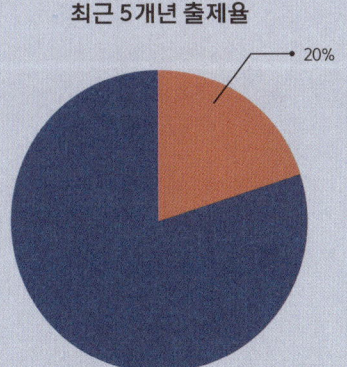

20%

최근 5개년 출제 문항 수

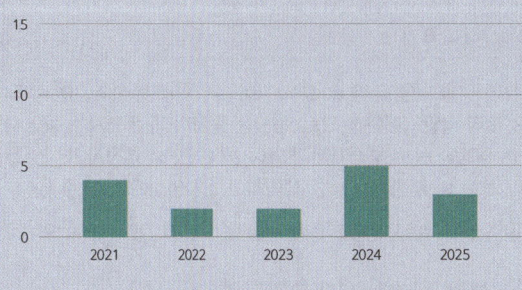

'25~'21 국가직·지방직·서울시·법원직·국회직 9급(2025.09 기준)

불변의 패턴 33

상관접속사의 and/but/(n)or 앞뒤로는 형태와 기능이 대등한 것끼리 나열되어야 한다.

대표 기출 예제
[2024년 서울시 9급(2월 추가)]

This is a kind of literary criticism very different from the one that had existed in the nineteenth century, **not only** in attitude **but** in vocation too, as criticism became increasingly academic and technical.

이는 비평이 점점 학문적이고 기술적으로 되면서 태도뿐 아니라 직업에 있어서도 19세기에 존재했던 것과는 매우 다른 일종의 문학 비평이다.

- '태도뿐 아니라 직업에 있어서도'라는 의미를 나타내기 위해 상관접속사 not only A but B(A뿐만 아니라 B도)가 쓰였다.
- but을 포함하는 상관접속사로 연결된 A와 B에는 대등한 것이 와야 하는데 not only 뒤에 전치사구(in attitude)가 왔으므로, but 뒤에도 전치사구 in vocation이 올바르게 쓰였다.

기출문제 풀어보기

Q. 우리말을 영어로 잘못 옮긴 것은? [2016년 사회복지직 9급]

① 네가 하는 어떤 것도 나에게는 괜찮아.
   → Whatever you do is fine with me.
② 나는 어떤 일도 결코 우연히 하지 않았으며, 내 발명 중 어느 것도 우연히 이루어진 것은 없었다.
   → I never did anything by accident, nor did any of my inventions come by accident.
③ 사랑은 서로를 응시하는 것에 있지 않고, 같은 방향을 함께 바라보는 것에 있다.
   → Love does not consist in gazing at each other, but looks outward together in the same direction.
④ 자원봉사자들은 그들이 가치가 없기 때문이 아니라, 매우 귀중하기 때문에 보수를 받지 않는다.
   → Volunteers aren't paid, not because they are worthless, but because they are priceless.

패턴 PLUS

- and/but/(n)or 등을 포함하는 상관접속사로 연결된 A와 B에는 대등한 것이 와야 한다.

both A and B	A와 B 둘 다
not A but (rather) B	A가 아니라 (오히려) B
either A or B	A와 B 둘 중 아무거나
not only/just A but (also) B	A뿐 아니라 B도
neither A nor B	A나 B 둘 다 아닌

- 둘 이상의 것을 나열할 때 and/but/(n)or 앞뒤로 형태와 기능이 대등한 것끼리 나열되어야 하므로, 동사는 동사끼리, 동명사는 동명사끼리, to 부정사는 to 부정사끼리 와야 한다. 단, to 부정사가 나열될 때 뒤에 오는 to 부정사는 to를 생략하고 동사원형으로 올 수 있다.

  Meditation allows people to increase their sense of well-being (to 부정사) and (to) experience a better quality of life. (to를 생략한 동사원형)

  명상은 사람들이 행복감을 높이고 더 나은 삶의 질을 경험할 수 있게 한다.

불변의 패턴 34: 완전한 절과 불완전한 절 앞에 오는 명사절 접속사를 구분해야 한다.

대표 기출 예제 [2022년 법원직 9급]

The key to understanding economics is accepting **that** there are always unintended consequences.

경제학을 이해하는 비결은 항상 의도하지 않은 결과가 있다는 것을 받아들이는 것이다.

- that 뒤에 완전한 절(there are always unintended consequences)이 왔다.
- 문맥상 '항상 의도하지 않은 결과가 있다는 것'이라는 의미가 되어야 자연스러우므로, '~라는 것'이라는 의미의 명사절 접속사 that이 완전한 절(there are ~ consequences) 앞에 올바르게 쓰였다.

기출문제 풀어보기

Q. 우리말을 영어로 잘못 옮긴 것은? [2020년 지방직 9급]

① 보증이 만료되어서 수리는 무료가 아니었다.
   → Since the warranty had expired, the repairs were not free of charge.

② 설문지를 완성하는 누구에게나 선물카드가 주어질 예정이다.
   → A gift card will be given to whomever completes the questionnaire.

③ 지난달 내가 휴가를 요청했더라면 지금 하와이에 있을 텐데.
   → If I had asked for a vacation last month, I would be in Hawaii now.

④ 그의 아버지가 갑자기 작년에 돌아가셨고, 설상가상으로 그의 어머니도 병에 걸리셨다.
   → His father suddenly passed away last year, and, what was worse, his mother became sick.

패턴 PLUS

명사절 접속사는 완전한 절 앞에 오는 것과 불완전한 절 앞에 오는 것으로 나뉘므로, 뒤에 오는 절의 형태를 보고 올바른 것이 왔는지 확인할 수 있다. 뒤에 오는 절의 형태에 맞는 것이 왔다면, 의미가 적절한 것이 왔는지 확인한다.

that ~라는 것, ~라고 whether/if ~인지 (아닌지) when/where/why/how 언제/어디에서/왜/어떻게 ~하는지, ~하는 시간/장소/이유/방법 how + 형용사/부사 얼마나 …한/하게 ~하는지	+ 완전한 절
what 무엇이(무엇을) ~하는지, ~하는 것 which/who(m) 무엇이(무엇을)/누가(누구를) ~하는지 whatever/whichever/who(m)ever ~하는 무엇이든지/누구든지	+ 불완전한 절

고득점 포인트

명사절은 보통 길이가 길기 때문에, 문장의 앞에 주어로 쓰기보다는 가주어 it을 쓰고 진짜 주어인 명사절은 뒤에 쓰는 경우가 많다. 이때 뒤에 오는 절의 형태를 보고 올바른 것이 왔는지 확인한다.

It is important that [students learn the value of hard work]. (완전한 절)
가주어 / 주어 / 동사 / 목적어
학생들이 노력의 가치를 배우는 것이 중요하다.

When we assess food, **it** is surprising **what** [we emphasize about flavor]. (목적어가 없는 불완전한 절)
가주어 / 주어 / 동사
우리가 음식을 평가할 때, 맛에 대해 강조하는 것은 놀랍다.

불변의 패턴 35: 적절한 의미로 절과 절을 연결하는 부사절 접속사가 와야 한다.

대표 기출 예제
[2016년 국가직 9급]

A strong wind blew my umbrella inside out **as** I was walking home from school.

학교에서 집으로 걸어오고 있을 때 강풍에 내 우산이 뒤집혔다.

- '학교에서 집으로 걸어오고 있을 때'라며 시간을 나타내고 있다.
- 부사절 접속사 as는 '~할 때'의 의미를 나타낼 수 있으므로, 부사절 접속사 as가 완전한 절(I was ~ school) 앞에 올바르게 쓰였다.

기출문제 풀어보기

Q. 우리말을 영어로 가장 잘 옮긴 것을 고르시오.
[2021년 국가직 9급]

① 당신이 부자일지라도 당신은 진실한 친구들을 살 수는 없다.
 → Rich as if you may be, you can't buy sincere friends.

② 그것은 너무나 아름다운 유성 폭풍이어서 우리는 밤새 그것을 보았다.
 → It was such a beautiful meteor storm that we watched it all night.

③ 학위가 없는 것이 그녀의 성공을 방해했다.
 → Her lack of a degree kept her advancing.

④ 그는 사형이 폐지되어야 하는지 아닌지에 대한 에세이를 써야 한다.
 → He has to write an essay on if or not the death penalty should be abolished.

패턴 PLUS

절과 절을 연결하는 부사절 접속사는 다양한 의미를 가지는 경우가 많다. 따라서 접속사별 다양한 의미를 익혀두고 문맥에 맞는 접속사가 쓰였는지 확인할 수 있어야 한다. 다음은 다양한 부사절 접속사이다.

while ~하는 동안, 반면에	unless 만약 ~아니라면, ~하지 않는 한
since ~한 이래로, ~기 때문에	as ~할 때, ~함에 따라, ~기 때문에
whether ~이든 아니든	(just) as (꼭) ~인 것처럼
if 만약 ~라면(명사절 접속사일 때는 '~인지 아닌지')	
as though [as if] 마치 ~인 것처럼	

불변의 패턴 36

명사 역할의 단어/구 앞에는 전치사가 오고, 절 앞에는 부사절 접속사가 와야 한다.

정답·해설·해석_p.21

대표 기출 예제
[2024년 지방직 9급]

One of the many virtues of the book you are reading is that it provides an entry point into *Maps of Meaning*, which is a highly complex work **because of** the author **was working** out his approach to psychology as he wrote it.

당신이 읽고 있는 책의 많은 장점 중 하나는 그것이 『의미의 지도』에 대한 진입점을 제공한다는 점인데, 이것은 작가가 이 책을 쓰면서 심리학에 대한 그의 접근법을 연구하고 있었기 때문에 매우 복잡한 작품이다.

- because of 뒤에 주어(the author)와 동사(was working)를 포함하는 절이 왔다.
- 절 앞에는 부사절 접속사가 와야 하고, 문맥상 '접근법을 연구하고 있었기 때문에'라는 의미가 되어야 자연스러우므로, 전치사 because of를 '~하기 때문에'라는 의미를 갖는 부사절 접속사 because로 고쳐야 한다.

기출문제 풀어보기

Q. 우리말을 영어로 가장 잘 옮긴 것은? [2016년 사회복지직 9급]

내가 저지른 모든 실수에도 불구하고 그는 여전히 나를 신임했다.

① I had made all the mistakes, though he still trusted me.
② I had made all the mistakes, moreover, he still trusted me.
③ Despite all the mistakes I had made, he still trusted me.
④ Nevertheless all the mistakes I had made, he still trusted me.

패턴 PLUS

- 명사/대명사/동명사 등 명사 역할을 하는 단어/구 앞에는 전치사가 와야 하고, 「주어 + 동사」를 포함한 절 앞에는 부사절 접속사가 와야 한다. 다음은 유사한 의미를 가졌지만, 각각 전치사와 접속사로만 쓰이는 표현들이다.

	전치사 (+ 단어/구)	부사절 접속사 (+ 절)
~ 때문에	because of	because
~하는 동안	during	while
비록 ~이지만	despite [in spite of]	although [though]

- 다음의 단어들은 전치사와 부사절 접속사 둘 다로 쓰이므로, 뒤에 단어/구나 절이 모두 올 수 있는 것에 주의한다.

> **before** (전) ~ 전에 (접) ~하기 전에
> **after** (전) ~ 후에 (접) ~한 후에
> **until** (전) ~까지 (접) ~하기까지
> **since** (전) ~ 이래로 (접) ~한 이래로, ~하기 때문에
> **as** (전) ~로서, ~처럼, ~만큼 (접) ~하듯이, ~함에 따라, ~하기 때문에
> **like** (전) ~과 같은, ~처럼 (접) ~하는 것처럼, ~하듯이

I have lived with my grandmother **since** <u>my birth</u>.
　　　　　　　　　　　　　　　　　　　　　명사구
나는 태어났을 때부터 할머니와 함께 살았다.

I have lived with my grandmother **since** <u>I was born</u>.
　　　　　　　　　　　　　　　　　　　　　주어 동사
나는 태어났을 대부터 할머니와 함께 살았다.

고득점 포인트

like와 alike를 혼동하지 않도록 주의한다. like는 전치사나 접속사로 쓸 수 있지만, alike는 형용사와 부사로만 쓸 수 있다. 또한 형용사 alike는 명사를 앞에서 수식하는 데는 쓸 수 없고, 동사 뒤에서 보어로만 쓰인다.

> **like** (전) ~와 비슷한, ~처럼 (접) ~하는 것처럼, ~하듯이
> **alike** (형) 비슷한, 서로 같은 (부) 비슷하게, 마찬가지로

　　　　　　　　　　　　　　→ like(전치사)
Labels on food are alike <u>the table</u> of contents found in books.
　　　　　　　　　　　　　　　명사
식품의 라벨은 책에서 찾아볼 수 있는 목차와 같다.

불변의 패턴 37: that만 쓸 수 있는 구문에 주의해야 한다.

대표 기출 예제
[2017년 법원직 9급]

But such a society, while waiting for some ultimate version of events, would be **so rife** with rumor, alarm, and lies **which** the errors of our journalism would by comparison seem models of truth.

하지만 그러한 사회는, 사건에 대한 최종적인 설명을 기다리는 동안, 소문, 불안, 그리고 거짓말로 너무 가득 차서 우리 언론의 실수는 그에 비해 진실의 본보기로 보일 것이다.

- 'so + 형용사(rife)'가 쓰였고, 뒤에 완전한 절(the errors ~ of truth)이 왔다.
- 문맥상 '거짓말로 너무 가득 차서 ~ 하다'라는 의미가 되어야 자연스러우므로, which를 'so + 형용사(rife)'와 함께 쓰며 '너무 ~해서 -하다'라는 의미를 만드는 that으로 고쳐야 한다.

기출문제 풀어보기

Q. 어법상 옳은 것은? [2013년 국가직 9급]

① Few living things are linked together as intimately than bees and flowers.
② My father would not company us to the place where they were staying, but insisted on me going.
③ The situation in Iraq looked so serious that it seemed as if the Third World War might break out at any time.
④ According to a recent report, the number of sugar that Americans consume does not vary significantly from year to year.

패턴 PLUS

which/what 등은 쓸 수 없고 that만 쓸 수 있는 구문들이 있다. 따라서 문제 주변을 잘 살펴보고 that을 써야만 하는 구문인지 확인해야 한다. 이러한 that 뒤에는 완전한 절이 온다.

너무 (형용사/부사) 해서 ~하다	so + 형용사/부사 + that + 완전한 절
	such + (a/an) + (형용사) + 명사 + that + 완전한 절
~해서/~라는 것이 (형용사)하다	생각/감정 형용사 + that + 완전한 절
	the + 특정 명사 + 동격 that + 완전한 절
~라는 사실/희망 등 명사	the fact that ~라는 사실
	the hope that ~라는 희망
	the idea that ~라는 아이디어
	the news that ~라는 소식
	the belief that ~라는 믿음
	the notion that ~라는 개념
	the possibility that ~라는 가능성
	the perspective that ~라는 관점
	the guarantee that ~라는 보장

고득점 포인트

It-that 강조 구문 역시 that을 주로 사용하지만, 강조 대상의 종류에 따라 that 대신 who(사람)/when(시간)/where(장소) 등이 올 수 있는 것에 주의한다.

It was Dr. Jonas Salk **who[that]** successfully developed
　　　　　　강조 대상(사람)
the vaccine in 1955.

1955년에 백신을 성공적으로 개발한 사람은 Jonas Salk 박사였다.

불변의 패턴 38

that은 명사절 접속사와 관계사로 모두 쓸 수 있지만, what은 선행사를 수식하는 관계사로 쓸 수 없다.

대표 기출 예제
[2023년 법원직 9급]

Language is an amazing thing **what** we take for granted.

언어는 우리가 당연하게 여기는 놀라운 것이다.

- 선행사(an amazing thing)가 사물이고, 관계절 내에서 동사 take의 목적어 역할을 하고 있다.
- 명사절 접속사 what은 선행사를 수식하는 관계사로 쓸 수 없으므로, 명사절 접속사 what을 사물을 가리키는 목적격 관계대명사 that으로 고쳐야 한다.

기출문제 풀어보기

Q. 어법상 옳지 않은 것은? [2017년 지방직 9급(6월 시행)]

① You might think that just eating a lot of vegetables will keep you perfectly healthy.
② Academic knowledge isn't always that leads you to make right decisions.
③ The fear of getting hurt didn't prevent him from engaging in reckless behaviors.
④ Julie's doctor told her to stop eating so many processed foods.

패턴 PLUS

- that이 명사절 접속사일 때는 완전한 절 앞에 오고, 관계사일 때는 완전한 절과 불완전한 절 모두 앞에 올 수 있다. 반면에 what은 명사절 접속사로서 불완전한 절 앞에만 올 수 있고, 앞에 있는 명사(선행사)를 수식하는 관계사로는 쓸 수 없다.

명사절 접속사 that	+ 완전한 절
관계사 that	+ 완전한/불완전한 절
명사절 접속사 what	+ 불완전한 절

- what은 the thing(s) that과 바꾸어 쓸 수 있으므로 '선행사를 포함한 관계대명사'라고 불리기도 한다. 그러나 what은 앞에 있는 선행사를 수식할 수 없으며, 명사절만을 이끈다는 것을 기억해 두어야 한다.

Finally, people began to believe **what** we were saying.
  (believe의 목적어 역할을 하는 명사절)
= Finally, people began to believe the thing that we were saying.
   (선행사) (선행사를 수식하는 관계절)

마침내, 사람들은 우리가 말하는 것을 믿기 시작했다.

불변의 패턴 39: 선행사의 종류와 격에 맞는 관계사가 와야 한다.

대표 기출 예제
[2022년 국회직 9급]

The expert paleontologists **whose** advice I sought all said that they knew of no physical evidence of sound-making structures from animals until the first cricket-and cicada-like insects evolved.

내가 조언을 구한 전문적인 고생물학자들은 모두 최초의 귀뚜라미와 매미와 같은 곤충이 진화하기 전까지는 동물의 소리 생성 구조에 대한 물리적 증거를 알지 못했다고 말했다.

- 선행사(The expert paleontologists)가 사람이고, 관계절 내에서 advice가 누구의 조언인지를 나타내고 있다.
- 선행사를 수식하는 역할을 하는 관계대명사는 선행사의 종류와 대신하는 대명사의 원래 격에 맞아야 하므로, 사람을 나타내는 소유격 관계대명사 whose가 올바르게 쓰였다.

기출문제 풀어보기

Q. 밑줄 친 부분이 어법상 옳지 않은 것은? [2024년 지방직 9급]

① You must plan <u>not to spend</u> too much on the project.
② My dog <u>disappeared</u> last month and hasn't been seen since.
③ I'm sad that the people <u>who</u> daughter I look after are moving away.
④ I bought a book on my trip, and it was <u>twice as expensive as</u> it was at home.

패턴 PLUS

앞에 있는 명사(선행사)를 수식하거나, 보충 설명하는 역할을 하는 관계사는 선행사의 종류에 맞아야 한다. 또한 관계대명사의 경우, 주어/목적어 등 관계대명사가 대신하는 대명사의 원래 격에 일치해야 한다.

선행사	관계대명사		
	주격	목적격	소유격
사람	who/that	who(m)/that	whose+명사
사물	which/that	which/that	whose+명사 명사+of which

선행사	관계부사
시간	when
장소	where
the reason(이유)	why
the way(방법)	how

※ 단, the way와 how는 함께 쓸 수 없고, 둘 중 하나는 반드시 생략해야 한다.

고득점 포인트

- which는 앞에 있는 절 전체를 가리키기도 한다. 이때 which 뒤에는 단수 동사가 온다.

Susan goes to the gym twice a week, **which** makes her much healthier.
Susan은 일주일에 두 번씩 체육관에 가는데, 그것은 그녀를 훨씬 더 건강하게 만든다.

- 관계대명사 자리에 대명사가 오지 않았는지 확인해야 한다. 명사 뒤에 수식하거나 보충 설명하는 절을 접속사 없이 연결하기 위해서는 대명사가 아닌 관계대명사가 필요하다.

The great Pyramid of Giza is <u>a large structure</u> <u>it</u> was built over 4,000 years ago.
　　　　　　　　　　　　　　　　　선행사　　　　　→ which/that
기자의 위대한 피라미드는 4,000년 전에 지어진 대규모 건축물이다.

The market now has <u>high-efficiency toilets</u>, some of <u>them</u> use
　　　　　　　　　　　　선행사　　　　　　　　　　→ which
1.3 gallons per flush.
현재 시장에는 고효율 변기가 있으며, 그중 일부는 물을 내릴 때마다 1.3갤런을 사용한다.

불변의 패턴 40

불완전한 절 앞에는 관계대명사가 오고, 완전한 절 앞에는 관계부사 또는 「전치사 + 관계대명사」가 와야 한다.

정답·해설·해석_p.22

대표 기출 예제
[2024년 법원직 9급]

Dressed in long robes, they jump into the Euphrates River **where** one is swimming while the others hug a lifebuoy to their chests.

긴 옷을 입은 그들은 유프라테스강으로 뛰어들고, 그곳에서 한 사람은 수영하고 다른 사람들은 구명부표를 가슴에 껴안는다.

- 관계사 뒤에 완전한 절(one is ~ their chests)이 왔다.
- 완전한 절 앞에 오는 것은 관계대명사가 아닌 관계부사이고, 관계부사가 수식하는 선행사가 장소(the Euphrates River)이므로, 장소를 나타내는 관계부사 where이 완전한 절 앞에 올바르게 쓰였다.

기출문제 풀어보기

Q. 밑줄 친 부분 중 어법상 옳지 않은 것을 고르시오.

[2025년 출제기조 전환 대비 2차 예시문제]

It seems to me that any international organization ① designed to keep the peace must have the power not merely to talk ② but also to act. Indeed, I see this ③ as the central theme of any progress towards an international community ④ which war is avoided not by chance but by design.

패턴 PLUS

관계부사 대신 that을 쓸 수도 있는데, that이 관계대명사일 때는 불완전한 절 앞에 오고, 관계부사일 때는 완전한 절 앞에 온다.

Take your comics with you when you visit sick friends that [can use a good laugh]. (= 주격 관계대명사 who)

크게 웃는 것을 정말 잘 활용할 수 있는 아픈 친구들을 방문하러 갈 때 여러분의 만화를 가지고 가라.

Most people do not like to spend time in places that [they feel uncomfortable]. (= 관계부사 where)

대부분의 사람들은 불편함을 느끼는 장소에서 시간을 보내는 것을 좋아하지 않는다.

고득점 포인트

전치사 뒤의 관계대명사로는 which나 whom이 오고, that은 올 수 없는 것에 주의한다.

There are many examples [in that insect bodies develop differently from our own]. (→ which)

곤충의 몸이 우리의 몸과 다르게 발달한 사례는 많다.

Section Test

1 밑줄 친 부분 중 어법상 옳지 않은 것을 고르시오.

[2025년 지방직 9급]

> The olive tree was ① such a driving force in the economies of the Ancient Greek city-states ② that it was believed ③ to have been a gift of gods—namely from Athena, the goddess of wisdom, ④ whom Athens took its name.

2 밑줄 친 부분 중 어법상 옳지 않은 것을 고르시오.

[2025년 국가직 9급]

> The city opened the Smart Senior Citizens' Center, a leisure facility that offers ① customized programs for the elderly. It ② features virtual activities such as silver aerobics and ③ laughter therapy, monitors health metrics in collaboration with public health centers, and ④ including indoor gardening activities.

3 밑줄 친 부분 중 어법상 가장 옳지 않은 것은?

[2024년 서울시 9급(2월 추가)]

> Research shows that tea drinkers can ① enjoy greater protection from heart disease, cancer, and stress, ② no matter how type of brew they choose. Experts say the antioxidants in tea leaves confer major health benefits. ③ That's why we admire how some creative cooks went beyond the cup to ④ find tasty ways to meld tea with their appetizers, meals, and desserts.

4 밑줄 친 부분 중 어법상 가장 옳은 것은?

[2024년 서울시 9급(2월 추가)]

> ① Despite the inconsistent and fairly sparse laboratory data regarding groupthink, the theory has been believed to have explanatory potential. ② Some of this continued confidence undoubtedly stems in part from a series of creative historical analysis that have been advanced to substantiate the model's various hypotheses. ③ Surely, we must be careful of such historical analysis for several reasons, as we cannot be certain that contradictory examples have not overlook. ④ Such case studies, however, do have the virtue of looking at cases which the antecedent conditions were strong enough to create the conditions deemed necessary by the model.

5 밑줄 친 부분 중 어법상 옳지 않은 것은? [2023년 지방직 9급]

One reason for upsets in sports—① in which the team ② predicted to win and supposedly superior to their opponents surprisingly loses the contest— is ③ what the superior team may not have perceived their opponents as ④ threatening to their continued success.

6 어법상 옳지 않은 문장은? [2021년 국회직 9급]

① The average size of humans have fluctuated over the last million years.
② Before I made a decision about what to do, I had weighed all the alternatives.
③ Tom played so well that he received a standing ovation from the audience.
④ The local government addresses the problems of malnutrition in the state.
⑤ All members must agree to abide by the club regulations.

7 (A), (B), (C)에서 어법에 맞는 표현으로 가장 적절한 것은? [2019년 법원직 9급]

First impression bias means that our first impression sets the mold (A) [which / by which] later information we gather about this person is processed, remembered, and viewed as relevant. For example, based on observing Ann-Chinn in class, Loern may have viewed her as a stereotypical Asian woman and assumed she is quiet, hard working, and unassertive. (B) [Reached / Having reached] these conclusions, rightly or wrongly, he now has a set of prototypes and constructs for understanding and interpreting Ann-Chinn's behavior. Over time, he fits the behavior consistent with his prototypes and constructs into the impression (C) [that / what] he has already formed of her. When he notices her expressing disbelief over his selection of bumper stickers, he may simply dismiss it or view it as an odd exception to her real nature because it doesn't fit his existing prototype.

	(A)	(B)	(C)
①	which	reached	that
②	which	having reached	what
③	by which	having reached	that
④	by which	reached	what

8 어법상 옳은 것은? [2019년 지방직 9급]

① The paper charged her with use the company's money for her own purposes.
② The investigation had to be handled with the utmost care lest suspicion be aroused.
③ Another way to speed up the process would be made the shift to a new system.
④ Burning fossil fuels is one of the lead cause of climate change.

gosi.Hackers.com

Section 6
어순과 특수구문

최신 출제경향

최근 5개년 출제율
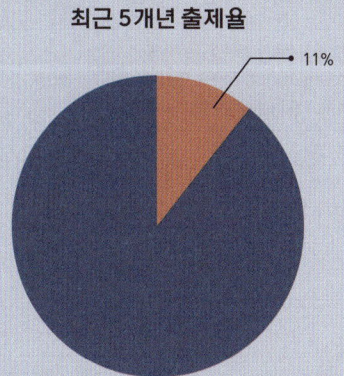
11%

최근 5개년 출제 문항 수
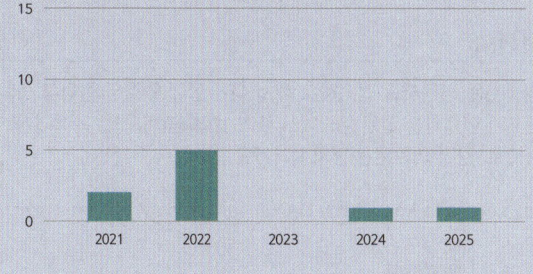

'25~'21 국가직·지방직·서울시·법원직·국회직 9급(2025.09 기준)

불변의 패턴 41

간접 의문문은 「의문사 + 주어 + 동사」 순으로 와야 한다.

대표 기출 예제
[2017년 국가직 9급(10월 추가)]

Can you tell **who that is** over there?
저쪽에 있는 사람이 누구인지 알겠니?

- 동사 tell의 목적어 자리에 의문사 who가 이끄는 간접 의문문이 쓰였다.
- 간접 의문문은 '의문사(who) + 주어(that) + 동사(is)'의 어순으로 쓰여야 하므로, who that is가 올바르게 쓰였다.

기출문제 풀어보기

Q. 어법상 옳은 것은?   [2020년 국가직 9급]

① The traffic of a big city is busier than those of a small city.
② I'll think of you when I'll be lying on the beach next week.
③ Raisins were once an expensive food, and only the wealth ate them.
④ The intensity of a color is related to how much gray the color contains.

패턴 PLUS

간접 의문문은 의문사를 접속사로 해서 다른 절에 연결된 절이다. 이때 의문사가 연결하는 절은 문장에서 주어/보어/(전치사의) 목적어 역할을 하므로, 간접 의문문은 명사절이기도 하다.

　　　　　　　　　　　　의문사 (명사절 접속사)
Nobody seems to know [**why** Daniel has been away from town
　　　　　　　　　　　　　　주어　　　동사
for the past few days].
↳ to 부정사 to know의 목적어인 명사절
Daniel이 지난 며칠 동안 도시를 떠나 있었던 이유를 아는 사람은 아무도 없는 것 같다.

고득점 포인트

간접 의문문의 「주어 + 동사」 앞에 다음과 같은 형태의 의문사가 올 수도 있다.

| how + 형용사/부사 얼마나 ~한/하게 |
| how + many/much (of) + 명사 얼마나 많은 (명사) |
| what/which (kind of) + 명사 어떤 (명사) |

Managers are still discussing **which solution** the client
　　　　　　　　　　　　　　　　　which + 명사　　주어
will prefer.
동사
관리자들은 그 고객이 어떤 해결책을 선호할지 계속 논의하고 있다.

The traffic study revealed **how many cars** residents of
　　　　　　　　　　　　　　　how + many + 명사　　주어
the city own.
　　　동사
교통 조사는 그 도시의 주민들이 자동차를 몇 대나 소유하고 있는지를 밝혔다.

불변의 패턴 42: enough는 명사의 앞에 오거나, 형용사/부사의 뒤에 와야 한다.

대표 기출 예제 [2013년 국가직 9급]

We were **enough fortunate** to visit the Grand Canyon, which has much beautiful landscape.

우리는 운이 좋게도 그랜드캐년을 방문했는데, 거기에는 경치가 아름다운 곳이 많다.

- enough가 형용사 fortunate를 수식하며 '운이 좋게도 그랜드캐년을 방문했다'라는 의미를 나타내고 있다.
- enough는 형용사의 뒤에 와야 하므로, enough fortunate를 fortunate enough로 고쳐야 한다.

기출문제 풀어보기

Q. 다음 중 어법상 잘못된 부분을 고르시오. [2009년 국회직 9급]

Water particles ① carried to ② a great height freeze into ice particles and ③ are swept upward and ④ refrozen repeatedly until they are ⑤ enough heavy to fall as hail.

패턴 PLUS

enough 뒤에는 「for + 목적격」 또는 to 부정사가 자주 함께 쓰이며, 둘 다 올 때는 「for + 목적격」이 to 부정사 앞에 온다.

There were many guests, but thankfully we had **enough** seats (명사) for them.
(for + 목적격)

손님이 많았지만, 다행히 우리는 그들을 위한 충분한 자리가 있었다.

This laptop is light **enough** for me to carry in my bag.
(형용사) (for + 목적격) (to 부정사)

이 노트북은 내가 가방에 넣고 다닐 수 있을 만큼 가볍다.

불변의 패턴 43

「타동사 + 부사」의 목적어가 대명사면 타동사와 부사 사이에 와야 한다.

정답·해설·해석_p.26

대표 기출 예제 [2018년 국가직 9급]

I think the better question to ask is whether you are going to do something about it or just let life **pass you by**.

나는 물어보기에 더 나은 질문은 당신이 무언가 행동을 취할 것인지 아니면 그저 인생이 당신을 스쳐 지나가게 할 것인지라고 생각한다.

- 타동사(pass)와 부사(by)의 목적어가 대명사(you)이다.
- 「타동사 + 부사」의 목적어가 대명사인 경우에는 목적어가 타동사와 부사 사이에 와야 하므로, pass you by가 올바르게 쓰였다.

기출문제 풀어보기

Q. 밑줄 친 부분 중 어법상 옳지 않은 것은? [2021년 국회직 9급]

Learning to ① <u>pose questions</u> and receive information that is satisfying ② <u>is a key social</u> as well as intellectual experience in a child's development. Children who don't have a successful experience at this stage, or ③ <u>who experience</u> is frustrated or perverted, ④ <u>stop participating</u> in the learning process. They stop expressing their questions, and eventually may stop ⑤ <u>thinking them up</u>.

패턴 PLUS

- 「타동사 + 부사」의 목적어가 명사라면 타동사와 부사 사이에 올 수도 있고, 부사 뒤에 올 수도 있다. 그러나 목적어가 대명사라면 타동사와 부사 사이에만 와야 하고, 부사 뒤에는 올 수 없다.

He took sunglasses with him and put them on at the beach.
　　　　　　　　　　　　　　　　타동사 대명사 부사

그는 선글라스를 가져와서 해변에서 썼다.

- 자주 쓰이는 「타동사 + 부사」

give away ~을 거저 주다	put off ~을 미루다
hand in ~을 제출하다	give up ~을 포기하다, ~을 줘버리다
take away ~을 치우다	turn down ~을 거절하다
put on ~을 입다	set up ~을 설치하다, ~을 함정에 빠뜨리다
bring up (문제)를 꺼내다, ~을 기르다	

고득점 포인트

「타동사 + 부사」와 「자동사 + 전치사」를 혼동하지 않도록 주의해야 한다. 타동사는 목적어를 취하는 동사이므로 목적어가 타동사 바로 뒤에 올 수 있지만, 자동사는 목적어를 취하지 않는 동사이므로 목적어는 항상 전치사 뒤에 와야 한다.

arrive at ~에 도착하다	wait for ~을 기다리다
ask for ~을 요구하다	belong to ~에 속하다
depend on ~에 의존하다	cope with ~을 다루다
agree with ~에 동의하다	look at ~을 보다
laugh at ~을 (비)웃다	look for ~을 찾다
listen to ~을 듣다	deal with ~을 다루다
look after ~을 돌보다	consist of ~로 구성되다

Alligators lay their eggs near the river and ~~look them after~~ for about two months.
　　　　　　　　　　　　　　　　　　　　→ look after them
　　　　　　　　　　　　　　　　　　　　(자동사 + 전치사 + 대명사)

악어는 강 근처에 그들의 알을 낳고 약 두 달 동안 그것들을 돌본다.

불변의 패턴 44

관용적으로 원급/비교급/최상급을 쓰는 표현들을 통째로 익혀두어야 한다.

대표 기출 예제 [2024년 국가직 9급]

They are not interested in reading poetry, **still more** in writing.

그들은 시를 읽는 것에 관심이 없고, 하물며 글쓰기에도 관심이 없다.

- 문맥상 '하물며 글쓰기에도 관심이 없다'라는 의미가 되어야 자연스럽다.
- '하물며 ~아닌'은 비교급 관련 표현 still less를 사용하여 나타낼 수 있으므로, still more를 still less로 고쳐야 한다.

기출문제 풀어보기

Q. 우리말을 영어로 잘못 옮긴 것을 고르시오. [2022년 국가직 9급]

① 우리가 영어를 단시간에 배우는 것은 결코 쉬운 일이 아니다.
→ It is by no means easy for us to learn English in a short time.

② 우리 인생에서 시간보다 더 소중한 것은 없다.
→ Nothing is more precious as time in our life.

③ 아이들은 길을 건널 때 아무리 조심해도 지나치지 않다.
→ Children cannot be too careful when crossing the street.

④ 그녀는 남들이 말하는 것을 쉽게 믿는다.
→ She easily believes what others say.

패턴 PLUS

원급/비교급/최상급을 쓰는 관용 표현
<원급 관련 표현>

| as + many/much + 명사 + as... ...만큼 많은 (명사) |
| 배수사(twice/three times 등) + as + 원급 + as ... ...의 몇 배만큼 ~한 |
| as + 원급 + as possible 가능한 한 ~하게 |

The firefighters tried to put out the wildfire **as quickly as possible** to reduce the damage.
소방관들은 피해를 줄이기 위해 가능한 한 빠르게 산불을 진압하려고 노력했다.

<비교급 관련 표현>

| no other + 단수 명사 / nothing ~비교급 + than |
| 다른 어떤 -도 ~보다 더 ~하지 않다 |
| the + 비교급 ~, the + 비교급... 더 ~할수록, 더 ...하다 |
| 비교급 + than any other + 단수 명사 다른 어떤 (단수 명사)보다 더 ~한 |
| much[still] less 하물며 ~아닌 |

They didn't finish their homework, **still less** study for the test.
그들은 숙제를 하지 않았고, 하물며 시험을 위한 공부도 안 했다.

<최상급 관련 표현>

| one of the + 최상급 + 복수 명사 가장 ~한 (복수 명사)들 중 하나 |
| the + 최상급 + possible 가능한 가장 ~한 |

If you are ever outside during a tornado, you should move to **the lowest possible** spot.
토네이도가 발생하는 동안 밖에 있는 경우, 가능한 한 가장 낮은 곳으로 이동해야 한다.

고득점 포인트

비교 구문에서는 as와 as 사이에 원급이 왔는지, 비교급 뒤에 than이 잘 왔는지 등을 묻는 문제가 자주 출제된다.

원급 비교 구문	A ~ + as + 형용사/부사 원급 + as + B
비교급 비교 구문	A ~ + 형용사/부사 비교급 + than + B
최상급 비교 구문	A ~ + (the) + 형용사/부사 최상급 + (of/in + 기간/집단 등)

불변의 패턴 45: 비교급 강조는 much/even/(by) far/still/a lot 등이 해야 한다.

대표 기출 예제
[2018년 서울시 9급(3월 추가)]

I am convinced that making pumpkin cake from scratch would be **even easier** than making cake from a box.

나는 맨 처음부터 호박 케이크를 만드는 것이 상자에 담긴 케이크를 만드는 것보다 훨씬 더 쉬울 것이라고 확신한다.

- 문맥상 '훨씬 더 쉬울 것이다'라는 의미가 되어야 자연스럽다.
- 비교급을 강조하여 '훨씬'이라는 의미를 나타낼 때는 even을 사용할 수 있으므로, 비교급 강조 표현 even이 비교급 easier 앞에 올바르게 쓰였다.

기출문제 풀어보기

Q. 밑줄 친 부분에 들어갈 표현으로 가장 적절한 것을 고르시오.
[2022년 국회직 9급]

For this reason, drones can be _____ than traditional aircraft.

① very smaller and more maneuverable
② much smaller and more maneuverable
③ much smaller and much maneuverable
④ much smaller and maneuverabler
⑤ very smaller and very maneuverable

패턴 PLUS

- 비교급의 의미를 강조할 때는 '훨씬'이라는 뜻의 much/even/still/a lot/(by) far 등의 강조 부사가 비교급 앞에 와야 한다.

  My daughter is **much** taller than she was a year ago.
  내 딸은 일 년 전보다 훨씬 더 키가 크다.

- 다음과 같은 부사들은 비교급을 강조하는 표현으로는 쓸 수 없다.

  | very 매우 | too 너무 | so 너무 | that 그만큼 |

  Eating moderately is ~~very~~ better than eating a lot.
  → much/even/still
  적당히 먹는 것은 많이 먹는 것보다 훨씬 더 좋다.

불변의 패턴 46

동사가 주어 앞에 오는 도치 구문의 어순에 주의해야 한다.

정답·해설·해석_p.26

대표 기출 예제
[2022년 지방직 9급]

No sooner **I have finishing** the meal than I started feeling hungry again.

식사를 마치자마자 나는 다시 배고프기 시작했다.

- 부정을 나타내는 부사구(No sooner)가 강조되어 문장의 맨 앞에 나왔다.
- 부정을 나타내는 부사구가 문장의 맨 앞에 나오면 주어와 조동사가 도치되어 '조동사 + 주어 + 동사'의 어순이 되어야 하는데, 문맥상 '내가 식사를 마친' 시점이 '내가 다시 배고프기 시작한' 시점보다 더 이전에 일어난 일이므로 과거완료 시제가 쓰여야 한다. 따라서 I have finishing을 had I finished로 고쳐야 한다.

기출문제 풀어보기

Q. 우리말을 영어로 가장 잘 옮긴 것을 고르시오.
[2021년 국가직 9급]

① 나는 너의 답장을 가능한 한 빨리 받기를 고대한다.
→ I look forward to receive your reply as soon as possible.

② 그는 내가 일을 열심히 했기 때문에 월급을 올려 주겠다고 말했다.
→ He said he would rise my salary because I worked hard.

③ 그의 스마트 도시 계획은 고려할 만했다.
→ His plan for the smart city was worth considered.

④ Cindy는 피아노 치는 것을 매우 좋아했고 그녀의 아들도 그랬다.
→ Cindy loved playing the piano, and so did her son.

패턴 PLUS

- 부정/제한의 의미를 가진 어구가 절의 앞쪽에 있으면, do/be/have 동사 또는 can/will 등의 조동사가 주어 앞으로 오는 도치가 일어난다.

부정을 나타내는 부사구	never 결코 ~않다 hardly/seldom/rarely/little 거의 ~않다 not until ~하고 나서야 비로소 -하다 no sooner ~ than - -하자마자 -하다 no longer 더 이상 ~않다 nor/neither ~도 역시 -않다 at no time 결코 ~않다 nowhere 어디에서도 ~않다 on no account 결코 ~않다 under no circumstance 어떤 일이 있어도 ~않다
제한을 나타내는 부사구	not only ~일 뿐 아니라 only + 부사구 오직 ~

- 이외에 도치가 일어날 수 있는 경우들

<형용사/분사 주격 보어가 절이나 문장의 앞쪽에 온 경우>
Swift was the dolphin as it swam along beside the sailboat.
　주격 보어　동사　　　주어
범선 옆을 따라 헤엄칠 때 돌고래는 빨랐다.

<반복되는 내용 대신 쓰는 do/be/have 동사를 포함한 표현>

so + do/be/have 동사 + 주어 (주어)도 역시 그렇다
neither + do/be/have 동사 + 주어 (주어)도 역시 그렇지 않다
as + do/be/have 동사 + 주어 (주어)가 그렇듯이

The nurse believes that the patient will be fine, and **so does the doctor**. (= and the doctor believes too)
　　　　　　　　　　　주어　　　　　　　　　　　　　　do동사
그 간호사는 환자가 괜찮을 것이라고 믿으며, 의사도 마찬가지이다.

고득점 포인트

장소/방향을 나타내는 어구가 절의 앞쪽에 왔을 때도 도치가 일어날 수 있으며, 이때는 일반동사가 그대로 주어 앞으로 오거나, 「be + p.p.」 등과 같은 동사 전체가 주어 앞으로 오기도 한다. 단, 주어가 대명사인 경우에는 도치가 일어나지 않는다.

On the ground before him was placed a stick.
　장소를 나타내는 어구　　　　동사　　주어
그의 앞에 있는 땅에는 막대기가 놓여있었다.

From my sick bed I noticed the little notebook on a nearby shelf.
방향을 나타내는 어구　주어　동사
나의 병상에서 나는 근처 선반에 있는 작은 공책을 발견했다.

Section Test

1 다음 글의 밑줄 친 부분 중 어법상 옳지 않은 것은?

[2018년 법원직 9급]

After lots of trial and error, Richard finally created a system of flashing LED lights, ① powered by an old car battery that was charged by a solar panel. Richard set the lights up along the fence. At night, the lights could be seen from outside the stable and took turns flashing, ② which appeared as if people were moving around with torches. Never again ③ lions crossed Richard's fence. Richard called his system Lion Lights. This simple and practical device did no harm to lions, so human beings, cattle, and lions were finally able to make peace with ④ one another.

2 다음 밑줄 친 (A), (B), (C)에 들어갈 가장 적절한 표현은?

[2018년 국회직 9급]

Anecdotes about elephants (A)_____ with examples of their loyalty and group cohesion. Maintaining this kind of togetherness calls for a good system of communication. We are only now beginning to appreciate (B)_____ complex and far-reaching this system is. Researcher Katharine Payne first started to delve into elephant communication after a visit to Portland's Washington Park Zoo. Standing in the elephant house, she began to feel (C)_____ vibrations in the air, and after a while realized that they were coming from the elephants. What Katharine felt, and later went on to study, is a low-frequency form of sound called infrasound.

	(A)	(B)	(C)
①	abound	how	throbbing
②	abound	that	throbbed
③	abound	that	throbbing
④	are abounded	how	throbbing
⑤	are abounded	that	throbbed

3 우리말을 영어로 잘못 옮긴 것은?

[2018년 국가직 9급]

① 그 연사는 자기 생각을 청중에게 전달하는 데 능숙하지 않았다.
→ The speaker was not good at getting his ideas across to the audience.

② 서울의 교통 체증은 세계 어느 도시보다 심각하다.
→ The traffic jams in Seoul are more serious than those in any other city in the world.

③ 네가 말하고 있는 사람과 시선을 마주치는 것은 서양 국가에서 중요하다.
→ Making eye contact with the person you are speaking to is important in western countries.

④ 그는 사람들이 생각했던 만큼 인색하지 않았다는 것이 드러났다.
→ It turns out that he was not so stingier as he was thought to be.

4 다음 문장 중 어법상 옳지 않은 것은?

[2018년 국회직 9급]

① Attached is the document file you've requested.
② Never in my life have I seen such a beautiful woman.
③ Should you need further information, please contact me.
④ Hardly has the situation more serious than now.
⑤ Now is the time to start living the life you have always imagined.

5 어법상 옳은 것은? [2017년 국가직 9급(4월 시행)]

① They didn't believe his story, and neither did I.
② The sport in that I am most interested is soccer.
③ Jamie learned from the book that World War I had broken out in 1914.
④ Two factors have made scientists difficult to determine the number of species on Earth.

6 우리말을 영어로 옮긴 것 중 가장 어색한 것은? [2015년 지방직 9급]

① 그녀는 젊었을 때 더 열심히 일하지 않았던 것을 후회한다.
 → She regrets not having worked harder in her youth.
② 그는 경험과 지식을 둘 다 겸비한 사람이다.
 → He is a man of both experience and knowledge.
③ 분노는 정상적이고 건강한 감정이다.
 → Anger is a normal and healthy emotion.
④ 어떤 상황에서도 너는 이곳을 떠나면 안 된다.
 → Under no circumstances you should not leave here.

7 우리말을 영어로 잘못 옮긴 것을 고르시오. [2015년 국가직 9급]

① 그는 자신의 정적들을 투옥시켰다.
 → He had his political enemies imprisoned.
② 경제적 자유가 없다면 진정한 자유가 있을 수 없다.
 → There can be no true liberty unless there is economic liberty.
③ 나는 가능하면 빨리 당신과 거래할 수 있기를 바란다.
 → I look forward to doing business with you as soon as possible.
④ 30년 전 고향을 떠날 때, 그는 다시는 고향을 못 볼 거라고 꿈에도 생각지 않았다.
 → When he left his hometown thirty years ago, little does he dream that he could never see it again.

8 우리말을 영어로 가장 잘 옮긴 문장은? [2013년 서울시 9급]

① 그는 제인이 제안한 대안이 실효성이 없을 것이라고 굳게 믿고 있다.
 → He strongly believes that the alternatives had been offered by Jane won't work.
② 히틀러가 다른 유럽국가를 침략하지 않았다면 2차세계대전은 일어나지 않았을 것이다.
 → If Hitler hadn't invaded other European countries, World War II might not take place.
③ 나는 커튼 뒤에 숨어서 그림자가 다시 나타나기를 기다렸다.
 → Hiding behind the curtain, I waited the shadow to reappear.
④ 그는 미국회사에서 회계사로 5년 동안 근무했다.
 → He worked for an American company as accountant during 5 years.
⑤ 탐은 자기 생각을 영어보다 러시아어로 표현하는 것이 훨씬 쉽다고 한다.
 → Tom says that it is much easier for him to express his thoughts in Russian than in English.

gosi.Hackers.com

해커스공무원 영어 기출 **불변의 패턴**

독해

gosi.Hackers.com

Section 1
신유형

최신 출제경향

신유형 출제율

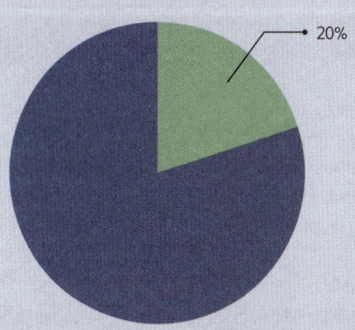

20%

신유형 출제 문항 수

• 2025 국가직·지방직 9급

불변의 패턴 01 — 이메일의 형식은 정해져 있다.

정답·해석·해설_p.30

대표 기출 예제
[2025년 출제기조 전환 대비 2차 예시문제]

Q. 다음 글의 목적으로 가장 적절한 것은?

To	cbsclients@callbank.com
From	callbanks@calmail.com
Date	May 7, 2024
Subject	Important notice

Dear Valued Clients,

In today's world, cybercrime poses a serious threat to your security. As your trusted partner, we want to help you protect your personal and business information. Here are five easy ways to safeguard yourself from cyber threats:

1. Use strong passwords and change them frequently.
2. Keep your software and devices up to date.
3. Be wary of suspicious emails, links, or telephone calls that pressure you to act quickly or give out sensitive information.
4. Enable Two Factor authentication and use it whenever possible. When contacting California Bank & Savings, you will be asked to use a One Time Passcode (OTP) to verify your identity.
5. Back up your data regularly.

Visit our Security Center to learn more about how you can stay safe online. Remember, cybersecurity is a team effort. By working together, we can build a safer online environment for ourselves and the world.

Sincerely,
California Bank & Savings

① to inform clients of how to keep themselves safe from cyber threats
② to inform clients of how to update their software and devices
③ to inform clients of how to make their passwords stronger
④ to inform clients of how to safeguard their OTPs

해설 이메일 형식의 지문은 보통 지문의 앞부분에서 목적을 언급한다. 지문 처음에서 개인 정보와 기업 정보를 보호하는 데 도움을 주고 싶다고 하면서 사이버 위협으로부터 스스로를 보호하는 다섯 가지 방법을 제시하고 있으므로, '① 고객에게 사이버 위협으로부터 스스로를 안전하게 지키는 방법을 알려주기 위해'가 이 글의 목적이다.

패턴 PLUS
이메일은 형식이 보통 정해져 있으므로, 문제에서 묻는 것에 따라 지문의 각 부분을 집중해서 읽으면 정답의 단서를 빠르게 찾을 수 있다.

인사 → 주제/목적 확인 → 세부사항 → 추가 요청/결론 강조 → 끝맺음

기출문제 풀어보기

Q. 다음 이메일의 내용과 일치하지 않는 것은? [2024년 지방직 9급]

To	reserve@metropolitan.com
From	BruceTaylor@westcity.com
Date	June 22, 2024
Subject	Venue facilities

Dear Sir,

I am writing to ask for information about Metropolitan Conference Center.

We are looking for a venue for a three-day conference in September this year. We need to have enough room for over 200 delegates in your main conference room, and we would also like three small conference rooms for meetings. Each conference room needs wi-fi as well. We need to have coffee available mid-morning and mid-afternoon, and we would also like to book your restaurant for lunch on all three days.

In addition, could you please let me know if there are any local hotels with discount rates for Metropolitan clients or large groups? We will need accommodations for over 100 delegates each night.

I look forward to hearing from you.

Best regards,
Bruce Taylor, Event Manager

① 주 회의실은 200명 이상의 대표자를 수용할 수 있어야 한다.
② wi-fi가 있는 작은 회의실 3개가 필요하다.
③ 3일간의 저녁 식사를 위한 식당 예약이 필요하다.
④ 매일 밤 100명 이상의 대표자를 위한 숙박시설이 필요하다.

고득점 포인트

- 이메일 형식의 지문에서는 목적을 묻는 문제가 나올 가능성이 높으므로, 글의 목적을 나타내는 표현을 알아두는 것이 좋다.

to inform 알리려고[알려주려고]	to inquire 문의하려고
to recommend 권유[추천]하려고	to promote 홍보하려고
to request 요청하려고	to explain 설명하려고
to complain 항의하려고	to confirm 확인하려고
to suggest 제안하려고	to celebrate 축하하려고

- 이메일 상단에 늘 나오는 "To: ~"(발신자), "From: ~"(수신자), "Subject: ~"(제목)를 통해 글의 소재와 내용을 예상하며 읽으면 빠르게 내용 파악이 가능하다.

불변의 패턴 02 — 안내문·웹페이지의 제목/목적은 지문 처음에서 찾는다.

대표 기출 예제 [2025년 출제기조 전환 대비 1차 예시문제]

Q. (A)에 들어갈 다음 글의 제목으로 가장 적절한 것은?

[A]

We're pleased to announce the upcoming City Harbour Festival, an annual event that brings our diverse community together to celebrate our shared heritage, culture, and local talent. Mark your calendars and join us for an exciting weekend!

Details
- **Dates**: Friday, June 16—Sunday, June 18
- **Times**: 10 : 00 a.m. — 8 : 00 p.m. (Friday & Saturday)
  10 : 00 a.m. — 6 : 00 p.m. (Sunday)
- **Location**: City Harbour Park, Main Street, and surrounding areas

Highlights
- **Live Performances**
  Enjoy a variety of live music, dance, and theatrical performances on multiple stages throughout the festival grounds.
- **Food Trucks**
  Have a feast with a wide selection of food trucks offering diverse and delicious cuisines, as well as free sample tastings.

For the full schedule of events and activities, please visit our website at www.cityharbourfestival.org or contact the Festival Office at (552) 234-5678.

① Make Safety Regulations for Your Community
② Celebrate Our Vibrant Community Events
③ Plan Your Exciting Maritime Experience
④ Recreate Our City's Heritage

해설 안내문 처음에서 공유 유산 등을 기념하기 위해 다가오는 연례 행사 일정을 발표하게 되어 기쁘다고 하고 있으므로 '② 우리의 활기찬 지역사회 행사를 기념하세요'가 이 글의 제목이다.

기출문제 풀어보기

Q. 다음 글의 목적으로 가장 적절한 것은? [2025년 국가직 9급]

Consular services

We welcome all feedback about our consular services, whether you receive them in the UK or from one of our embassies, high commissions or consulates abroad. Tell us when we get things wrong so that we can assess and improve our services.

If you want to make a complaint about a consular service you have received, we want to help you resolve it as quickly as possible. If you are complaining on behalf of someone else, we must have written, signed consent from that person allowing us to share their personal information with you before we can reply.

Send details of your complaint to our feedback contact form. We will record and examine your complaint, and use the information you provide to help make sure that we offer the best possible help and support to our customers. The relevant embassy, high commission or consulate will reply to you.

① to give directions to the consulate
② to explain how to file complaints
③ to lay out the employment process
④ to announce the opening hours

패턴 PLUS
지문 처음에 제목과 목적이 명확히 드러나 있지 않은 경우, 반복되는 어구나 내용을 통해 글쓴이가 말하고자 하는 중심 내용을 파악하면 정답을 찾을 수 있다.

고득점 포인트
선택지에서 지문의 주제와 관련된 단어를 사용하였으나 전혀 다른 내용을 나타내거나, 주제문의 내용 중 일부만 포함하고 있는 오답을 고르지 않도록 주의한다.

불변의 패턴 03
안내문·웹페이지의 세부 내용은 소제목 중심으로 확인한다.

대표 기출 예제
[2025년 출제기조 전환 대비 2차 예시문제]

Q. 다음 글의 내용과 일치하지 않는 것은?

> The David Williams Library and Museum is open 7 days a week, from 9:00 a.m. to 5:00 p.m. (NOV–MAR) and 9:00 a.m. to 6:00 p.m. (APR–OCT). Online tickets may be purchased at the link below. You will receive an email confirmation after making a purchase (be sure to check your SPAM folder). Bring this confirmation—printed or on smart device—as proof of purchase.
>
> • **Online tickets:** buy.davidwilliams.com/events
>
> The David Williams Library and Museum and the Home of David Williams (operated by the National Heritage Service) offer separate $10.00 adult admission tickets. Tickets for tours of the Home may be purchased on-site during normal business hours.
>
> • **CLOSED:** Thanksgiving, Christmas and New Year's Day
>
> There is no charge for conducting research in the David Williams Library research room.
>
> For additional information, call 1 (800) 333-7777.

① The Library and Museum closes at 5:00 p.m. in December.
② Visitors can buy tour tickets for the Home on-site.
③ The Home of David Williams is open all year round.
④ One can do research in the Library research room for free.

해설 안내문의 세부 내용은 소제목을 중심으로 확인할 수 있는데, 소제목 'CLOSED(휴무)' 주변의 내용에서 추수감사절, 크리스마스, 새해 첫날은 휴무라고 했으므로, '③ David Williams의 생가는 일 년 내내 연다'는 것은 지문의 내용과 일치하지 않는다.

기출문제 풀어보기

Q. 다음 글의 내용과 일치하는 것은? [2025년 국가직 9급]

> **Department of Health and Human Services**
>
> **Mission Statement**
> The mission of the Department of Health and Human Services (HHS) is to enhance the health and well-being of all individuals in the nation, by providing for effective health and human services and by fostering sound, sustained advances in the sciences underlying medicine, public health, and social services.
>
> **Organizational Structure**
> HHS accomplishes its mission through programs and initiatives that cover a wide spectrum of activities. Eleven operating divisions, including eight agencies in the Public Health Service and three human services agencies, administer HHS's programs. While HHS is a domestic agency working to protect and promote the health and well-being of the American people, the interconnectedness of our world requires that HHS engage globally to fulfill its mission.
>
> **Cross-Agency Collaborations**
> Improving health and human services outcomes cannot be achieved by the Department on its own; collaborations are critical to achieve our goals and objectives. HHS collaborates closely with other federal departments and agencies on cross-cutting topics.

① HHS aims to improve the health and well-being of low-income families only.
② HHS's programs are administered by the eleven operating divisions.
③ HHS does not work with foreign countries to complete its mission.
④ HHS acts independently from other federal departments and agencies to achieve its goals.

패턴 PLUS
소제목은 정보의 위치를 빠르게 파악할 수 있도록 도와주는 길잡이 역할을 하므로, 소제목 주변을 먼저 훑으며 선택지와 관련 있는 내용을 집중적으로 읽는 것이 정답을 빠르게 찾는 데 효과적이다.

고득점 포인트
기간·날짜·연도·나이·가격 등 수치에 대한 내용이나, 별표(*)·괄호·Notice·Note 등으로 예외 조항이나 추가 정보를 보기로 출제하는 경우가 많으므로 이를 중점적으로 본다.

불변의 패턴 04
유의어 문제는 밑줄 친 어휘의 앞뒤 문맥에서 유의어를 찾을 수 있는 단서가 제공된다.

정답·해석·해설_p.34

대표 기출 예제
[2025년 출제기조 전환 대비 2차 예시문제]

Q. 밑줄 친 fair의 의미와 가장 가까운 것은?

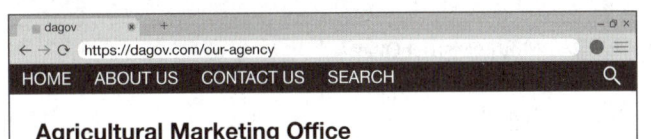

Agricultural Marketing Office

Mission
We administer programs that create domestic and international marketing opportunities for national producers of food, fiber, and specialty crops. We also provide the agriculture industry with valuable services to ensure the quality and availability of wholesome food for consumers across the country and around the world.

Vision
We facilitate the strategic marketing of national agricultural products in domestic and international markets while ensuring fair trading practices and promoting a competitive and efficient marketplace to the benefit of producers, traders, and consumers of national food, fiber, and specialty crops.

Core Values
· Honesty & Integrity: We expect and require complete honesty and integrity in all we do.
· Independence & Objectivity: We act independently and objectively to create trust in our programs and services.

① free ② mutual
③ profitable ④ impartial

해설 밑줄 친 fair를 포함한 앞뒤 문맥에서 유의어를 찾을 수 있는 단서를 파악해야 한다. 밑줄이 포함된 문장 뒷부분에서 국내 식품, 섬유 및 특수작물의 생산자, 거래자, 그리고 소비자에게 이익이 되도록 경쟁력 있고 효율적인 시장을 촉진한다는 내용이 있으므로, fair trading practices는 관련된 모든 사람들(생산자, 거래자, 소비자)이 모두 이익을 얻을 수 있으면서도 경쟁력 있고 효율적인 시장을 촉진하는 방식의 거래 관행이라는 것을 알 수 있다. 따라서 이 모든 내용을 포괄하는 '공정한'이라는 의미의 '④ impartial'이 정답이다.

기출문제 풀어보기

Q. 밑줄 친 critical의 의미와 가장 가까운 것은? [2025년 지방직 9급]

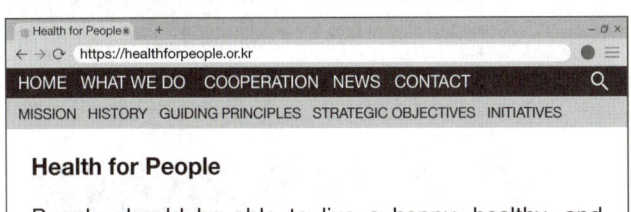

Health for People

People should be able to live a happy, healthy, and prosperous life. Health is a substantial part of human right, and makes a critical contribution to societal well-being, economic growth, and peace.

But access to health is not equitable.

The National Health Center Foundation (NHC Foundation) is here to support the National Health Center (NHC) to achieve its vision of a nation in which all people attain the highest level of health. The NHC aims to promote health and serve the vulnerable. The NHC Foundation is committed to helping the NHC by partnering with diverse actors, including businesses, philanthropists, and the general public.

① pivotal
② perilous
③ analytical
④ judgmental

패턴 PLUS
· 밑줄 친 어휘가 포함된 문장을 꼼꼼하게 읽으면 가장 유사한 의미를 가진 어휘를 찾는 데 도움이 된다. 밑줄 친 어휘가 포함된 문장만으로 어휘를 찾을 수 없는 경우, 지문의 중심 내용이 무엇인지 확인하여 어휘를 찾는다.
· 밑줄 친 어휘의 유의어이지만 문맥에서 쓰인 것과 다른 뜻을 가진 어휘가 오답보기로 나오기도 하므로, 반드시 문맥을 통해 뜻을 확인해야 한다.

Section Test

1 다음 글에서 The National Independence Museum에 대한 내용과 일치하는 것은? [2025년 지방직 9급]

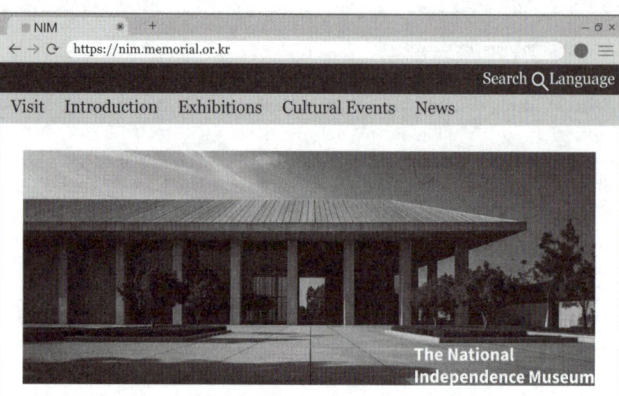

The National Independence Museum

The National Independence Museum preserves the national history through exhibitions, research, and educational programs, while fostering national pride. We invite you to experience this legacy and hear the enduring calls for peace in a scenic rural setting.

Major Projects
- **Exhibitions & Collection Management:** A total of 150,000 relics of the independence movement are displayed in eight exhibition halls.
- **Research:** Dedicated to the study of the independence movement, the Museum supports scholarly work on related historical topics.
- **Education:** Through educational programs, the Museum promotes the national identity and deepens historical understanding among citizens.
- **Cultural Events:** Regular cultural events are held to provide visitors with insights into the national history and culture.

① It is located in an urban environment surrounded by many skyscrapers.
② It displays more than a million artifacts related to the independence movement.
③ It supports educational activities instead of scholarly projects.
④ It offers visitors cultural events on a regular basis.

[2~3] 다음 글을 읽고 물음에 답하시오. [2025년 출제기조 전환 대비 1차 예시문제]

To	Clifton District Office
From	Rachael Beasley
Date	June 7
Subject	Excessive Noise in the Neighborhood

To whom it may concern,

I hope this email finds you well. I am writing to express my concern and frustration regarding the excessive noise levels in our neighborhood, specifically coming from the new sports field.

As a resident of Clifton district, I have always appreciated the peace of our community. However, the ongoing noise disturbances have significantly impacted my family's well-being and our overall quality of life. The sources of the noise include crowds cheering, players shouting, whistles, and ball impacts.

I kindly request that you look into this matter and take appropriate <u>steps</u> to address the noise disturbances. Thank you for your attention to this matter, and I appreciate your prompt response to help restore the tranquility in our neighborhood.

Sincerely,
Rachael Beasley

2 윗글의 목적으로 가장 적절한 것은?

① 체육대회 소음에 대해 주민들의 양해를 구하려고
② 새로 이사 온 이웃 주민의 소음에 대해 항의하려고
③ 인근 스포츠 시설의 소음에 대한 조치를 요청하려고
④ 밤시간 악기 연주와 같은 소음의 차단을 부탁하려고

3 밑줄 친 "steps"의 의미와 가장 가까운 것은?

① movements
② actions
③ levels
④ stairs

4 다음 글의 목적으로 가장 적절한 것은? [2025년 지방직 9급]

To: chlsbrown@cbsys.com
From: tomsmith@boogle.com
Date: June 21, 2025
Subject: Thank you for the interview

Dear Mr. Charles Brown,

I am writing to thank you for the interview last week. I truly enjoyed our conversation. The information you shared about your new Account Management System was very valuable.

I would like to follow up now to see if there are any updates regarding the status of my application.

This position looks like a great fit for me and my career goals. Anything you can share about your decision timeline or any next steps would be greatly appreciated.

I would gladly provide any additional information if needed.

Thank you again.

Sincerely,

Tom Smith

① to submit an application form
② to set up an interview appointment
③ to inquire about updates on the decision process
④ to request more information about the company's business

[5~6] 다음 글을 읽고 물음에 답하시오. [2025년 국가직 9급]

noplasticjuly
http://noplasticjuly.org
HOME   ABOUT US   CONTACT US   SEARCH

(A)

Each year in July people all over the world aim to exclude common plastic waste items from their daily life, opting instead for reusable containers or those made from biodegradable materials. We think this is a great idea and why not make it a year-round effort at home and in the workplace.

The vision started in Western Australia in 2011 and has since moved across the world to help promote the vision and stop the earth becoming further saturated with plastic materials which are part of our convenience lifestyle.

Lots of items are designed to be used once and disposed of. They fill up bins in homes, schools, at work and on streets across the world.

You can assist in achieving the goal of having a world without plastic waste.

Choose what you will do
☐ Avoid single-use plastic packaging
☐ Target the takeaway items that could end up in the ocean
☐ Go completely plastic free

I will participate
☐ for 1 day   ☐ for 1 week
☐ for 1 month   ☐ from now on

5 (A)에 들어갈 윗글의 제목으로 가장 적절한 것은?

① Development of Single-Use Items
② Join the Plastic-Free Challenge
③ How to Dispose of Plastic Items
④ Simple Ways to Save Energy

6 윗글에서 캠페인에 관한 내용과 일치하지 않는 것은?

① 2011년 서호주에서 시작되었다.
② 플라스틱 과다 사용을 줄이기 위해 전 세계로 확산되었다.
③ 실천할 활동을 선택하여 참여할 수 있다.
④ 최대 한 달까지 참여할 수 있다.

7 다음 글의 목적으로 가장 적절한 것은? [2025년 국가직 9급]

To	citycouncil@woodville.gov
From	headcouncil@woodville.gov
Date	April 3, 2025
Subject	Attention Council

Dear Members of the Woodville City Council,

I am writing to inform you of several issues in our community that need attention. A resident, John Smith, of 123 Elm Street, has reported problems with the road conditions on Elm Street, especially between Maple Avenue and Oak Street. There are many potholes and cracks that have worsened after recent heavy rain, causing traffic disruptions and safety hazards. Even though temporary repairs have been made, the problems continue.

The resident is also concerned about poor lighting in Central Park, especially along Park Lane, because broken or missing streetlights have led to minor accidents and lowered property values. He requests that the Council repair Elm Street and improve the lighting in the park.

I urge the Council to address these issues for the safety and well-being of our community. Thank you for your attention to these matters. I trust we will work together to resolve these issues effectively.

Sincerely,

Stephen James
Head of Woodville City Council

① to express gratitude to the Council for their efforts
② to invite the Council to visit Central Park
③ to solicit the Council to deal with the community problems
④ to update the Council on recent repairs made in the area

8 다음 글의 내용과 일치하지 않는 것은? [2025년 국가직 9급]

KIDS SUMMER ART CAMP 2025

Join the Stan José Art Museum (SJAM) for a week of fun! Campers get behind-the-scenes access to exhibitions, experiment with the artistic process, and show off their own work in a student exhibition.

WHO
For children ages 6 - 14
Each camper will receive individual artistic support, encouragement, and creative challenges unique to their learning style and skill level.

WHAT
Join SJAM for a summer art camp that pairs creative exploration of art materials and processes led by our experienced gallery teachers and studio art educators. In addition, campers will engage in interpretive art and science lessons created by Eddie Brown, a STEM consultant.

ART CAMP EXHIBITION
We invite families and caregivers to attend a weekly exhibition reception of campers' artwork to celebrate the artistic achievements of each participant.

WHEN
All camps run 9 am - 3 pm, Monday - Friday.
Monday, June 9 - Friday, July 25 (no camp the week of June 30)

① Campers will have opportunities to display their work in a student exhibition.
② The camp includes individual artistic support for children ages 6 - 14.
③ A STEM consultant developed interpretive art and science lessons.
④ The camp runs with no break between June 9 and July 25.

[9~10] 다음 글을 읽고 물음에 답하시오. [2025년 지방직 9급]

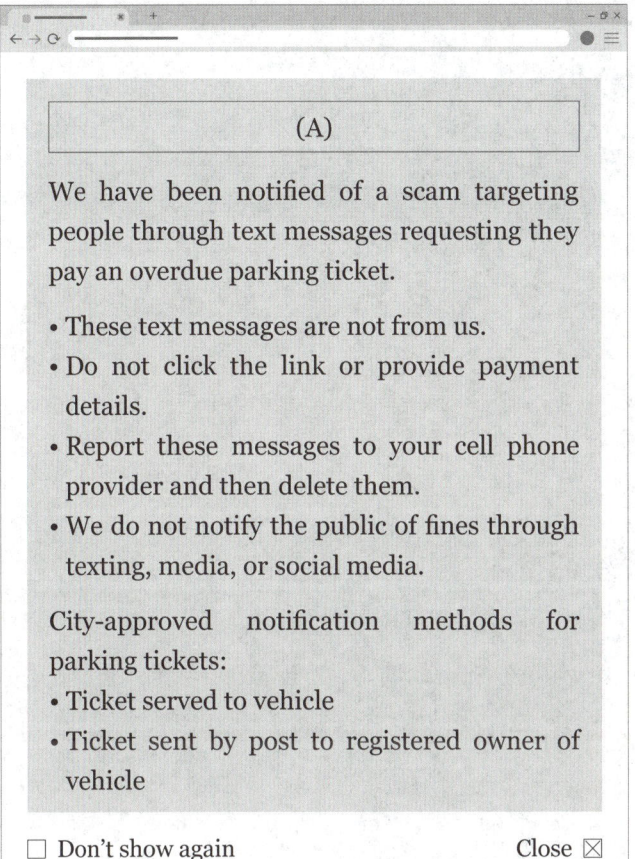

(A)

We have been notified of a scam targeting people through text messages requesting they pay an overdue parking ticket.

- These text messages are not from us.
- Do not click the link or provide payment details.
- Report these messages to your cell phone provider and then delete them.
- We do not notify the public of fines through texting, media, or social media.

City-approved notification methods for parking tickets:
- Ticket served to vehicle
- Ticket sent by post to registered owner of vehicle

☐ Don't show again   Close ☒

9 (A)에 들어갈 윗글의 제목으로 가장 적절한 것은?

① City Parking Ticket Payment Methods
② How to Avoid Getting Parking Tickets
③ Save Time and Money! Helpful Parking Tips
④ Alert! Fake Parking Ticket Payment Text Messages

10 윗글의 내용과 일치하는 것은?

① 전달된 링크에 결제 세부 정보를 입력해야 한다.
② 수신한 문자는 삭제하면 안 된다.
③ 시에서는 벌금을 문자로 통보한다.
④ 고지서는 등록된 차량 소유주에게 우편으로 발송된다.

11 다음 글의 내용과 일치하지 않는 것은? [2025년 지방직 9급]

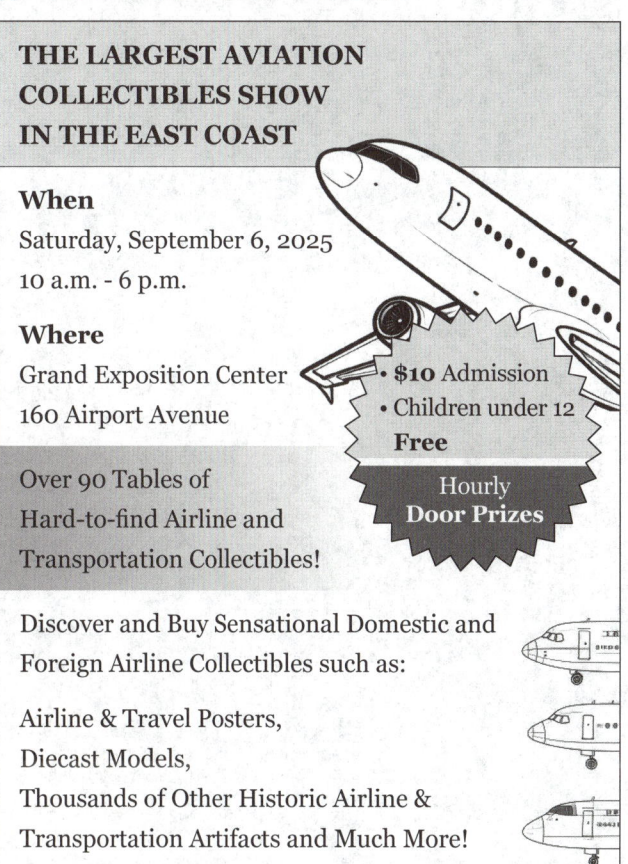

THE LARGEST AVIATION COLLECTIBLES SHOW IN THE EAST COAST

When
Saturday, September 6, 2025
10 a.m. - 6 p.m.

Where
Grand Exposition Center
160 Airport Avenue

- $10 Admission
- Children under 12 Free

Hourly Door Prizes

Over 90 Tables of Hard-to-find Airline and Transportation Collectibles!

Discover and Buy Sensational Domestic and Foreign Airline Collectibles such as:

Airline & Travel Posters,
Diecast Models,
Thousands of Other Historic Airline & Transportation Artifacts and Much More!

① The East Coast's biggest aviation collectibles show will take place in September.
② Door prizes are exclusively for children under 12.
③ Rare airline and transportation collectibles will be displayed at the show.
④ Visitors can see both national and international collectibles.

Section 2
글의 내용 파악 유형

최신 출제경향

최근 5개년 출제율

40%

최근 5개년 출제 문항 수

■ '25~'21 국가직·지방직·서울시·법원직·국회직 9급(2025.09 기준)

불변의 패턴 05 : 주제·제목·요지·목적은 처음과 마지막 두세 문장에서 제시된다.

대표 기출 예제 [2024년 지방직 9급]

Q. 다음 글의 제목으로 적절한 것은?

Every organization has resources that it can use to perform its mission. How well your organization does its job is partly a function of how many of those resources you have, but mostly it is a function of how well you use the resources you have, such as people and money. You as the organization's leader can always make the use of those resources more efficient and effective, provided that you have control of the organization's personnel and agenda, a condition that does not occur automatically. By managing your people and your money carefully, by treating the most important things as the most important, by making good decisions, and by solving the problems that you encounter, you can get the most out of what you have available to you.

① Exchanging Resources in an Organization
② Leaders' Ability to Set up External Control
③ Making the Most of the Resources: A Leader's Way
④ Technical Capacity of an Organization: A Barrier to Its Success

[해설] 지문 처음에서 조직이 임무를 얼마나 잘 수행하는가의 대부분은 가진 자원을 얼마나 잘 사용하느냐에 달려 있다고 했고, 지문 마지막에서 조직의 리더로서 직원과 돈을 신중하게 관리하고, 직면한 문제를 해결하는 등의 방법을 통해 이용할 수 있는 것을 최대한 활용할 수 있다고 했다. 따라서 '③ 자원을 최대한 활용하기: 리더의 방법'이 이 글의 제목이다.

기출문제 풀어보기 [2025년 지방직 9급]

Q. 다음 글의 주제로 가장 적절한 것은?

The reason artificial blue light in devices can be so harmful in the evening is that it mimics the sun's natural blue light—which confuses the body's circadian clock. A study showed that viewing artificial blue light in the evening will push sleep-inducing melatonin hormones down drastically, disrupting bedtimes and affecting daytime behavior. But getting that same blue light from the sun, which contains a health-boosting full spectrum of light, does the opposite. According to the study, the more daytime blue light a person gets, the better defense they have against the harms of evening blue light from screens. Thus, packing the day with sunshine creates a blue-light build-up that helps counteract the consequences of that artificial light at night. In other words, the more sunlight exposure a child gets during the day, the better their brain can build a wall against the harms of artificial blue light later.

① Sunlight's help in fighting artificial blue light effects
② The dangers of using devices during the day
③ How screens affect children's sleep cycles
④ Why melatonin levels drop in the evening

패턴 PLUS

주제·제목·요지·목적은 두괄식으로 글의 처음에 제시된 후 마지막에 다시 한번 언급되는 경우가 많다. 따라서 글의 처음과 마지막 두세 문장에 집중하면 주제·제목·요지·목적을 쉽게 찾을 수 있다.

불변의 패턴 06 — 자주 출제되는 오답의 유형은 정해져 있다.

대표 기출 예제 [2024년 국가직 9급]

Q. 다음 글의 주제로 적절한 것은?

It seems incredible that one man could be responsible for opening our eyes to an entire culture, but until British archaeologist Arthur Evans successfully excavated the ruins of the palace of Knossos on the island of Crete, the great Minoan culture of the Mediterranean was more legend than fact. Indeed its most famed resident was a creature of mythology: the half-man, half-bull Minotaur, said to have lived under the palace of mythical King Minos. But as Evans proved, this realm was no myth. In a series of excavations in the early years of the 20th century, Evans found a trove of artifacts from the Minoan age, which reached its height from 1900 to 1450 B.C.: jewelry, carvings, pottery, altars shaped like bull's horns, and wall paintings showing Minoan life.

① King Minos' successful excavations
② Appreciating artifacts from the Minoan age
③ Magnificence of the palace on the island of Crete
④ Bringing the Minoan culture to the realm of reality

[해설] 지문 처음에서 고고학자 Arthur Evans가 크노소스 궁전의 유적을 발굴하기 전까지 미노아 문화는 사실이라기보다는 더 전설이었다고 한 후, 지문 마지막에서 Evans가 보석, 조각품 등 미노아 시대의 유물 발굴품을 발견했다는 것을 설명하며 그 왕국은 신화가 아니었다고 하고 있다. 따라서 '④ 미노아 문화를 현실의 영역으로 끌어들이기'가 이 글의 주제이다.

[오답분석]
① 첫 번째 문장에서 크노소스 궁전의 유적을 성공적으로 발굴했다고는 했으나 발굴한 사람은 미노스 왕이 아닌 영국의 고고학자 Arthur Evans이므로 글의 내용과 일부만 일치한다.
② 마지막 문장에 미노아 시대의 유물 발굴품이 언급되었지만 유물을 감상하는 것에 대해서는 언급되지 않았다.
③ 첫 번째 문장에 크레타섬에 크노소스 궁전이 있다고는 언급되었으나 웅장한지에 대해서는 언급되지 않았다.

기출문제 풀어보기 [2024년 서울시 9급(2월 추가)]

Q. 글의 제목으로 가장 적절한 것은?

We are living in perhaps the most exciting times in all of human history. The technological advances we are witnessing today are giving birth to new industries that are producing devices, systems, and services that were once only reflected in the realm of science fiction and fantasy. Industries are being completely restructured to become better, faster, stronger, and safer. You no longer have to settle for something that is "close enough," because customization is reaching levels that provide you with exactly what you want or need. We are on the verge of releasing the potential of genetic enhancement, nanotechnology, and other technologies that will lead to curing many diseases and maybe even slowing the aging process itself. Such advances are due to discoveries in separate fields to produce these wonders. In the not so distant future, incredible visions of imagination such as robotic surgeons that keep us healthy, self-driving trucks that deliver our goods, and virtual worlds that entertain us after a long day will be commonplace. If ever there were a time that we were about to capture perfection, it is now—and the momentum is only increasing.

① The Era of Unprecedented Technological Advancements
② Struggles with Imperfect Solutions in Modern Industries
③ Historical Perspectives on Technological Progress
④ The Stagnant State of Contemporary Industries

패턴 PLUS

자주 출제되는 오답의 유형을 알아두면 빠르게 소거하면서 정답을 선택할 수 있다.

- 글과 반대되거나 다른 내용
- 글과 일부만 일치하고 나머지는 다른 내용
- 글에 나오지 않은 소재를 언급한 내용

불변의 패턴 07 — 내용 일치·불일치 파악 문제의 선택지는 글의 순서대로 나온다.

정답·해석·해설_p.42

대표 기출 예제
[2022년 국회직 9급]

Q. 다음 글의 내용과 일치하는 것은?

Glass Beach was created by accident. Beginning in 1906, people were permitted to throw away their garbage in the ocean near the city. People threw away glass bottles, appliances, and even cars. In 1967, the local government made it illegal to throw away trash in the water. After this, there were many cleanup efforts to recycle the metal and the other non-biodegradable waste. However, most of the glass had already been broken into tiny pieces. The glass was too difficult to remove, so it was left in the water. Over time, the pounding waves caused the rough pieces of glass to become smooth. These green, white, and brown pieces of smooth glass began washing up on shore, creating Glass Beach.

① Glass Beach는 의도적으로 만들어졌다.
② 정부는 1906년에 바다에 쓰레기를 버리는 것을 금지했다.
③ 금속 폐기물을 재활용하기 위한 노력이 있었다.
④ 사람들은 바다에 남겨진 유리조각을 남김없이 치웠다.
⑤ 거대한 유리조각들이 Glass Beach를 관광명소로 만들었다.

해설 ③번의 키워드인 금속(the metal)이 그대로 언급된 지문 주변의 내용에서 지방 정부가 쓰레기를 물에 버리는 것을 불법으로 만든 이후, 금속과 다른 비(非)생분해성 폐기물을 재활용하기 위한 많은 정화 노력이 있었다고 했으므로, '③ 금속 폐기물을 재활용하기 위한 노력이 있었다'는 지문의 내용과 일치한다.

오답분석
① 첫 번째 문장에서 Glass Beach는 우연히 만들어졌다고 했으므로, 지문의 내용과 다르다.
② 네 번째 문장에서 1967년에 지방 정부가 쓰레기를 물에 버리는 것을 불법으로 만들었다고 했으므로, 지문의 내용과 다르다.
④ 일곱 번째 문장에서 작은 조각들로 깨진 유리는 제거하기가 너무 어려워서 물속에 남겨졌다고 했으므로, 지문의 내용과 다르다.
⑤ 마지막 문장에서 매끄러운 유리조각들이 해안가로 씻겨 내려오기 시작했고, Glass Beach를 만들었다고는 했지만, 거대한 유리조각들이 Glass Beach를 관광명소로 만들었는지는 알 수 없다.

기출문제 풀어보기
[2024년 지방직 9급]

Q. 다음 글의 내용과 일치하지 않는 것은?

According to the historians, neckties date back to 1660. In that year, a group of soldiers from Croatia visited Paris. These soldiers were war heroes whom King Louis XIV admired very much. Impressed with the colored scarves that they wore around their necks, the king decided to honor the Croats by creating a military regiment called the Royal Cravattes. The word *cravat* comes from the word *Croat*. All the soldiers in this regiment wore colorful scarves or cravats around their necks. This new style of neckwear traveled to England. Soon all upper class men were wearing cravats. Some cravats were quite extreme. At times, they were so high that a man could not move his head without turning his whole body. The cravats were made of many different materials from plaid to lace, which made them suitable for any occasion.

① A group of Croatian soldiers visited Paris in 1660.
② The Royal Cravattes was created in honor of the Croatian soldiers wearing scarves.
③ Some cravats were too uncomfortable for a man to move his head freely.
④ The materials used to make the cravats were limited.

패턴 PLUS
선택지는 보통 글의 흐름 순서대로 제시된다. 따라서 선택지를 먼저 보고 글에서 해당하는 부분을 찾아 내용이 일치하는지 확인한다.

불변의 패턴 08

내용 일치·불일치 파악 문제의 선택지는 글에 나온 정보가 일부 변형된 것이다.

대표 기출 예제 [2022년 국회직 9급]

Q. 다음 글의 내용과 일치하지 않는 것은?

Despite such losses, Germany as a country is rich, but a recent study from the European Central Bank suggests that the typical German household is not. Astonishingly, the median household's net assets, at €51,400, are less than those of the typical Italian, Spanish or even Greek household. These figures need careful interpretation. Households in Germany are smaller than in those countries, and their average is dragged down by the east, where 20 years ago no one had any assets to speak of. Moreover, the figures do not include pension promises. But the main reason for the poor showing is that far fewer people than in other European countries own their homes. Most households rent, and the housing stock is owned by a relatively small number of people, so Germany ends up with the most unequal distribution of household wealth in the euro zone.

① 전형적인 독일 가구가 부유하다는 최근 연구 결과가 있다.
② 한 연구에 따르면 전형적인 스페인 가구의 순자산은 독일 중위 가구의 순자산을 능가한다.
③ 유럽중앙은행의 연구가 제시한 수치는 신중한 해석이 필요하다.
④ 독일의 경우 자신의 집을 소유한 사람의 수는 다른 유럽 국가보다 적다.
⑤ 가구 재산의 분배에 있어 독일은 유로존에서 가장 불평등하다.

해설 지문 처음에 한 국가로서의 독일은 부유하지만, 유럽 중앙은행의 최근 연구는 일반적인 독일 가구는 그렇지 않다는 것을 시사한다는 내용이 있으므로, 이 내용을 일부 변형한 '① 전형적인 독일 가구가 부유하다는 최근 연구 결과가 있다' 지문의 내용과 일치하지 않는다.

기출문제 풀어보기 [2023년 국가직 9급]

Q. 다음 글의 내용과 일치하는 것은?

Around 1700 there were, by some accounts, more than 2,000 London coffeehouses, occupying more premises and paying more rent than any other trade. They came to be known as penny universities, because for that price one could purchase a cup of coffee and sit for hours listening to extraordinary conversations. Each coffeehouse specialized in a different type of clientele. In one, physicians could be consulted. Others served Protestants, Puritans, Catholics, Jews, literati, merchants, traders, Whigs, Tories, army officers, actors, lawyers, or clergy. The coffeehouses provided England's first egalitarian meeting place, where a man chatted with his tablemates whether he knew them or not.

① The number of coffeehouses was smaller than that of any other business.
② Customers were not allowed to stay for more than an hour in a coffeehouse.
③ Religious people didn't get together in a coffeehouse to chat.
④ One could converse even with unknown tablemates in a coffeehouse.

패턴 PLUS

내용 일치/불일치 파악 문제의 선택지는 글에 나온 정보를 조금씩 다르게 말한 것인 경우가 많다. 따라서 선택지의 일부만 보고 대조하기보다 꼼꼼하게 읽어보고 정답을 선택해야 한다.

Section Test

1 다음 글의 주제로 가장 적절한 것은? [2025년 국가직 9급]

Young people are fast learners. They are energetic, active and have a 'can-do' mentality. Given the support and right opportunities, they can take the lead in their own development as well as the development of their communities. In many developing countries, agriculture is still the largest employer and young farmers play an important role in ensuring food security for future generations. They face many challenges, however. For example, it is very difficult to own land or get a loan if you do not have a house—which, if you are young and only just starting your career, is often not yet possible. Working in agriculture requires substantial and long-term investments. It is also quite risky and uncertain, because it relies heavily on the climate: flooding, drought and storms can damage and destroy farmers' crops and affect livestock.

① the economic advantages of working in the agricultural sector
② the importance of technology in modern farming practices
③ the roles of young farmers and the challenges they face
④ young people's efforts for urban development

2 다음 글의 요지로 가장 적절한 것은? [2025년 출제기조 전환 대비 1차 예시문제]

Despite ongoing efforts to address educational disparities, the persistent achievement gap among students continues to highlight significant inequities in the education system. Recent data reveal that marginalized students, including those from low-income backgrounds and vulnerable groups, continue to lag behind their peers in academic performance. The gap poses a challenge to achieving educational equity and social mobility. Experts emphasize the need for targeted interventions, equitable resource allocation, and inclusive policies to bridge this gap and ensure equal opportunities for all students, irrespective of their socioeconomic status or background. The issue of continued educational divide should be addressed at all levels of education system in an effort to find a solution.

① We should deal with persistent educational inequities.
② Educational experts need to focus on new school policies.
③ New teaching methods are necessary to bridge the achievement gap.
④ Family income should not be considered in the discussion of education.

3 다음 글의 내용과 일치하지 않는 것은? [2024년 국가직 9급]

The tragedies of the Greek dramatist Sophocles have come to be regarded as the high point of classical Greek drama. Sadly, only seven of the 123 tragedies he wrote have survived, but of these perhaps the finest is *Oedipus the King*. The play was one of three written by Sophocles about Oedipus, the mythical king of Thebes (the others being *Antigone* and *Oedipus at Colonus*), known collectively as the Theban plays. Sophocles conceived each of these as a separate entity, and they were written and produced several years apart and out of chronological order. *Oedipus the King* follows the established formal structure and it is regarded as the best example of classical Athenian tragedy.

① A total of 123 tragedies were written by Sophocles.
② *Antigone* is also about the king Oedipus.
③ The Theban plays were created in time order.
④ *Oedipus the King* represents the classical Athenian tragedy.

4 글의 제목으로 가장 적절한 것은? [2024년 서울시 9급(2월 추가)]

The assumption that politics and administration could be separated was ultimately disregarded as utopian. Wilson and Goodnow's idea of apolitical public administration proved unrealistic. A more realistic view—the so-called "politics school"—is that politics is very much a part of administration. The politics school maintains that in a pluralistic political system in which many diverse groups have a voice, public administrators with considerable knowledge play key roles. Legislation, for instance, is written by public administrators as much as by legislators. The public bureaucracy is as capable of engendering support for its interests as any other participant in the political process, and public administrators are as likely as any to be part of a policymaking partnership. Furthermore, laws are interpreted by public administrators in their execution, which includes many and often unforeseen scenarios.

① How to Cope with Unpredictable Situations in Politics
② Public Administrators' Surprising Influence in a Political System
③ Repetitive Attempts to Separate the Politics from Administration
④ Loopholes of the View that Politics and Administration are Inseparable

5 다음 글의 주제로 적절한 것은? [2024년 지방직 9급]

In recent years Latin America has made huge strides in exploiting its incredible wind, solar, geothermal and biofuel energy resources. Latin America's electricity sector has already begun to gradually decrease its dependence on oil. Latin America is expected to almost double its electricity output between 2015 and 2040. Practically none of Latin America's new large-scale power plants will be oil-fueled, which opens up the field for different technologies. Countries in Central America and the Caribbean, which traditionally imported oil, were the first to move away from oil-based power plants, after suffering a decade of high and volatile prices at the start of the century.

① booming oil industry in Latin America
② declining electricity business in Latin America
③ advancement of renewable energy in Latin America
④ aggressive exploitation of oil-based resources in Latin America

6 다음 글의 내용과 일치하지 않는 것은? [2023년 국가직 9급]

Are you getting enough choline? Chances are, this nutrient isn't even on your radar. It's time choline gets the attention it deserves. A shocking 90 percent of Americans aren't getting enough choline, according to a recent study. Choline is essential to health at all ages and stages, and is especially critical for brain development. Why aren't we getting enough? Choline is found in many different foods but in small amounts. Plus, the foods that are rich in choline aren't the most popular: think liver, egg yolks and lima beans. Taylor Wallace, who worked on a recent analysis of choline intake in the United States, says, "There isn't enough awareness about choline even among health-care professionals because our government hasn't reviewed the data or set policies around choline since the late '90s."

① A majority of Americans are not getting enough choline.
② Choline is an essential nutrient required for brain development.
③ Foods such as liver and lima beans are good sources of choline.
④ The importance of choline has been stressed since the late '90s in the U.S.

7 다음 글의 제목으로 알맞은 것은? [2023년 국가직 9급]

The feeling of being loved and the biological response it stimulates is triggered by nonverbal cues: the tone in a voice, the expression on a face, or the touch that feels just right. Nonverbal cues—rather than spoken words—make us feel that the person we are with is interested in, understands, and values us. When we're with them, we feel safe. We even see the power of nonverbal cues in the wild. After evading the chase of predators, animals often nuzzle each other as a means of stress relief. This bodily contact provides reassurance of safety and relieves stress.

① How Do Wild Animals Think and Feel?
② Communicating Effectively Is the Secret to Success
③ Nonverbal Communication Speaks Louder than Words
④ Verbal Cues: The Primary Tools for Expressing Feelings

8 다음 글의 내용과 일치하지 않는 것은? [2023년 지방직 9급]

The traditional way of making maple syrup is interesting. A sugar maple tree produces a watery sap each spring, when there is still lots of snow on the ground. To take the sap out of the sugar maple tree, a farmer makes a slit in the bark with a special knife, and puts a "tap" on the tree. Then the farmer hangs a bucket from the tap, and the sap drips into it. That sap is collected and boiled until a sweet syrup remains—forty gallons of sugar maple tree "water" make one gallon of syrup. That's a lot of buckets, a lot of steam, and a lot of work. Even so, most of maple syrup producers are family farmers who collect the buckets by hand and boil the sap into syrup themselves.

① 사탕단풍나무에서는 매년 봄에 수액이 생긴다.
② 사탕단풍나무의 수액을 얻기 위해 나무껍질에 틈새를 만든다.
③ 단풍나무시럽 1갤런을 만들려면 수액 40갤런이 필요하다.
④ 단풍나무시럽을 만들기 위해 기계로 수액 통을 수거한다.

Section 3
추론 유형

최신 출제경향

최근 5개년 출제율 26%

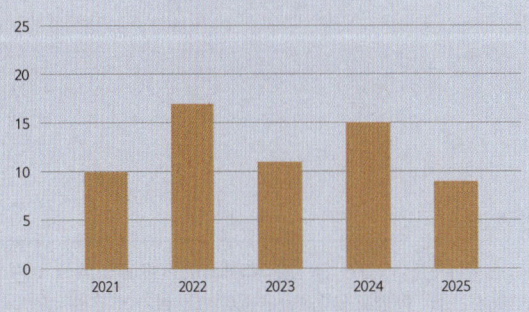

최근 5개년 출제 문항 수

■ '25~'21 국가직·지방직·서울시·법원직·국회직 9급(2025.09 기준)

불변의 패턴 09: 글의 초반부에 나온 빈칸 문장은 주제문이다.

대표 기출 예제 [2025년 국가직 9급]

Q. 밑줄 친 부분에 들어갈 말로 가장 적절한 것을 고르시오.

Active listening is an art, a skill and a discipline that takes _____. To develop good listening skills, you need to understand what is involved in effective communication and develop the techniques to sit quietly and listen. This involves ignoring your own needs and focusing on the person speaking—a task made more difficult by the way the human brain works. When someone talks to you, your brain immediately begins processing the words, body language, tone, inflection and perceived meanings coming from the other person. Instead of hearing one noise, you hear two: the noise the other person is making and the noise in your own head. Unless you train yourself to remain vigilant, the brain usually ends up paying attention to the noise in your own head. That's where active listening techniques come into play. Hearing becomes listening only when you pay attention to what the person is saying and follow it very closely.

① a sense of autonomy
② a creative mindset
③ a high degree of self-control
④ an extroverted personality

해설 글의 초반부에 빈칸이 나왔으므로 이어지는 글의 내용을 종합하여 주제가 무엇인지를 파악해야 한다. 지문 전반에 걸쳐 적극적 경청은 예술이자 기술이며 훈련이 필요한 분야인데, 이것은 자신의 욕구를 무시하고 말하는 사람에게 집중하는 것을 포함한다고 설명하고, 방심하지 않게 유지하도록 스스로를 훈련하지 않는 한 뇌는 보통 자신의 머릿속 소음에 주의를 기울이게 된다고 하며 자기 통제가 필요함을 강조하고 있다. 따라서 빈칸에는 적극적 경청은 '③ 높은 수준의 자제력'을 요구하는 훈련이라는 내용이 들어가야 한다.

기출문제 풀어보기

Q. 다음 빈칸에 들어갈 말로 가장 적절한 것은? [2023년 법원직 9급]

As global temperatures rise, so do sea levels, threatening coastal communities around the world. Surprisingly, even small organisms like oysters _____. Oysters are keystone species with *ripple effects on the health of their ecosystems and its inhabitants. Just one adult oyster can filter up to fifty gallons of water in a single day, making waterways cleaner. Healthy oyster reefs also provide a home for hundreds of other marine organisms, promoting biodiversity and ecosystem balance. As rising sea levels lead to pervasive flooding, oyster reefs act as walls to buffer storms and protect against further coastal erosion.

* ripple effect 파급효과

① can come to our defense
② can be the food for emergency
③ may be contaminated by microplastics
④ can increase the income of local residents

패턴 PLUS

주제문이 초반에 있는 두괄식 글, 또는 주제문이 초반에 나온 후 후반에서 다시 언급되는 양괄식 글이 많이 출제된다. 빈칸이 글의 초반부에 나오면 이어지는 글의 내용을 종합해서 주제문을 완성하는 느낌으로 빈칸에 들어갈 말을 추론해야 한다.

불변의 패턴 10

글의 중반부에 나온 빈칸 문장은 보통 주제문을 뒷받침하는 구체적인 설명이나 예시이다.

정답·해석·해설_p.49

대표 기출 예제

[2023년 국회직 9급]

Q. 밑줄 친 부분에 들어갈 단어로 적절한 것은?

Usually you will find that each scene in a fictional narrative film uses an establishing shot; that is a shot that gives the setting in which the scene is to take place and enables the viewer to establish the spatial relationships between characters involved in the scene. But, although this is what might be known as the Hollywood standard and was certainly the expected norm throughout the period of Classical Hollywood, the practice of using an establishing shot has not always been followed by filmmakers. By _____ an establishing shot the viewer is put in the position of struggling to make sense of the relationship between the characters shown. We are effectively disorientated and this will be part of what the filmmakers are attempting to achieve; as well as perhaps defying the expected filmic norm and thereby challenging any presumption that there are certain correct (and therefore, certain incorrect) ways of making films.

① underestimating
② triggering
③ omitting
④ maintaining
⑤ controlling

해설 글의 중반부에 빈칸이 나왔으므로 주제문이 무엇인지 먼저 확인하고, 그 구체적인 설명이 어떻게 들어가야 하는지 확인해야 한다. 지문 처음에 설정 샷은 장면이 발생할 배경을 제공하고 시청자가 장면과 관련된 등장인물들 사이의 공간적 관계를 확립할 수 있도록 해주는 샷이라고 설명하는 주제문이 있고, 지문 중간에서 설정 샷이 기대되는 표준이었지만 설정 샷을 사용하는 관행이 영화 제작자들에 의해 항상 따라졌던 것은 아니라고 설명하고 있으므로, 빈칸에는 설정 샷을 '③ 생략함'으로써 시청자는 보여지는 등장인물들 사이의 관계를 이해하기 위해 고군분투하는 위치에 놓이게 된다는 내용이 들어가야 한다.

기출문제 풀어보기

Q. 밑줄 친 부분에 들어갈 말로 가장 적절한 것을 고르시오.

[2023년 지방직 9급]

How many different ways do you get information? Some people might have six different kinds of communications to answer—text messages, voice mails, paper documents, regular mail, blog posts, messages on different online services. Each of these is a type of in-box, and each must be processed on a continuous basis. It's an endless process, but it doesn't have to be exhausting or stressful. Getting your information management down to a more manageable level and into a productive zone starts by _____. Every place you have to go to check your messages or to read your incoming information is an in-box, and the more you have, the harder it is to manage everything. Cut the number of in-boxes you have down to the smallest number possible for you still to function in the ways you need to.

① setting several goals at once
② immersing yourself in incoming information
③ minimizing the number of in-boxes you have
④ choosing information you are passionate about

패턴 PLUS

글의 중반부에 나오는 빈칸 문장은 글의 주제에 대해 구체적으로 설명하거나 예시를 제공하는 문장인 경우가 많다. 따라서 글의 주제문을 확실히 파악한 후, 이에 대한 세부 내용을 설명하는 선택지를 찾아야 한다.

Section 3 추론 유형 **109**

불변의 패턴 11

글의 후반부에 나온 빈칸 문장은 주제문을 재진술하는 문장이다.

정답·해석·해설_p.50

대표 기출 예제

[2024년 국가직 9급]

Q. 밑줄 친 부분에 들어갈 말로 적절한 것을 고르시오.

It is important to note that for adults, social interaction mainly occurs through the medium of language. Few native-speaker adults are willing to devote time to interacting with someone who does not speak the language, with the result that the adult foreigner will have little opportunity to engage in meaningful and extended language exchanges. In contrast, the young child is often readily accepted by other children, and even adults. For young children, language is not as essential to social interaction. So-called 'parallel play', for example, is common among young children. They can be content just to sit in each other's company speaking only occasionally and playing on their own. Adults rarely find themselves in situations where _____.

① language does not play a crucial role in social interaction
② their opinions are readily accepted by their colleagues
③ they are asked to speak another language
④ communication skills are highly required

해설 글의 후반부에 빈칸이 나왔으므로 주제문이 어떻게 재진술되어야 하는지 확인해야 한다. 지문 처음에서 성인의 경우 사회적 상호작용은 주로 언어라는 매개체를 통해 발생하기 때문에 해당 언어를 구사하지 못하는 사람과 상호작용을 하는 데 기꺼이 시간을 할애하려는 원어민인 성인은 거의 없다고 했으므로, 빈칸에는 성인들은 '① 언어가 사회적 상호작용에서 중요한 역할을 하지 않는' 상황에 처하는 경우가 거의 없다는 주제를 재진술한 내용이 들어가야 한다.

기출문제 풀어보기

Q. 밑줄 친 부분에 들어갈 말로 가장 적절한 것을 고르시오.

[2025년 지방직 9급]

A hunter-gatherer in the Stone Age knew how to make her own clothes, how to start a fire, how to hunt rabbits and how to escape lions. We think we know far more today, but as individuals, we actually know far less. We rely on the expertise of others for almost all our needs. In one humbling experiment, people were asked to evaluate how well they understood the workings of an ordinary zipper. Most people confidently replied that they understood zippers very well—after all, they use them all the time. They were then asked to describe in as much detail as possible all the steps involved in the zipper's operation. Most people had no idea. This is what Steven Sloman and Philip Fernbach have termed 'the knowledge illusion'. We think we know a lot, even though individually we know very little, because we treat knowledge _____ as if it were our own.

① from hands-on experiences
② in the minds of others
③ gained during education
④ learned through trial and error

패턴 PLUS

글의 후반부에 나오는 빈칸 문장은 앞서 나온 주제문을 다시 한번 언급하는 문장인 경우가 많다. 따라서 글의 초중반부에서 주제문을 찾아서 확실히 이해한 후, 이를 다른 말로 바꿔 말한 선택지를 찾아야 한다.

불변의 패턴 12
빈칸이 두 개 있는 경우, 보통 글의 주제문이나 중심 소재와 관련된 키워드가 정답이다.

정답·해석·해설_p.52

대표 기출 예제
[2020년 국가직 9급]

Q. 밑줄 친 (A), (B)에 들어갈 말로 가장 적절한 것은?

When an organism is alive, it takes in carbon dioxide from the air around it. Most of that carbon dioxide is made of carbon-12, but a tiny portion consists of carbon-14. So the living organism always contains a very small amount of radioactive carbon, carbon-14. A detector next to the living organism would record radiation given off by the carbon-14 in the organism. When the organism dies, it no longer takes in carbon dioxide. No new carbon-14 is added, and the old carbon-14 slowly decays into nitrogen. The amount of carbon-14 slowly ____(A)____ as time goes on. Over time, less and less radiation from carbon-14 is produced. The amount of carbon-14 radiation detected for an organism is a measure, therefore, of how long the organism has been ____(B)____. This method of determining the age of an organism is called carbon-14 dating. The decay of carbon-14 allows archaeologists to find the age of once-living materials. Measuring the amount of radiation remaining indicates the approximate age.

	(A)	(B)
①	decreases	dead
②	increases	alive
③	decreases	productive
④	increases	inactive

[해설] 빈칸이 두 개 있으므로 글의 주제문이나 중심 소재와 관련된 키워드가 무엇인지 확인해야 한다. 지문 전반에 걸쳐 유기체가 죽으면 붕괴되는 탄소 14의 방사능양에 따라 그 유기체의 연대를 결정하는 방식에 대해 설명하고 있다. 지문 처음에 유기체는 항상 매우 적은 양의 방사선 탄소인 탄소 14를 포함한다고 했고, (A) 빈칸 앞문장에서 유기체가 죽으면 기존의 탄소 14가 붕괴된다는 내용이 있으므로, 빈칸에는 탄소 14의 양이 천천히 '감소한다'는 내용이 들어가야 한다. (B) 빈칸 뒷부분에서 유기체의 연대를 결정하는 탄소 14 연대 측정법을 통해 고고학자들은 한때 살아있던 물질들의 연대를 알아낼 수 있고, 남아있는 방사능의 양을 측정하는 것이 대략적인 연대를 알려준다고 했으므로, 빈칸에는 유기체에서 감지되는 탄소 14의 방사능의 양이 그 유기체가 얼마나 오랫동안 '죽어'있었는지의 척도라는 내용이 들어가야 한다. 따라서 ① (A) decreases(감소하다) – (B) dead(죽은)가 정답이다.

패턴 PLUS
빈칸이 두 개 있는 경우 글의 주제문이나 중심 소재와 관련된 키워드가 들어가는 경우가 많다. 따라서 글의 주제를 나타낼 수 있는 키워드로 조합된 선택지를 고른다.

기출문제 풀어보기

Q. 밑줄 친 (A)와 (B)에 들어갈 표현으로 가장 적절한 것은?

[2023년 국회직 9급]

Over the past four decades a fundamental shift has been occurring in the world economy. We have been moving away from a world in which national economies were relatively self-contained entities, ____(A)____ each other by barriers to cross-border trade and investment; by distance, time zones, and language; and by national differences in government regulation, culture, and business systems. We are moving toward a world in which barriers to cross-border trade and investment are ____(B)____; perceived distance is shrinking due to advances in transportation and telecommunications technology; material culture is starting to look similar the world over; and national economies are merging into an interdependent, integrated global economic system. The process by which this transformation is occurring is commonly referred to as globalization.

	(A)	(B)
①	introduced to	fulfilling
②	taking care of	escalating
③	converged with	diminishing
④	winning on	unfaltering
⑤	isolated from	declining

불변의 패턴 13

빈칸 앞뒤 문장의 논리적 관계를 나타내는 연결어가 정답이다.

정답·해석·해설_p.53

대표 기출 예제
[2022년 국가직 9급]

Q. 밑줄 친 (A), (B)에 들어갈 말로 가장 적절한 것은?

Beliefs about maintaining ties with those who have died vary from culture to culture. For example, maintaining ties with the deceased is accepted and sustained in the religious rituals of Japan. Yet among the Hopi Indians of Arizona, the deceased are forgotten as quickly as possible and life goes on as usual. ___(A)___, the Hopi funeral ritual concludes with a break-off between mortals and spirits. The diversity of grieving is nowhere clearer than in two Muslim societies—one in Egypt, the other in Bali. Among Muslims in Egypt, the bereaved are encouraged to dwell at length on their grief, surrounded by others who relate to similarly tragic accounts and express their sorrow. ___(B)___, in Bali, bereaved Muslims are encouraged to laugh and be joyful rather than be sad.

(A)	(B)
① However	Similarly
② In fact	By contrast
③ Therefore	For example
④ Likewise	Consequently

해설 (A) 빈칸 앞 문장은 애리조나주의 호피족 인디언들 사이에서 고인은 가능한 한 빨리 잊히고 삶은 평소처럼 계속된다는 내용이고, 빈칸 뒤 문장은 호피족의 장례 의식은 인간들과 영혼들 사이의 단절로 마무리된다고 강조하는 내용이다. 따라서 빈칸에는 강조를 나타내는 연결어인 In fact(실제로)가 들어가야 한다. (B) 빈칸 앞 문장은 이집트의 이슬람교도 유족들은 유사한 비극적 이야기에 대해 언급하고 슬픔을 표하는 다른 사람들에 둘러싸여 자신들의 슬픔을 오랫동안 자세히 이야기하도록 격려된다는 내용이고, 빈칸 뒤 문장은 발리의 이슬람교도 유족들은 슬퍼하기보다는 웃고 기뻐하도록 격려된다는 내용으로 앞 문장과 대조적인 내용이다. 따라서 빈칸에는 대조를 나타내는 연결어인 By contrast(그에 반해)가 들어가야 한다. 따라서 ② (A) In fact(실제로) - (B) By contrast(그에 반해)가 정답이다.

기출문제 풀어보기

Q. (A)와 (B)에 들어갈 말로 가장 적절한 것은?
[2022년 서울시 9급(2월 추가)]

Scientists are working on many other human organs and tissues. For example, they have successfully generated, or grown, a piece of liver. This is an exciting achievement since people cannot live without a liver. In other laboratories, scientists have created a human jawbone and a lung. While these scientific breakthroughs are very promising, they are also limited. Scientists cannot use cells for a new organ from a very diseased or damaged organ. ___(A)___, many researchers are working on a way to use stem cells to grow completely new organs. Stem cells are very simple cells in the body that can develop into any kind of complex cells, such as skin cells or blood cells and even heart and liver cells. ___(B)___, stem cells can grow into all different kinds of cells.

(A)	(B)
① Specifically	For example
② Additionally	On the other hand
③ Consequently	In other words
④ Accordingly	In contrast

패턴 PLUS

빈칸 앞뒤에 있는 문장을 읽고 두 문장 사이의 논리적 관계를 가장 잘 표현한 보기를 선택하고, 지문의 전체적인 흐름이 자연스러운지 확인한다.

불변의 패턴 14

지문의 흐름을 자연스럽게 이어주는 연결어가 정답이다.

대표 기출 예제
[2022년 지방직 9급]

Q. (A)와 (B)에 들어갈 말로 가장 적절한 것은?

Duration shares an inverse relationship with frequency. If you see a friend frequently, then the duration of the encounter will be shorter. Conversely, if you don't see your friend very often, the duration of your visit will typically increase significantly. ____(A)____, if you see a friend every day, the duration of your visits can be low because you can keep up with what's going on as events unfold. If, however, you only see your friend twice a year, the duration of your visits will be greater. Think back to a time when you had dinner in a restaurant with a friend you hadn't seen for a long period of time. You probably spent several hours catching up on each other's lives. The duration of the same dinner would be considerably shorter if you saw the person on a regular basis. ____(B)____, in romantic relationships the frequency and duration are very high because couples, especially newly minted ones, want to spend as much time with each other as possible. The intensity of the relationship will also be very high.

(A)	(B)
① For example	Conversely
② Nonetheless	Furthermore
③ Therefore	As a result
④ In the same way	Thus

해설 지문 처음에서 지속 시간은 빈도와 반비례 관계를 갖는다고 하면서 친구를 자주 만나는 것과 자주 만나지 않는 것에 대한 대조적인 예시를 들고 있으므로 이후 지문의 흐름이 이 두 가지 내용으로 이어질 것임을 예상할 수 있다. (A) 빈칸 뒤에서 매일 친구를 만나는 것에 대해 예시를 들고 있으므로 (A)에는 예시를 나타내는 연결어 For example(예를 들어)이 들어가야 한다. 이후 (B) 빈칸 뒤에서 최근에 생겨난 연인들이 많은 시간을 서로와 보내고 싶어하는 대조적인 예시가 있으므로 (B)에는 대조를 나타내는 연결어 Conversely(반대로)가 들어가야 한다. 따라서 ① (A) For example(예를 들어) - (B) Conversely(반대로)가 정답이다.

🔍 패턴 PLUS
빈칸 앞뒤에 있는 문장만으로 둘 사이의 논리적 관계를 파악하기 힘든 경우, 지문 전체를 읽고 전체적인 흐름을 파악한다.

기출문제 풀어보기

Q. 다음 밑줄 친 (A)와 (B)에 들어갈 가장 적절한 표현은?
[2020년 국회직 9급]

More and more people and communities are changing their habits in order to protect the environment. One reason for this change is that space in landfills is running out and the disposal of waste has become difficult. ____(A)____, the practices of recycling, reusing, and reducing waste are becoming more commonplace. In some countries the technology for disposing of, or getting rid of, waste has actually become big business. Individuals have also taken actions to reduce landfill waste; for example, people are recycling newspapers and donating clothes to charities. ____(B)____, some people take leftover food and turn it into rich garden compost, an excellent fertilizer for vegetable and flower gardens.

(A)	(B)
① As a result	In addition
② However	In general
③ Incidentally	Overall
④ Consequently	For instance
⑤ Accordingly	Particularly

고득점 포인트

보기로 자주 등장하는 다양한 연결어를 알아 두면 쉽게 정답을 고를 수 있다.

대조/전환	but/however/yet 하지만, 그러나 while/whereas 반면에 in contrast/conversely 대조적으로 on the other hand/on the contrary 반면에
결론/요약	thus/therefore 그러므로 accordingly 따라서 consequently 결과적으로 eventually 결국 in conclusion 결론적으로 in short/in sum 요약하면
양보	otherwise 그렇지 않으면 despite/in spite of ~에도 불구하고 although/even though 비록 ~이지만 nevertheless/nonetheless 그럼에도 불구하고
예시	for instance/for example 예를 들어
첨가/부연	in addition/besides/furthermore/moreover 게다가 what's more 한술 더 떠서
유사	similarly/likewise 마찬가지로

Section Test

1 밑줄 친 부분에 들어갈 말로 적절한 것을 고르시오.

[2024년 지방직 9급]

Javelin Research noticed that not all Millennials are currently in the same stage of life. While all Millennials were born around the turn of the century, some of them are still in early adulthood, wrestling with new careers and settling down. On the other hand, the older Millennials have a home and are building a family. You can imagine how having a child might change your interests and priorities, so for marketing purposes, it's useful to split this generation into Gen Y.1 and Gen Y.2. Not only are the two groups culturally different, but they're in vastly different phases of their financial life. The younger group is financial beginners, just starting to show their buying power. The latter group has a credit history, may have their first mortgage and is raising young children. The _____ in priorities and needs between Gen Y.1 and Gen Y.2 is vast.

① contrast
② reduction
③ repetition
④ ability

2 밑줄 친 부분에 들어갈 말로 적절한 것을 고르시오.

[2024년 지방직 9급]

Cost pressures in liberalized markets have different effects on existing and future hydropower schemes. Because of the cost structure, existing hydropower plants will always be able to earn a profit. Because the planning and construction of future hydropower schemes is not a short-term process, it is not a popular investment, in spite of low electricity generation costs. Most private investors would prefer to finance _____, leading to the paradoxical situation that although an existing hydropower plant seems to be a cash cow, nobody wants to invest in a new one. Where public shareholders/owners (states, cities, municipalities) are involved, the situation looks very different because they can see the importance of the security of supply and also appreciate long-term investments.

① more short-term technologies
② all high technology industries
③ the promotion of the public interest
④ the enhancement of electricity supply

3 (A)와 (B)에 들어갈 말로 가장 적절한 것은?

[2024년 서울시 9급(2월 추가)]

Antibiotics are among the most commonly prescribed drugs for people. Antibiotics are effective against bacterial infections, such as strep throat, some types of pneumonia, eye infections, and ear infections. But these drugs don't work at all against viruses, such as those that cause colds or flu. Unfortunately, many antibiotics prescribed to people and to animals are unnecessary. ___(A)___, the overuse and misuse of antibiotics help to create drug-resistant bacteria. Here's how that might happen. When used properly, antibiotics can help destroy disease-causing bacteria. ___(B)___, if you take an antibiotic when you have a viral infection like the flu, the drug won't affect the viruses making you sick.

	(A)	(B)
①	However	Instead
②	Furthermore	Therefore
③	On the other hand	For example
④	Furthermore	However

4 밑줄 친 부분에 들어갈 말로 적절한 것을 고르시오.

[2024년 국가직 9급]

_____.
Nearly every major politician hires media consultants and political experts to provide advice on how to appeal to the public. Virtually every major business and special-interest group has hired a lobbyist to take its concerns to Congress or to state and local governments. In nearly every community, activists try to persuade their fellow citizens on important policy issues. The workplace, too, has always been fertile ground for office politics and persuasion. One study estimates that general managers spend upwards of 80% of their time in verbal communication—most of it with the intent of persuading their fellow employees. With the advent of the photocopying machine, a whole new medium for office persuasion was invented— the photocopied memo. The Pentagon alone copies an average of 350,000 pages a day, the equivalent of 1,000 novels.

① Business people should have good persuasion skills
② Persuasion shows up in almost every walk of life
③ You will encounter countless billboards and posters
④ Mass media campaigns are useful for the government

5 밑줄 친 부분에 들어갈 말로 알맞은 것은? [2023년 국가직 9급]

In recent years, the increased popularity of online marketing and social media sharing has boosted the need for advertising standardization for global brands. Most big marketing and advertising campaigns include a large online presence. Connected consumers can now zip easily across borders via the internet and social media, making it difficult for advertisers to roll out adapted campaigns in a controlled, orderly fashion. As a result, most global consumer brands coordinate their digital sites internationally. For example, Coca-Cola web and social media sites around the world, from Australia and Argentina to France, Romania, and Russia, are surprisingly _____. All feature splashes of familiar Coke red, iconic Coke bottle shapes, and Coca-Cola's music and "Taste the Feeling" themes.

① experimental
② uniform
③ localized
④ diverse

6 밑줄 친 (A)와 (B)에 들어갈 가장 적절한 표현은? [2021년 국회직 9급]

Child psychologist Jean Piaget was one of the first to study questions of moral development. He suggested that moral development, like cognitive development, proceed in stages. The earliest stage is a broad form of moral thinking he called heteronomous morality, in which rules are seen as invariant and unchangeable. During this stage, which lasts from about age 4 to age 7, children play games rigidly, assuming that there is one, and only one, way to play and that every other way is wrong. At the same time, though, preschool-age children may not even fully grasp game rules. ____(A)____, a group of children may be playing together, with each child playing according to a slightly different set of rules. Nevertheless, they enjoy playing with others. Piaget suggests that every child may "win" such a game ____(B)____ winning is equated with having a good time, as opposed to truly competing with others.

	(A)	(B)
①	Consequently	because
②	For instance	although
③	In reality	whereas
④	However	by the time
⑤	In addition	in case

7 (A)와 (B)에 들어갈 말로 가장 적절한 것은?

[2022년 서울시 9급(2월 추가)]

To speak of 'the aim' of scientific activity may perhaps sound a little ___(A)___; for clearly, different scientists have different aims, and science itself (whatever that may mean) has no aims. I admit all this. And yet it seems that when we speak of science we do feel, more or less clearly, that there is something characteristic of scientific activity; and since scientific activity looks pretty much like a rational activity, and since a rational activity must have some aim, the attempt to describe the aim of science may not be entirely ___(B)___.

	(A)	(B)
①	naive	futile
②	reasonable	fruitful
③	chaotic	acceptable
④	consistent	discarded

8 밑줄 친 부분에 들어갈 말로 가장 적절한 것을 고르시오.

[2025년 국가직 9급]

The holiday season is a time to give thanks, reflect on the past year, and spend time with family and friends. However, if you're not careful, it can also be a time you overspend on holiday purchases. People have an innate impulse to overspend, experts say. They are "wired" to be consumers. The short-term gratification of giving gifts to loved ones can eclipse the long-term focus that's needed to be good with money. That's where many people fall short. We can overspend because our long-term goals are much more abstract, and it actually requires us to do extra levels of cognitive processing to delay instant gratification. Additionally, consumers may feel _____ because they don't want to appear "cheap." Many companies also promote deals during the holidays that can encourage people to spend more than usual.

① a desire to work at overseas companies
② responsible for establishing their long-term goals
③ like limiting their spending during the holiday season
④ the social pressure to spend more than they might like

Section 4
논리적 흐름 파악 유형

최신 출제경향

최근 5개년 출제율
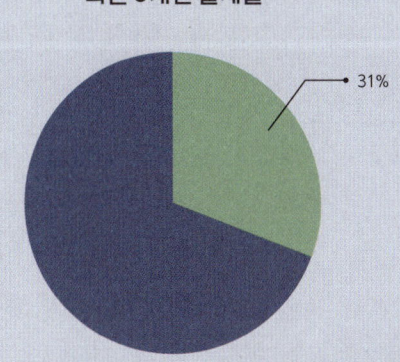
31%

최근 5개년 출제 문항 수

'25~'21 국가직·지방직·서울시·법원직·국회직 9급(2025.09 기준)

불변의 패턴 15: 대명사나 연결어를 찾으면 앞뒤 글의 순서가 보인다.

정답·해석·해설_p.60

대표 기출 예제
[2022년 지방직 9급]

Q. 주어진 글 다음에 이어질 글의 순서로 가장 적절한 것은?

> For people who are blind, everyday tasks such as sorting through the mail or doing a load of laundry present a challenge.

(A) That's the thinking behind Aira, a new service that enables its thousands of users to stream live video of their surroundings to an on-demand agent, using either a smartphone or Aira's proprietary glasses.

(B) But what if they could "borrow" the eyes of someone who could see?

(C) The Aira agents, who are available 24/7, can then answer questions, describe objects or guide users through a location.

① (A) – (B) – (C)　② (A) – (C) – (B)
③ (B) – (A) – (C)　④ (C) – (A) – (B)

[해설] 주어진 문장에서 우편물을 분류하는 것과 같은 일상적인 일들이 시각장애가 있는 사람들에게는 도전을 제기할 정도로 어려운 일이라고 설명한 후, (B)에서 만약 그들(they)이 앞을 볼 수 있는 누군가의 눈을 빌릴 수 있다면 어떠할 것 같은지에 대해 의문을 제기하고 있다. 이어서 (A)에서 그것(That)은 사용자들이 그들 주변 환경의 실시간 영상을 언제든지 에이전트에게 스트리밍할 수 있게 해주는 새로운 서비스인 Aira의 이면에 있는 생각이라고 설명하면서, 마지막으로 (C)에서 Aira의 기능에 대해 설명하고 있다. 따라서 ③ (B) – (A) – (C)가 정답이다.

기출문제 풀어보기

Q. 주어진 글 다음에 이어질 글의 순서로 가장 적절한 것은?
[2025년 지방직 9급]

> Usually toddlers picking things up from the ground means trouble.

(A) The family reported the find to the Israel Antiquities Authority, which determined it is a beetle-shaped seal from the Middle Bronze Age.

(B) But as 3-year-old Ziv Nitzan of Israel brushed away the sand on what seemed to be a rock, she revealed a nearly 4,000-year-old Egyptian artifact.

(C) Ziv was awarded a certificate for good citizenship, and the Heritage Minister of Israel said the seal "connects us to a grand story," and that "even children can be a part of discovering history."

① (A) – (C) – (B)　② (B) – (A) – (C)
③ (B) – (C) – (A)　④ (C) – (B) – (A)

패턴 PLUS

- 각 문단의 첫 문장에 나온 대명사나 연결어를 찾으면 그 앞에 올 내용을 추측할 수 있다. 글의 순서를 알려주는 표현을 참고한다.
  - it, that/those, this/these 등의 대명사가 가리키는 내용이 어느 문단에 있는지 찾는다.
  - but, however, while 등의 역접 연결어가 있는 문장과 반대되는 내용이 어느 문단에 있는지 찾는다.
  - for example, also, so 등의 순접 연결어가 있는 문장과 비슷한 내용이 어느 문단에 있는지 찾는다.

순접 연결어	therefore/hence (결과) then (순서) for example/for instance (예시) similarly/likewise (비교) in addition/moreover (첨가)
역접 연결어	however/but/yet (반전) while/in contrast/on the other hand (대조) nevertheless/although/even though (양보)

불변의 패턴 16

주어진 글을 보고 뒤에 나올 글의 구조를 예측할 수 있다.

정답·해석·해설_p.60

대표 기출 예제
[2023년 국가직 9급]

Q. 주어진 글 다음에 이어질 글의 순서로 알맞은 것은?

> All civilizations rely on government administration. Perhaps no civilization better exemplifies this than ancient Rome.

(A) To rule an area that large, the Romans, based in what is now central Italy, needed an effective system of government administration.
(B) Actually, the word "civilization" itself comes from the Latin word *civis*, meaning "citizen."
(C) Latin was the language of ancient Rome, whose territory stretched from the Mediterranean basin all the way to parts of Great Britain in the north and the Black Sea to the east.

① (A) – (B) – (C) ② (B) – (A) – (C)
③ (B) – (C) – (A) ④ (C) – (A) – (B)

[해설] 주어진 문장에서 고대 로마보다 문명이 정부의 행정에 의존하는 것을 잘 보여주는 문명은 없을 것이라고 하고 있으므로, 뒤에는 문명이 정부의 행정에 의존하는 것에 대한 예시가 나올 것임을 예측할 수 있다. (B)에서 '문명'이라는 단어 자체가 '시민'을 의미하는 라틴어에서 왔다고 설명하고 있고, 이어서 (C)에서 라틴어는 고대 로마의 언어였는데, 그들의 영토가 지중해의 분지에서 동쪽의 흑해까지 뻗어 있었다고 한 뒤, (A)에서 그렇게 넓은 지역을 통치하기 위해 로마인들은 효과적인 정부 행정 시스템이 필요했다고 설명하고 있다. 따라서 ③ (B) – (C) – (A)가 정답이다.

기출문제 풀어보기

Q. 주어진 글 다음에 이어질 글의 순서로 가장 적절한 것은?
[2020년 국가직 9급]

> Past research has shown that experiencing frequent psychological stress can be a significant risk factor for cardiovascular disease, a condition that affects almost half of those aged 20 years and older in the United States.

(A) Does this mean, though, that people who drive on a daily basis are set to develop heart problems, or is there a simple way of easing the stress of driving?
(B) According to a new study, there is. The researchers noted that listening to music while driving helps relieve the stress that affects heart health.
(C) One source of frequent stress is driving, either due to the stressors associated with heavy traffic or the anxiety that often accompanies inexperienced drivers.

① (A) – (C) – (B) ② (B) – (A) – (C)
③ (C) – (A) – (B) ④ (C) – (B) – (A)

패턴 PLUS

자주 출제되는 글의 구조를 알아두면, 주어진 글을 통해 글의 구조를 예측하여 글을 더 쉽고 빠르게 이해할 수 있다.

주제(주어진 문장) → 예시
문제(주어진 문장) → 해결
통념(주어진 문장) → 반박 → 결론
일화(주어진 문장) → 사건의 전개

불변의 패턴 17

주어진 문장에는 문장이 들어갈 위치에 대한 결정적인 단서가 있다.

대표 기출 예제 [2025년 지방직 9급]

Q. 주어진 문장이 들어갈 위치로 가장 적절한 것은?

> However, according to Mike Tipton, a professor at University of Portsmouth, this is far from the quickest way of lowering your body temperature.

There are plenty of simple, scientifically supported techniques that will help you handle the heat. (①) If you're feeling the heat and somebody offers you a fan, it's likely that you'll try and cool your face first. (②) Certainly, all that breeze on your face will stimulate cold receptors there, which will give you a very powerful sensation of comfort. But actually, it's not going to extract the heat from your body. Instead, a better cooling strategy is to immerse your hands in cold water for 15 to 20 minutes. (③) Your hands have a high surface area to mass area—they have lots of blood flowing in them when you're hot. (④) If your core temperature is hot, your body will send blood to the extremities in order to lose heat.

[해설] 주어진 문장의 However(그러나)를 통해 주어진 문장 앞뒤로 상반된 내용이 나올 것임을 예상할 수 있다. ②번 앞 문장에서 선풍기로 얼굴을 식히는 방법을 언급하고, ②번 뒤 문장들에서 이 방법은 실제로 몸에서 열을 빼내지는 못할 것이며 더 나은 전략은 찬물에 손을 담그는 방법이라고 언급하고 있다. 따라서 ②번 자리에 this(이것)는 체온을 낮추는 가장 빠른 방법과는 거리가 멀다는 내용의 주어진 문장이 나와야 지문이 자연스럽게 연결된다.

기출문제 풀어보기

Q. 주어진 문장이 들어갈 위치로 적절한 것은? [2024년 지방직 9급]

> But she quickly popped her head out again.

The little mermaid swam right up to the small window of the cabin, and every time a wave lifted her up, she could see a crowd of well-dressed people through the clear glass. Among them was a young prince, the handsomest person there, with large dark eyes. (①) It was his birthday, and that's why there was so much excitement. (②) When the young prince came out on the deck, where the sailors were dancing, more than a hundred rockets went up into the sky and broke into a glitter, making the sky as bright as day. (③) The little mermaid was so startled that she dove down under the water. (④) And look! It was just as if all the stars up in heaven were falling down on her. Never had she seen such fireworks.

패턴 PLUS

주어진 문장에 있는 대명사, 관사, 연결어는 그 문장 앞뒤로 어떤 내용이 오는지 알려주는 중요한 단서이다.
- 대명사와 관사가 있으면 그것이 가리키는 대상이 언급된 문장을 찾는다. 주어진 문장은 그 뒤에 와야 한다.
- 연결어가 있으면 연결어의 뜻을 바탕으로 논리 관계가 자연스러운 문장을 찾는다.

불변의 패턴 18

뜬금없는 대명사나 지시어, 어색한 연결어가 있는 문장 앞이 주어진 문장이 들어갈 위치이다.

정답·해석·해설_p.62

대표 기출 예제

[2023년 법원직 9급]

Q. 글의 흐름으로 보아, 주어진 문장이 들어가기에 가장 적절한 곳은?

> But here it's worth noting that more than half the workforce has little or no opportunity for remote work.

COVID-19's spread flattened the cultural and technological barriers standing in the way of remote work. One analysis of the potential for remote work to persist showed that 20 to 25 percent of workforces in advanced economies could work from home in the range of three to five days a week. (①) This is four to five times more remote work than pre-COVID-19. (②) Moreover, not all work that can be done remotely should be; for example, negotiations, brainstorming, and providing sensitive feedback are activities that may be less effective when done remotely. (③) The outlook for remote work, then, depends on the work environment, job, and the tasks at hand, so *hybrid work setups, where some work happens on-site and some remotely, are likely to persist. (④) To unlock sustainable performance and well-being in a hybrid world, the leading driver of performance and productivity should be the sense of purpose work provides to employees, not compensation.

* hybrid 혼합체

해설 ②번 뒤 문장에 연결어 Moreover(게다가)가 왔으므로, ②번에 주어진 문장을 넣어 자연스럽게 연결되는지 확인한다. ②번 앞 문장에 선진국 노동력의 20에서 25퍼센트가 일주일에 3일에서 5일의 범위에서 집에서 일할 수 있었는데, 이는 코로나19 이전보다 4배에서 5배 더 많은 원격 근무라는 내용이 있고, ②번 뒤 문장에 게다가(Moreover), 원격으로 할 수 있는 모든 업무가 원격으로 이루어져야 하는 것은 아니라는 내용이 있으므로, ②번 자리에 노동력의 절반 이상이 원격 근무를 할 기회가 거의 또는 전혀 없다는 점에 주목할 가치가 있다는 주어진 문장이 들어가야 지문이 자연스럽게 연결된다.

기출문제 풀어보기

Q. 주어진 문장이 들어갈 위치로 가장 적절한 것은?

[2020년 지방직 9급]

> But there is also clear evidence that millennials, born between 1981 and 1996, are saving more aggressively for retirement than Generation X did at the same ages, 22 ~ 37.

Millennials are often labeled the poorest, most financially burdened generation in modern times. Many of them graduated from college into one of the worst labor markets the United States has ever seen, with a staggering load of student debt to boot. ① Not surprisingly, millennials have accumulated less wealth than Generation X did at a similar stage in life, primarily because fewer of them own homes. ② But newly available data providing the most detailed picture to date about what Americans of different generations save complicates that assessment. ③ Yes, Gen Xers, those born between 1965 and 1980, have a higher net worth. ④ And that might put them in better financial shape than many assume.

패턴 PLUS

글의 흐름상 어색한 부분을 찾는 것이 관건이다. 무엇을 가리키는지 명확하지 않은 대명사나 지시어가 나오거나, 연결어가 어색한 경우 그 문장 앞이 정답이다. 정답의 위치에 주어진 문장을 넣어 흐름이 자연스러운지 확인하면 된다.

불변의 패턴 19: 주제만 파악하면 흐름과 무관한 문장이 보인다.

대표 기출 예제 [2022년 지방직 9급]

Q. 글의 흐름상 가장 어색한 문장은?

The skill to have a good argument is critical in life. But it's one that few parents teach to their children. ① We want to give kids a stable home, so we stop siblings from quarreling and we have our own arguments behind closed doors. ② Yet if kids never get exposed to disagreement, we may eventually limit their creativity. ③ Children are most creative when they are free to brainstorm with lots of praise and encouragement in a peaceful environment. ④ It turns out that highly creative people often grow up in families full of tension. They are not surrounded by fistfights or personal insults, but real disagreements. When adults in their early 30s were asked to write imaginative stories, the most creative ones came from those whose parents had the most conflict a quarter-century earlier.

[해설] 좋은 논쟁을 하는 기술이 인생에서 매우 중요하지만 이를 가르치는 부모가 거의 없다는 것이 이 글의 주제이다. ①번에서 우리는 아이들에게 안정적인 가정을 만들어주기 위해 우리 자신의 논쟁을 숨긴다고 하며 그 이유를 설명하고, 이어서 ②번에서 그러나(Yet) 만약 아이들이 전혀 의견 차이에 노출되지 않는다면, 결국 아이들의 창의력을 제한하게 될지도 모른다고 하고 있다. 뒤이어 ④번에서 대단히 창의적인 사람들은 대개 갈등이 넘치는 가정에서 자라는 것으로 밝혀졌다고 하며 그러한 사람들의 특징을 설명하고 있다. 그러나 ③번은 아이들이 평화로운 환경에서 많은 칭찬과 격려로 자유롭게 브레인스토밍을 할 때 가장 창의적이라는 내용으로, 좋은 논쟁을 하는 것이 창의력에 중요하다는 지문 전반의 흐름과 관련이 없다.

기출문제 풀어보기

Q. 글의 흐름상 가장 어색한 문장은? [2022년 서울시 9급(2월 추가)]

In the early 1980s, a good friend of mine discovered that she was dying of multiple myeloma, an especially dangerous, painful form of cancer. I had lost elderly relatives and family friends to death before this, but I had never lost a personal friend. ① I had never watched a relatively young person die slowly and painfully of disease. It took my friend a year to die, and ② I got into the habit of visiting her every Saturday and taking along the latest chapter of the novel I was working on. This happened to be *Clay's Ark*. With its story of disease and death, it was thoroughly inappropriate for the situation. But my friend had always read my novels. ③ She insisted that she no longer wanted to read this one as well. I suspect that neither of us believed she would live to read it in its completed form—④ although, of course, we didn't talk about this.

패턴 PLUS

흐름과 관계없는 문장을 찾기 위해서는 주제를 명확히 파악해야 한다. 주제문이 초반에 나오는 경우가 많으므로, 처음 한두 문장에서 주제를 파악하고 이와 관련 없는 문장을 고른다.

불변의 패턴 20

핵심 소재만 같고 주제에서 살짝 벗어나는 문장이 글의 흐름과 무관한 문장이다.

정답·해석·해설_p.64

대표 기출 예제
[2025년 지방직 9급]

Q. 다음 글의 흐름상 어색한 문장은?

Scientists in the UK grew special tomatoes with extra vitamin D, which is important for people's health. Vitamin D deficiency affects about one billion people worldwide. ① Tomatoes naturally contain a substance that gets converted into vitamin D. ② The team altered the genes of the tomato plants, breeding them to have more of this substance than usual. ③ Each tomato came to have about as much vitamin D as two medium-sized eggs. ④ Moreover, tomatoes are commonly eaten raw in salads and served as a cooked vegetable. The scientists think the technique could be used with other foods, too.

해설 지문 처음에서 영국의 과학자들이 특별한 토마토를 재배했다고 언급하고, ①, ②, ③번에서 그것의 재배 과정과 결과를 설명하고 있다. 그러나 ④번은 일반적인 토마토의 섭취 방식에 관한 내용으로, 핵심 소재인 토마토에 대해 다루긴 하지만 영국의 과학자들이 특별한 토마토를 재배했다는 지문 전반의 흐름과는 관련이 없다.

기출문제 풀어보기
[2025년 국가직 9급]

Q. 다음 글의 흐름상 어색한 문장은?

As OECD countries prepare for an AI revolution, underscored by rapid advancements in generative AI and an increased availability of AI-skilled workers, the landscape of employment is poised for significant change. ① To navigate this shift, it's critical to prioritise training and education to equip both current and future workers with the necessary skills, and to support displaced workers with adequate social protection. ② Additionally, safeguarding workers' rights in the face of AI integration and ensuring inclusive labour markets become paramount. ③ Social dialogue will also be key to success in this new era. ④ Many experts believe that AI will completely replace all human jobs within the next decade. Together, these actions will ensure that the AI revolution benefits all, transforming potential risks into opportunities for growth and innovation.

패턴 PLUS

흐름과 관계없는 문장은 보통 글의 핵심 소재 또는 관련 소재에 대해 다루지만 주제에서 살짝 벗어나는 내용인 경우가 많다. 언뜻 보기에 자연스럽게 연결되어 보일 수 있으니 주의해야 한다.

1. 주어진 문장이 들어갈 위치로 가장 적절한 것은?

[2025년 출제기조 전환 대비 2차 예시문제]

For others, activism is controversial and disruptive; after all, it often manifests as confrontational activity that directly challenges the order of things.

Activism is frequently defined as intentional, vigorous or energetic action that individuals and groups practice to bring about a desired goal. (①) For some, activism is a theoretically or ideologically focused project intended to effect a perceived need for political or social change. (②) Activism is uncomfortable, sometimes messy, and almost always strenuous. (③) In addition, it does not occur without the presence and commitment of activists, that is, folks who develop workable strategies, focus a collective spotlight onto particular issues, and ultimately move people into action. (④) As a noted scholar suggests, effective activists also make noise, sometimes loudly.

2. 주어진 글 다음에 이어질 글의 순서로 가장 적절한 것은?

[2025년 국가직 9급]

The idea that society should allocate economic rewards and positions of responsibility according to merit is appealing for several reasons.

(A) An economic system that rewards effort, initiative, and talent is likely to be more productive than one that pays everyone the same, regardless of contribution, or that hands out desirable social positions based on favoritism.

(B) Rewarding people strictly on their merits also has the virtue of fairness; it does not discriminate on any basis other than achievement.

(C) Two of these reasons are generalized versions of the case for merit in hiring—efficiency and fairness.

① (A) – (C) – (B)
② (B) – (C) – (A)
③ (C) – (A) – (B)
④ (C) – (B) – (A)

3 주어진 글 다음에 이어질 글의 순서로 적절한 것은?

[2024년 지방직 9급]

Computer assisted language learning (CALL) is both exciting and frustrating as a field of research and practice.

(A) Yet the technology changes so rapidly that CALL knowledge and skills must be constantly renewed to stay apace of the field.
(B) It is exciting because it is complex, dynamic and quickly changing—and it is frustrating for the same reasons.
(C) Technology adds dimensions to the domain of language learning, requiring new knowledge and skills for those who wish to apply it into their professional practice.

① (A) – (C) – (B)
② (B) – (A) – (C)
③ (B) – (C) – (A)
④ (C) – (B) – (A)

4 다음 글의 흐름상 어색한 문장은?

[2024년 지방직 9급]

Critical thinking sounds like an unemotional process but it can engage emotions and even passionate responses. In particular, we may not like evidence that contradicts our own opinions or beliefs. ① If the evidence points in a direction that is challenging, that can rouse unexpected feelings of anger, frustration or anxiety. ② The academic world traditionally likes to consider itself as logical and free of emotions, so if feelings do emerge, this can be especially difficult. ③ For example, looking at the same information from several points of view is not important. ④ Being able to manage your emotions under such circumstances is a useful skill. If you can remain calm, and present your reasons logically, you will be better able to argue your point of view in a convincing way.

5. 글의 흐름으로 보아, 주어진 문장이 들어가기에 가장 적절한 곳은?

[2024년 법원직 9급]

However, there are now a lot of issues with the current application of unmanned distribution.

The city lockdown policy during COVID-19 has facilitated the rapid growth of numerous takeaways, vegetable shopping, community group buying, and other businesses. (①) Last-mile delivery became an important livelihood support during the epidemic. (②) At the same time, as viruses can be transmitted through aerosols, the need for contactless delivery for last-mile delivery has gradually increased, thus accelerating the use of unmanned logistics to some extent. (③) For example, the community space is not suitable for the operation of unmanned delivery facilities due to the lack of supporting logistics infrastructure. (④) In addition, the current technology is unable to complete the delivery process and requires the collaboration of relevant space as well as personnel to help dock unmanned delivery nodes.

*last-mile delivery 최종 단계의 배송

6. 주어진 글 다음에 이어질 글의 순서로 적절한 것은?

[2024년 국가직 9급]

Interest in movie and sports stars goes beyond their performances on the screen and in the arena.

(A) The doings of skilled baseball, football, and basketball players out of uniform similarly attract public attention.

(B) Newspaper columns, specialized magazines, television programs, and Web sites record the personal lives of celebrated Hollywood actors, sometimes accurately.

(C) Both industries actively promote such attention, which expands audiences and thus increases revenues. But a fundamental difference divides them: What sports stars do for a living is authentic in a way that what movie stars do is not.

① (A) – (C) – (B) ② (B) – (A) – (C)
③ (B) – (C) – (A) ④ (C) – (A) – (B)

7 다음 글의 흐름상 어색한 문장은? [2023년 지방직 9급]

I once took a course in short-story writing and during that course a renowned editor of a leading magazine talked to our class. ① He said he could pick up any one of the dozens of stories that came to his desk every day and after reading a few paragraphs he could feel whether or not the author liked people. ② "If the author doesn't like people," he said, "people won't like his or her stories." ③ The editor kept stressing the importance of being interested in people during his talk on fiction writing. ④ Thurston, a great magician, said that every time he went on stage he said to himself, "I am grateful because I'm successful." At the end of the talk, he concluded, "Let me tell you again. You have to be interested in people if you want to be a successful writer of stories."

8 주어진 문장이 들어갈 위치로 알맞은 것은? [2023년 국가직 9급]

They installed video cameras at places known for illegal crossings, and put live video feeds from the cameras on a Web site.

Immigration reform is a political minefield. (①) About the only aspect of immigration policy that commands broad political support is the resolve to secure the U.S. border with Mexico to limit the flow of illegal immigrants. (②) Texas sheriffs recently developed a novel use of the Internet to help them keep watch on the border. (③) Citizens who want to help monitor the border can go online and serve as "virtual Texas deputies." (④) If they see anyone trying to cross the border, they send a report to the sheriff's office, which follows up, sometimes with the help of the U.S. Border Patrol.

gosi.Hackers.com

해커스공무원 영어 기출 **불변의 패턴**

어휘 &
생활영어

Section 1
어휘

최신 출제경향

최근 5개년 출제율

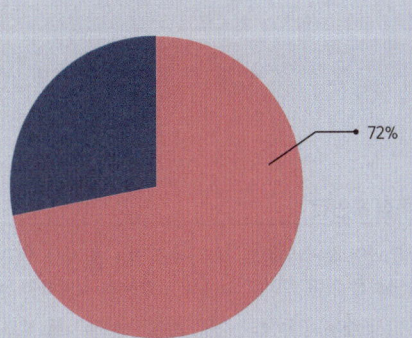

72%

최근 5개년 출제 문항 수

'25~'21 국가직·지방직·서울시·법원직·국회직 9급 (2025.09 기준)

불변의 패턴 01

선택지가 형용사로 구성된 경우, 형용사가 수식하거나 서술하는 명사에서 단서를 찾는다.

정답·해설·해석_p.70

대표 기출 예제

[2024년 국가직 9급]

Q. 밑줄 친 부분에 들어갈 말로 적절한 것은?

> Obviously, no aspect of the language arts stands alone either in learning or in teaching. Listening, speaking, reading, writing, viewing, and visually representing are _____.

① distinct
② distorted
③ interrelated
④ independent

해설 선택지가 형용사로 구성되어 있으므로 명사인 Listening, speaking, ~ representing(듣기, 말하기, ~ 시각적으로 표현하기)이 문맥 속에서 어떻게 서술되어야 하는지 파악해야 한다. 빈칸 앞 문장에서 '언어 예술의 어떤 측면도 배움이나 가르침에 있어 분리되지 않는다'고 했으므로 언어 예술의 측면들을 의미하는 Listening, speaking, ~ representing이 '분리되지 않는'이라는 의미와 가까운 형용사로 서술되어야 함을 파악할 수 있다. 따라서 빈칸에 들어갈 형용사는 '상호 연관된'이라는 의미의 ③ interrelated이다.

기출문제 풀어보기

Q1. 밑줄 친 부분에 들어갈 말로 가장 적절한 것은?

[2024년 서울시 9급(2월 추가)]

> It has rained so little in California for the last six years that forest rangers need to be especially _____ in watching for forest fires.

① vigilant   ② relaxed
③ indifferent   ④ distracted

Q2. 밑줄 친 부분의 의미와 가장 가까운 것을 고르시오.

[2023년 국가직 9급]

> Jane wanted to have a small wedding rather than a fancy one. Thus, she planned to invite her family and a few of her intimate friends to eat delicious food and have some pleasant moments.

① nosy
② close
③ outgoing
④ considerate

패턴 PLUS

최근에 출제된 다양한 형용사의 의미를 알아두면 도움이 된다.

interrelated 밀접한 관계인	insulated 절연 처리가 된
vigilant 경계하고 있는	dilapidated 황폐한
collaborative 협력적인	candid (= frank) 솔직한
vexed 화가 난	renowned (= famous) 유명한
intimate (= close) 친한	opulent (= luxurious) 호화로운
lucid (= perspicuous) 명쾌한	singular (= exceptional) 뛰어난
incessant (= constant) 끊임없는	antagonistic (= hostile) 적대적인
subsequent (= following) 다음의	flexible (= adaptable) 융통성 있는

고득점 포인트

- 유의어 찾기 유형의 경우, 수식받는 명사를 찾고, 밑줄 친 형용사가 명사를 어떤 의미로 서술하고 있는지 확인하면 정답을 찾을 수 있다.
- 빈칸 채우기 유형의 경우, 수식받는 명사를 찾고, 명사가 문맥상 어떤 의미로 서술되어야 하는지 파악하면 정답을 찾을 수 있다.

불변의 패턴 02

선택지가 동사(구)로 구성된 경우, 문맥상 주어/목적어의 동작이나 상태를 가장 잘 나타내는 것이 정답이다.

정답·해설·해석_p.70

대표 기출 예제

[2024년 지방직 9급]

Q. 밑줄 친 부분에 들어갈 말로 가장 적절한 것은?

> Automatic doors in supermarkets _____ the entry and exit of customers with bags or shopping carts.

① ignore
② forgive
③ facilitate
④ exaggerate

해설 선택지가 동사로 구성되어 있으므로, 주어인 Automatic doors(자동문)의 동작이나 상태를 어떻게 나타내야 하는지 파악해야 한다. 빈칸 뒤에 '가방이나 쇼핑 카트를 가진 고객의 출입'이라는 말이 있으므로 주어(Automatic doors)는 '가방이나 쇼핑 카트를 가진 고객의 출입을 용이하게 한다'는 의미로 서술되어야 한다. 따라서 빈칸에 들어갈 동사는 '용이하게 하다'라는 의미의 ③ facilitate이다.

기출문제 풀어보기

Q1. 밑줄 친 부분의 의미와 가장 가까운 것을 고르시오.

[2024년 국가직 9급]

> To appease critics, the wireless industry has launched a $12 million public-education campaign on the drive-time radio.

① soothe
② counter
③ enlighten
④ assimilate

Q2. 밑줄 친 부분의 의미와 가장 가까운 것을 고르시오.

[2024년 지방직 9급]

> The Prime Minister is believed to have ruled out cuts in child benefit or pensions.

① excluded
② supported
③ submitted
④ authorized

패턴 PLUS

최근에 출제된 다양한 동사(구)의 의미를 알아두면 도움이 된다.

conceal (= hide) 숨기다	spurn (= decline) 거절하다
appease (= soothe) 달래다	boast (= brag) 자랑하다
underestimate 경시하다	suspend 연기하다
exclude 배제하다	unravel (= solve) 풀다
vary (= change) 달라지다	dilute (= weaken) 묽게 하다
eradicate 근절하다	deprive 빼앗다
proliferate 확산되다	accuse 비난하다
hold off 미루다	abide by 따르다
bring up 기르다	do away with 폐지하다
run out of ~을 다 써버리다	give rise to 초래하다

고득점 포인트

문맥에서 동사의 의미를 유추하기 어려운 경우, 보기를 먼저 확인하고 보기가 긍정적인 의미인지 부정적인 의미인지 등을 파악한 후, 성격이 다른 보기를 정답 후보로 좁혀 나가며 문제를 해결할 수도 있다.

불변의 패턴 03

선택지가 명사로 구성된 경우, 빈칸/밑줄 앞뒤에 나온 정의/설명/예시에서 단서를 찾는다.

대표 기출 예제

[2025년 국가직 9급]

Q. 밑줄 친 부분에 들어갈 말로 가장 적절한 것을 고르시오.

> All international travelers must carry acceptable _____ when entering Canada. For example, a passport is the only reliable and universally accepted document when traveling abroad.

① currency   ② identification
③ insurance   ④ luggage

해설 선택지가 명사로 구성되어 있으므로 빈칸 뒤에 나온 예시에서 단서를 찾아야 한다. 빈칸 뒤에 '여권은 해외여행 시 유일하게 신뢰할 수 있고 전 세계적으로 인정받는 문서'라는 내용이 있으므로, 모든 국제 여행자는 캐나다에 입국할 때 허용되는 '신분증'을 소지해야 한다는 의미가 되어야 자연스러운 것을 알 수 있다. 따라서 빈칸에 들어갈 명사는 '신분증'이라는 의미의 ② identification이다.

기출문제 풀어보기

Q1. 밑줄 친 부분에 들어갈 말로 가장 적절한 것을 고르시오.

[2022년 국가직 9급]

> A mouse potato is the computer _____ of television's couch potato: someone who tends to spend a great deal of leisure time in front of the computer in much the same way the couch potato does in front of the television.

① technician
② equivalent
③ network
④ simulation

Q2. 밑줄 친 부분의 의미와 가까운 것을 고르시오.

[2023년 국회직 9급]

> The flippancy of the second graders was almost more than the substitute teacher could stand it.

① disrespect   ② humourlessness
③ seriousness   ④ stipend
⑤ verge

고득점 포인트

'형용사 + -ity', '동사 + -ion' 등 다른 품사 뒤에 붙어서 명사형을 만드는 접미사를 알아두면 다른 품사에서 파생된 명사의 의미를 유추하여 문제를 해결할 수 있다.

real(진짜의) + -ity → reality(현실)
productive(생산적인) + -ity → productivity(생산성)
intense(강렬한) + -ity → intensity(강렬함)
act(행동하다) + -ion → action(행동)
educate(교육하다) + -ion → education(교육)
direct(지시하다) + -ion → direction(지시)

패턴 PLUS

최근에 출제된 다양한 명사의 의미를 알아두면 도움이 된다.

identification 신분증	equivalent 상당어구
courtesy (= politeness) 예의	absence 결핍
transparency 투명성	plagiarism 표절
frugality 검소함	preservation 보존
resilience (= elasticity) 회복 탄력성	sanction (= embargo) 제재, 제한
attainment (= procurement) 성취	punctuality 시간 엄수

불변의 패턴 04
선택지가 부사로 구성된 경우, 부사가 수식하는 형용사나 서술어에서 단서를 찾는다.

대표 기출 예제
[2024년 지방직 9급]

Q. 밑줄 친 부분의 의미와 가장 가까운 것을 고르시오.

> While Shakespeare's comedies share many similarities, they also differ **markedly** from one another.

① softly
② obviously
③ marginally
④ indiscernibly

해설 선택지가 부사로 구성되어 있으므로, 밑줄 친 부사 markedly가 수식하는 동사 differ from(~와 다르다)에서 정답의 단서를 찾아야 한다. 밑줄 앞부분에 '셰익스피어의 희극이 많은 유사성을 공유하지만'이라는 내용이 있고, 밑줄 친 부사 뒤에 '서로'라는 의미의 one another가 왔으므로 동사 differ from은 '현저하게'라는 의미로 수식되어야 자연스럽다. 따라서 밑줄 친 부사 markedly의 의미와 가장 가까운 것은 '분명히'라는 의미의 ② obviously이다.

기출문제 풀어보기

Q1. 다음 밑줄 친 부분의 의미와 가장 가까운 것은?
[2017년 국회직 9급]

> The young lawyer **ostentatiously** hung his college diploma on the door to his office.

① exceptionally
② confidently
③ tentatively
④ irrationally
⑤ boastfully

Q2. 밑줄 친 부분과 의미가 가장 가까운 것은? [2017년 서울시 9급]

> Leadership and strength are **inextricably** bound together. We look to strong people as leaders because they can protect us from threats to our group.

① inseparably
② inanimately
③ ineffectively
④ inconsiderately

고득점 포인트
정답이 부사인 경우, 주로 '유의어 찾기' 유형으로 출제되므로, 비슷한 의미를 갖는 부사를 함께 학습하는 것이 좋다.

- completely (= totally, entirely) 완전히, 철저히
- solely (= only, simply) 오로지, 단독으로
- soundly (= deeply) 곤히, 깊이
- primarily (= chiefly) 주로
- deliberately (= purposely, consciously) 고의로
- literally (= truly, actually) (강조하여) 완전히, 정말
- immediately (= directly, instantly, promptly) 즉시
- respectively (= individually, severally) 각각, 각자

패턴 PLUS
최근에 출제된 다양한 부사의 의미를 알아두면 도움이 된다.

- markedly 현저하게
- obviously 분명히
- inevitably (= necessarily) 반드시
- thoroughly 완전히
- steadily 꾸준히, 한결같이

Section Test

1 밑줄 친 부분에 들어갈 말로 가장 적절한 것을 고르시오.

[2025년 출제기조 전환 대비 2차 예시문제]

> Even though there are many problems that have to be solved, I want to emphasize that the safety of our citizens is our top _____.

① secret
② priority
③ solution
④ opportunity

2 밑줄 친 부분의 의미와 가장 가까운 것을 고르시오.

[2024년 국가직 9급]

> The money was so cleverly concealed that we were forced to abandon our search for it.

① spent
② hidden
③ invested
④ delivered

3 밑줄 친 부분에 들어갈 말로 가장 적절한 것을 고르시오.

[2025년 지방직 9급]

> Some plant diseases are indeed difficult to _____ because they can spread rapidly and easily, impacting multiple plants in a vast area.

① nourish   ② eradicate
③ proliferate ④ detect

4 밑줄 친 부분에 들어갈 말로 가장 적절한 것을 고르시오.

[2025년 지방직 9급]

> In the business world, _____ is highly valued as it showcases a person's commitment to meeting deadlines and respecting others' time.

① humility   ② sincerity
③ frugality ④ punctuality

5 밑줄 친 부분에 들어갈 말로 가장 적절한 것을 고르시오.

[2025년 출제기조 전환 대비 2차 예시문제]

> In order to exhibit a large mural, the museum curators had to make sure they had _____ space.

① cozy
② stuffy
③ ample
④ cramped

6 밑줄 친 부분의 의미와 가장 가까운 것은?

[2024년 서울시 9급(2월 추가)]

> After receiving an attractive job offer from a renowned company, she finally chose to spurn it in order to pursue her dream of starting her own business.

① contemplate ② postpone
③ decline   ④ denounce

7 밑줄 친 부분에 들어갈 말로 가장 적절한 것은?

[2023년 지방직 9급]

> Voters demanded that there should be greater _____ in the election process so that they could see and understand it clearly.

① deception
② flexibility
③ competition
④ transparency

8 밑줄 친 부분의 의미와 가장 가까운 것을 고르시오.

[2022년 지방직 9급]

> Crop yields vary, improving in some areas and falling in others.

① change
② decline
③ expand
④ include

9 밑줄 친 부분에 들어갈 말로 가장 적절한 것은?

[2022년 서울시 9급(2월 추가)]

> People need to _____ skills in their jobs in order to be competitive and become successful.

① abolish
② accumulate
③ diminish
④ isolate

10 밑줄 친 부분에 들어갈 말로 가장 적절한 것은?

[2022년 서울시 9급(2월 추가)]

> _____ is using someone else's exact words or ideas in your writing, and not naming the original writer or book, magazine, video, podcast, or website where you found them.

① citation
② presentation
③ modification
④ plagiarism

11 밑줄 친 부분에 들어갈 말로 가장 적절한 것을 고르시오.

[2021년 지방직 9급]

> Globalization leads more countries to open their markets, allowing them to trade goods and services freely at a lower cost with greater _____.

① extinction
② depression
③ efficiency
④ caution

12 밑줄 친 부분의 의미와 가장 가까운 것을 고르시오.

[2021년 국가직 9급]

> The influence of Jazz has been so pervasive that most popular music owes its stylistic roots to jazz.

① deceptive
② ubiquitous
③ persuasive
④ disastrous

Section Test

13 밑줄 친 부분에 들어갈 말로 가장 적절한 것을 고르시오.

[2025년 출제기조 전환 대비 1차 예시문제]

> Recently, increasingly _____ weather patterns, often referred to as "abnormal climate," have been observed around the world.

① irregular
② consistent
③ predictable
④ ineffective

14 밑줄 친 부분에 들어갈 말로 가장 적절한 것을 고르시오.

[2025년 국가직 9급]

> We are polluting the oceans, killing the fish and thereby _____ ourselves of invaluable food supply.

① depriving
② informing
③ accusing
④ curing

15 밑줄 친 부분의 의미와 가장 가까운 것을 고르시오.

[2024년 국가직 9급]

> She worked diligently and had the guts to go for what she wanted.

① was anxious
② was fortunate
③ was reputable
④ was courageous

16 밑줄 친 부분의 의미와 가장 가까운 것을 고르시오.

[2024년 지방직 9급]

> Jane poured out the strong, dark tea and diluted it with milk.

① washed
② weakened
③ connected
④ fermented

17 밑줄 친 부분의 의미와 가장 가까운 것을 고르시오.

[2024년 지방직 9급]

> If you let on that we are planning a surprise party, Dad will never stop asking you questions.

① reveal
② observe
③ believe
④ possess

18 밑줄 친 부분의 의미와 가장 가까운 것은?

[2024년 서울시 9급(2월 추가)]

> Ever since the Red Sox traded Babe Ruth to the Yankees in 1918, Boston sports fans have learned to take the good with the bad. They have seen more basketball championships than any other city but haven't boasted a World Series title in over 75 years.

① waived
② yielded
③ renounced
④ bragged

19 밑줄 친 부분에 들어갈 말로 가장 적절한 것은?

[2024년 서울시 9급(2월 추가)]

> Instead of giving us an innovative idea on the matter in hand, the keynote speaker brought up a(n) _____ which was lengthy and made us feel tedium for quite a while.

① brainstorming ② witticism
③ epigraph ④ platitude

20 밑줄 친 부분의 의미와 가장 가까운 것을 고르시오.

[2023년 국가직 9급]

> The incessant public curiosity and consumer demand due to the health benefits with lesser cost has increased the interest in functional foods.

① rapid
② constant
③ significant
④ intermittent

21 밑줄 친 부분의 의미와 가장 가까운 것을 고르시오.

[2023년 지방직 9급]

> Folkways are customs that members of a group are expected to follow to show courtesy to others. For example, saying "excuse me" when you sneeze is an American folkway.

① charity
② humility
③ boldness
④ politeness

22 밑줄 친 부분의 의미와 가까운 것을 고르시오.

[2023년 국회직 9급]

> It makes sense to think demand will inevitably rebound briskly, sending Brent and WTI higher in the year to come.

① necessarily ② substantially
③ miraculously ④ utterly
⑤ incredibly

23 밑줄 친 부분의 의미와 가장 가까운 것을 고르시오.

[2022년 국가직 9급]

> Before the couple experienced parenthood, their four-bedroom house seemed unnecessarily opulent.

① hidden
② luxurious
③ empty
④ solid

24 밑줄 친 부분에 들어갈 말로 가장 적절한 것은?

[2020년 지방직 9급]

> The issue with plastic bottles is that they're not _____, so when the temperatures begin to rise, your water will also heat up.

① sanitary ② insulated
③ recyclable ④ waterproof

gosi.Hackers.com

Section 2
생활영어

최신 출제경향

최근 5개년 출제율

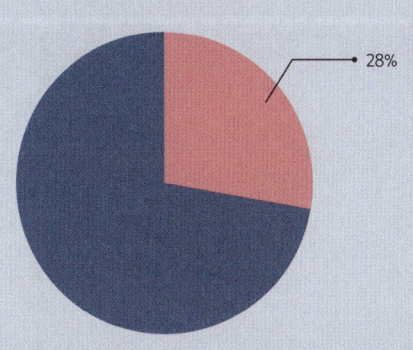

28%

최근 5개년 출제 문항 수

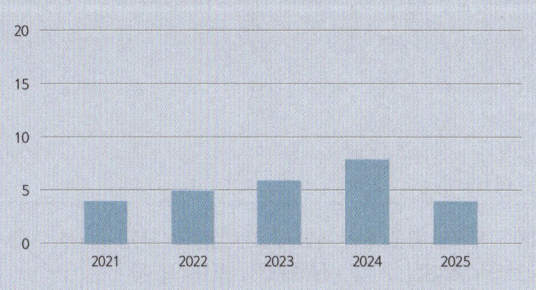

■ '25~'21 국가직·지방직·서울시·법원직·국회직 9급(2025.09 기준)

불변의 패턴 05

대화 초반부에 나온 빈칸 문장은 빈칸 다음 문장에서 단서를 찾는다.

정답·해설·해석_p.75

대표 기출 예제

[2024년 국가직 9급]

Q. 밑줄 친 부분에 들어갈 말로 적절한 것을 고르시오.

 Brian 11:21 — Hi, can I get some information on your city tour?

 Ace Tour 11:22 — Thank you for contacting us. Do you have any specific questions?

 Brian 11:22 — _____

 Ace Tour 11:23 — It'll take you to all the major points of interest in the city.

 Brian 11:24 — How much is it?

 Ace Tour 11:24 — It's 50 dollars per person for a four-hour tour.

 Brian 11:25 — OK. Can I book four tickets for Friday afternoon?

 Ace Tour 11:25 — Certainly. I will send you the payment information shortly.

① How long is the tour?
② What does the city tour include?
③ Do you have a list of tour packages?
④ Can you recommend a good tour guide book?

[해설] 대화의 초반부에 빈칸이 나왔으므로, 다음 문장인 'It'll take you ~ in the city'에서 단서를 찾아야 한다. 빈칸 다음 문장에서 '도시의 주요 명소를 모두 안내해 준다'고 했는데, 보기가 의문문으로 구성되어 있으므로, 빈칸 다음 문장의 내용으로 답변할 수 있는 질문을 정답으로 골라야 한다. 따라서 '시티 투어에는 무엇이 포함되나요?'라고 묻는 '② What does the city tour include?'가 정답이다.

기출문제 풀어보기

Q. 밑줄 친 부분에 들어갈 말로 가장 적절한 것은?

[2022년 지방직 9급]

A: Hey! How did your geography test go?
B: Not bad, thanks. I'm just glad that it's over! How about you? How did your science exam go?
A: Oh, it went really well. _____. I owe you a treat for that.
B: It's my pleasure. So, do you feel like preparing for the math exam scheduled for next week?
A: Sure. Let's study together.
B: It sounds good. See you later.

① There's no sense in beating yourself up over this
② I never thought I would see you here
③ Actually, we were very disappointed
④ I can't thank you enough for helping me with it

패턴 PLUS

- 보기가 의문문인 경우, 빈칸 뒤에 나오는 대답의 내용을 파악하고 해당 내용으로 답변할 수 있는 질문을 정답으로 고른다.
- 보기가 평서문인 경우, 빈칸 뒤에 이어지는 대화의 흐름을 파악하고 뒤의 흐름과 자연스럽게 이어질 수 있는 보기를 정답으로 고른다.

불변의 패턴 06

대화 후반부에 나온 빈칸 문장은 빈칸 앞 문장에서 단서를 찾는다.

정답·해설·해석_p.76

대표 기출 예제
[2023년 지방직 9급]

Q. 밑줄 친 부분에 들어갈 말로 가장 적절한 것을 고르시오.

A: You were the last one who left the office, weren't you?
B: Yes. Is there any problem?
A: I found the office lights and air conditioners on this morning.
B: Really? Oh, no. Maybe I forgot to turn them off last night.
A: Probably they were on all night.
B: _____

① Don't worry. This machine is working fine.
② That's right. Everyone likes to work with you.
③ I'm sorry. I promise I'll be more careful from now on.
④ Too bad. You must be tired because you get off work too late.

[해설] 대화의 후반부에 빈칸이 나왔으므로 빈칸 앞 문장에서 단서를 찾아야 한다. 에어컨이 켜져 있었다는 A의 말에 B가 끄는 것을 깜빡했다고 하고, 빈칸 앞 문장에서 A가 '아마 밤새 켜져 있었을 거예요(Probably they were on all night)'라고 했으므로 빈칸에는 B가 본인의 부주의(에어컨 끄는 것을 깜빡한 것)에 대해 사과하는 내용이 나와야 한다는 것을 알 수 있다. 따라서 '죄송해요, 앞으로 더 조심할 것을 약속할게요'라고 하는 '③ I'm sorry. I promise I'll be more careful from now on'이 정답이다.

기출문제 풀어보기

Q. 밑줄 친 부분에 들어갈 말로 가장 적절한 것을 고르시오.

[2024년 지방직 9급]

A: Can I get the document you referred to at the meeting yesterday?
B: Sure. What's the title of the document?
A: I can't remember its title, but it was about the community festival.
B: Oh, I know what you're talking about.
A: Great. Can you send it to me via email?
B: I don't have it with me. Mr. Park is in charge of the project, so he should have it.
A: _____
B: Good luck. Hope you get the document you want.

① Can you check if he is in the office?
② Mr. Park has sent the email to you again.
③ Are you coming to the community festival?
④ Thank you for letting me know. I'll contact him.

패턴 PLUS

· 빈칸 앞 문장이 질문일 경우, 질문에 대한 자연스러운 대답을 고른다.
· 빈칸 앞 문장이 평서문일 경우, 앞에 나온 대화의 흐름을 파악하고 자연스럽게 이어질 수 있는 보기를 고른다.

Section Test

1 밑줄 친 부분에 들어갈 말로 가장 적절한 것을 고르시오.

[2025년 국가직 9급]

Alex Brown
Hello. Do you remember we have a meeting with the city hall staff this afternoon?
10:10 am

Cathy Miller
Is it today? Isn't it tomorrow?
10:11 am

Alex Brown
I'll check my calendar.
10:11 am

I'm sorry, I was mistaken. The meeting is at 2 pm tomorrow.
10:13 am

Cathy Miller
Yes, that's right.
10:13 am

Alex Brown
You know we don't have to go to city hall for the meeting, right?
10:15 am

Cathy Miller
_____. It's sometimes more convenient.
10:16 am

Alex Brown
I agree. Please share the meeting URL. Also, could you send me the ID and password?
10:19 am

Cathy Miller
Sure, I'll share them via email and text.
10:19 am

① Yes, it's an online meeting
② Yes, be sure to reply to the email
③ No, I didn't receive your text message
④ No, I don't have another meeting today

2 밑줄 친 부분에 들어갈 말로 가장 적절한 것을 고르시오.

[2025년 지방직 9급]

A: How many copies of the presentation materials do you think we'll need?
B: 60 should be enough, but it's always good to have extras.
A: True. Better safe than sorry. How many would you recommend then?
B: Let's make it 75 just in case we have more attendees than expected like last time.
A: Good idea. _____?
B: Absolutely. We are going to have people asking for the presentation materials after the presentation.
A: Sure, that way everyone can easily have it whenever needed.

① How early do we need to distribute the materials
② Should we also have a digital version for sharing
③ Will the materials be printed in color or black and white
④ Are there any specific materials we should avoid including

3 밑줄 친 부분에 들어갈 말로 가장 적절한 것을 고르시오.

[2024년 지방직 9급]

A: Charles, I think we need more chairs for our upcoming event.
B: Really? I thought we already had enough chairs.
A: My manager told me that more than 350 people are coming.
B: _____
A: I agree. I am also a bit surprised.
B: Looks like I'll have to order more then. Thanks.

① I wonder if the manager is going to attend the event.
② I thought more than 350 people would be coming.
③ That's actually not a large number.
④ That's a lot more than I expected.

4 밑줄 친 부분에 들어갈 말로 가장 적절한 것을 고르시오.

[2025년 지방직 9급]

 Yuna: Hi Jenny, I need your advice on buying a car. 10:30 am

 Jenny: Hi, do you want to buy a car? What kind of car? 10:31 am

 Yuna: Maybe a mid-sized sedan or an SUV. 10:32 am

 Jenny: An SUV is more practical. 10:32 am

 Yuna: SUVs are more expensive than sedans. _____. 10:33 am

 Jenny: One of my friends is a used car dealer. He can give you a good deal. 10:34 am

 Yuna: Really? That would be nice. 10:34 am

 Jenny: Do you want his number? 10:35 am

 Yuna: Sure. 10:35 am

 Jenny: Just one second. 10:35 am

707-123-5678 10:36 am

 Yuna: Thanks! 10:36 am

① I'm on a tight budget
② I need to get in shape
③ It should clear up soon
④ I can pick you up later

---

5 밑줄 친 부분에 들어갈 말로 가장 적절한 것을 고르시오.

[2025년 국가직 9급]

A: Aren't you going to have lunch?
B: No, I'm not hungry. I'd rather read my book. I'm reading *The Lucky Club*.
A: *The Lucky Club*? What's it about?
B: Well, it's about a group of Korean women who live in Los Angeles. The main character is a woman born in America whose mother came from Korea.
A: It sounds interesting. Who's it by?
B: _____.
A: She wrote *The Heroine Generation*, too, didn't she?
B: No, that was written by May Lee.
A: Oh, I see.

① I have already read it
② Lin Lee is the author
③ It originally belongs to me
④ She is one of my relatives in Korea

---

6 밑줄 친 부분에 들어갈 말로 가장 적절한 것은?

[2024년 서울시 9급(2월 추가)]

A: Sorry to keep you waiting, Ms. Krauss.
B: Well, I see that you've got a lot on your plate today. I won't keep you any longer.
A: Don't worry, Ms. Krauss. We'll get your order done on time.
B: Should I give you a call?
A: _____

① Well, you're a good customer. Let me see what I can do.
② No need for that. Come at 11:00 and I'll have your documents ready.
③ Tomorrow morning? No sweat. Can you get the documents to me before noon?
④ I'm afraid that might be difficult. I've got a lot of orders to complete this morning.

Section Test

7 밑줄 친 부분에 들어갈 말로 가장 적절한 것을 고르시오.

[2025년 출제기조 전환 대비 1차 예시문제]

Kate Anderson
Are you coming to the workshop next Friday?
10:42

 Jim Henson
I'm not sure. I have a doctor's appointment that day.
10:42

Kate Anderson
You should come! The workshop is about A.I. tools that can improve our work efficiency.
10:43

 Jim Henson
Wow, the topic sounds really interesting!
10:44

Kate Anderson
Exactly. But don't forget to reserve a seat if you want to attend the workshop.
10:45

 Jim Henson
How do I do that?
10:45

Kate Anderson

10:46

① You need to bring your own laptop.
② I already have a reservation.
③ Follow the instructions on the bulletin board.
④ You should call the doctor's office for an appointment.

8 밑줄 친 부분에 들어갈 말로 적절한 것을 고르시오.

[2024년 국가직 9급]

A: Thank you. We appreciate your order.
B: You are welcome. Could you send the goods by air freight? We need them fast.
A: Sure. We'll send them to your department right away.
B: Okay. I hope we can get the goods early next week.
A: If everything goes as planned, you'll get them by Monday.
B: Monday sounds good.
A: Please pay within 2 weeks. Air freight costs will be added on the invoice.
B: _____
A: I am afraid the free delivery service is no longer available.

① I see. When will we be getting the invoice from you?
② Our department may not be able to pay within two weeks.
③ Can we send the payment to your business account on Monday?
④ Wait a minute. I thought the delivery costs were at your expense.

9 밑줄 친 부분에 들어갈 말로 가장 적절한 것을 고르시오.

[2022년 국가직 9급]

A: Hi there. May I help you?
B: Yes, I'm looking for a sweater.
A: Well, this one is the latest style from the fall collection. What do you think?
B: It's gorgeous. How much is it?
A: Let me check the price for you. It's $120.
B: _____.
A: Then how about this sweater? It's from the last season, but it's on sale for $50.
B: Perfect! Let me try it on.

① I also need a pair of pants to go with it
② That jacket is the perfect gift for me
③ It's a little out of my price range
④ We are open until 7 p.m. on Saturdays

10 밑줄 친 부분에 들어갈 말로 가장 적절한 것을 고르시오.

[2025년 출제기조 전환 대비 2차 예시문제]

Tim Jones
Hi, I'm interested in renting one of your meeting rooms.
3:10 pm

Jane Baker
Thank you for your interest. We have several spaces available depending on the size of your meeting. We can accommodate groups of 5 to 20 people.
3:11 pm

Tim Jones
That sounds great. We need a room for 17, and the meeting is scheduled for next month.
3:13 pm

Jane Baker

3:14 pm

Tim Jones
The meeting is going to be on Monday, July 15th. Do you have a meeting room available for that day?
3:15 pm

Jane Baker
Yes, we do. I can reserve the space for you and send you a confirmation email with all the details.
3:17 pm

① Could I have your contact information?
② Can you tell me the exact date of your meeting?
③ Do you need a beam projector or a copy machine?
④ How many people are going to attend the meeting?

11 밑줄 친 부분에 들어갈 말로 가장 적절한 것을 고르시오.

[2021년 국가직 9급]

A: Were you here last night?
B: Yes. I worked the closing shift. Why?
A: The kitchen was a mess this morning. There was food spattered on the stove, and the ice trays were not in the freezer.
B: I guess I forgot to go over the cleaning checklist.
A: You know how important a clean kitchen is.
B: I'm sorry. _____

① I won't let it happen again.
② Would you like your bill now?
③ That's why I forgot it yesterday.
④ I'll make sure you get the right order.

12 밑줄 친 부분에 들어갈 말로 가장 적절한 것을 고르시오.

[2017년 국가직 9급(10월 추가)]

A: Wow! Look at the long line. I'm sure we have to wait at least 30 minutes.
B: You're right. _____
A: That's a good idea. I want to ride the roller coaster.
B: It's not my cup of tea.
A: How about the Flume Ride then? It's fun and the line is not so long.
B: That sounds great! Let's go!

① Let's find seats for the magic show.
② Let's look for another ride.
③ Let's buy costumes for the parade.
④ Let's go to the lost and found.

MEMO

MEMO

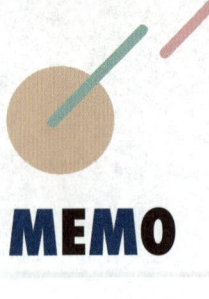

MEMO

2026 대비 최신개정판

해커스공무원
영어 기출
불변의 패턴

개정 2판 1쇄 발행 2025년 9월 4일

지은이	해커스 공무원시험연구소
펴낸곳	해커스패스
펴낸이	해커스공무원 출판팀
주소	서울특별시 강남구 강남대로 428 해커스공무원
고객센터	1588-4055
교재 관련 문의	gosi@hackerspass.com
	해커스공무원 사이트(gosi.Hackers.com) 교재 Q&A 게시판
	카카오톡 채널 [해커스공무원 노량진캠퍼스]
학원 강의 및 동영상강의	gosi.Hackers.com
ISBN	979-11-7404-057-2 (13740)
Serial Number	02-01-01

저작권자 ⓒ 2025, 해커스공무원

이 책의 모든 내용, 이미지, 디자인, 편집 형태에 대한 저작권은 저자에게 있습니다.

서면에 의한 저자와 출판사의 허락 없이 내용의 일부 혹은 전부를 인용, 발췌하거나 복제, 배포할 수 없습니다.

공무원 교육 1위,
해커스공무원 gosi.Hackers.com

해커스공무원

- 해커스공무원 학원 및 인강(교재 내 인강 할인쿠폰 수록)
- 공무원 영어 기출 어휘를 언제 어디서나 외우는 **공무원 보카 어플**
- 해커스 스타강사의 **공무원 영어 무료 특강**
- 정확한 성적 분석으로 약점 극복이 가능한 **합격예측 온라인 모의고사**(교재 내 응시권 및 해설강의 수강권 수록)

한경비즈니스 2024 한국품질만족도 교육(온·오프라인 공무원학원) 1위

2026 대비 최신개정판

해커스공무원
영어 기출
불변의 패턴

약점 보완 해설집

해커스공무원

해커스공무원
영어 기출
불변의 패턴

약점 보완 해설집

문법

Section 1 문장 성분

p.12

불변의 패턴 01 절 안에는 반드시 동사가 있어야 한다.

기출문제 풀어보기
정답 ④

[해설] ④ **동사 자리 | 주격 관계절의 수 일치** 동사 자리에 '-ing'의 형태는 올 수 없고, 주격 관계절(which ~ the planet)의 선행사가 단수 명사(sulfur)이므로 현재분사 helping을 단수 동사 helps로 고쳐야 한다.

[오답분석]
① **관계대명사** 선행사 a large area가 사물이고 관계절 내에서 동사 may have been의 주어 역할을 하므로 주격 관계대명사 that이 올바르게 쓰였다.
② **현재분사 vs. 과거분사** 수식받는 명사 rocks와 분사가 '암석들이 추출되다'라는 의미의 수동 관계이므로 과거분사 extracted가 올바르게 쓰였다.
③ **관계대명사** 선행사 sulfur이 사물이고, 관계절 내에서 동사 helps의 주어 역할을 하므로 주격 관계대명사 which가 올바르게 쓰였다. 참고로, 계속적 용법으로 쓰인 관계절에는 관계대명사 that이 올 수 없다.
⑤ **부사절 접속사 2: 이유** 문맥상 '분자들이 형성되었을 수도 있기 때문에'라는 의미가 되어야 자연스러우므로 이유를 나타내는 부사절 접속사 as(~기 때문에)가 올바르게 쓰였다.

[해석] 유기 분자들은 30억 년 이상 전에 물이 많은 호수였을지도 모르는 넓은 지역인 화성의 게일 분화구에서 발견되었다. NASA의 핵동력 탐사차인 '큐리오시티'는 그 지역으로부터 추출된 암석들에서 분자의 흔적들과 마주쳤다. 그 암석들은 또한 황을 함유하고 있는데, 과학자들은 그것(황)이 그 암석들이 행성의 표면에 있는 혹독한 방사능에 노출되었을 때도 그 유기물들을 보존하는 데 도움을 준다고 추측한다. 과학자들은 분자들이 살아있지 않은 과정에 의해 형성되었을 수도 있기 때문에 이러한 유기 분자의 존재가 화성의 고대 생명체에 대한 충분한 증거가 아니라고 신속히 표명한다. 하지만 그것은 여전히 가장 놀라운 발견 중 하나이다.

[어휘] organic 유기적인, 유기체의 molecule 분자 watery 물이 많은 rover 탐사차, 탐사선 encounter 마주치다, 만나다 trace 흔적 extract 추출하다 contain 함유하다, 포함하다 sulfur (유)황 speculate 추측하다 preserve 보존하다 expose 노출하다 radiation 방사능 presence 존재 sufficient 충분한 evidence 증거 ancient 고대의 astonishing 놀라운

p.13

불변의 패턴 02 보어 자리에는 부사가 아닌 형용사가 와야 한다.

기출문제 풀어보기
정답 ①

[해설] ① **보어 자리** 동사 sound는 '~처럼 들리다'라는 의미로 쓰일 때 주격 보어를 갖는 동사이고, 보어 자리에는 명사나 형용사 역할을 하는 것이 와야 하므로 부사 strangely를 형용사 strange로 고쳐야 한다.

[오답분석]
② **동명사 관련 표현** '일어나는 데 익숙하다'는 동명사 관련 표현 be used to -ing(~에 익숙하다)로 나타낼 수 있으므로 am used to getting up이 올바르게 쓰였다.
③ **3형식 동사의 수동태** 감정을 나타내는 동사(surprise)의 경우 주어가 감정을 느끼는 주체이면 수동태를 사용하는데, 문맥상 생략된 주어(You)가 놀라움을 느끼는 것이므로 수동태 be surprised가 올바르게 쓰였다.
④ **주어와 동사의 수 일치** 문장의 주어 자리에 단수 명사 He가 왔으므로 단수 동사 lacks가 올바르게 쓰였다. 참고로, '부족한 것이 없다'는 숙어 표현 lack for nothing을 사용해 나타낼 수 있다.
⑤ **명사절 접속사 3: 의문사 | 가짜 주어 구문** '그것을 누가 했든, 그것이 무엇이든'은 의문대명사 who(누구)와 what(무엇)을 사용하여 나타낼 수 있고, 명사절(who ~ was)과 같이 긴 주어가 오면 진짜 주어인 명사절을 뒤로 보내고 가주어 it이 주어 자리에 대신 쓰이므로 It matters little who ~ was가 올바르게 쓰였다.

[어휘] strangely 이상하게 burst into tears 울음을 터뜨리다 lack for nothing 부족함이 없다, 돈이 풍족하다

Section Test
p. 14-15

1	2	3	4
③	③	④	①
5	6	7	8
③	④	②	①

1
정답 ③

[해설] ③ **동사 자리** 동사 자리에는 '조동사(will) + 동사원형'이 올 수 있는데, 동사원형 자리에 동사가 두 개(be, vary) 왔으므로 will be vary를 자동사 vary(달라지다)만 남긴 will vary로 고쳐야 한다.

[오답분석]
① **보어 자리** be 동사(is)는 주격 보어를 취하는 동사인데, 보어 자리에는 명사나 형용사 역할을 하는 것이 올 수 있으므로 형용사 역할을 하는 'of + 추상명사'(of special interest)가 올바르게 쓰였다. (불변의 패턴 02)
② **5형식 동사의 수동태** 동사 consider는 목적어 뒤에 '(to be) + 명사/형용사'를 취하는 5형식 동사인데, consider가 수동태가 되면 '(to be) + 명사'(to be ~ tool)는 수동태 동사 뒤에 그대로 남아야 하므로 were considered to be ~ tool이 올바르게 쓰였다.
④ **능동태·수동태 구별** 동사 create 뒤에 목적어가 없고, 주어(The world's first digital camera)와 동사가 '세계 최초의 디지털카메라가 만들어졌다'라는 의미의 수동 관계이므로 수동태 was created가 올바르게 쓰였다.

[해석]
① 지진 후에 뒤따르는 화재는 보험 업계에게 특히 흥미가 있는 부분이다.
② 워드 프로세서는 과거에 타자수에게 최고의 도구로 여겨졌다.
③ 현금 예측에서 발생하는 소득의 요소들은 그 회사의 상황에 따라 달라질 것이다.
④ 세계 최초의 디지털카메라는 이스트먼 코닥에서 Steve Sasson에 의해 1975년에 만들어졌다.

[어휘] following ~후에, ~에 이어 ultimate 최고의, 궁극적인 vary 달라지다 circumstance 상황

2 정답 ③

해설 ③ **동사 자리** 절에는 반드시 주어와 동사가 있어야 하는데, 동사 자리에는 '동사'나 '조동사 + 동사원형'이 와야 하므로 '동사원형 + ing' 형태인 reacting을 과거 동사 reacted로 고쳐야 한다. (불변의 패턴 01)

오답 분석
① **능동태·수동태 구별** 동사 predispose(~하는 성향을 갖게 하다) 뒤에 목적어가 없고, 주어 some individuals와 동사가 '어떤 사람들은 ~하는 성향을 갖게 된다'라는 의미의 수동 관계이므로 be 동사 are와 함께 수동태를 완성하는 과거분사 predisposed가 올바르게 쓰였다.
② **관계대명사 that** 선행사 differences(차이점들)가 사물이고 관계절 내에서 동사(show up)의 주어 역할을 하므로 사물을 가리키는 주격 관계대명사 that이 올바르게 쓰였다.
④ **비교급** 비교급 표현은 '형용사/부사의 비교급(more often) + than'의 형태로 나타낼 수 있으므로 than이 올바르게 쓰였다.

해석 최근의 연구는 어떤 사람들은 유전적으로 수줍어하는 성향을 갖게 된다고 밝힌다. 다시 말해서, 어떤 사람들은 내성적으로 태어난다. 연구원들은 15퍼센트에서 20퍼센트 사이의 신생아들이 수줍음의 징후를 보인다고 말하는데, 그들은 더 조용하고 더 경계한다. 연구원들은 빠르면 생후 2개월 만에 나타나는 사교적인 아기와 내성적인 아기들 간의 생리학적인 차이점들을 확인했다. 한 연구에서, 이후 내성적인 아이들로 확인된 2개월 된 아기들은 움직이는 모빌과 사람의 목소리 녹음 테이프와 같은 자극에 대해 스트레스 징후를 보이며 반응했는데, 스트레스 징후에는 증가된 심장 박동, 팔다리의 요동치는 움직임과 지나친 울음이 있었다. 수줍음과 관련된 유전적 근거에 대한 추가 증거는 내성적인 아이들의 부모나 조부모들은 그들이 어렸을 때 내성적이었다는 것을 내성적이지 않은 아이들의 부모나 조부모들보다 더 자주 말한다는 사실이다.

어휘 genetically 유전적으로 predispose ~하는 성향을 갖게 하다
vigilant 경계하는 jerky movement 요동치는 움직임

3 정답 ④

해설 ④ **타동사** 동사 affect(~에 영향을 미치다)는 전치사 (on) 없이 목적어를 바로 취하는 타동사이므로 affects on을 affects로 고쳐야 한다.

오답 분석
① **현재분사 vs. 과거분사** 수식받는 명사 documentary와 분사가 '다큐멘터리가 제작되다'라는 의미의 수동 관계이므로 과거분사 produced가 올바르게 쓰였다.
② **보어 자리** leave(left)는 목적격 보어를 취하는 5형식 동사로 쓰일 수 있는데, 보어 자리에는 명사나 형용사 역할을 하는 것이 와야 하므로 목적어 viewers 뒤에 형용사 역할을 하는 과거분사 heartbroken이 올바르게 쓰였다. (불변의 패턴 02)
③ **전치사 + 관계대명사** '전치사 + 관계대명사'에서 전치사는 선행사 또는 관계절의 동사에 따라 결정되는데, 선행사 the extent는 전치사 to와 함께 짝을 이루어 쓰이므로 to which가 올바르게 쓰였다.

해석 BBC에 의해 제작된 자연 다큐멘터리 '블루 플래닛 II'는 플라스틱이 바다에 영향을 미치는 정도를 보여준 후 시청자들이 가슴 아픈 상태가 되게 했다.

어휘 leave ~한 상태가 되게 하다 heartbroken 가슴 아픈 extent 정도

4 정답 ①

해설 ① **보어 자리** be동사(is)는 주격 보어를 취하는 동사인데, 'of + 추상명사'는 형용사 역할을 하며 주격 보어 자리에 올 수 있으므로, 형용사 important를 추상명사 importance로 고쳐야 한다. (불변의 패턴 02)

오답 분석
② **보어 자리** 동사 become(became)은 주격 보어를 취하는 동사인데, 보어 자리에는 명사나 형용사 역할을 하는 것이 와야 하므로 형용사 distraught(마음이 심란해진)가 올바르게 쓰였다.
③ **병치 구문** 접속사(and)로 연결된 병치 구문에서는 같은 품사끼리 연결되어야 하는데, and 앞에 3인칭 단수 동사 opens가 왔으므로, and 뒤에도 3인칭 단수 동사 fans(바람을 일으키다)가 올바르게 쓰였다.
④ **관계대명사 that** 선행사(a sizzling summer)가 사물이고, 관계절 내에서 동사 was의 주어 역할을 하므로 주격 관계대명사 that이 올바르게 쓰였다.

해석 ① 당신이 미끄럽거나, 얼음으로 뒤덮이거나, 구불구불한 길을 운전하고 있다면 좋은 정지 마찰력이 최고로 중요하므로, 당신의 타이어가 항상 최상의 상태에 있도록 해라.
② 눈보라가 점점 더 심해지고 그의 아내가 아직 일에서 돌아오지 않자, Jeff는 점점 마음이 심란해졌다.
③ Teddy는 감기에 걸리는 것을 싫어한다. 누군가가 그의 면전에서 재채기하고 기침하고 있으면, 그는 창문을 열고 감기 세균을 흩어지게 하기 위해 바람을 일으킨다.
④ 지난해, 그 도시는 그곳의 몹시 추운 겨울과 정반대였던 타는 듯이 더운 여름을 경험했다.

어휘 slick 미끄러운 winding 구불구불한 traction 정지 마찰력
paramount 최고의 distraught 마음이 심란해진
in one's presence 면전에서 fan (바람을) 일으키다
dissipate 흩어지게 하다 sizzling 타는 듯이 더운 frigid 몹시 추운

5 정답 ③

해설 (A) **동사 자리** 주어(Much of ~ in the mouth)와 주격 보어 (uncontrollable) 사이에 올 수 있는 것은 동사이므로 동명사 being이 아닌 동사 is를 써야 한다. (불변의 패턴 01)
(B) **명사절 접속사 3: 의문사** 목적어가 없는 불완전한 절(we're looking at)을 이끌며 전치사(over)의 목적어 자리에 올 수 있는 것은 명사절 접속사 what이므로 관계대명사 which가 아닌 what을 써야 한다.
(C) **명사절 자리와 쓰임** 동사 know 뒤의 목적어 자리에 that절이 왔고, that절은 '명사절 접속사(that) + 주어(people) + 동사'의 형태가 되어야 하므로 동사 자리에 동명사 equating이 아닌 동사 equate를 써야 한다.
따라서 ③ (A) is – (B) what – (C) equate가 정답이다.

해석 일단 우리가 아동기에서 벗어나면, 눈 맞춤은 사실 속임수에 대해 매우 신뢰할 수 없는 단서가 된다. 왜일까? 정답은 눈 맞춤이 매우 통제하기가 쉽다는 것이다. 손에 땀이 나거나 입이 마르는 것과 같이 우리가 긴장할 때 우리에게 일어나는 일의 많은 부분은 통제가 불가능하다. 하지만 우리 대부분은 우리가 보고 있는 것에 대해서는 상당히 잘 통제할 수 있다. 따라서, 많은 성인들은 다른 사람들에게 거짓말을 하는 동안 그들의 눈을 바라보는 데 문제가 거의 없다. 게다가, 능숙한 소통가들은 사람들이 눈 맞춤의 부족함과 속임수를 동일시한다는 것을 알고 있기 때문에, 그들은 상대방이 의심하지 않도록 그들이 거짓말을 할 때 의도적으로 정상적인 눈 맞춤을 유지한다. 속담에서 말하듯 눈이 영혼의 창일 수는 있지만, 눈 맞춤이 정직함의 창은 아니다!

어휘 emerge from ~에서 벗어나다 unreliable 신뢰할 수 없는
deception 속임수, 기만 sweaty 땀이 나는 equate 동일시하다
deliberately 의도적으로 suspicious 의심하는 saying 속담, 격언

6 정답 ④

해설 ④ **동사 자리** 동사 자리에는 '동사'나 '조동사(could) + 동사원형'이 와야 하는데, 문맥상 '다른 종류의 생물체들도 존재할 수 있다'가

되어야 자연스럽고, present 뒤에 목적어가 없으므로 present는 형용사이다. 따라서 형용사 present를 형용사 앞에 be 동사를 쓴 be present로 고쳐야 한다. (불변의 패턴 01)

오답분석
① **수량 표현의 수 일치 | 능동태·수동태 구별** 주어 자리에 복수 취급하는 수량 표현 'many + 복수 명사'(Many pharaohs' tombs)가 왔으므로 복수 동사 were가 올바르게 쓰였다. 또한, 주어와 동사가 '많은 파라오의 무덤이 밀폐되다'라는 의미의 수동 관계이므로 수동태 동사 were sealed가 올바르게 쓰였다.
② **주어와 동사의 수 일치** 주어 자리에 복수 명사 bacteria가 왔으므로, 동사 자리에 복수 동사 grow가 올바르게 쓰였다.
③ **부사절 접속사 1: 조건 | 능동태·수동태 구별** 문맥상 '그것들은 만약 흡입되면 매우 해로울 수 있다'라는 의미가 되어야 자연스러우므로 조건을 나타내는 부사절 접속사 if가 올바르게 쓰였다. 또한, 조건을 나타내는 부사절에서는 미래를 나타내기 위해 미래 시제 대신 현재 시제를 사용하는데, 주어(they)와 동사가 '그것들이 흡입되다'라는 수동 관계이므로, if they are inhaled가 와야 한다. 그런데, 부사절의 동사가 be 동사일 경우 부사절 접속사 뒤의 '주어(they) + 동사(are)'를 생략할 수 있으므로 if inhaled가 올바르게 쓰였다.
⑤ **주어와 동사의 수 일치** 주어 자리에 복수 명사 modern archaeologists가 왔으므로, 동사 자리에 복수 동사 wear가 올바르게 쓰였다. 참고로, 주어와 동사 사이의 수식어 거품(unlike those in the 1920s)은 동사의 수 결정에 영향을 주지 않는다.

해석 많은 파라오의 무덤은 아주 단단히 밀폐되어서 외부의 공기가 안으로 들어갈 수 없었다. 이러한 일이 일어나면, 특정 박테리아들이 산소가 없는 환경에서 자라고, 그것들은 만약 흡입되면 매우 해로울 수 있다. 곰팡이와 균류 같은 다른 종류의 생물체들도 존재할 수 있는데, 그것들 중 일부는 심각한 건강 문제를 일으킬 수 있다. 이러한 이유들로 인해, 1920년대의 고고학자들과 달리 현대의 고고학자들은 처음으로 무덤에 들어갈 때 보호 필터 마스크와 장갑을 착용한다.

어휘 pharaoh 파라오(고대 이집트의 왕) tomb 무덤 seal 밀폐하다
inhale 흡입하다, 들이마시다 mold 곰팡이
fungi 균류, 곰팡이류(fungus의 복수형) archaeologist 고고학자
protective 보호하는

7
정답 ②

해설 ② **조동사 should의 생략** 주절에 요청을 나타내는 동사(demand)가 오면 종속절에는 '(should +) 동사원형'이 와야 하므로 과거 시제 동사 shared를 동사원형 (should) share로 고쳐야 한다.

오답분석
① **보어 자리** be 동사(was)는 주격 보어를 취하는 동사인데, 보어 자리에는 명사나 형용사 역할을 하는 것이 올 수 있으므로 동사 was 뒤에 형용사 upset이 올바르게 쓰였다. (불변의 패턴 02)
③ **명사절 접속사 3: 의문사** 완전한 절(workers were treated)을 이끌면서 목적어 자리에 올 수 있는 의문부사 how가 올바르게 쓰였다.
④ **주어와 동사의 수 일치 | 능동태·수동태 구별** 주어 workers가 복수 명사이므로 복수 동사 were가 올바르게 쓰였다. 또한, 주어와 동사가 '근로자들이 대우받다'라는 의미의 수동 관계이므로 be 동사 were와 함께 수동태를 완성하는 과거분사 treated가 올바르게 쓰였다.

해석 한 여대생은 그녀의 아버지에게 매우 화가 났다. 그녀는 그가 그의 근로자들을 제대로 대우하지 않았기 때문에 그가 부끄러웠다. 그녀는 그가 수익을 직원들과 나눠야 한다고 주장했다. 그녀는 그에게 근로자들이 얼마나 부당하게 대우받았는지를 설명했다.

어휘 ashamed 부끄러운 treat 대우하다, 취급하다 profit 수익, 이윤

8
정답 ①

해설 ① **동사 자리** 명사절 접속사 that이 이끄는 명사절은 '명사절 접속사(that) + 주어(a bent leg found on the Chatsworth Estate in Derbyshire) + 동사'의 형태가 되어야 한다. 동사 자리에 '동사 + -ing'(belonging)의 형태는 올 수 없고 주어(Confirmation)가 단수 명사이므로 belonging을 단수 동사 belongs로 고쳐야 한다. (불변의 패턴 01)

오답분석
② **현재분사 vs. 과거분사** 수식받는 명사 restorers와 분사가 '복원 전문가들이 준비하다'라는 의미의 능동 관계이므로 현재분사 preparing이 올바르게 쓰였다.
③ **to 부정사의 역할** 문맥상 '초기 역사를 고찰하는 최초의 주요 영국 전시'라는 의미가 되어야 자연스러우므로 형용사처럼 명사(the first major British exhibition)를 수식할 수 있는 to 부정사 to examine이 올바르게 쓰였다.
④ **현재분사 vs. 과거분사** 수식받는 명사 footage와 분사가 '화면이 정지되다'라는 의미의 수동 관계이므로 과거분사 frozen이 올바르게 쓰였다.
⑤ **현재분사 vs. 과거분사** 수식받는 명사 themselves와 분사가 '자신들이 짓밟다'라는 의미의 능동 관계이므로 현재분사 trampling이 올바르게 쓰였다.

해석 한 절단된 머리가 신원 미상의 몸통과 잘 맞으며, 더비셔의 채츠워스 단지에서 발견된 굽은 다리가 실제로 다른 몸통에 속한다는 확증은 스릴러물의 줄거리같이 들리지만, 이것은 시칠리아에 관한 대영 박물관 전시를 위해 주요 전시품을 준비하는 복원 전문가들의 일이다. 그 섬의 초기 역사를 고찰하는 최초의 주요 영국 전시인 '시칠리아: 문화와 정복'의 주요 볼거리 중 하나는 그리스 전사의 재결합된 대리석 머리와 사지가 없는 몸통일 것이다. 기원전 470년으로 연대를 추정하는 희귀한 작품인, 그 인상적인 비틀거리는 전사의 조각상은 이제 오늘날 할리우드 서사 영화가 그러하듯이, 사람들에게 영감을 주고 즐겁게 하기 위해 만들어졌다고 여겨진다. 3D 서술 기법 장면의 일부로서, 액션 블록버스터에서 나오는 정지된 화면처럼, 그것은 한때 최근의 분쟁에 대한 이야기를 들려주었다. "고대 그리스인들은 이야기하는 데 매우 교묘했습니다." 대영 박물관의 큐레이터 Peter Higgs가 말했다. "이집트인들과 바빌로니아인들은 자신이 그들의 적을 발로 짓밟는 모습을 묘사한 반면에, 그리스인들은 자신들이 싸우는 모습을 보여주었습니다. 만화나 서사영화처럼 매우 선전에 가까웠죠. 그들은 또한 주요 장소에 안내자들을 배치했는데, 그들은 사람들을 안내하면서 그 조각상의 적합성에 대해 설명했습니다."

어휘 confirmation 확증, 확인 sever 절단하다, 자르다
unidentified 신원 미상의 torso 몸통 bent 굽은 attraction 볼거리
conquest 정복, 점령지 reunite 재결합하다 limbless 사지가 없는
stumble 비틀거리다, 발이 걸리다 epic 서사의
tableau 장면, 화면 (역사적 사건 등을 배우들이 정지된 행동으로 재현하는 것)
footage 화면, 장면 subtle 교묘한, 정교한 depict 묘사하다
relevance (사회적인) 적합성, 타당성

Section 2 동사구

p.18

불변의 패턴 03 목적격 보어 자리에는 목적어와 목적격 보어의 관계와 동사의 종류에 따라 각기 다른 준동사가 와야 한다.

기출문제 풀어보기

정답 ②

[해설] ② **5형식 동사** 역동사 have는 목적어와 목적격 보어가 수동 관계일 때 과거분사를 목적격 보어로 취하는 5형식 동사인데, 목적어(her place)와 목적격 보어가 '그녀의 집이 청소되다'라는 의미의 수동 관계이므로 현재분사 cleaning을 과거분사 cleaned로 고쳐야 한다.

[오답분석] ① **분사구문의 관용 표현 | 관계대명사** 이유를 나타낼 때는 'with + 명사 + 분사'로 나타낼 수 있는데, 명사(nothing)와 분사가 '아무 것도 남아 있지 않다'라는 의미의 수동 관계이므로 과거분사 left가 올바르게 쓰였다. 또한, 선행사(that)가 사물이고 관계절 내에서 동사 had robbed의 주어 역할을 하고 있으므로 사물을 나타내는 주격 관계대명사 which가 올바르게 쓰였다.
③ **부사절 접속사 1: 시간** 문맥상 '그녀가 살아있는 동안'이라는 의미가 되어야 자연스러운데, '~하는 동안'은 부사절 접속사 while(~하는 동안)로 나타낼 수 있고, 종속절인 부사절(While she was alive)의 주어가 주절의 주어(she)와 같고 부사절의 동사가 be 동사(was)일 경우 부사절 접속사 뒤의 '주어 + 동사'를 생략할 수 있으므로 보어 Alive(살아있는)가 올바르게 쓰였다.
④ **기타 전치사** 문맥상 '한 여성을 ~라는 이유로 비난하다'라는 의미가 되어야 자연스러운데, 'A를 B라는 이유로 비난하다'는 전치사 of와 함께 쓰이는 동사 accuse를 사용하여 accuse A of B로 나타낼 수 있으므로 전치사 of가 올바르게 쓰였다.

[해석] ① 아무것도 남지 않았기 때문에, 그녀는 그녀를 굴복시킨 그것에 매달려야 했을 것이다.
② 그녀에게 그녀의 집이 청소되어야 한다는 말을 전해라.
③ 살아있는 동안, 그녀는 전통이고, 의무이자, 보살핌이었다.
④ 당신은 한 여성을 나쁜 냄새를 풍긴다는 이유로 면전에서 비난할 건가?

[어휘] cling to ~에 매달리다 rob ~를 굴복시키다, 강도질을 하다
accuse 비난하다, 고소하다

p.19

불변의 패턴 04 자동사와 목적어 사이에는 반드시 전치사가 와야 한다.

기출문제 풀어보기

정답 ②

[해설] ② **자동사** 문맥상 '공부에 전념하다'라는 의미가 되어야 자연스러운데, '~에 전념하다'는 자동사 attend를 써서 나타낼 수 있고, 자동사는 전치사(to) 없이는 목적어를 취할 수 없으므로 목적어(your study) 앞에 attend to가 올바르게 쓰였다. 참고로, 동사 attend가 타동사로 쓰이는 경우, '~에 참석하다'라는 의미를 가지므로, attend your study는 '공부에 참석하다'라는 어색한 문장이 된다.

[오답분석] ① **혼동하기 쉬운 자동사와 타동사** 문맥상 '나를 기다리다'라는 의미가 되어야 자연스러운데, '~을 기다리다'라는 의미로 전치사 for와 함께 사용되는 것은 wait이므로 타동사 await를 자동사 wait으로 고쳐야 한다. 또는 타동사 await는 전치사를 취하지 않고 바로 목적어를 취하므로 전치사 for를 삭제하여 await me로 고쳐도 맞다.
③ **혼동하기 쉬운 자동사와 타동사** 동사 resemble은 '~와 닮다'라는 의미를 가질 때 전치사 없이 목적어(her mother)를 바로 취하는 타동사이므로 resembles to를 resembles로 고쳐야 한다.
④ **4형식 동사** 동사 explain은 목적어를 하나만 가지는 3형식 동사인데, 3형식 동사 뒤에는 '사람(me)'이 혼자 올 수 없고 'to + 사람'(to me)의 형태로 와야 하므로, explained me를 explained to me로 고쳐야 한다.
⑤ **혼동하기 쉬운 자동사와 타동사** 동사 discuss는 '~에 대해 토론하다'라는 의미를 가질 때 전치사 없이 목적어(it)를 바로 취하는 타동사로 쓰이므로 discuss about을 discuss로 고쳐야 한다.

[해석] ① 나는 네가 나를 기다리기를 원한다.
② 너는 공부에 전념하는 것이 좋을 것이다.
③ 그녀는 그녀의 어머니와 아주 꼭 닮았다.
④ 그는 나에게 그 문장의 의미를 설명해 주었다.
⑤ 만약 지금 네가 한가하다면, 나는 그것에 대해 너와 토론하고 싶다.

[어휘] closely 꼭, 면밀히

p.20

불변의 패턴 05 주어와 동사 사이의 수식어는 제외하고 수 일치해야 한다.

기출문제 풀어보기

정답 ③

[해설] ③ **주어와 동사의 수 일치** 주어 자리에 단수 명사 the biomedical view가 왔으므로 복수 동사 conceal을 단수 동사 conceals로 고쳐야 한다. 참고로, 주어와 동사 사이의 수식어 거품(of ~ replaced)은 동사의 수 결정에 영향을 주지 않는다.

[오답분석] ① **5형식 동사 | 목적어 자리** 동사 make(made)는 5형식 동사로 쓰일 때 'make(made) + 목적어 + 목적격 보어(possible)' 형태를 취하며 '~을 -하게 만들다'라는 의미를 나타내는데, to 부정사구 목적어가 목적격 보어와 함께 오면 진짜 목적어(to 부정사구)를 목적격 보어 뒤로 보내고 목적어가 있던 자리에 가짜 목적어 it을 써서 '가짜 목적어 it + 목적격 보어(possible) + 진짜 목적어(to extend ~ disease)'의 형태가 되어야 하므로 목적어 자리에 it이 올바르게 쓰였다.
② **명사절 접속사 1: that | 가짜 주어 구문** 완전한 절(the biomedical ~ receiving an organ)을 이끌며 동사 argue의 목적어 자리에 올 수 있는 명사절 접속사 that이 올바르게 쓰였다. 또한 that절(that ~ an organ)과 같이 긴 주어가 오면 진짜 주어인 that절을 맨 뒤로 보내고 가주어 it이 주어 자리에 대신해서 쓰이므로 진짜 주어 자리에 that절을 이끄는 that이 올바르게 쓰였다.
④ **부사 자리** 동사(represent)를 앞에서 수식할 수 있는 것은 부사이므로 부사 accurately가 올바르게 쓰였다.

[해석] 이식 기술의 발전이 말기의 장기 질환을 가진 개인의 수명을 연장하는 것을 가능하게 한 반면, 일단 심장이나 신장이 성공적으로 교체되면 끝나는 한정된 사건으로서의 장기 이식의 생물 의학적 관점은 장기를 받는 경험을 보다 정확하게 표현하는 복잡하고 역동적인 과정을 감춘다고 주장된다.

[어휘] advance 발전 transplant 이식 extend 연장하다
end-stage 말기의 organ 장기, 기관 biomedical 생물 의학적인

bounded 한정된, 한계가 있는   kidney 신장   conceal 감추다
dynamic 역동적인   accurately 정확하게
represent 표현하다, 나타내다

p.21

불변의 패턴 06 부분/수량 표현을 포함하는 주어는 사용된 표현에 따라 다른 동사가 와야 한다.

기출문제 풀어보기   정답 ①

[해설] ① **수량 표현의 수 일치**   주어 자리에 단수 취급하는 수량 표현 'the number of + 명사'(the number of applicants)가 왔으므로 단수 동사 is가 올바르게 쓰였다.

[오답분석] ② **과거 시제**   문장에 시간 표현 two years ago(2년 전에)가 왔고 문맥상 '이메일을 받았다'라며 과거의 동작을 표현하고 있으므로 현재완료 시제 have received를 과거 시제 received로 고쳐야 한다.
③ **전치사 + 관계대명사**   완전한 절(he slept last night) 앞에는 '전치사 + 관계대명사'가 와야 하고, 문맥상 '침대에서 자다'라는 의미가 되어야 자연스러우므로 관계대명사 which를 전치사 in(~에서)이 관계대명사 which 앞에 쓰인 in which로 고쳐야 한다.
④ **기타 전치사**   '새해 인사를 교환했다'는 전치사 숙어 표현 exchange A with B(A를 B와 교환하다)를 사용하여 나타낼 수 있으므로 exchanged New Year's greetings each other를 exchanged New Year's greetings with each other로 고쳐야 한다.

[어휘] applicant 지원자   comfortable 편안한   greeting 인사

p.22

불변의 패턴 07 도치된 문장에서는 동사가 뒤에 있는 주어에 수 일치해야 한다.

기출문제 풀어보기   정답 ④

[해설] ④ **도치 구문: 기타 도치 | 주어와 동사의 수 일치**   분사 보어(Included)가 강조되어 문장의 맨 앞에 나오면 주어와 동사가 도치되어 '동사(is) + 주어(The Enchanted Horse)'의 어순이 되어야 하므로 Included in this series is "The Enchanted Horse"가 올바르게 쓰였다. 또한, 주어 자리에 단수 명사 "The Enchanted Horse"가 왔으므로 단수 동사 is가 올바르게 쓰였다.

[오답분석] ① **주격 관계절의 수 일치**   주격 관계절(that has not yet been discovered)의 동사는 선행사(many forms)에 수 일치시켜야 하는데, 선행사가 복수 명사 many forms이므로 단수 동사 has를 복수 동사 have로 고쳐야 한다. 참고로, 선행사와 관계절 사이의 수식어 거품(of life)은 선행사와 관계절 내 동사의 수 일치에 영향을 주지 않는다.
② **to 부정사 관련 표현**   문맥상 '토성의 고리는 너무 멀리 있어서 지구에서 볼 수 없다'라는 의미가 되어야 자연스러운데, '너무 ~해서 -할 수 없다'는 to 부정사 관용 표현 'too ~ to'를 써서 나타낼 수 있으므로 so distant to be seen을 too distant to be seen으로 고쳐야 한다.
③ **능동태·수동태 구별**   동사 protect(has been protected) 뒤에 목적어 Egypt가 있고, 주어 The Aswan High Dam과 동사가 '아스완하이댐이 이집트를 보호하다'라는 의미의 능동 관계이므로 수동태 동사 has been protected를 능동태 동사 has protected로 고쳐야 한다.

[해석] ① 바다 속에는 아직 발견되지 않은 많은 생명체들이 있다.
② 토성의 고리는 너무 멀리 있어서 망원경 없이는 지구에서 볼 수 없다.
③ 아스완 하이 댐은 이웃 국가들의 기근으로부터 이집트를 보호해 왔다.
④ '마법의 말'은 다른 유명한 동화 중에서 이 시리즈에 포함되어 있다.

[어휘] contain (속에) 있다, 함유하다   telescope 망원경   famine 기근
neighboring 이웃의

p.23

불변의 패턴 08 주격 관계절의 동사는 선행사에 수 일치해야 한다.

기출문제 풀어보기   정답 ③

[해설] ③ **주격 관계절의 수 일치**   주격 관계절(that fits me)의 동사는 선행사(clothes)에 수 일치시켜야 하는데, 선행사 clothes가 복수 명사이므로 단수 동사 fits를 복수 동사 fit으로 고쳐야 한다.

[오답분석] ① **현재분사 vs. 과거분사**   감정을 나타내는 동사(please)의 경우 주어가 감정의 원인이면 현재분사를, 감정을 느끼는 주체이면 과거분사를 써야 하는데, 문맥상 '나는 만족스럽다'라는 의미로 주어(I)가 감정을 느끼는 주체가 되어야 자연스러우므로 과거분사 pleased가 올바르게 쓰였다.
② **가짜 주어 구문**   to 부정사구(to find ~ me)와 같이 긴 주어가 오면 가주어 it이 진주어(to 부정사구)를 대신해서 주어 자리에 쓰이므로 it's가 올바르게 쓰였다.
④ **명사절 접속사 3: 의문사**   주어가 없는 불완전한 절(is a medium size in Japan)을 이끌면서 문장의 주어 자리에 올 수 있는 명사절 접속사 What이 올바르게 쓰였다.

[해석] 나는 나에게 충분한 옷을 가지고 있다는 것이 만족스럽다. 미국 남성들은 일반적으로 일본 남성들보다 더 커서 시카고에서 나에게 꼭 맞는 옷들을 찾는 것은 매우 어렵다. 일본에서 중간 사이즈인 것은 여기서는 작은 사이즈다.

[어휘] please 만족시키다   generally 일반적으로   fit 꼭 맞다

p.24

불변의 패턴 09 과거와 현재를 모두 포함한 시간 표현은 현재완료와 쓰고, 과거 한 시점만 나타내는 시간 표현은 단순 과거와 써야 한다.

기출문제 풀어보기   정답 ②

[해설] ② **시제 일치**   현재완료 시제와 자주 함께 쓰이면서 과거와 현재를 모두 포함하는 시간 표현 since가 왔으므로, 현재완료 시제 have lived가 올바르게 쓰였다.

[오답분석] ① **의문문의 어순**   의문문이 다른 문장 안에 포함된 간접 의문문은 '의문사 + 주어 + 동사'의 어순이 되어야 하므로 where should you visit을 where you should visit으로 고쳐야 한다.
③ **3형식 동사의 수동태**   감정을 나타내는 동사(excite)의 경우 주

어가 감정의 원인이면 현재분사를, 감정을 느끼는 주체이면 과거분사를 써야 하는데, 문맥상 '소설이 흥미진진했다'라는 의미로 주어(The novel)가 감정의 원인이 되어야 하므로 과거분사 excited를 be 동사(was) 뒤에서 능동태를 완성하는 현재분사 exciting으로 고쳐야 한다.

④ **의문문의 어순** 평서문(It's not surprising ~ any more)에 be 동사(is)가 온 부정문이므로, 부정 부가 의문문 doesn't it을 긍정 부가 의문문 is it으로 고쳐야 한다.

[해석] ① 이 가이드북은 당신이 홍콩에서 어디를 방문해야 하는지를 알려준다.
② 나는 대만에서 태어났지만, 내가 일을 시작한 이후로는 한국에서 살아왔다.
③ 그 소설은 너무 흥미진진해서 나는 시간 가는 줄 몰랐고 버스를 놓쳤다.
④ 서점들이 더 이상 신문을 취급하지 않는다는 것이 놀랍지 않다, 그렇지 않은가?

[어휘] lose track of time 시간 가는 줄 모르다 carry 취급하다

p.25

불변의 패턴 10 시간/조건 부사절의 동사는 미래의 일이라도 현재 시제로 써야 한다.

기출문제 풀어보기   정답 ③

[해설] ③ **4형식 동사 | 현재 시제** 동사 lend는 'lend + 간접 목적어(you) + 직접 목적어(money)'의 형태를 취하는 4형식 동사이므로 lend you with money에서 전치사 with를 삭제하여 lend you money로 고쳐야 한다. 또한 조건을 나타내는 부사절(provided ~ Saturday)에서는 미래를 나타내기 위해 미래 시제 대신 현재 시제를 사용하므로 미래 시제 will pay를 현재 시제 pay로 고쳐야 한다.

[오답분석] ① **조동사 should의 생략** 주절에 의무를 나타내는 형용사 important가 오면 종속절에는 '(should +) 동사원형'이 와야 하므로, 종속절에 동사원형 do가 올바르게 쓰였다.
② **현재분사 vs. 과거분사** 수식받는 명사(My car)와 분사구문이 '내 차가 은행 앞에 주차되다(은행 앞에 주차된 내 차)'라는 의미의 수동 관계이므로 과거분사 parked가 올바르게 쓰였다.
④ **가정법 과거완료** 제시된 문장의 '만약 태풍이 접근해 오지 않았었더라면 ~ 열렸을 텐데'는 과거 사실을 반대로 가정하는 가정법 과거완료로 나타낼 수 있으므로, 주절에 '주어 + would/should/could/might + have p.p.' 형태인 The game might have been played와 if절에 'if + 주어 + had p.p.' 형태인 if the typhoon had not been ~'이 올바르게 쓰였다.

[어휘] rely on ~에 의존하다 tow 견인하다 provided (만약) ~라면

p.26

불변의 패턴 11 주절의 시제가 과거면 종속절에는 주로 과거나 과거완료가 온다.

기출문제 풀어보기   정답 ④

[해설] ④ **시제 일치** 주절의 시제가 과거(started)일 경우 종속절에는 주로 과거나 과거완료 시제가 쓰이므로 과거 시제 spread가 올바르게 쓰였다. 참고로, 동사 spread는 과거형과 과거분사형의 형태가 동일하다.

[오답분석] ① **능동태·수동태 구별** 동사 identified 뒤에 목적어가 없고 주격 관계절의 선행사(a virus)와 동사가 '바이러스가 발견되었다'라는 의미의 수동 관계이므로, 능동태 identified를 수동태 was identified로 고쳐야 한다.
② **병치 구문** 접속사 and 앞에 명사구 acute respiratory distress가 왔으므로 and 뒤에도 명사가 와야 한다. 따라서 동사 dies를 명사 death로 고쳐야 한다.
③ **3형식 동사의 수동태** 문맥상 명사절 접속사 that이 생략된 명사절(the 2003 epidemic ~ China)과 동사가 '2003년 유행병이 시작했다고 여겨진다'라는 의미의 수동 관계이므로 능동태 believes를 수동태 is believed로 고쳐야 한다. 참고로, that절을 목적어로 취하는 문장이 수동태가 되면 'It + be p.p. + that'의 형태로 쓰인다.

[해석] 중증 급성 호흡기 증후군(SARS)은 폐렴의 위독한 형태이다. 이것은 2003년에 발견된 바이러스에 의해 발생된다. SARS 바이러스 감염은 급성 호흡 곤란과 때로는 사망의 원인이 된다. SARS는 코로나바이러스 계열(흔한 감기를 일으킬 수 있는 것과 같은 계열)의 일부로 인해 발생된다. 2003년 유행병은 그 바이러스가 중국에서 작은 포유동물들로부터 퍼졌을 때 시작했다고 여겨진다.

[어휘] acute 급성의 respiratory 호흡기관의, 호흡의 pneumonia 폐렴 infection 감염 distress 곤란, 재난 epidemic 유행병, 전염병

p.27

불변의 패턴 12 현재진행 시제로 미래에 일어날 일을 나타내기도 한다는 것에 주의해야 한다.

기출문제 풀어보기   정답 ③

[해설] ③ **현재진행 시제** 미래를 나타내는 시간 표현 at noon today(오늘 정오)가 쓰였고, 현재진행 시제를 사용해 미래에 일어나기로 예정되어 있는 일이나 곧 일어나려고 하는 일을 표현할 수 있으므로 현재진행 시제 am starting이 올바르게 쓰였다.

[오답분석] ① **수량 표현** 수량 표현 much가 지시하는 명사(stars)가 가산 복수 명사이므로, how much를 how many로 고쳐야 한다.
② **3형식 동사의 수동태** 감정을 나타내는 동사(excite)의 경우 주어(The Christmas party)가 '크리스마스 파티는 정말 즐거웠다'라는 의미로 감정의 원인이면 능동태를 써야 하므로 과거분사 excited를 be 동사(was)와 함께 능동태를 완성하는 현재분사 exciting으로 고쳐야 한다.
④ **조동사 관련 표현** 조동사처럼 쓰이는 표현 used to (~하곤 했다) 뒤에는 동사원형이 와야 하므로 loving을 동사원형 love로 고쳐야 한다.

[해석] ① 은하계에 있는 수십억 개의 별 중에서, 얼마나 많은 별이 생명을 부화할 수 있을까?
② 크리스마스 파티가 매우 즐거워서 나는 전혀 시간 가는 줄 몰랐다.
③ 나는 오늘 정오에 일을 시작할 것이기 때문에 지금 떠나야만 한다.
④ 그들은 어렸을 때 훨씬 더 책을 좋아하곤 했다.

[어휘] hatch 부화하다 lose track of time 시간 가는 줄 모르다

Section Test [불변의 패턴 03-12]   p. 28-29

1	②	2	③	3	①	4	②
5	②	6	①	7	①	8	①

1
정답 ②

해설 ② **주어와 동사의 수 일치** 주어 자리에 단수 명사 nature가 왔으므로 복수 동사 are를 단수 동사 is로 고쳐야 한다. 참고로 주어와 동사 사이의 수식어 거품(in ~ animals)은 동사의 수 결정에 영향을 주지 않는다. (불변의 패턴 05)

오답분석 ① **전치사 + 관계대명사** 관계사 뒤에 완전한 절(we live)이 왔으므로 '전치사 + 관계대명사' 형태가 올 수 있다. '전치사 + 관계대명사'에서 전치사는 선행사 또는 관계절의 동사에 따라 결정되는데, 문맥상 '우리가 생물군계에서 살고 있다'라는 의미가 되어야 자연스러우므로 전치사 in(~에서)이 관계대명사 which 앞에 와서 in which가 올바르게 쓰였다.
③ **현재분사 vs. 과거분사** 수식받는 명사(another book)와 분사가 '또 다른 책이 편집되다'라는 의미의 수동 관계이므로 과거분사 edited가 올바르게 쓰였다.
④ **명사절 접속사 1: that** 완전한 절(humans have ~ natural settings)을 이끌면서 be 동사(is)의 보어 자리에 올 수 있는 명사절 접속사 that이 올바르게 쓰였다.

해석 인간은 우리가 살고 있는 생물군계의 미생물, 식물, 그리고 동물로부터 얻을 수 있는 가시적인 이익을 넘어서는 자연에 대한 선천적인 친밀감을 가지고 있다. 풍경, 식물, 그리고 동물의 형태로 이루어진 자연이 우리의 행복에 좋다는 생각은 오래되었고 찰스 다윈이나 그 이전으로 거슬러 올라갈 수 있다. 이 생각은 심리학자 Erich Fromm에 의해 녹색 갈증(생물애)이라고 불렸고 하버드 개미 생물학자 Edward O. Wilson과 Steven Kellert에 의해 연구되었다. 1984년에, Willson은 『녹색 갈증』을 출판했고, 이어서 1995년에 Kellert와 Willson이 편집한 또 다른 책인 『녹색 갈증 가설』을 출판했다. 그들의 녹색 갈증 가설은 인간이 자연환경에 있고 싶어 하는 보편적인 욕망을 가지고 있다는 것이다.

어휘 inborn 선천적인 go beyond ~을 넘어서다
tangible 가시적인, 만질 수 있는 derive benefit 이득을 취하다
trace 거슬러 올라가다 universal 보편적인 desire 욕망

2
정답 ③

해설 ③ **현재완료 시제 | 능동태·수동태 구별** 문맥상 '지금까지 약 130명의 학생들이 정학 조치를 받았다'라는 과거에 시작된 일이 현재까지 영향을 미치는 상황을 표현하고 있으므로 현재완료 시제가 와야 하고, 주어(around 130 students)와 동사가 '정학 조치를 받다(주어지다)'라는 의미의 수동 관계이므로 현재완료 수동태 have been given이 들어가야 적절하다. (불변의 패턴 09)

해석 지금까지, 약 130명의 학생들이 정학 조치를 받았는데, 이것은 그들이 최대 30일까지 도서관을 이용할 수 없다는 것을 의미한다.

어휘 suspension 정학

3
정답 ①

해설 ① **수량 표현의 수 일치** that절의 동사 자리에 복수 동사 were가 왔으므로, that절의 주어 자리에도 복수 명사가 와야 한다. 따라서 단수 취급하는 수량 표현 the number of를 복수 취급하는 수량 표현 a number of(많은)로 고쳐야 한다. (불변의 패턴 06)

오답분석 ② **기타 전치사** 동사 force는 전치사 into와 함께 force into(~을 강요하다)의 형태로 자주 쓰이므로 전치사 into가 올바르게 쓰였다.
③ **전치사 3: 위치** '~의 환경에서'는 전치사 under를 사용하여 under conditions(환경에서)로 나타낼 수 있으므로, under harsh conditions가 올바르게 쓰였다.
④ **전치사 2: 기간** 전치사 during은 명사 역할을 하는 것 앞에 와서 기간을 나타내므로 during the 1940's가 올바르게 쓰였다.

해석 그는 1940년대에 일부 지역에서 많은 한국인들이 혹독한 환경에서 노동을 강요받았다는 것을 인정했다.

어휘 acknowledge 인정하다 labor 노동 harsh 혹독한, 가혹한

4
정답 ②

해설 ② **주어와 동사의 수 일치** 주어 자리에 단수 명사 a combination이 왔으므로 복수 동사 were를 단수 동사 was로 고쳐야 한다. 참고로 주어와 동사 사이의 수식어 거품(of silver ~ zinc)은 동사의 수 결정에 영향을 주지 않는다. (불변의 패턴 05)

오답분석 ① **전치사 + 관계대명사** 선행사 the year 1800이 사물이고 관계절 내에서 전치사 during의 목적어 역할을 하므로 목적격 관계대명사 which가 올바르게 쓰였다.
③ **현재분사 vs. 과거분사** 수식받는 명사 The enhanced design과 분사가 '이 향상된 디자인이 ~이라고 불리다'라는 의미의 수동 관계이므로 과거분사 called가 올바르게 쓰였다.
④ **부사절 접속사 2: 기타** 문맥상 '볼타의 업적에 대한 소문이 퍼져서 그는 ~ 요청을 받았다'라는 의미가 되어야 자연스러운데, '~해서 -하다'는 부사절 접속사 such ~ that을 사용하여 나타낼 수 있으므로 형용사 such가 명사 talk 앞에 올바르게 쓰였다.

해석 좋은 출발점을 찾기 위해서는, 최초의 현대식 전기 배터리가 개발되었던 1800년으로 돌아가야 한다. 이탈리아의 알레산드로 볼타는 은, 구리, 그리고 아연의 조합이 전류를 만드는 데 이상적이라는 것을 발견했다. 볼타의 전지라고 불리는 이 향상된 디자인은 바닷물에 적신 판지로 만들어진 원반들 사이에 이 금속들로 만들어진 원반들을 쌓아 올림으로써 만들어졌다. 볼타의 업적에 대한 소문이 퍼져서 그는 나폴레옹 황제 앞에서 직접 시연하라는 요청을 받았다.

어휘 combination 조합, 결합 copper 구리 zinc 아연 ideal 이상적인
electrical current 전류 pile 전지 stack 쌓아 올리다 disc 원반
conduct 하다, 행동하다 demonstration 시연, 설명

5
정답 ②

해설 ② **원형 부정사를 목적격 보어로 취하는 동사** 사역동사 let은 목적어와 목적격 보어가 수동 관계일 때 목적격 보어로 'be + p.p.' 형태를 취하는 5형식 동사인데, 목적어 me와 목적격 보어가 '내가 집중력을 잃게 되다'라는 의미의 수동 관계이므로 let me distracted를 let me be distracted로 고쳐야 한다. (불변의 패턴 03)

오답분석 ① **원형 부정사를 목적격 보어로 취하는 동사** 사역동사 have(had)는 목적어와 목적격 보어가 수동 관계일 때 과거분사를 목적격 보어로 취하는 5형식 동사인데, 목적어 the woman과 목적격 보어가 '여자가 (경찰 당국에 의해) 체포되다'라는 의미의 수동 관계이므로 과거분사 arrested가 올바르게 쓰였다.
③ **원형 부정사를 목적격 보어로 취하는 동사** 사역동사 let은 목적어와 목적격 보어가 능동 관계일 때 동사원형을 목적격 보어로 취하는 5형식 동사인데, 목적어 me와 목적격 보어가 '내가 알다'라는 의미의 능동 관계이므로, 동사원형 know가 올바르게 쓰였다.
④ **원형 부정사를 목적격 보어로 취하는 동사** 사역동사 have(had)는 목적어와 목적격 보어가 능동 관계일 때 동사원형을 목적격 보어로 취하는 5형식 동사인데, 목적어 the students와 목적격 보어가 '학생들이 전화를 걸다'라는 의미의 능동 관계이므로, 동사원형 phone이 올바르게 쓰였다. 참고로, 접속사 and 앞에 동사원형 phone이 왔으므로 and 뒤에도 동사원형 ask가 올바르게 쓰였다.

어휘 authorities 당국 distract 집중력을 잃게 하다 phone 전화를 걸다

6
정답 ①

해설 ① **자동사** 문맥상 '저 멀리 사라졌다'라는 의미가 되어야 자연스러운데, 동사 recede는 전치사(into) 없이 목적어(the distance)를 취할 수 없는 자동사이므로 자동사와 목적어 사이에 전치사 into를 써서 receded into the distance가 올바르게 쓰였다. (불변의 패턴 04)

오답분석
② **타동사** 동사 approach(다가가다)는 전치사(on) 없이 목적어(the building)를 바로 취하는 타동사이므로 approach on the building을 approach the building으로 고쳐야 한다.
③ **타동사** 동사 sustain(버티다)은 전치사(for) 없이 목적어(you)를 바로 취하는 타동사이므로 sustain for you를 sustain you로 고쳐야 한다.
④ **타동사** 동사 nerve(용기를 주다)는 전치사(for) 없이 목적어(him)를 바로 취하는 타동사이므로 nerved for him을 nerved him으로 고쳐야 한다.

해석
① 그녀의 발소리는 저 멀리로 사라졌다.
② 기동대는 건물로 다가가기 시작했다.
③ 한 잔의 커피는 점심때까지 버티기에는 충분하지 않다.
④ 그녀의 조언은 그가 자신의 길을 가도록 용기를 주었다.

어휘 footstep 발소리 recede into ~로 사라지다 police squad 기동대 approach 다가가다 sustain 버티다, 살아가게 하다 nerve 용기를 주다, 힘을 주다

7
정답 ①

해설 ① **5형식 동사** 빈칸은 동사 make의 목적격 보어 자리이다. 문맥상 '이미 앉아 있는 사람들이 자리를 내주도록 한다'라는 의미가 되어야 자연스러우므로 '(자리) 차지하다'를 의미하는 take가 쓰인 ②, ④번은 정답이 될 수 없다. 동사 make는 목적격 보어로 원형 부정사를 취하는 사역동사이므로 ① give up이 정답이다. (불변의 패턴 03)

해석 나는 독일의 기차에서 바닥에 앉아 당신에게 편지를 쓰고 있다. 기차는 붐비고, 좌석은 다 찼다. 그러나, 이미 앉아 있는 사람들이 그들의 자리를 내주도록 하는 '안심 고객'이라는 특별한 등급이 있다.

어휘 crowded 붐비는 give up ~을 내주다, 넘겨주다

8
정답 ①

해설 ① **5형식 동사** 동사 hear(heard)는 동사원형이나 현재분사를 목적격 보어로 취하는 지각동사이므로 현재분사 sneezing과 coughing이 목적격 보어 자리에 올바르게 쓰였다. (불변의 패턴 03)

오답분석
② **명사절 접속사 2: if와 whether** 문맥상 '그는 내게 무언가 필요한 것이 있는지(없는지) 물어보았다'라는 의미로 아버지가 불확실한 사실(내가 필요한 것이 있는지 없는지)에 대해 질문했다는 의미가 되어야 자연스러운데, 명사절 접속사 that은 확실한 사실을 나타내므로 의미상 적절하지 않다. 따라서 명사절 접속사 that을 불확실한 사실을 나타내는 명사절 접속사 if/whether(~인지 아닌지)로 고쳐야 한다. 참고로, 동사 ask는 간접 목적어(me)와 직접 목적어를 갖는 4형식 동사이므로 밑줄 친 명사절은 ask의 직접 목적어이다.
③ **관계대명사** 선행사 anything 뒤에 목적격 관계대명사 that 또는 which가 생략된 관계절이 온 형태이다. 생략된 관계대명사가 관계절 내에서 동사 do의 목적어 역할을 하고 있으므로 관계대명사 뒤에는 목적어가 없는 불완전한 절이 와야 한다. 따라서 anything he could do it을 anything he could do로 고쳐야 한다.
④ **5형식 동사** 동사 make는 목적격 보어로 동사원형을 취하는 사역동사이므로 to 부정사 to go away를 동사원형 go away로 고쳐야 한다.

해석 지난주에 나는 독감을 앓았다. 나의 아버지가 내가 재채기하고 기침하고 있는 것을 들었을 때, 그는 나의 침실 문을 열고 내게 무언가 필요한 것이 있는지 물어보셨다. 나는 그의 다정하고 염려하는 표정을 보아서 정말 행복했지만, 독감이 사라지게 하기 위해 그가 할 수 있는 것은 없었다.

어휘 flu 독감 sneeze 재채기하다 cough 기침하다 care 염려하다, 보살피다 go away 사라지다, 없어지다

p.30

불변의 패턴 13 주어가 동사 행위의 주체이면 능동태, 대상이면 수동태로 써야 한다.

기출문제 풀어보기
정답 ④

해설 ④ **능동태·수동태 구별** 동사 published 뒤에 목적어가 없고, 주어(the report)와 동사가 '보고서가 발간되다'라는 의미의 수동 관계이므로 능동태 published를 수동태 was published로 고쳐야 한다.

오답분석
① **주어와 동사의 수 일치** 주어 자리에 복수 명사 Newspapers, journals, ~ trade publications가 왔으므로 복수 동사 provide가 올바르게 쓰였다.
② **불가산 명사** 불가산 명사는 부정관사(a/an)와 함께 쓰일 수 없으므로 부정관사 없이 불가산 명사 information이 올바르게 쓰였다.
③ **현재분사 vs. 과거분사** 수식받는 명사(the facts)와 분사가 '사실이 제시되다'라는 의미의 수동 관계이므로 과거분사 given이 올바르게 쓰였다.

해석 신문, 학술지, 잡지, TV 및 라디오와 전문 혹은 무역 출판물은 연례 보고서에 제시된 사실이나 보고서가 발간된 이후에 전개된 상황에 관한 사실을 해석하는 데 도움이 될 수 있는 추가적인 정보를 제공한다.

어휘 journal 학술지 publication 출판물 further 추가적인 interpret 해석하다 annual 연례의 publish 발간하다

p.31

불변의 패턴 14 자동사는 수동태로 쓸 수 없고, 능동태로 써야 한다.

기출문제 풀어보기
정답 ①

해설 ① **자동사 | 능동태·수동태 구별** emerge(부상하다)는 목적어를 취하지 않는 자동사이므로 수동태로 쓰일 수 없다. 따라서 과거완료 수동태 had been emerged as를 과거완료 능동태 had emerged as로 고쳐야 한다.

오답분석
② **과거 시제 | 자동사** 특정 과거 시점을 나타내는 표현(By 1955)이 왔으므로 이미 끝난 과거의 일을 나타내는 과거시제 동사 embarked가 올바르게 쓰였고, 자동사 embark는 전치사 on과 함께 embark on(~에 착수하다)의 형태로 쓰이므로 전치사 on이 올바르게 쓰였다.
③ **관계부사와 관계대명사 비교** 관계사 뒤에 완전한 절(East and West ~ competition)이 왔으므로 선행사의 종류에 관계없이 '~에 의한(by which)' 등의 의미로 관계절을 연결하는 관계부사 whereby가 올바르게 쓰였다.
④ **주어와 동사의 수 일치 | 지시대명사** 접속사 and로 연결된 주어(East and West)는 복수 취급하므로 복수 동사 were가 올바르

게 쓰였고, 대명사가 지시하는 명사(East and West)가 복수이므로 복수 소유격 대명사 their가 올바르게 쓰였다.

[해석] 1955년까지 니키타 흐루쇼프는 소비에트 사회주의 공화국 연방에서 스탈린의 후계자로 부상했고, 그는 (그 정책에 의해) 동서양이 경쟁은 계속하되, 덜 대립적인 방식으로 경쟁할 '평화 공존' 정책에 착수했다.

[어휘] emerge 부상하다, 나타나다 successor 후계자
embark on ~에 착수하다 coexistence 공존 competition 경쟁
confrontational 대립적인

p.32

불변의 패턴 15 조동사와 조동사처럼 쓰이는 표현들 뒤에는 반드시 동사원형이 와야 한다.

기출문제 풀어보기   정답 ②

[해설] ② **조동사 관련 표현 | 병치 구문** 조동사처럼 쓰이는 표현 would rather(차라리 ~하는 게 낫다) 뒤에는 동사원형이 와야 하므로 동사원형 enter가 올바르게 쓰였다. 또한, would rather A than B에서 비교 대상은 같은 구조끼리 연결되어야 하는데, than 앞의 명사구(in a year of economic expansion)가 'in a year of + 명사'의 형태이므로 than 뒤에도 in a year of economic contraction이 올바르게 쓰였다.

[오답분석]
① **관계대명사** 선행사 population이 사람이고, 관계절 내에서 family income이 누구의 가족 소득인지를 나타내므로 목적격 관계대명사 which를 사람을 가리키는 소유격 관계대명사 whose로 고쳐야 한다.
③ **가짜 주어 구문 | to 부정사의 의미상 주어** 문맥상 '사람들은 신문을 집어 들기가 어렵다'라는 의미가 되어야 자연스러운데, that 절이나 to 부정사구와 같이 긴 주어가 오면 가주어 it이 진주어인 that 절이나 to 부정사구를 대신해서 주어 자리에 쓰이므로 동사원형 pick을 to 부정사 to pick으로 고쳐야 한다. 또한, 문장의 주어(It)와 to 부정사(to pick up)의 행위 주체(people)가 다르면 to 부정사의 의미상 주어 'for + 명사'를 to 부정사 앞에 써야 하므로 명사절 접속사 that을 전치사 for로 고쳐야 한다.
④ **부사절 접속사 2: 양보** 문맥상 '비록 ~ 지속되고 있지만'이라는 의미가 되어야 자연스러운데, 두 개의 절을 연결할 수 있는 것은 접속사이므로 전치사 Despite를 부사절 접속사 Although로 고쳐야 한다.

[해석]
① 빈곤율은 가족 소득이 절대 수준 이하로 떨어지는 인구의 비율이다.
② 당연히, 어떤 대학 졸업생이라도 경기 위축의 해보다는 경기 팽창의 해에 노동 인구에 들어가는 게 낫다.
③ 사람들은 경제에 대해 최근에 보고된 일부 통계 자료를 보지 않고는 신문을 집어 들기가 어렵다.
④ 비록 평균소득에서 성장이 지속되고 있지만, 빈곤율은 감소하지 않고 있다.

[어휘] income 소득 absolute 절대의 labor force 노동 인구
expansion 팽창, 확대 contraction 위축, 수축 statistic 통계 자료
decline 감소하다

p.33

불변의 패턴 16 주장/제안/요구/명령 등의 동사가 목적어로 쓰인 that절에는 [should +] 동사원형이 와야 한다.

기출문제 풀어보기   정답 ②

[해설]
(A) **5형식 동사** 사역동사 make는 동사원형을 목적격 보어로 취하는 5형식 동사이므로 동사원형 bring이 들어가야 적절하다.
(B) **5형식 동사의 수동태** 목적격 보어가 동사원형인 5형식 동사(make)가 수동태가 되면 목적격 보어는 to 부정사가 되어 수동태 동사 뒤에 남으므로 to 부정사 to stand가 들어가야 적절하다.
(C) **조동사 should의 생략** 제안을 나타내는 동사 suggest가 주절에 나오면 종속절에는 '(should +) 동사원형'의 형태가 와야 하므로, 동사원형 shoot이 들어가야 적절하다.
따라서 '② (A) bring – (B) to stand – (C) shoot'이 정답이다.

[해석] 윌리엄 텔의 집은 산중에 있었고, 그는 유명한 사냥꾼이었다. 그 나라의 그 누구도 그만큼 활과 화살로 잘 쏘지 못했다. 게슬러는 이를 알았고, 그래서 그 사냥꾼(윌리엄 텔) 자신의 기술이 그(윌리엄 텔)에게 불행을 가져오도록 만들 잔인한 계획을 생각해 냈다. 그는 텔의 어린 아들이 그의 머리 위에 사과를 둔 채로 공공 광장에 서 있도록 해야 한다고 명령했다. 그리고 그는 텔에게 그의 화살 중 하나로 그 사과를 쏘도록 제안했다.

[어휘] bow 활 cruel 잔인한 bring A to grief A에게 불행을 가져오다
square 광장

p.34

불변의 패턴 17 현재/미래의 일은 「조동사 + 동사원형」으로, 과거 일에 대한 추측/후회는 「조동사 + have p.p.」로 써야 한다.

기출문제 풀어보기   정답 ①

[해설] ① **조동사 관련 표현** 빈칸은 뒤에 나오는 paid와 함께 that절의 동사를 완성하는 자리이다. 문맥상 '일부 직원들이 충분한 급여를 받지 못했을지 모른다'는 의미가 되어야 자연스러운데, 과거 일에 대한 추측의 의미를 나타낼 때 조동사 뒤에는 have p.p.가 오고, '~했을지 모른다'는 조동사 관련 표현 may have p.p.를 사용하여 나타낼 수 있으므로 ① may not have been이 정답이다. 참고로, 주어(some staff members)와 동사가 '일부 직원들이 급여를 받지 못하다(급여가 지급되지 않다)'라는 의미의 수동 관계이므로 과거분사 paid와 함께 수동태를 완성하는 be 동사 been이 와야 한다.

[해석] 온라인 식료품 쇼핑을 제공하는 소매업체 Whitworths는, 최근 몇 년 동안 급여를 받는 일부 직원들이 충분한 급여를 받지 못했을지 모른다는 것을 발견했다고 말한다.

[어휘] retailer 소매업체 grocery 식료품 salary 급여, 월급

p.35

불변의 패턴 18 반복되는 내용 대신 쓰는 do/be/have 동사는 그것이 대신하는 동사와 종류가 일치해야 한다.

기출문제 풀어보기
정답 ①

[해설] (A) **조동사 do** 앞에 나온 일반동사(arrived)를 대신하는 do 동사는 자신이 속한 절의 주어와 수·시제가 일치해야 하므로, 과거 시제 did가 들어가야 적절하다.

(B) **지시대명사** 앞에 나온 단수 명사(the population)를 대신하면서 수식어(of ~ the south)의 꾸밈을 받을 수 있는 것은 지시대명사 that이므로, that이 들어가야 적절하다.

따라서, ① (A) did − (B) that이 정답이다.

[해석] 프랑스인들은 영국인들과 거의 같은 시기에 북아메리카에 도착했지만, 프랑스는 식민지화보다는 수익성이 있는 모피 무역에 더 관심이 있어서 프랑스인 정착민을 거의 보내지 않았다. 그 결과, 뉴프랑스의 인구는 남쪽의 영국 식민지 인구에 비해 적은 수준으로 유지되었다.

[어휘] profitable 수익성이 있는 fur 모피 trade 무역, 거래, 교역
colonization 식민지화 settler 정착민 colony 식민지

p.36

불변의 패턴 19 가정법 문장에서는 if절과 주절의 동사가 짝이 맞아야 한다.

기출문제 풀어보기
정답 ②

[해설] ② **가정법 과거** if절에 if가 생략된 가정법 과거 Were it not for (~이 없다면)가 왔으므로, 주절에도 가정법 과거를 만드는 '주어(all living ~ earth) + would/should/could/might + 동사원형(be)'의 형태인 all living creatures on earth would be extinct가 올바르게 쓰였다.

[오답분석] ① **타동사** 동사 contact(연락하다)는 전치사(to) 없이 목적어(me)를 바로 취하는 타동사이므로 contact to me를 contact me로 고쳐야 한다.

③ **주격 관계절의 수 일치** 관계절(who ~ offices) 내의 동사는 선행사(people)에 수 일치시켜야 하는데, 선행사 people이 복수 명사이므로 단수 동사 is를 복수 동사 are로 고쳐야 한다. 참고로, to 부정사 to continue는 동사 allow의 목적격 보어로 올바르게 쓰였다.

④ **비교급** 문맥상 '그들이 그들의 실수를 설명하려 더 시도할수록, 그들의 이야기는 더 나쁘게 들렸다'라는 의미가 되어야 자연스러운데, '더 ~할수록 더 -하다'는 비교급 표현 'The + 비교급(more) + 주어(they) + 동사(attempted) ~, the + 비교급(worse) + 주어(their story) + 동사(sounded) -'의 형태로 나타낼 수 있으므로 최상급 표현 the worst를 비교급 표현 the worse로 고쳐야 한다.

[해석] ① 제가 지난주에 당신에게 드린 이메일 주소로 저에게 연락해 주세요.
② 만약 물이 없다면, 모든 지구상의 생물들은 멸종될 텐데.
③ 노트북 컴퓨터는 그들의 사무실에서 떨어져 있는 사람들이 일을 계속할 수 있게 한다.
④ 그들이 그들의 실수를 설명하려 더 시도할수록, 그들의 이야기는 더 나쁘게 들렸다.

[어휘] creature 생물 extinct 멸종된 attempt 시도하다

Section Test [불변의 패턴 13-19]
p. 38-39

1	②	2	③	3	④	4	①
5	①	6	④	7	⑤	8	①

1
정답 ②

[해설] ② **4형식 동사** that절을 목적어로 갖는 3형식 동사 mention 뒤에는 '사람(me)'이 혼자 올 수 없고 'to + 사람'(to me)의 형태로 와야 하므로 mentioned me that ~을 mention to me that ~으로 고쳐야 한다.

[오답분석] ① **5형식 동사 | 목적어 자리** 동사 find(found)는 5형식 동사로 쓰일 때 'find(found) + 목적어 + 목적격 보어(exciting)'를 취하며 '~이 -이라는 것을 알다'라는 의미를 나타내는데, to 부정사구 목적어가 목적격 보어와 함께 오면 진짜 목적어(to 부정사구)를 목적격 보어 뒤로 보내고 목적어가 있던 자리에 가짜 목적어 it을 써서 '가짜 목적어 it + 목적격 보어(exciting) + 진짜 목적어(to work here)'의 형태가 되어야 하므로 found it ~ to work here가 올바르게 쓰였다. 참고로, 감정을 나타내는 분사가 목적격 보어일 때 목적어가 감정의 원인인 경우 현재분사를 쓰고, 감정을 느끼는 대상인 경우 과거분사를 쓰는데, 목적어가 '이곳에서 일하는 것은 흥미롭다'라는 의미로 감정의 원인이므로 현재분사 exciting이 올바르게 쓰였다.

③ **5형식 동사** 동사 want는 to 부정사를 목적격 보어로 취하는 5형식 동사이므로 want him to come이 올바르게 쓰였다.

④ **가정법 과거완료 | 부사 자리** '더 능숙하고 경험 많은 선생님이었다면'이라며 과거의 상황을 반대로 가정하고 있으므로 가정법 과거완료 would have treated가 올바르게 쓰였다. 참고로, 해당 문장은 if절이 생략된 상태이며, 문맥이나 상황에 가정하는 내용이 명백하게 드러나는 경우에는 가정법 문장에서 if절이 생략될 수 있다. 또한, 부사(otherwise)는 동사를 수식할 때 '동사 + 목적어'의 뒤에 올 수 있으므로, '동사 + 목적어'(treated him) 뒤에 부사 otherwise가 올바르게 쓰였다. (불변의 패턴 19)

[어휘] mention 언급하다 skillful 능숙한, 숙련된 experienced 경험 많은 treat 대하다, 다루다 otherwise 만약 그렇지 않다면, 다른 상황에서는

2
정답 ③

[해설] ③ **수동태로 쓸 수 없는 동사** 동사 result는 전치사 in과 함께 쓰여 '~을 초래하다'라는 의미로 쓰이는 자동사이므로 수동태로 쓸 수 없다. 따라서 수동태 has been resulted in을 능동태 has resulted in으로 고쳐야 한다. (불변의 패턴 14)

[오답분석] ① **가짜 주어 구문** 해당 문장은 가주어 it이 길이가 긴 진짜 주어 to 부정사구(to imagine ~ forests) 대신 주어 자리에 쓰인 형태이므로, 진짜 주어 자리에 to 부정사구를 이끄는 to 부정사 to imagine이 올바르게 쓰였다.

② **숙어 표현** 문맥상 '우리의 숲들을 당연히 여겨서는 안 된다'라는 의미가 되어야 자연스러우므로 숙어 표현 take ~ for granted (~을 당연히 여기다)를 완성하는 granted가 올바르게 쓰였다.

④ **현재분사 vs. 과거분사** 분사 뒤에 목적어(wilderness regions)가 있고, 주절의 주어 deforestation과 분사구문이 '삼림벌채가 영향을 미친다'라는 의미의 능동 관계이므로, 현재분사 affecting이 올바르게 쓰였다.

[해석] 숲의 아름다움과 풍요로움이 없는 삶을 상상하는 것은 어려울 것이다. 그러나 과학자들은 우리가 우리의 숲들을 당연히 여겨서는 안 된다고 경고한다. 몇몇 추정치에 따르면, 삼림벌채는 세계 자연 삼림의 80퍼센트에 달하는 양의 손실을 초래했다. 최근 삼림벌채는 전 세계적인 문제이며, 태평양의 온대 강우림과 같은 야생 지역들에 영향을 미치고 있다.

[어휘] richness 풍요로움 take ~ for granted ~을 당연히 여기다
deforestation 삼림벌채 result in ~을 초래하다
wilderness 야생 지역 temperate rainforest 온대 강우림

3

정답 ④

[해설] ④ **조동사 관련 표현** 조동사처럼 쓰이는 표현 may as well(~하는 편이 더 낫겠다) 뒤에는 동사원형이 와야 하므로 동사원형 hang이 올바르게 쓰였다. (불변의 패턴 15)

[오답분석] ① **원급 관련 표현** '인정을 받는 것보다는 성공을 하는 것이다'는 원급 관련 표현 not so much A as B(A라기보다는 B인)를 사용하여 나타낼 수 있으므로, not so much achieving success as receiving recognition을 not so much receiving recognition as achieving success로 고쳐야 한다.
② **우리말과 영작문의 의미상 불일치** '언제나 유용하지 않다'라는 의미를 나타내기 위해 '항상 유용한 것은 아니다'라는 의미의 not always useful을 never useful로 고쳐야 한다.
③ **우리말과 영작문의 의미상 불일치** '끝까지 너를 설득할 사람이다'라는 의미를 나타내기 위해 '설득할 가장 마지막 사람이다'라는 의미의 be the last person to persuade를 be the person to persuade you fully to go to the party와 같은 표현으로 고쳐야 한다.

[어휘] recognition 인정, 평가 concentration 집중력 persuade 설득하다

4

정답 ①

[해설] ① **기타 가정법** 문맥상 '내 상상력을 더 일찍 활용했다면 좋았을 텐데'라며 과거 상황의 반대를 소망하고 있으므로, I wish I will을 I wish 가정법 과거완료 I wish I had used로 고쳐야 한다.

[오답분석] ② **상관접속사** 문맥상 '특별한 것이 아니라 평범한 행위이다'라는 의미가 되어야 자연스러운데, 'A가 아니라 B'는 상관접속사 not A but B를 사용하여 나타낼 수 있으므로 not a special but an ordinary act가 올바르게 쓰였다.
③ **가정법 도치** 주절에 가정법 과거완료를 만드는 might have been이 쓰였으므로, if절에도 if가 생략된 가정법 과거완료 구문 had he not found가 올바르게 쓰였다. 참고로, 가정법 문장의 if가 생략되면, 조동사(had)가 주어(he)보다 앞에 온다.
④ **조동사 should의 생략** 문맥상 '모든 광고 캠페인의 용어를 주의 깊게 검토할 필요가 있다'라는 의미가 되어야 자연스럽고, 의무를 나타내는 형용사가 주절에 나오면 종속절에는 '(should) + 동사원형'이 와야 하므로 종속절에 be examined가 올바르게 쓰였다. (불변의 패턴 16)

[해석] ① 내 상상력을 더 일찍 활용했다면 좋았을 텐데.
② 호주에서는, 기부가 특별한 것이 아니라 평범한 행위이다.
③ 만약 Tom이 그의 아들을 찾지 못했다면 평생 그랬을 텐데.
④ 모든 광고 캠페인의 용어를 주의 깊게 검토할 필요가 있다.

[어휘] imagination 상상력 donate 기부하다 ordinary 평범한, 일반적인 act 행위 examine 검토하다, 살펴보다

5

정답 ①

[해설] ① **병치 구문 | 조동사 관련 표현** 비교 구문 would rather A than B에서 비교 대상은 같은 품사끼리 연결되어야 하는데, 조동사처럼 쓰이는 표현 would rather 뒤에는 동사원형(relax)이 와야 하므로 than 뒤에도 동사원형이 와야 한다. 따라서 going을 동사원형 go로 고쳐야 한다. (불변의 패턴 15)

[오답분석] ② **to 부정사를 취하는 동사** 형용사 unwilling(꺼리는)은 to 부정사를 취하는 형용사이므로 unwilling 뒤에 to 부정사 to interfere가 올바르게 쓰였다.
③ **동명사 관련 표현 | 전치사 + 관계대명사** '과거의 일을 걱정해봐야 소용없다'는 동명사 관련 표현 It's no use -ing(-해도 소용없다)로 나타낼 수 있으므로 It's no use worrying이 올바르게 쓰였다. 또한, 선행사 past events가 사물이고 관계절 내에서 전치사 over의 목적어 역할을 하므로 목적격 관계대명사 which가 올바르게 쓰였다. 참고로, 전치사(over) 뒤에 관계대명사 that은 올 수 없다.
④ **부사절 접속사 2: 기타** 부사절 접속사 so ~ that(매우 ~해서 -하다)은 'so + 형용사/부사(often) + that + 주어(my secretary) + 동사(carries)'의 형태로 쓰이므로 so often that my secretary carries ~가 올바르게 쓰였다.

[어휘] unwilling 꺼리는 interfere 개입하다
it is no use -ing -해도 소용없다 spare 여분의, 한가한

6

정답 ④

[해설] ④ **수동태로 쓸 수 없는 동사** 동사 appear는 목적어를 갖지 않는 자동사이므로 수동태로 쓸 수 없다. 따라서 수동태 was appeared를 능동태 appeared로 고쳐야 한다. (불변의 패턴 14)

[오답분석] ① **인칭대명사** 대명사가 지시하는 것이 단수 취급하는 to 부정사구(To "win hands down")이므로 단수 소유대명사 its가 올바르게 쓰였다.
② **부사 자리** 동사를 앞에서 수식하는 것은 부사이므로 동사 strikes 앞에 부사 typically가 올바르게 쓰였다.
③ **원형 부정사를 목적격 보어로 취하는 동사** 사역동사 let은 목적격 보어로 동사원형을 취하는 5형식 동사이므로 목적격 보어 자리에 동사원형 go가 올바르게 쓰였다.

[해석] '쉽게 승리하다' 또는 '거의 노력하지 않고 또는 아무 노력 없이 승리하다'를 의미하는 'win hands down(쉽게 이기다)'은 그것의 기원이 경마에 있다. 접전의 사진 판정 경주에서, 기수는 보통 속도를 유지하거나 높이기 위해서 말을 채찍이나 고삐로 때린다. 말이 몇 마신 정도 앞서 승리가 확실시될 때, 기수는 보통 말을 때리는 것을 중단하거나, 고삐가 느슨해지도록 둔다. 사실상, 그는 그의 '손을 내려' 놓는다. 그 표현은 19세기 중반에 등장했다. 그 세기말에는 이것이 '전혀 어려움이 없다'라는 뜻을 의미하기 위해 경마 이외에서 사용되었다.

[어휘] win hands down 쉽게 이기다 origin 기원 close 접전의
photo-finish 사진 판정의 jockey 기수 bat 채찍 rein 고삐
length (경마의) 1마신(馬身) cease 중단하다

7

정답 ⑤

[해설] ⑤ **조동사 관련 표현 | 부사 자리** 부사절 접속사 before가 이끄는 절에 과거 시제 made가 나왔으므로 주절에는 특정 과거 시점 이전에 발생한 일을 나타내는 표현이 와야 한다. 문맥상 '우리가 제안을 하기 전에 이미 제안했었을지도 모른다'라는 의미가 되어야 자연스러운데, 조동사 may는 'may have p.p.'(~이었을지도 모른다)의 형태로 쓰여 과거에 대한 추측을 나타낼 수 있으므로 may have offered가 쓰인 ④, ⑤번이 정답 후보이다. 부사 already는 'have + p.p.' 사이나 뒤에 와야 하므로 ⑤ may have already offered가 정답이다. (불변의 패턴 17)

[해석] 우리가 제안을 하기 전에 한 경쟁 회사가 이미 톰에게 일자리를 제안했었을지도 모른다.

[어휘] offer 제안하다

8

정답 ①

[해설] ① **능동태·수동태 구별** 주어(A week's holiday)가 동사 promise의 행위의 대상이므로 수동태 has been promised가 올바르게 쓰였다. (불변의 패턴 13)

[오답분석] ② **능동태·수동태 구별** 주어(She)가 동사 destine의 행위의 대상이므로 능동태 destined를 수동태 was destined로 고쳐야 한다.
③ **비교급** 문맥상 '작은 마을이 큰 도시보다 더 좋다'는 than 대신 to를 쓰는 비교 표현 preferable to(~보다 더 좋은)로 나타낼 수 있으므로 than을 to로 고쳐야 한다.
④ **목적어 자리** to 부정사구 목적어(to stay ahead)가 목적격 보어(increasingly challenging)와 함께 오면, 진짜 목적어인 to 부정사구를 목적격 보어 뒤로 보내고 목적어가 있던 자리에 가짜 목적어 it을 써야 하므로 finding ~ to stay ahead를 finding it ~ to stay ahead로 고쳐야 한다. 참고로, find는 '~이 -임을 깨닫다'라는 의미를 나타낼 때 목적어와 목적격 보어를 취하는 5형식 동사로 쓰인다.

[해석] ① 일주일의 휴가가 모든 사무직 직원들에게 약속되었다.
② 그녀는 다른 이들을 위해 봉사하는 삶을 살도록 운명 지어졌다.
③ 작은 마을이 큰 도시보다 아이들을 키우기에는 더 좋은 것 같아 보인다.
④ 최고의 소프트웨어 회사들은 계속 앞서 있는 것이 점점 더 힘든 일임을 깨닫고 있다.

[어휘] destine ~을 운명 짓다   serve (~을 위해) 봉사하다, 일하다
preferable 더 좋은, 선호되는   raise 키우다, 양육하다
stay ahead 앞서 있다

Section 3 준동사구

p.42

불변의 패턴 20 동명사/to 부정사의 능동형과 수동형을 구분해야 한다.

기출문제 풀어보기
정답 ③

[해설] ③ **동명사의 형태** 동명사(promoting)의 의미상 주어인 him과 동명사가 '그가 승진이 되다'라는 의미의 수동 관계이므로 동명사의 능동형 promoting을 동명사의 수동형 being promoted로 고쳐야 한다.

[오답분석] ① **재귀대명사의 쓰임** 재귀대명사는 주어나 목적어를 강조할 때 쓰이거나, 목적어가 지칭하는 대상이 주어와 동일할 때 쓰이는데, 제시된 문장에서 동사 adapt의 목적어 themselves가 지칭하는 대상이 주어 Human beings와 동일하므로, Human beings quickly adapt themselves ~가 올바르게 쓰였다.
② **to 부정사 관련 표현** '포기할 수밖에 없었다'는 to 부정사 관련 표현 'have no choice but + to 부정사'(~할 수밖에 없다)를 사용하여 나타낼 수 있으므로 had no choice but to give up이 올바르게 쓰였다.
④ **to 부정사의 역할 | 병치 구문** 해당 문장은 가주어 It이 길이가 긴 진짜 주어 to 부정사구(to assemble ~ toy car) 대신 주어 자리에 쓰인 형태이므로, 진짜 주어 자리에 to 부정사구를 이끄는 to 부정사 to assemble이 올바르게 쓰였다. 또한, 접속사(and)로 연결된 병치 구문에서는 같은 구조끼리 연결되어야 하는데, and 앞에 to 부정사(to assemble)가 왔으므로 and 뒤에도 to 부정사가 와야 한다. 병치 구문에서 나온 두 번째 to는 생략될 수 있으므로 (to) take apart가 올바르게 쓰였다.

[어휘] adapt 적응시키다   give up 포기하다
prohibit A from B A가 B하는 것을 금하다   assemble 조립하다
take apart 분리하다

p.43

불변의 패턴 21 동사에 따라 다른 준동사가 목적어로 와야 한다.

기출문제 풀어보기
정답 ④

[해설] ④ **동명사와 to 부정사 둘 다 목적어로 취하는 동사** 동사 prefer는 '~보다 -를 더 선호하다'라는 의미로 사용될 때 'prefer + to 부정사 + rather than + to 부정사' 또는 'prefer + 동명사 + to + 동명사'의 형태로 쓴다. 따라서 prefer to staying home than to going out을 prefer to stay home rather than (to) go out 또는 prefer staying home to going out으로 고쳐야 한다.

[오답분석] ① **5형식 동사 | 목적어 자리** 동사 make는 5형식 동사로 쓰일 때 'make(made) + 목적어 + 목적격 보어(a rule)' 형태를 취하며, '~이 -하게 만들다'라는 의미를 나타낸다. '그에게 매달 두세 번 전화하는 것을' 규칙으로 만드는 것이므로, 목적어 자리에는 to 부정사구(to call ~ month)가 와야 한다. 그런데, to 부정사구 목적어가 목적격 보어와 함께 오면, 진짜 목적어를 목적격 보어 뒤로 보내고 목적어가 있던 자리에 가짜 목적어 it을 써야 하므로 I made it a rule to call ~ month가 올바르게 쓰였다.
② **정관사 the** '팔을 붙잡다'는 정관사 the와 함께 'by the + 신체 부위(arm)'의 형태로 나타낼 수 있으므로 by the arm이 올바르게 쓰였다.
③ **전치사 자리 | 기타 전치사** 전치사(Owing to) 뒤에는 명사 역할을 하는 것이 와야 하므로 전치사 Owing to(~로 인해) 뒤에 명사구 the heavy rain이 올바르게 쓰였다. 또한 '120cm 상승했다'를 나타내기 위해 '~만큼'이라는 의미를 나타내는 전치사 by가 올바르게 쓰였다.

[어휘] grab 붙잡다   owing to ~로 인해, ~ 때문에

p.44

불변의 패턴 22 관용적으로 동명사와 to 부정사를 정해서 쓰는 표현을 구분해야 한다.

기출문제 풀어보기
정답 ④

[해설] ④ **동명사 관련 표현** 문맥상 '나무를 두드린다고 고백했다'라는 의미가 되어야 자연스러운데, '~을 고백하다'는 관용적으로 동명사를 정해서 쓰는 표현인 'confess to -ing'로 나타낼 수 있으므로 동사원형 knock을 동명사 knocking으로 고쳐야 한다.

[오답분석] ① **현재분사 vs. 과거분사** 수식받는 명사 A survey와 분사가 '설문 조사가 수행되다'라는 의미의 수동 관계이므로 과거분사 conducted가 올바르게 쓰였다.
② **관계부사** 선행사 modern America가 장소를 나타내고, 관계사 뒤에 완전한 절(superstitions ~ a weak mind)이 왔으므로 장소를 나타내는 선행사와 함께 쓰이는 관계부사 where가 올바르게 쓰였다.
③ **분사구문의 형태** 문맥상 '다른 56퍼센트는 단지 낙관적으로 미신을 믿는다고 주장했고, 이것(다른 56퍼센트는 단지 낙관적으로 미신을 믿는다고 주장했다는 것)은 그들이 불운보다는 행운과 관련된 미신을 믿고자 한다는 것을 의미한다'라는 의미가 되어야 자연스러운데, 앞의 문장 전체와 동사가 '~을 의미한다'라는 의미의 능동 관계이므로 현재분사가 와야 한다. 따라서 현재분사 meaning이 올바르게 쓰였다.

[해석] Market Facts 사의 연구부에 의해서 『American Demographics』 잡지를 위해 수행된 한 설문 조사는 몇몇 놀라운 결과를 발견했다. 미신은 약한 마음가짐이 지닌 신념에 불과하다고 여겨지는 현대 미국에서, 설문 조사된 사람의 44퍼센트가 그들이 여전히 미신을 믿는다는 것을 인정했다. 다른 56퍼센트는 단지 '낙관적으로 미신을 믿는다'고 주장했고, 이것은 그들이 불운과 관련된 것보다는 행운과 관련된 미신을 더 믿고자 한다는 것을 의미한다. 예를 들어, 자신이 그다지 미신을 믿지는 않는다고 말한 사람 중 12퍼센트는 행운을 빌며 나무를 두드린다고 고백했다. 그리고 9퍼센트는 행운을 빌며 길에서 1페니를 줍곤 한다고 고백했다. 믿지 않는 사람들 중 추가 9퍼센트는 또한 만약 그들이 네잎클로버를 발견한다면 행운을 빌며 그것을 주울 것이라고 말했다. 그리고 몇몇은 행운을 빌며 겨우살이 밑에서 키스하는 것을 여전히 믿었다.

[어휘] conduct 수행하다 superstition 미신
superstitious 미신을 믿는, 미신적인 optimistically 낙관적으로
confess 고백하다 mistletoe (크리스마스 장식용) 겨우살이

p.45

불변의 패턴 23 분사의 의미상 주어가 분사가 나타내는 행위의 주체면 현재분사, 대상이면 과거분사가 와야 한다.

기출문제 풀어보기
정답 ④

[해설] ④ **현재분사 vs. 과거분사** 분사의 의미상 주어 a place가 분사가 나타내는 행위의 대상이므로, 현재분사 choosing을 과거분사 chosen으로 고쳐야 한다.

[오답분석] ① **동명사의 역할** 전치사(besides)의 목적어 자리에 명사 역할을 하는 동명사 cooking이 올바르게 쓰였다.
② **동명사와 to 부정사 둘 다 목적어로 취하는 동사** 동사 begin(시작하다)은 동명사와 to 부정사를 둘 다 목적어로 취하는 동사이므로 목적어 자리에 동명사 rearranging이 올바르게 쓰였다.
③ **병치 구문** 둘 이상의 것을 나열할 때 접속사(and) 앞뒤로 형태와 기능이 대등한 것끼리 나열되어야 하는데, 접속사(and) 앞에 동명사 rearranging, clearing이 왔으므로 and 뒤에도 동명사 opening이 올바르게 쓰였다.

[해석] 불은 요리 외에도 많은 방식으로 인간에게 도움이 되었다. 그것(불)을 이용하여 그들(인간)은 환경을 자신에게 맞도록 재조정하고, 야생 식량의 성장을 촉진시키기 위해 땅을 개간하며, 나중에 불로 그것들을 포획하기 위해 선택된 장소로 몰아질 수 있는 식용 동물의 번식을 장려하기 위해 지형을 개방하는 것을 시작할 수 있었다.

[어휘] serve 도움이 되다 besides ~ 외에 rearrange 재조정하다, 바꾸다
clear 개간하다, 개척하다 stimulate 촉진하다, 자극하다
landscape 지형, 경관 proliferation 번식, 증식
harvest 포획하다, 수확하다

p.46

불변의 패턴 24 감정을 나타내는 분사가 수식 또는 보충 설명하는 대상이 감정을 일으키면 현재분사, 감정을 느끼면 과거분사를 써야 한다.

기출문제 풀어보기
정답 ①

[해설] ① **5형식 동사의 수동태 | 현재분사 vs. 과거분사** 목적격 보어를 갖는 5형식 동사 make(made)가 수동태가 되는 경우 목적격 보어는 수동태 동사 뒤에 남아야 하는데, 감정을 나타내는 분사가 보충 설명하는 대상이 감정을 느끼는 대상(We)이므로 현재분사 touching을 과거분사 touched로 고쳐야 한다. 참고로, 이 문장은 동사 make(made) 대신 be 동사(were)를 쓰고, '~에 의해'라는 의미의 전치사 by를 써서 We were touched by his speech로 고치는 것이 가장 자연스럽다.

[오답분석] ② **기타 전치사 | 부정대명사 one** '비용을 차치하고'는 전치사 숙어 표현 apart from(~을 제외하고)을 사용하여 나타낼 수 있으므로 Apart from its cost가 올바르게 쓰였다. 또한 대명사가 지칭하는 명사(the plan)가 단수이므로 단수 부정대명사 one이 올바르게 쓰였다.
③ **분사구문의 형태** '뜨거운 차를 마시는 동안에'라는 의미를 만들기 위해 시간을 나타내는 부사절 역할을 하는 분사구문 while drinking hot tea가 올바르게 쓰였다. 참고로, 분사구문의 의미를 분명하게 하기 위해 부사절 접속사 while이 분사구문 앞에 쓰였다.
④ **5형식 동사** 사역동사 make(made)는 목적어와 목적격 보어가 수동 관계일 때 과거분사를 목적격 보어로 취하는 5형식 동사인데, 목적어 him과 목적격 보어가 '그가 적합했다(적합하게 되었다)'라는 의미의 수동 관계이므로 과거분사 suited가 올바르게 쓰였다.

[어휘] apart from ~을 차치하고, ~을 제외하고 suit 적합하게 하다, 어울리게 하다

Section Test
p. 48-49

| 1 | ① | 2 | ③ | 3 | ③ | 4 | ③ |
| 5 | ① | 6 | ④ | 7 | ③ | 8 | ③ |

1
정답 ①

[해설] ① **동명사 관련 표현** 문맥상 '너무 많은 사람이 한 곳에 있는 것에 익숙해지는 데 시간이 좀 걸렸다'라는 의미가 되어야 자연스러운데, '~에 익숙해지다'는 관용적으로 동명사를 정해서 쓰는 표현 'get used to -ing'의 형태로 나타낼 수 있으므로 get used to 뒤의 동사원형 have를 동명사 having으로 고쳐야 한다. (불변의 패턴 22)

[오답분석] ② **수량 표현 + 관계대명사** 문맥상 '그들(많은 사람들) 모두'라는 의미가 되어야 자연스러운데, 선행사(many people) 전체를 나타낼 때는 관계대명사 앞에 수량 표현을 써서 '수량 표현 + of + 관계대명사'의 형태로 쓸 수 있으므로, 관계대명사 whom 앞에 전체를 나타내는 수량 표현 all을 사용하여 all of whom이 올바르게 쓰였다. 참고로, 선행사가 사람이므로 사람을 나타내는 목적격 관계대명사 whom이 전치사 of 뒤에 올바르게 쓰였다.
③ **현재분사 vs. 과거분사** 수식받는 명사 18 million people과 분사가 '사람들이 퍼져 있다'라는 의미의 수동 관계이므로 과거분사 spread out이 올바르게 쓰였다. 참고로, '펼치다'라는 의미의 동사 spread는 현재형과 과거형, 과거분사형의 형태가 모두 spread로 같다.
④ **형용사 자리** 형용사 alone은 '~하나만으로도'라는 의미로 쓰일 때 명사를 뒤에서 수식하므로, alone이 the state of Massachusetts 뒤에 올바르게 쓰였다.

[해석] 자동차와 교통 체증 외에도, 그녀는 너무 많은 사람이 한 곳에 있고, 그들 모두가 너무 빠르게 움직이는 것에 익숙해지는 데 시간이 좀 걸렸다고 말했다. 그녀는 "호주에는 전국에 걸쳐 1,800명의 사람만이 퍼져 있어요"라고 말했다. "매사추세츠주에만 600만 명이 넘는 사람들이 있는 데 비해서요."

[어휘] traffic jam 교통 체증

2
정답 ③

해설 ③ **to 부정사의 형태** 문맥상 '열대 우림 생태계의 과도한 개발이 그 붕괴의 원인이 된 것으로 보인다'라는 의미가 되어야 자연스러우므로 능동태인 ①, ③번이 정답 후보이다. 빈칸이 있는 문장의 동사는 현재 시제 동사 seems to(~인 것으로 보인다)인데, '~인 것으로 보인다'고 추측하는 시점은 현재이지만, '붕괴의 원인이 된 것', 즉 '추측하는 행위가 일어난 시점'은 과거에 발생해서 현재까지 영향을 미치고 있는 것(마야인들이 열대 우림 생태계를 과도하게 개발한 것)이므로 to 부정사의 완료형(to have p.p.)을 완성하는 have contributed to가 정답이다. (불변의 패턴 20)

해석 과잉인구가 핵심 역할을 했을지도 모르는데, 즉 물 부족뿐만 아니라 마야인들이 식량을 의존했던 열대 우림 생태계의 과도한 개발이 그 붕괴의 원인이 된 것으로 보인다.

어휘 overpopulation 과잉인구 role 역할 exploitation 개발, 이용
shortage 부족 collapse 붕괴 contribute to ~의 원인이 되다

3
정답 ③

해설 ③ **현재분사 vs. 과거분사** 분사의 의미상 주어(some of the clients' money)가 분사가 나타내는 행위의 대상이므로 과거분사 believed가 정답이다. (불변의 패턴 23)

해석 예비 조사는 총 600만 달러라고 믿어지는 고객 자금의 전부까지는 아니더라도 일부가 비상장 회사 및 부동산 구입에 들어갔음을 나타낸다.

어휘 preliminary 예비의 investigation 조사 indicate 나타내다, 내비치다
unquoted 비상장의 property 부동산, 재산

4
정답 ③

해설 ③ **현재분사 vs. 과거분사** 분사의 의미상 주어(reports)가 분사가 나타내는 행위의 대상이므로 현재분사 requiring을 과거분사 required로 고쳐야 한다. (불변의 패턴 23)

오답분석
① **현재분사 vs. 과거분사** 주절의 주어(The banks)와 분사구문이 '은행이 시작한다'라는 의미의 능동 관계이므로 현재분사 starting이 올바르게 쓰였다.
② **관계부사** 선행사 areas가 장소를 나타내고, 관계사 뒤에 완전한 절(a business ~ get)이 왔으므로 장소를 나타내는 선행사와 함께 쓰이는 관계부사 where가 올바르게 쓰였다. 참고로, it can get은 목적격 관계대명사 which/that이 생략된 관계절이며 선행사 service와 help를 수식한다.
④ **능동태·수동태 구별** 주어 a decision과 동사가 '결정이 내려지다(결정을 내리다)'라는 의미의 수동 관계이므로 수동태가 와야 하고, 수동태의 진행형은 'be being + p.p.'의 형태를 취하므로 과거분사 made 앞에 being이 올바르게 쓰였다.

해석 신생 기업이 법인이 되자마자 그것은 은행 계좌가 필요할 것이며, 임금대장 계좌의 필요성이 곧 뒤따를 것이다. 은행은 급여를 지불하고 관련 세금 회계 장부를 기록하는 서비스에서 매우 경쟁적이며, 심지어 가장 규모가 작은 기업들을 상대로 (서비스를) 시작한다. 이러한 것들은 한 기업이 그들이 받을 수 있는 최상의 서비스와 대부분 '무료인' 회계 관련 지원을 원하는 분야이다. 변화하는 지불 급여세 법률은, 특히 50개의 주 중 여러 곳에서 영업 인력이 운영될 예정일 경우, 뒤떨어지지 않도록 따라가야 하는 골칫거리이다. 그리고 요구되는 보고서들은 회사의 사무직의 부담이 된다. 그러한 서비스들은 대개 은행 직원에 의해 가장 잘 제공된다. 이 분야에 있는 은행들의 참고 자료는 ADP와 같은 급여 지불 대체 서비스와 비교되어야 하지만, 결정을 내릴 때는 장래의 그리고 장기적인 관계를 명심해야 한다.
*12번째 줄의 add는 오타이므로, 해석하지 않았습니다.

어휘 start-up 신생 기업 incorporate 법인으로 만들다, 설립하다
payroll 임금대장, 급여 대상자 명단
competitive 경쟁적인, 경쟁으로 결정되는 legislation 법률, 법률 제정
keep up with 뒤떨어지지 않도록 따라가다
administrative 사무의, 행정의 reference 참고 자료
alternative 대체의, 대체 가능한
keep in mind 명심하다, 잊지 않고 있다

5
정답 ①

해설 ① **현재분사 vs. 과거분사** 감정을 나타내는 동사(depress)의 경우 분사가 보충 설명하는 대상이 감정을 일으키면 현재분사를, 감정을 느끼면 과거분사를 써야 하는데, 문맥상 '그것(동물 보호소를 방문하는 것)이 우울하게 하다'라는 의미로 분사가 보충 설명하는 대상(it)이 '우울한' 감정을 일으키므로 과거분사 depressed를 현재분사 depressing으로 고쳐야 한다. (불변의 패턴 24)

오답분석
② **관계부사** 선행사 streets가 장소를 나타내고, 관계사 뒤에 완전한 절(they're ~ the elements)이 왔으므로 장소를 나타내는 선행사와 함께 쓰이는 관계부사 where가 올바르게 쓰였다.
③ **능동태·수동태 구별** 동사(are found) 뒤에 목적어가 없고, 주어(Many lost pets)와 동사가 '많은 실종된 반려동물들은 발견된다'라는 의미의 수동 관계이므로 수동태 are found가 올바르게 쓰였다.
④ **형용사 자리** 문맥상 '입양할 수 있는 반려동물'이라는 의미가 되어야 자연스러우므로 명사를 수식할 수 있는 형용사 adoptable이 명사(pets) 앞에 올바르게 쓰였다.

해석 많은 사람들은 그것(동물 보호소를 방문하는 것)이 너무 슬프거나 우울하게 하기 때문에 동물 보호소를 방문하려고 하지 않는다. 너무나 많은 운이 좋은 동물들이 교통사고, 그리고 다른 동물이나 인간의 공격을 받을 위험이 있으며 악천후의 영향을 받기 쉬운 길거리에서의 위험한 생활에서 구조되었기 때문에 그들은 그렇게 낙담하지 않아야 한다. 마찬가지로 많은 실종된 반려동물들도 그들이 동물 보호소로 이동되었다는 이유만으로 마음이 산란해진 주인들에게 발견되고 되찾아진다. 가장 중요한 것은, 입양할 수 있는 반려동물들은 집을 찾으며, 아프고 위험에 처한 동물들은 인도적으로 고통을 덜게 된다.

어휘 refuse ~하려고 하지 않다 shelter 보호소, 피난처 at risk 위험이 있는
subject to ~의 영향을 받기 쉬운 elements 악천후
likewise 마찬가지로 reclaim 되찾다, 매립하다
distraught (근심 따위로) 마음이 산란해진
relieve ~을 덜게 하다, 편안하게 하다 suffering 고통, 괴로움

6
정답 ④

해설 ④ **현재분사 vs. 과거분사** 현재분사(injuring) 뒤에 목적어가 없고, 분사의 의미상 주어 Millions of pedestrians가 분사가 나타내는 행위의 대상이므로, 현재분사 injuring을 be 동사(are) 뒤에서 수동태를 완성하는 과거분사 injured로 고쳐야 한다. (불변의 패턴 23)

오답분석
① **주어와 동사의 수 일치** 주어 자리에 복수 명사 pedestrians가 왔으므로 복수 동사 lose가 올바르게 쓰였다.
② **to 부정사의 역할** 문맥상 '결국 돌아오지 않는다'라는 의미가 되어야 자연스러우므로 부정어 never 뒤에 결과를 나타내는 to 부정사 to return이 올바르게 쓰였다.
③ **원급** 'as + 형용사/부사의 원급 + as'(~만큼 -한)에서 as ~ as 사이가 형용사 자리인지 부사 자리인지는 as, as를 지우고 구별할 수 있다. be 동사(is)의 보어 자리에는 형용사 역할을 하는 것이 와야 하므로 형용사 high가 올바르게 쓰였다.

Section 3 준동사구 15

해석| 매년, 27만 명 이상의 보행자들은 전 세계의 도로에서 그들의 목숨을 잃는다. 많은 사람들은 그들이 어떤 날이든 그러곤 했듯이 그들의 집을 나서고 결국 돌아오지 않는다. 세계적으로, 보행자들은 도로 교통 사망자 수 전체의 22퍼센트를 구성하고, 일부 국가들에서 이 비율은 도로 교통 사고사 전체의 3분의 2만큼이나 높다. 수백만 명의 보행자들은 치명상을 입지는 않으며, 그들 중 일부는 영구적인 장애가 남아 있다. 이러한 사고들은 경제적인 어려움뿐만 아니라 더 많은 고통과 슬픔의 원인이 된다.

어휘| pedestrian 보행자 constitute 구성하다 fatality 사망자, 치사율
proportion 비율 permanent 영구적인 grief 슬픔

7 정답 ③

해설| ③ 현재분사 vs. 과거분사 분사의 의미상 주어(an expanse of grassland)가 분사가 나타내는 행위의 주체이므로 과거분사 supported를 현재분사 supporting으로 고쳐야 한다. (불변의 패턴 23)

오답분석| ① 부사절 접속사 2: 양보 | 도치 구문: 기타 도치 as가 '비록 ~이지만'이라는 의미의 양보를 나타내는 부사절 접속사로 쓰이고, 양보의 부사절 내의 보어(Strange)가 as 앞에 오는 경우 '보어 + as + 주어 + 동사'의 어순이 되어야 하므로, Strange as 뒤에 '주어(it) + 동사(may seem)'가 올바르게 쓰였다.
② 정관사 the 유일한 것을 나타내는 명사 앞에는 정관사 the가 와야 하므로 the Sahara(사하라 사막)가 올바르게 쓰였다.
④ 현재분사 vs. 과거분사 수식받는 명사(animal life)와 분사가 '동물의 생태와 관련되다'라는 의미의 수동 관계이므로 과거분사 associated with가 올바르게 쓰였다.

해석| 이상하게 보일 수도 있지만, 사하라 사막은 한때 아프리카 평원과 관련된 동물의 생태를 지탱하는 넓게 트인 목초지였다.

어휘| expanse 넓게 트인 지역 grassland 목초지
be associated with ~와 관련되다 plain 평원

8 정답 ③

해설| ③ 동명사와 to 부정사 둘 다 목적어로 취하는 동사 동사 remember는 동명사나 to 부정사를 모두 목적어로 취할 수 있는 동사인데, '~한 것을 기억하다'라는 과거의 의미를 나타낼 때는 동명사를 목적어로 취한다. 문맥상 '본 것을 기억했다'라는 과거의 의미가 되어야 자연스러우므로, 동명사 ③ seeing이 정답이다. (불변의 패턴 21)

해석| 형사가 그 사건에 대해 Steve를 심문했을 때, 그는 지나가는 검은 형태를 본 것을 기억했다. 하지만 그는 그것이 무엇이었는지 확신할 수 없었다.

어휘| detective 형사 interrogate 심문하다 figure 형태, 인물
pass by 지나가다

Section 4 품사

p.52

불변의 패턴 25 가산 명사와 불가산 명사의 쓰임을 구분해야 한다.

기출문제 풀어보기 정답 ②

해설| ② 불가산 명사 | 수량 표현 homework(숙제)는 불가산 명사이므로 가산 명사 앞에 오는 수량 표현 many를 불가산 명사 앞에 오는 수량 표현 much로 고쳐야 한다. 또한, 불가산 명사는 복수형으로 쓸 수 없으므로 many homeworks를 much homework로 고쳐야 한다.

오답분석| ① 현재완료 시제 현재완료 시제와 자주 함께 쓰이는 표현 'yet'(아직)이 왔고, 문맥상 'Geroge는 아직 과제를 끝내지 못했다'라는 의미로 과거에 시작된 일이 현재까지 계속되고 있음을 표현하고 있으므로, 현재완료 시제 has not completed가 올바르게 쓰였다. 참고로, 부정문의 마지막에 와서 '~도 역시 아니다'라는 의미를 나타내는 부사 either가 올바르게 쓰였다.
③ 가정법 과거완료 문맥상 '더 많은 돈을 찾았다면, 그 신발을 살 수 있었을 것이다'라는 의미가 되어야 자연스러우므로 과거 상황을 반대로 가정하는 가정법 과거완료 'If + 주어 + had p.p., 주어 + could + have p.p.'(~했다면 -했을 텐데)의 형태를 사용하여 If he had taken ~, he could have bought ~가 올바르게 쓰였다.
④ 부사절 접속사 2: 기타 | 5형식 동사 문맥상 '방 안은 매우 조용해서 ~ 들을 수 있었다'라는 의미가 되어야 자연스러운데 '매우 ~해서 -하다'는 부사절 접속사 so ~ that으로 나타낼 수 있으므로 so quiet ~ that이 올바르게 쓰였다. 또한, 지각동사 hear는 목적격 보어로 현재분사를 취할 수 있는데, 목적어(the leaves)와 목적격 보어가 '나뭇잎이 떨어지다'라는 의미의 수동 관계이므로 수동태 being blown off가 올바르게 쓰였다. 참고로, 이 문장에서는 목적어의 동작의 진행(떨어지는)을 강조하기 위해 지각동사의 목적격 보어로 수동태 현재분사가 쓰였다

해석| ① George는 아직 과제를 끝내지 못했고, Mark도 마찬가지이다.
② 내 여동생은 너무 많은 숙제를 해야 했기 때문에 어젯밤에 혼란에 빠졌다.
③ 만약 그가 은행에서 더 많은 돈을 찾았다면, 그는 그 신발을 살 수 있었을 것이다.
④ 그 방 안은 매우 조용해서 나는 밖에서 바람에 나뭇잎이 나무에서 떨어지는 소리를 들을 수 있었다.

어휘| complete 끝내다, 완료하다 assignment 과제
upset 혼란에 빠진, 당황한

p.53

불변의 패턴 26 「the + 형용사/분사」(~한 사람들)가 주어면 복수 동사가 와야 한다.

기출문제 풀어보기 정답 ③

해설| ③ 정관사 the | 주어와 동사의 수 일치 주어 자리에 '~한 사람들/것들'이라는 의미를 나타내며 복수 취급하는 'the + 형용사(undocumented)'가 왔으므로 단수 동사 does를 복수 동사 do로 고쳐야 한다.

오답분석| ① 명사절 접속사 3: 의문사 불완전한 절(this ~ generally)을 이끌며 문장의 주어 역할을 할 수 있는 명사절 접속사 what이 올바르게 쓰였다. 참고로, 해당 문장은 가주어 it이 의문사 what이 이끄는 명사절을 대신해서 주어 자리에 쓰인 형태이다.
② to 부정사의 역할 문맥상 '신원을 보호하기 위해'라는 의미가 되어야 하므로 부사처럼 목적을 나타낼 수 있는 to 부정사 to protect가 올바르게 쓰였다.

④ **현재분사 vs. 과거분사** 분사구문의 주어 undocumented workers와 분사가 '밀입국 노동자들은 위조된 서류를 사용한다'라는 의미의 능동 관계이므로, 현재분사 using이 올바르게 쓰였다.

⑤ **전치사 + 관계대명사** 관계사 뒤에 완전한 절(they ~ taxes)이 왔으므로 '전치사 + 관계대명사' 형태가 올 수 있다. '전치사 + 관계대명사'에서 전치사는 선행사 또는 관계절의 동사에 따라 결정되는데, 문맥상 '그들은 개인 납세자 식별 번호를 사용하여 소득세를 지불한다'라는 의미가 되어야 자연스러우므로, 도구·수단을 나타내는 전치사 with(~을 사용하여)가 관계대명사 which 앞에 온 with which가 올바르게 쓰였다.

[해석] 이 글을 쓸 때는, 이민 감시 활동에 관한 이 행정부의 계획이 보다 일반적으로 무엇인지 여전히 불분명한 상태이다. 우리의 밀입국한 연구 협력자들의 신원을 보호하기 위해, 모든 이름은 지어낸 이름이다. 이러한 사실은 밀입국자들이 그들의 임금에 대한 세금을 내지 않는다는 일반적인 생각과는 반대이다. 오히려, 밀입국 노동자들은 위조된 서류를 사용하여 소득세로 매년 수십억 달러를 지불한다. 많은 밀입국 노동자들은 그들이 소득세를 지불하는 데 사용하는 합법적인 개인 납세자 식별 번호 또한 가지고 있다.

[어휘] **policing** 감시 활동, 감찰 **fictitious** 지어낸, 허구의 **identity** 신원 **undocumented** 밀입국자인, 비자가 없는 **collaborator** 협력자 **legitimate** 합법적인

p.54

불변의 패턴 27 대명사는 그것이 가리키는 명사와 수 일치해야 한다.

기출문제 풀어보기
정답 ①

[해설] ① **인칭대명사 | 능동태·수동태 구별** 대명사가 지시하는 명사(A horse)가 단수이므로 단수 소유격 대명사 its가 올바르게 쓰였다. 또한, 주어 A horse와 동사가 '말에게 먹이가 주어지다'라는 의미의 수동 관계이므로 수동태 should be fed가 올바르게 쓰였다.

[오답분석] ② **부사절 접속사 1: 시간 | 부사절의 형태** 문맥상 '내가 좁은 길을 걸어 내려가는 동안'이라는 의미가 되어야 자연스러운데, '~하는 동안'은 부사절 접속사 while을 사용하여 나타낼 수 있다. 이때 while이 이끄는 부사절은 '부사절 접속사 + 주어 + 동사'의 형태가 되어야 하므로 while walking down ~을 while I walked ~ 나 while I was walking down ~으로 고쳐야 한다.

③ **능동태·수동태 구별** 주어 She와 동사가 '그녀가 알려져 왔다'는 의미의 수동 관계이므로 현재완료 시제의 능동태 has known을 수동태 has been known으로 고쳐야 한다.

④ **현재분사 vs. 과거분사 | 부사 자리** 수식받는 명사 a job과 분사가 '일이 행해지다'라는 의미의 수동 관계이므로 과거분사 done이 쓰였는데, 이때 과거분사(done)를 수식할 수 있는 것은 형용사(good)가 아닌 부사(well)이므로 good을 well로 고쳐야 한다.

[해석] ① 말에게는 그것의 개별적인 욕구와 그것의 일의 특징에 따라 먹이가 주어져야 한다.
② 내 모자는 좁은 길을 걸어 내려가는 동안 바람에 날아갔다.
③ 그녀는 자신의 경력 내내 주로 정치 만화가로 알려져 왔다.
④ 심지어 어린아이들도 잘한 일에 대해 칭찬받는 것을 좋아한다.

[어휘] **feed** 먹이를 주다 **individual** 개별적인, 각각의 **nature** 특징, 본성 **blow off** ~을 바람에 날리다 **narrow** 좁은 **primarily** 주로 **compliment** 칭찬하다

p.55

불변의 패턴 28 목적어가 주어와 다른 대상이면 목적격 대명사로, 동일한 대상이면 재귀대명사로 써야 한다.

기출문제 풀어보기
정답 ⑤

[해설] ⑤ **재귀대명사** 재귀대명사는 강조하는 대상 바로 뒤에서 주어나 목적어를 강조할 때나 목적어가 주어와 동일한 대상일 때 쓰이는데, himself가 강조하는 대상이 없으며, to 부정사(to shoot)의 목적어로 쓰인 himself와 주어 his arms가 동일한 대상이 아니므로, 재귀대명사 himself를 목적격 대명사 him으로 고쳐야 한다.

[오답분석] ① **최상급 관련 표현** '가장 상을 많이 수여받은 운동선수들 중 한 명'은 최상급 관련 표현 'one of the + 최상급'(가장 ~한 -중 하나)의 형태를 사용하여 나타낼 수 있으므로 one of 뒤에 the most decorated athletes가 올바르게 쓰였다.

② **최상급** '가장 나이 많은 개인 수영 선수'는 최상급 표현 'the + 최상급'(가장 ~한)의 형태를 사용하여 나타낼 수 있으므로 the oldest individual swimmer가 올바르게 쓰였다.

③ **현재분사 vs. 과거분사** 주절의 주어 펠프스와 분사구문이 '펠프스가 서 있으면 6피트 4인치다'라는 의미의 능동 관계이므로 현재분사 Standing이 올바르게 쓰였다.

④ **to 부정사를 취하는 동사** 동사 allow는 to 부정사를 목적격 보어로 취하는 5형식 동사이므로 목적격 보어 자리에 to 부정사 to create가 올바르게 쓰였다.

[해석] 마이클 펠프스는 역대 가장 상을 많이 수여받은 운동선수들 중 한 명이다. 다섯 개의 올림픽팀에서 자리를 차지한 최초의 올림픽 수영 선수이자 올림픽 금메달을 딴 가장 나이 많은 개인 수영 선수로서, 그는 '날아다니는 물고기'라는 별명을 얻었다. 수영 선수들은 일반인보다 몸통이 길고 다리가 짧은 경향이 있다. 서 있으면 6피트 4인치로, 펠프스는 6피트 8인치인 사람의 몸통과 8인치 작은 사람의 다리를 가지고 있다. 이중 관절로 된 팔꿈치는 펠프스가 물속에서 아래쪽의 추진력을 더 만들어 내는 것을 가능하게 한다. 그의 큰 손은 또한 페달과 같은 역할을 한다. 그의 매우 긴 양팔을 벌린 길이와 함께, 그의 팔은 그를 물살을 가로질러 가도록 하는 프로펠러와 같은 역할을 한다.

[어휘] **decorate** 상을 수여하다, 꾸미다 **earn a spot** ~에서 자리를 차지하다 **torso** 몸통 **thrust** 추진력 **wingspan** 양팔을 벌린 길이, 날개폭

p.56

불변의 패턴 29 명사는 형용사가 수식하고, 명사 이외의 것은 부사가 수식해야 한다.

기출문제 풀어보기
정답 ②

[해설] ② **혼동하기 쉬운 형용사와 부사** 문맥상 '정당과 투표 제도와 같은 공식적인 절차'라는 의미가 되어야 자연스러우므로, 명사를 수식하기 위해 전치사 as와 함께 'such + 명사 + as'(~와 같은 명사)의 형태로 쓰이는 형용사 such가 와야 한다. 따라서 부사 so를 형용사 such로 고쳐야 한다.

[오답분석] ① **상관접속사 | 병치 구문** 문맥상 '단지 관행들의 집합이 아니라 문화이다'라는 의미가 되어야 자연스러운데 'A가 아니라 B'는 상관접속사 not A but B를 사용하여 나타낼 수 있고, 상관접속사로 연결된 병치 구문에서는 같은 구조끼리 연결되어야 하므로 but 앞뒤에 명사구 a set of practices와 a culture가 올바르게 쓰였다.

Section 4 품사 **17**

③ **상관접속사 | 병치 구문** 문맥상 '공식적인 절차뿐만 아니라 시민들의 직감과 기대 속에서도'라는 의미가 되어야 자연스러운데, 'A뿐만 아니라 B도'는 상관 접속사 not only A but also B를 사용하여 나타낼 수 있다. 상관접속사로 연결된 병치 구문에서는 같은 구조끼리 연결되어야 하는데, but 앞에 전치사구(in ~ ballot)가 왔으므로 but 뒤에도 전치사구 in the instincts and expectations of citizens가 올바르게 쓰였다.

④ **지시대명사** 지시형용사 that은 가산 단수 명사와 불가산 명사 앞에 쓰일 수 있으므로, 단수 명사 political culture 앞에 지시형용사 that이 올바르게 쓰였다.

⑤ **도치 구문: 기타 도치 | 조동사 do** 부사 so가 '~도 마찬가지이다'라는 의미로 쓰여 문장 앞에 오면 주어와 동사가 도치되어 'so + (조)동사 + 주어'의 어순이 되어야 하고, 앞에 나온 일반동사(shape)가 반복되는 경우 이를 대신하여 do 동사를 쓸 수 있다. 이때 do 동사는 주어(the words and deeds of leaders)와 수 일치해야 하므로 복수 동사 do가 올바르게 쓰였다.

해석 민주주의는 결국, 단지 관행들의 집합이 아니라 문화이다. 그것은 정당과 투표 제도와 같은 공식적인 절차뿐만 아니라 시민들의 직감과 기대 속에서도 산다. 일자리, 전쟁, 해외로부터의 경쟁인 객관적인 배경들이 그 정치적인 문화를 형성하지만, 지도자들의 말과 행동들도 그렇게 한다.

어휘 democracy 민주주의 party 정당 ballot 투표 제도 instinct 직감 objective 객관적인 circumstance 배경, 환경

p.57

불변의 패턴 30 단수 명사 앞에는 every, another, either/neither가 오고, 복수 명사 앞에는 all, other, both가 와야 한다.

기출문제 풀어보기 정답 ③

해설 ③ **부정대명사: another** 부정형용사 another(또 다른)는 일반적으로 단수 가산 명사 앞에 오지만 특정한 숫자와 함께 오면 복수 명사 앞에 올 수 있으므로, another 뒤에 '수사 + 복수 명사'가 온 형태인 another 300 people이 올바르게 쓰였다.

오답분석 ① **현재완료 시제** 현재완료 시제와 자주 함께 쓰이는 시간 표현 'over + 과거시간 표현'(over the past three weeks)이 왔으므로, 현재완료 시제가 쓰여야 한다. 현재완료 시제는 'have/has + p.p.'의 형태로 나타내므로 과거 시제 동사 fell을 과거분사 fallen으로 고쳐야 한다.

② **능동태·수동태 구별** 동사 suspect 뒤에 목적어(that ~ mid-November)가 있고, 주어(experts)와 동사가 '전문가들이 추측하다'라는 의미의 능동 관계이므로 수동태 동사 are suspected를 능동태 동사 suspected로 고쳐야 한다.

④ **분사의 역할 | 현재분사 vs. 과거분사** 주어(another 300 people), 동사(had), 목적어(the same disease)를 모두 갖춘 완전한 절에 또 다른 동사(begin)가 올 수 없고, 문맥상 '11월 중순에 발생한 같은 질병에 걸렸다'라는 의미가 되어야 자연스러우므로 동사 begin을 명사(the same disease)를 수식할 수 있는 분사 beginning으로 고쳐야 한다. 참고로, 수식받는 명사(the same disease)와 분사가 '같은 질병이 발생하다'라는 의미의 능동 관계이므로 현재분사 beginning이 쓰여야 한다.

해석 지난 3주 동안 주로 홍콩과 베트남에서 150명 이상의 사람들이 병에 걸렸다. 그리고 전문가들은 중국 광동 지방에 있는 300명이 더 11월 중순에 발생한 같은 질병에 걸렸다고 추측했다.

어휘 fall ill 병에 걸리다 suspect 추측하다 province 지방

p.58

불변의 패턴 31 강조 부사는 형용사나 부사를 앞에서 강조해야 한다.

기출문제 풀어보기 정답 ③

해설 ③ **강조 부사 | 기타 전치사** 동사 frighten(겁먹게 하다)은 전치사 없이 목적어(her)를 바로 취하는 타동사인데, 부사 very는 보통 형용사나 부사를 앞에서 강조하므로 동사(frightening) 앞의 부사 very를 삭제해야 한다. 참고로 형용사 frightening(무서운)은 방향을 나타내는 전치사 for(~에게)나 to(~에게)와 함께 쓰여 '~에게 무섭다'는 의미를 나타낼 수 있으므로 frightening for나 frightening to로 고쳐도 맞다.

오답분석 ① **전치사 3: 위치** 문맥상 '난로 옆에 서 있었다'라는 의미가 되어야 자연스러운데, '난로 옆에'는 전치사 beside(~ 옆에)로 나타낼 수 있으므로 beside the stove가 올바르게 쓰였다.

② **최상급** 문맥상 '발명된 것 중 가장 완벽한 복사기'라는 의미가 되어야 자연스러운데, '가장 ~한'은 최상급 표현 'the + 최상급'의 형태를 사용하여 나타낼 수 있으므로 the most perfect copier가 올바르게 쓰였다.

④ **명사절 접속사 1: that** 동사 think(thought)의 목적어 자리에는 명사 역할을 하는 것이 와야 하므로 명사절 접속사 that이 이끄는 명사절(that he was an utter fool)이 올바르게 쓰였다.

해석 ① 못생기고, 오래되고, 노란 양철통 하나가 난로 옆에 서 있었다.
② 이것은 지금까지 발명된 것 중 가장 완벽한 복사기이다.
③ John은 그녀를 겁먹게 하고 있었다.
④ 그녀는 그가 완전한 바보라고 생각했다.

어휘 tin 양철 stove 난로 frighten 겁먹게 하다, 놀라게 하다 utter 완전한

p.59

불변의 패턴 32 by/until, for/during 등의 혼동하기 쉬운 전치사의 쓰임을 구분해야 한다.

기출문제 풀어보기 정답 ③

해설 ③ **원급 관련 표현 | 타동사** 문맥상 '언급조차도 하지 않았다'가 되어야 자연스러운데, '~조차도 하지 않다'는 never[not] so much as를 사용하여 나타낼 수 있으므로 never so much as mentioned가 올바르게 쓰였다. 또한 mention은 타동사이므로 뒤에 전치사 없이 목적어 it이 올바르게 쓰였다.

오답분석 ① **전치사 1: 시간** 시간 표현(six weeks) 앞에 와서 '얼마나 오래 지속되는가'를 나타내는 전치사는 for(~동안)이므로, 명사 앞에 와서 '언제 일어나는가'를 나타내는 전치사 during을 for로 고쳐야 한다.

② **능동태·수동태 구별** 주어(The whole family)와 동사가 '그 가족 전부가 고생하다'라는 의미의 능동 관계이므로 수동태 동사 is suffered를 능동태 동사 suffered로 고쳐야 한다.

④ **부사 자리** 형용사를 앞에서 수식할 수 있는 것은 부사이므로 형용사 independent 앞의 형용사 financial을 부사 financially로 고쳐야 한다.

해석 ① 내 아버지는 6주 동안 입원해 계셨다.
② 그 가족 전부가 독감으로 고생했다.
③ 그녀는 그것에 대해 언급조차도 하지 않았다.

④ 그녀는 경제적으로 독립하고 싶어 한다.

어휘 suffer from ~으로 고생하다 independent 독립한

Section Test   p. 60-61

| 1 | ① | 2 | ① | 3 | ② | 4 | ③ |
| 5 | ⑤ | 6 | ② | 7 | ④ | 8 | ① |

1
정답 ①

해설 **병치 구문** 접속사(and)로 연결된 병치 구문에서는 같은 품사끼리 연결되어야 하고, 이때 동사끼리 수·시제가 일치해야 하므로 현재 시제 동사 spend를 과거 시제 동사 spent로 고쳐야 한다.

오답분석
② **명사절 접속사 3: 의문사** 목적어가 없는 불완전한 절(I had done wrong)을 이끌며 전치사 out 뒤의 목적어 자리에 올 수 있는 명사절 접속사 what이 올바르게 쓰였다.
③ **재귀대명사** 동사(isolate)의 목적어가 문장의 주어(I)와 동일한 대상이므로 동사 isolate의 목적어 자리에 재귀대명사 myself가 올바르게 쓰였다. (불변의 패턴 28)
④ **부사절 접속사 2: 기타** 문맥상 '나는 버림받는 것이 너무 무서워서 ~하지 않을 것이다'라는 의미가 되어야 자연스러우므로 부사절 접속사 so ~ that(매우 ~해서 -하다)이 와야 한다. 따라서 부사절 접속사 that이 올바르게 쓰였다.

해석 나는 입양을 위해 내 친부모로부터 포기되었고, 내 인생의 첫 10년을 보육원에서 보냈다. 나는 나에게 뭔가 문제가 있다고 생각하며 몇 년을 보냈다. 만약 나의 부모님이 나를 원하지 않았다면, 누가 그러겠는가(원하겠는가)? 나는 내가 무엇을 잘못했고 왜 그렇게 많은 사람들이 나를 쫓아 보냈는지 알아내려고 노력했다. 만약에 내가 그렇게 하면(친해지면) 그들이 나를 떠날지도 모르기 때문에 나는 지금 그 누구와도 친해지지 않는다. 나는 어렸을 때 살아남기 위해 나 자신을 감정적으로 고립시켜야 했고, 여전히 내가 어렸을 때 했던 가정을 가지고 행동한다. 나는 버림받는 것이 너무 무서워서 모험을 하지 않을 것이고 최소한의 위험도 감수하지 않을 것이다. 나는 지금 40살이지만, 아직 아이인 것처럼 느낀다.

어휘 release 포기하다, 방출하다 adoption 입양 orphanage 보육원
send away 쫓아 보내다 assumption 가정 deserted 버림받은
venture 모험하다

2
정답 ①

해설 ① **불가산 명사** 불가산 명사(water)는 부정관사(a/an)와 함께 쓰일 수 없으므로 in a hot water를 in hot water로 고쳐야 한다. 참고로, in hot water는 숙어 표현으로 '곤경에 처한'이라는 의미를 나타낸다. (불변의 패턴 25)

오답분석
② **현재분사 vs. 과거분사** 수식받는 명사(a study)와 분사가 '연구가 시사하다'라는 의미의 능동 관계이므로 현재분사 suggesting이 올바르게 쓰였다.
③ **전치사 4: of** 문맥상 '프로그램의 9분'이라는 의미가 되어야 자연스러운데, nine minutes가 that program의 부분·소속일 때 전치사 of를 사용하여 nine minutes of that program의 형태로 나타낼 수 있으므로 of that program이 올바르게 쓰였다.
④ **수량 표현** 전치사(in) 뒤에는 명사 역할을 하는 것이 와야 하는데, '수사 + 하이픈(-) + 단위 표현'은 가산 명사로 쓰일 수 있고, 이때 단위 표현은 복수형으로 쓰여야 하므로 4-year-olds가 올바르게 쓰였다. 참고로, 단위 표현(year-old)이 명사를 수식하는 경우에는 단위 표현이 반드시 단수형이 되어야 한다.

해석 만화 캐릭터인 스폰지밥 네모바지는 그 프로그램의 단 9분을 시청하는 것만으로도 4세 아동들에게 단기 집중력과 학습 문제를 야기할 수 있다고 시사하는 연구로 인해 곤경에 처해 있다.

어휘 hot water 곤경, 어려움 suggest 시사하다

3
정답 ②

해설 ② **빈도 부사** 부정어 never는 이미 부정의 의미를 포함하는 빈도 부사 hardly(거의 ~ 않다)와 함께 쓰일 수 없으므로, 부정어 never를 부정문에서 강조의 의미를 나타낼 수 있는 부사 ever로 고쳐야 한다. (불변의 패턴 31)

오답분석
① **전치사 2: 기간** 문맥상 '수년 동안'이라는 의미가 되어야 자연스러우므로 '~ 동안'이라는 의미를 나타내는 전치사 over가 올바르게 쓰였다.
③ **수량 표현** 가산 복수 명사(policy issues) 앞에 쓰이는 수량 표현 a number of(많은)가 올바르게 쓰였다.
④ **관계대명사** 선행사 policy issues가 사물이고 관계절 내에서 동사 argue의 목적어 역할을 하므로 목적격 관계대명사 which가 올바르게 쓰였다.

해설 1961년에 독립 이후 수년 동안의 그의 생존은 실제 정책 선택에 대한 논의가 거의 공식적인 방식으로 일어나지 않았다는 사실을 바꾸지 않는다. 사실, 니에레레가 NEC(국가행정위원회)를 통해 논의해야 했던 많은 중요한 정책 안건들은 언제나 있어왔다.

어휘 independence 독립 alter 바꾸다 discussion 논의
in a public manner 공식적인 방식으로 occur 일어나다
argue 논의하다

4
정답 ③

해설 ③ **정관사 the** to 부정사(to tend)의 목적어 자리에는 명사 역할을 하는 것이 와야 하는데, '~한 사람들'은 정관사 the를 사용하여 'the + 형용사'로 나타낼 수 있으므로, 형용사 sick and wounded를 the sick and the wounded로 고쳐야 한다. (불변의 패턴 26)

오답분석
① **It - that 강조 구문 | 상관접속사** 사람·사물·시간·장소 등을 강조할 때 'It - that 강조 구문'(~한 것은 -이다)을 사용하여 'it + 동사(was) + 강조하는 말(not her ~ rudeness) + that절(that perplexed him)'의 형태로 나타낼 수 있고, '그녀의 거절이 아니라 그녀의 무례함'은 상관접속사 'not A but B'(A가 아니라 B)를 사용하여 나타낼 수 있으므로 It was not her refusal but her rudeness that ~이 올바르게 쓰였다.
② **조동사 관련 표현** '아무리 신중해도 지나치지 않다'는 조동사 관련 숙어 'cannot ~ too'(아무리 -해도 지나치지 않다)의 형태로 나타낼 수 있으므로 cannot be too careful이 올바르게 쓰였다.
④ **가짜 주어 구문** 가짜 주어 there 구문 'there + 동사 + 진짜 주어(a report)'에서 동사는 진짜 주어에 수 일치시켜야 하는데, 진짜 주어 자리에 단수 명사 a report가 왔으므로 단수 동사 is가 올바르게 쓰였다.

어휘 refusal 거절 rudeness 무례함 perplex 당황하게 하다
to make matters worse 설상가상으로 typhoon 태풍

5
정답 ⑤

해설 (A) **인칭대명사** 명사(creation) 앞에서 소유의 의미를 나타내기 위해서는 소유격 대명사가 와야 하는데, 대명사가 지시하는 명사(the Community of Democracies)가 단수이므로 단수 소유격 대명사 its가 들어가야 한다.

(B) **인칭대명사** 명사(first steps) 앞에서 소유의 의미를 나타내기 위해서는 소유격 대명사가 와야 하는데, 대명사가 지시하는 명사(countries)가 복수이고 3인칭이므로 3인칭 복수 소유격 대명사 their가 들어가야 한다.

따라서 ⑤ (A) its – (B) their가 정답이다. (불변의 패턴 27)

해석 그것의 창설 이래로, 민주주의 공동체는 민주 세계로의 그들의 첫걸음에 있는 국가들을 지원해서든지 혹은 문제와 딜레마를 겪고 있는 경험이 풍부한 민주주의 국가들을 도와서든지 민주적인 가치와 관습의 장려에 적극적으로 참여하는 것을 갈망했다. 그 공동체는 그것의 참여국과 협력 단체와 함께 일련의 계획과 방법을 제공하고 지원함으로써 이 임무를 실현한다.

어휘 creation 창설 aspire 갈망하다 engage in ~에 참여하다
promotion 장려, 촉진 democratic 민주적인 practice 관습
experienced 경험이 풍부한 democracy 민주주의 국가
realize 실현하다, 깨닫다 initiative 계획
mechanism 방법, 메커니즘 alongside ~와 함께
partner 협력 단체

6
정답 ②

해설 ② **재귀대명사** 재귀대명사는 강조하는 대상 바로 뒤에서 주어나 목적어를 강조할 때나 목적어가 주어와 동일한 대상일 때 쓰이는데, 제시된 문장에서 themselves가 강조하는 대상이 없으며, to 부정사(to show)의 목적어(their respect)와 주어(People)가 동일한 대상도 아니므로, show themselves their respect를 show their respect로 고쳐야 한다. (불변의 패턴 28)

오답분석 ① **병치 구문** 접속사(or)로 연결된 병치 구문에서는 같은 품사끼리 연결되어야 하는데, or 앞에 전치사 such as(~와 같은)의 목적어로 명사(gas, coal)가 나열되고 있으므로 or 뒤에도 명사 oil이 올바르게 쓰였다.
③ **불가산명사 | 인칭대명사** diabetes(당뇨병)는 불가산 명사로 단수 취급하므로 단수 동사 is가 올바르게 쓰였고, 주절의 대명사가 지시하는 명사가 단수 취급하는 불가산 명사(diabetes)이므로 단수 대명사 it이 올바르게 쓰였다.
④ **현재분사 vs. 과거분사** 수식받는 명사(The rally)와 분사가 '집회가 예정되다'라는 의미의 수동 관계이므로 과거분사 scheduled가 올바르게 쓰였다.

어휘 emission 배출, 방사 fossil fuel 화석연료 diabetes 당뇨병
rally 집회, 대회 gathering 모임

7
정답 ④

해설 (A) **병치 구문** 접속사(and)로 연결된 병치 구문에서는 같은 품사끼리 연결되어야 하는데 and 앞에 형용사(false)가 왔으므로 and 뒤에도 형용사 역할을 하는 과거분사 perceived가 들어가야 한다.
(B) **부사 자리** 형용사(gifted)를 수식할 수 있는 것은 부사이므로 부사 differently가 들어가야 한다. (불변의 패턴 29)
(C) **지시대명사** 앞에 나온 복수 명사 talents를 대신하면서, 관계절(we have been given)의 꾸밈을 받을 수 있는 것은 지시대명사 those이므로, 빈칸에는 those가 들어가야 한다.

따라서 ④ (A) perceived – (B) differently – (C) those가 정답이다.

해석 자신 그리고 삶에서 우리의 운명에 대한 불만족들 중 일부는 실제 상황들에 근거하는데, 일부는 거짓이고 그저 진짜로 인식된 것이다. (거짓인데 진짜인 것처럼) 인식된 것(불만족)은 정리되고 버려져야 한다. 진짜인 것(불만족)은 바뀔 수 있거나 바뀔 수 없는 유형 중 하나로 나뉠 것이다. 만약 그것(불만족)이 후자(바뀔 수 없는 유형)에 속한다면, 우리는 그것을 받아들이려고 노력해야 한다. 만약 그것(불만족)이 전자(바뀔 수 있는 유형)에 속한다면, 그런 경우 우리는 대신 그것(불만족)을 제거하고 교환하거나 변경하기 위해 노력하는 대안이 있다. 우리 모두는 삶에서 고유한 목적을 가지며, 단지 다르게 타고난 재능일 뿐, 우리 모두는 타고난 재능이 있다. 이것은 주어진 한 가지, 다섯 가지, 또는 열 가지 재능이 공평한지 불공평한지에 대한 논쟁이 아니다. 이것은 우리가 우리의 재능으로 무엇을 했는지에 대한 것이다. 이것은 우리가 우리에게 주어진 그것들(재능)을 얼마나 잘 투자했는지에 대한 것이다. 만약 누군가가 그들의 삶이 불공평하다는 견해를 고수한다면, 그것은 정말 신에 반항하여 모욕하는 것이다.

어휘 dissatisfaction 불만족 lot 운명 perceive 인식하다
sort out 정리하다, 처리하다 discard 버리다 fall into ~으로 나뉘다
strive 노력하다 alternative 대안 modify 변경하다
gifted 타고난 재능이 있는 hold on to ~을 고수하다 outlook 견해
offense 모욕

8
정답 ①

해설 ① **주어와 동사의 수 일치 | 수량 표현** 첫 번째 문장의 주어 자리에는 단수 취급하는 수량 표현인 'many a/an + 단수 명사(student)'가 왔으므로 빈칸에는 단수 동사 tries가 와야 하고, 두 번째 문장의 주어 자리에는 복수 취급하는 수량 표현인 'A number of + 복수 명사(people)'가 왔으므로 빈칸에는 복수 동사 were가 와야 한다. 또한, 세 번째 문장에는 단수 명사 앞에 와야 하는 수량 표현 every가 왔으므로 빈칸에는 단수 명사 book이 와야 한다. 따라서 ① tries – were – book이 정답이다. (불변의 패턴 30)

해석 • 많은 학생들이 시험에 합격하기 위해 노력한다.
• 교통사고가 있었기 때문에 많은 사람들이 직장에 늦었다.
• 나는 도서관의 모든 책을 읽지는 못했다.

어휘 a number of 많은

Section 5 접속사와 절

p.64

불변의 패턴 33 상관접속사의 and/but/(n)or 앞뒤로는 형태와 기능이 대등한 것끼리 나열되어야 한다.

기출문제 풀어보기
정답 ③

해설 ③ **병치 구문 | 상관접속사** '서로를 응시하는 것에 있지 않고, 같은 방향을 함께 바라보는 것에 있다'는 상관접속사 'not A but B'(A가 아니라 B)를 사용하여 나타낼 수 있고, 상관접속사로 연결된 병치 구문에서는 같은 품사나 구조끼리 연결되어야 하는데 but 앞에 전치사구 in gazing at each other가 왔으므로 but 뒤에도 전치사구가 와야 한다. 따라서 동사구 looks outward를 전치사구 in looking outward로 고쳐야 한다. 참고로, 전치사구 병치 구문에서 전치사가 같을 경우 두 번째 나온 전치사는 생략될 수 있으므로 looking outward로 고쳐도 맞다.

오답분석 ① **명사절 접속사 4: 복합관계대명사 | 주어와 동사의 수 일치** '어떤 것도 나에게는 괜찮아'라는 의미를 나타내고, 목적어가 없는 불완전한 절(you do)을 이끌며 동사(do)의 목적어 자리에 올 수 있는 목적격 복합관계대명사 Whatever가 올바르게 쓰였다. 또한, 명사절 주어는 단수 취급하므로 단수 동사 is가 올바르게 쓰였다.
② **도치 구문: 부사구 도치 1** 부정을 나타내는 부사(nor)가 강조되

어 절의 맨 앞에 나오면 주어와 조동사가 도치되어 '조동사(did) + 주어(any of my inventions) + 동사(come)'의 어순이 되어야 하므로 nor did any ~ come이 올바르게 쓰였다.

④ 상관접속사 | 병치 구문 '가치가 없기 때문이 아니라, 매우 귀중하기 때문에'는 상관 접속사 'not A but B'(A가 아니라 B)를 사용하여 나타낼 수 있고, 상관접속사로 연결된 병치 구문에서는 같은 품사나 구조끼리 연결되어야 하는데 but 앞에 because가 이끄는 부사절(because they ~ worthless)이 왔으므로 but 뒤에도 부사절(because they ~ priceless)이 올바르게 쓰였다.

어휘 by accident 우연히 invention 발명 consist in ~에 있다
gaze 응시하다 worthless 가치 없는 priceless 매우 귀중한

p.65

불변의 패턴 34 완전한 절과 불완전한 절 앞에 오는 명사절 접속사를 구분해야 한다.

기출문제 풀어보기   정답 ②

해설 ② 명사절 접속사 4: 복합관계대명사 복합관계대명사의 격은 복합관계대명사가 이끄는 명사절 내에서 그것의 역할에 따라 결정되는데, 주어가 없는 불완전한 절(completes the questionnaire)을 이끌며 동사(completes)의 주어 자리에 올 수 있는 것은 주격 복합관계대명사이므로 목적격 복합관계대명사 whomever를 주격 복합관계대명사 whoever로 고쳐야 한다.

오답분석 ① 과거완료 시제 | 수동태로 쓸 수 없는 동사 '보증이 만료된' 것은 특정 과거 시점(수리는 무료가 아닌 시점)보다 이전에 일어난 일이고, 동사 expire는 '만료되다'라는 의미를 가질 때 목적어를 갖지 않는 자동사이므로 수동태로 쓰일 수 없다. 따라서, 과거완료 능동태 had expired가 올바르게 쓰였다.

③ 혼합 가정법 '지난달 내가 휴가를 요청했더라면 지금 하와이에 있을 텐데'는 과거의 상황을 반대로 가정했을 경우 그 결과가 현재에 영향을 미칠 때 쓰는 혼합 가정법을 사용하여 나타낼 수 있다. 혼합 가정법은 'If + 주어 + had p.p., 주어 + would/should/could/might + 동사원형'의 형태로 나타내므로 If I had asked ~, I would be in Hawaii now가 올바르게 쓰였다.

④ 과거 시제 | 숙어 표현 과거 시제와 자주 함께 쓰이는 시간 표현 'last + 시간 표현'(last year)이 왔으므로, 과거 시제 passed away, became이 올바르게 쓰였다. 또한, '설상가상으로'라는 의미의 숙어 표현 what is worse의 과거형인 what was worse도 올바르게 쓰였다.

어휘 warranty 보증, 품질 보증서 expire 만료되다, 끝나다
free of charge 무료의 questionnaire 설문지
pass away 돌아가시다, 사라지다 what is worse 설상가상으로

p.66

불변의 패턴 35 적절한 의미로 절과 절을 연결하는 부사절 접속사가 와야 한다.

기출문제 풀어보기   정답 ②

해설 ② 부사절 접속사 2: 기타 | 혼동하기 쉬운 어순 부사절 접속사 such ~ that(매우 ~해서 -하다)은 'such + 형용사/부사 + that + 주어(we) + 동사(watched)'의 형태로 쓰이고, such 뒤의 형용사가 명사를 수식할 때는 'such + a/an + 형용사(beautiful) + 명사(meteor storm)'의 어순으로 나타낼 수 있으므로 such a beautiful meteor storm that we watched가 올바르게 쓰였다.

오답분석 ① 부사절 접속사 2: 양보 문맥상 '부자일지라도'는 양보의 부사절 접속사 as(비록 ~이지만)를 사용하여 나타낼 수 있으므로, as if를 부사절 접속사 as로 고쳐야 한다. 참고로, 양보의 부사절 내의 보어가 강조되어 as 앞에 나오면 '(As +) 보어(Rich) + as + 주어(you) + 동사(may be)'의 어순으로 쓰인다.

③ 타동사 '학위가 없는 것이 그녀의 성공을 방해했다'의 의미를 나타내기 위해 동사 keep을 사용할 수 있는데, 동사 keep은 '~을 -으로부터 막다'의 의미를 나타내기 위해 목적어 뒤에 전치사 from을 써서 'keep + 목적어(her) + from'의 형태를 취하는 타동사이므로, kept her advancing을 kept her from advancing으로 고쳐야 한다.

④ 명사절 접속사 2: if와 whether 명사절 접속사 if와 whether 모두 '~인지 아닌지'라는 의미이지만, if는 'if or not'의 형태로 쓰일 수 없고, if가 이끄는 명사절은 전치사 on의 목적어 자리에 올 수 없으므로 if를 whether로 고쳐야 한다.

어휘 as if 마치 ~인 것처럼 sincere 진실한, 성실한
meteor storm 유성 폭풍 degree 학위 advance 성공을 돕다
death penalty 사형 (제도) abolish 폐지하다

p.67

불변의 패턴 36 명사 역할의 단어/구 앞에는 전치사가 오고, 절 앞에는 부사절 접속사가 와야 한다.

기출문제 풀어보기   정답 ③

해설 ③ 전치사 4: 양보 | 전치사 자리 '모든 실수에도 불구하고'는 양보를 나타내는 전치사 despite를 사용해서 나타낼 수 있으므로 Despite all the mistakes로 나타낸 ③번이 정답이다. 접속 부사 nevertheless(그럼에도 불구하고)는 절을 이끌 수 없으므로 ④번은 정답이 될 수 없다.

해석 ① 그가 여전히 나를 신임했지만, 나는 모든 실수를 저질렀다.
② 내가 모든 실수를 저질렀고, 게다가 그는 여전히 나를 신임했다.
③ 내가 저지른 모든 실수에도 불구하고 그는 여전히 나를 신임했다.
④ 내가 저지른 모든 실수에도 불구하고 그는 여전히 나를 신임했다.

어휘 mistake 실수 trust 신뢰하다, 믿다

p.68

불변의 패턴 37 that만 쓸 수 있는 구문에 주의해야 한다.

기출문제 풀어보기   정답 ③

해설 ③ 부사절 접속사 2: 기타 부사절 접속사 so ~ that(매우 ~해서 -하다)은 'so + 형용사(serious)/부사 + that + 주어(it) + 동사(seemed)'의 형태로 쓰이므로 so serious that it seemed가 올바르게 쓰였다. 참고로, 부사절 접속사 as if(마치 ~인 것처럼)가 추측을 나타내는 조동사 might(~일지 모른다)와 함께 쓰여 '마치 일어날 것 같았다'라는 의미를 나타내며 as if ~ might break out이 올바르게 쓰였다.

오답분석 ① 원급 문맥상 '벌과 꽃만큼 친밀하게 연관되다'라는 의미가 되어야 자연스러운데, 두 대상의 동등함을 나타내는 원급 표현은 'as + 형용사/부사의 원급 + as'(~만큼 -한)를 사용하여 나타낼 수 있

으로 as intimately than을 as intimately as로 고쳐야 한다.

② 동사 자리 동사 자리에는 동사나 '조동사(would) + 동사원형'이 와야 하므로 명사 company(일행)를 동사 accompany(동행하다)로 고쳐야 한다. 참고로, 동명사(going)의 의미상 주어는 명사의 소유격 또는 소유격 대명사(my)를 써야 하나 비격식문에서는 목적격 대명사(me)를 쓸 수도 있으므로 me going이 올바르게 쓰였다.

④ 수량 표현 sugar(설탕)는 불가산 명사이므로 가산 명사 앞에 쓰일 수 있는 수량 표현 the number of(~의 수)를 불가산 명사 앞에 쓰일 수 있는 수량 표현 the amount of(~의 양)로 고쳐야 한다.

[해석]
① 벌과 꽃만큼 친밀하게 연관되어 있는 생물은 거의 없다.
② 아버지는 그들이 머물고 있는 장소로 우리와 동행하려 하지 않으셨지만, 내가 가는 것을 고집하셨다.
③ 이라크의 상황은 매우 심각해 보여서 마치 제3차 세계대전이 언제라도 일어날 것 같았다.
④ 최근의 보고서에 따르면, 미국인들이 소비하는 설탕의 양은 매년 크게 다르지 않다.

[어휘] intimately 친밀하게 insist 고집하다, 주장하다
break out 일어나다, 발발하다 significantly 크게

p.69

불변의 패턴 38 that은 명사절 접속사와 관계사로 모두 쓸 수 있지만, what은 선행사를 수식하는 관계사로 쓸 수 없다.

기출문제 풀어보기   정답 ②

[해설] ② what vs. that 주어가 없는 불완전한 절(leads you to make right decisions)을 이끌면서 be 동사(is)의 보어 자리에 올 수 있는 것은 명사절 접속사 what이므로, 완전한 절을 이끄는 명사절 접속사 that을 불완전한 절을 이끄는 명사절 접속사 what으로 고쳐야 한다.

[오답분석]
① 5형식 동사 | 보어 자리 동사 keep(~이 계속 -하게 하다)은 목적격 보어를 취하는 동사이다. 보어 자리에는 명사나 형용사 역할을 하는 것이 올 수 있으므로 목적격 보어 자리에 형용사 healthy가 올바르게 쓰였다.
③ 타동사 동사 prevent는 목적어 뒤에 전치사 from을 써서 'prevent + 목적어(him) + from'(~을 -으로부터 막다)의 형태를 취하는 타동사이므로 prevent him from이 올바르게 쓰였다.
④ 5형식 동사 동사 tell(told)은 '~에게 -하도록 이야기하다'라는 의미를 나타낼 때 to 부정사를 목적격 보어로 취하는 5형식 동사로 쓰이므로 to 부정사 to stop이 올바르게 쓰였다.

[해석]
① 당신은 단지 많은 채소를 먹는 것이 당신을 완벽히 건강하게 유지시킬 것이라고 생각할지도 모른다.
② 학문적 지식이 항상 당신이 올바른 결정을 내리도록 이끄는 것은 아니다.
③ 다치는 것에 대한 두려움이 그가 무모한 행동을 하는 것을 막지는 않았다.
④ Julie의 의사는 그녀에게 너무 많은 가공식품을 먹는 것을 멈추라고 말했다.

[어휘] reckless 무모한, 신중하지 못한 processed food 가공식품

p.70

불변의 패턴 39 선행사의 종류와 격에 맞는 관계사가 와야 한다.

기출문제 풀어보기   정답 ③

[해설] ③ 관계대명사 선행사(the people)가 사람이고, 관계절 내에서 daughter가 누구의 딸인지 나타내므로, 주격 관계대명사 who를 사람을 가리키는 소유격 관계대명사 whose로 고쳐야 한다.

[오답분석]
① to 부정사의 형태 to 부정사(to spend)의 부정형은 to 부정사 앞에 not을 붙이므로 not to spend가 올바르게 쓰였다.
② 과거 시제 | 수동태로 쓸 수 없는 동사 문장에 시간 표현 last month(지난달)가 왔고 문맥상 '지난달에 사라졌다'라는 과거의 동작을 표현하고 있으므로 과거 시제 disappeared가 올바르게 쓰였다. 또한, 동사 disappear는 '사라지다'라는 의미일 때 목적어를 취하지 않는 자동사이며 수동태로 쓸 수 없으므로 능동태로 올바르게 쓰였다.
④ 원급 문맥상 '본국에서 사는 것보다 두 배만큼 비쌌다'라는 의미가 되어야 자연스러운데, '두 배만큼 비쌌다'는 '배수사 + as + 원급 + as'의 형태로 나타낼 수 있으므로 twice as expensive as가 올바르게 쓰였다.

[해석]
① 그 프로젝트에 너무 많은 시간을 들이지 않도록 계획해야 한다.
② 나의 강아지는 지난달에 사라졌고 그 이후로 보이지 않는다.
③ 내가 돌보던 딸을 가진 사람들이 이사를 가서 슬프다.
④ 나는 여행에서 책을 샀는데, 그것은 본국에서 사는 것보다 두 배만큼 비쌌다.

[어휘] disappear 사라지다 expensive 비싼

p.71

불변의 패턴 40 불완전한 절 앞에는 관계대명사가 오고, 완전한 절 앞에는 관계부사 또는 「전치사 + 관계대명사」가 와야 한다.

기출문제 풀어보기   정답 ④

[해설] ④ 전치사 + 관계대명사 관계사 뒤에 완전한 절(war is ~ by design)이 왔으므로 관계대명사 which를 '전치사 + 관계대명사' 형태로 고쳐야 하는데, '전치사 + 관계대명사'에서 전치사는 선행사 또는 관계절의 동사에 따라 결정된다. 문맥상 '국제사회에서 전쟁을 피하다'라는 의미가 되어야 자연스러우므로 관계대명사 which를 전치사 in(~에서)이 관계대명사 which 앞에 온 in which로 고쳐야 한다. 참고로, 관계대명사 which를 장소를 나타내는 관계부사 where로 고쳐도 맞다.

[오답분석]
① 현재분사 vs. 과거분사 수식받는 명사 any international organization과 분사가 '모든 국제기구가 만들어지다'라는 의미의 수동 관계이므로 과거분사 designed가 올바르게 쓰였다.
② 상관접속사 | 병치 구문 문맥상 '말할 힘뿐만 아니라 행동할 힘도'라는 의미가 되어야 자연스러운데, 'A뿐만 아니라 B도'는 상관접속사 'not only[merely] A but also B'의 형태를 사용하여 나타낼 수 있다. 또한, 접속사로 연결된 병치 구문에서는 같은 구조끼리 연결되어야 하는데, not merely 뒤에 to 부정사 to talk가 쓰였으므로, but also 뒤에도 to 부정사 to act를 사용하여 but also to act가 올바르게 쓰였다.
③ 기타 전치사 문맥상 '나는 이것을 ~ 중심 주제로서 생각한다'라는 의미가 되어야 자연스러운데, '~로서'는 전치사 as를 사용하여

나타낼 수 있으므로 전치사 as가 명사 the central theme 앞에 올바르게 쓰였다.

해석 나는 평화를 유지하기 위해 만들어진 모든 국제기구는 그저 말할 힘 뿐만 아니라 행동할 힘도 있어야 한다고 생각한다. 확실히, 나는 이것을 우연이 아니라 계획적으로 전쟁을 피하는 국제 사회를 향한 모든 진전의 중심 주제로서 생각한다.

어휘 international 국제적인 organization 기구, 조직, 단체
merely 그저, 단지 act 행동하다 indeed 확실히, 정말 theme 주제
progress 진전, 진척 by design 계획적으로

Section Test p. 72-73

1	④	2	④	3	②	4	①
5	③	6	①	7	③	8	②

1 정답 ④

해설 ④ **전치사 + 관계대명사** 관계사 뒤에 완전한 절(Athens took its name)이 왔으므로 '전치사 + 관계대명사' 형태가 올 수 있다. '전치사 + 관계대명사'에서 전치사는 선행사나 관계절의 동사에 따라 결정되는데, 문맥상 '~에서 이름을 따오다'라는 의미가 되어야 자연스러우므로, 관계대명사 whom을 전치사 from(~에서)이 앞에 온 from whom으로 고쳐야 한다. (불변의 패턴 40)

오답분석 ① **혼동하기 쉬운 어순** such 뒤의 형용사가 명사를 수식할 때 'such + a/an + 형용사 + 명사'의 어순이 되어야 하므로 such a driving force가 올바르게 쓰였다.
② **부사절 접속사 2: 기타** 문맥상 '올리브 나무는 매우 중요한 원동력이어서 -이라고 여겨졌다'라는 의미가 되어야 자연스러운데, '매우 ~해서 -하다'는 부사절 접속사 such ~ that을 사용하여 나타낼 수 있다. 이때 such ~ that은 'such + 형용사/부사 + that + 주어(it) + 동사(was believed)'의 형태로 쓰이고, such 뒤의 형용사가 명사를 수식할 때는 'such + a/an + 형용사(driving) + 명사(force)'의 어순으로 나타낼 수 있으므로 such a driving force ~ Ancient Greek city-states 뒤에 that이 올바르게 쓰였다.
③ **3형식 동사의 수동태 | to 부정사의 형태** that절을 목적어로 취하는 동사(believe)의 경우, that절의 주어(it)가 수동태 문장의 주어로 가면 '주어 + be p.p. + to 부정사'의 형태로 쓰이고, 문맥상 '신들의 선물이었던' 시점이 '(신들의 선물이라고) 여겨졌던' 시점보다 이전이므로, '주어(it) + be p.p.(was believed) 뒤에 to 부정사의 완료형 to have been이 올바르게 쓰였다.

해석 올리브 나무는 고대 그리스 도시 국가들의 경제에서 매우 중요한 원동력이어서 그것이 신들의 선물, 즉 지혜의 여신 아테나로부터 온 것이라고 여겨졌는데, 아테네(도시)는 아테나에서 그것의 이름을 땄다.

어휘 driving force 원동력 namely 즉, 다시 말해 goddess 여신
wisdom 지혜

2 정답 ④

해설 ④ **병치 구문** 둘 이상의 것을 나열할 때 접속사(and) 앞뒤로 형태와 기능이 대등한 것끼리 나열되어야 하는데, 접속사(and) 앞에 3인칭 단수 동사 features, monitors가 왔으므로 and 뒤에도 3인칭 단수 동사가 와야 한다. 따라서 현재분사 including을 3인칭 단수 동사 includes로 고쳐야 한다. (불변의 패턴 33)

오답분석 ① **현재분사 vs. 과거분사** 분사의 의미상 주어(programs)가 분사가 나타내는 행위의 대상이므로 과거분사 customized가 올바르게 쓰였다.

게 쓰였다.
② **주어와 동사의 수 일치** 주어 자리에 단수 명사 It이 왔으므로 단수 동사 features가 올바르게 쓰였다.
③ **명사 자리** 문맥상 '웃음 치료'라는 의미가 되어야 자연스럽고, 명사 앞에 명사가 올 수 있으므로 '명사 + 명사(therapy)' 형태의 복합명사를 완성하는 명사 laughter가 올바르게 쓰였다.

해석 시는 어르신들을 위한 맞춤화된 프로그램을 제공하는 여가 시설인 스마트 경로당을 개관했다. 그것(스마트 경로당)은 실버 에어로빅과 웃음 치료와 같은 가상 활동을 특징으로 하고, 공공 보건소와 협력하여 건강 지표를 모니터링하며, 실내 정원 가꾸기 활동을 포함한다.

어휘 leisure 여가 facility 시설 customized 맞춤화된, 개개인의 요구에 맞춘
elderly 연세가 드신 feature 특징으로 하다, 특별히 포함하다
virtual 가상의 laughter therapy 웃음 치료 metric 지표, 측정 기준
collaboration 협력, 협업 indoor 실내의

3 정답 ②

해설 ② **부사절 접속사 3: 복합관계대명사** 문맥상 '어떤 종류의 음료를 선택하든 상관없이'라는 의미가 되어야 자연스러운데, '어떤 종류의 음료를 선택하든'은 no matter which(어느 것을 ~하더라도) 또는 no matter what(무엇을 ~하더라도)으로 나타낼 수 있으므로, '아무리 ~하더라도'의 의미를 갖는 no matter how를 no matter which 또는 no matter what으로 고쳐야 한다. (불변의 패턴 35)

오답분석 ① **비교급 형태 | 병치 구문** 문맥상 '차를 마시는 사람들은 더 큰 보호를 누릴 수 있다'라는 의미가 되어야 자연스러운데 1음절 단어는 '원급 + er'의 형태로 비교급을 만들 수 있으므로 greater가 올바르게 쓰였다. 또한, 접속사(and)로 연결된 병치 구문에서는 같은 구조끼리 연결되어야 하는데, and 앞에 명사 disease와 cancer가 왔으므로 and 뒤에도 명사 stress가 올바르게 쓰였다.
③ **관계부사** 관계사 뒤에 완전한 절(we admire ~ desserts)이 왔고 문맥상 '그것이 우리가 감탄하는 이유이다'라는 의미가 되어야 자연스러우므로 관계부사 why가 올바르게 쓰였다. 참고로, 관계부사는 선행사의 종류에 따라 선택하는데, 관계부사 why는 선행사와 관계부사 둘 중 하나를 생략할 수 있으므로 선행사(the reason)가 생략된 형태이다.
④ **to 부정사의 역할 | 병치 구문** 문맥상 '전채 요리, 식사, 디저트와 차를 혼합하는 방법'이라는 의미가 되어야 자연스러우므로 형용사처럼 명사(ways)를 수식하는 to 부정사 to meld가 올바르게 쓰였다. 또한, 접속사(and)로 연결된 병치 구문에서는 같은 구조끼리 연결되어야 하는데, and 앞에 명사 appetizers와 meals가 왔으므로 and 뒤에도 명사 desserts가 올바르게 쓰였다.

해석 연구는 차를 마시는 사람들이 어떤 종류의 음료를 선택하든 상관없이 심장병, 암, 그리고 스트레스로부터 더 큰 보호를 누릴 수 있다는 것을 보여준다. 전문가들은 찻잎의 항산화제가 주요한 건강상의 이점을 준다고 말한다. 그것이 우리가 일부 창의적인 요리사들이 컵을 넘어 전채 요리, 식사, 그리고 디저트와 차를 혼합하는 맛있는 방법을 찾아낸 것에 감탄하는 이유이다.

어휘 protection 보호 cancer 암 brew (커피 등의) 뜨거운 음료
expert 전문가 antioxidant 항산화제, 산화 방지제
confer 주다, 수여하다 admire 감탄하다, 칭찬하다 meld 혼합하다
appetizer 전채

4 정답 ①

해설 ① **전치사 4: 양보 | 전치사 자리** 문맥상 '부족한 실험실 데이터에도 불구하고'라는 의미가 되어야 자연스러운데, '~에도 불구하고'는 전치사 Despite를 사용하여 나타낼 수 있으므로 Despite가 올바르게 쓰였다. 또한, 전치사 뒤에는 명사 역할을 하는 것이 와야 하므

Section 5 접속사와 절

로 전치사 Despite 뒤에 명사구 the inconsistent ~ regarding groupthink가 올바르게 쓰였다. (불변의 패턴 36)

오답분석
② **수량 표현** 복수 명사 앞에 쓰이는 수량 표현 a series of(일련의)가 왔으므로 단수 명사 analysis를 복수 명사 analyses로 고쳐야 한다.
③ **능동태·수동태 구별 | 현재완료 시제** 주어 contradictory examples와 동사가 '모순되는 사례들이 간과되다'라는 의미의 수동 관계이므로 현재완료 능동태 have not overlook을 현재완료 수동태 have not been overlooked로 고쳐야 한다.
④ **관계부사와 관계대명사 비교** 선행사(cases)가 장소를 나타내고 관계사 뒤에 완전한 절(the antecedent conditions ~ by the model)이 왔으므로 불완전한 절을 이끄는 관계대명사 which를 완전한 절을 이끌며 장소를 나타내는 선행사와 함께 쓰이는 관계부사 where로 고쳐야 한다. 참고로 관계부사는 '전치사 + 관계대명사'로 바꾸어 쓸 수 있는데, 문맥상 '사례들에서 선행 조건이 ~ 충분히 강했다'라는 의미가 되어야 자연스러우므로 전치사 in(~에서)이 관계대명사 which 앞에 온 in which로 고쳐도 맞다.

해석 집단 사고에 관한 일관되지 않고 상당히 부족한 실험실 데이터에도 불구하고, 그 이론은 설명적인 잠재력을 가지고 있다고 믿어져 왔다. 이러한 지속적인 확신 중 일부는 의심할 여지 없이 모델의 다양한 가설을 입증하기 위해 발전되어 온 일련의 창의적인 역사적 분석에서 비롯된다. 확실히, 우리는 몇 가지 이유로 그러한 역사적 분석에 주의해야 하는데, 왜냐하면 우리는 모순되는 사례들이 간과되지 않았다고 확신할 수 없기 때문이다. 그러나, 그러한 사례 연구는 선행 조건이 모델에 의해 필요하다고 여겨지는 조건을 만들 수 있을 만큼 충분히 강했던 사례들을 살펴볼 수 있는 장점이 있다.

어휘 inconsistent 일관되지 않는 fairly 상당히, 꽤 sparse 부족한, 희박한
laboratory 실험실 regarding ~에 관하여 explanatory 설명적인
undoubtedly 의심할 여지 없이 stem from ~에서 비롯되다
historical analysis 역사적 분석(과거의 자료를 이용하여 가격이나 추세를 분석하고 예측하는 것) substantiate 입증하다, ~을 구체화하다
hypothesis 가설, 가정 contradictory 모순되는
overlook 간과하다 case study 사례 연구 virtue 장점, 미덕
antecedent 선행하는, 전에 존재하는 condition 조건
deem 여기다, 간주하다

5 정답 ③

해설 ③ **what vs. that** 완전한 절(the superior team ~ success)을 이끌며 be 동사(is)의 보어 자리에 올 수 있는 것은 명사절 접속사 that이므로, 불완전한 절을 이끄는 명사절 접속사 what을 완전한 절을 이끄는 명사절 접속사 that으로 고쳐야 한다. (불변의 패턴 34)

오답분석
① **전치사 + 관계대명사** 관계사 뒤에 완전한 절(the team ~ the contest)이 왔으므로 '전치사 + 관계대명사' 형태가 올 수 있다. '전치사 + 관계대명사'에서 전치사는 선행사 또는 관계절의 동사에 따라 결정되는데, 문맥상 '스포츠에서 승리할 것으로 예상되는 팀'이라는 의미가 되어야 자연스러우므로 전치사 in(~에서)이 관계대명사 which 앞에 온 in which가 올바르게 쓰였다.
② **현재분사 vs. 과거분사** 수식받는 명사(the team)와 분사가 '팀이 승리할 것으로 예상되다'라는 의미의 수동 관계이므로, 과거분사 predicted가 올바르게 쓰였다.
④ **현재분사 vs. 과거분사** 감정을 나타내는 분사(threatening)가 보충 설명하는 대상이 감정을 일으키는 주체인 경우 현재분사를 쓰고, 감정을 느끼는 대상인 경우 과거분사를 쓰는데, their opponents가 '그들의 상대 팀을 그들의 성공을 위협하는 것으로 인식하다'라는 의미로 감정을 일으키는 주체이므로 현재분사 threatening이 올바르게 쓰였다.

해석 스포츠에서의 뜻밖의 패배, 즉 승리할 것으로 예상되고 상대 팀보다 아마 우세할 것이라고 생각되는 팀이 예상외로 시합에서 지는 경우에 대한 한 가지 이유는, 더 우세한 팀이 그들의 상대 팀을 그들의 지속적인 성공을 위협하는 것으로 인식하지 않았을 수도 있다는 것이다.

어휘 upset 뜻밖의 패배 supposedly 아마 opponent 상대
surprisingly 예상외로 superior 더 우세한 perceive 인식하다

6 정답 ①

해설 ① **주어와 동사의 수 일치** 주어 자리에 단수 명사(The average size)가 왔으므로 복수 동사 have를 단수 동사 has로 고쳐야 한다. 참고로, 주어와 동사 사이의 수식어 거품(of humans)은 동사의 수 결정에 영향을 주지 않는다.

② **과거완료 시제** 문맥상 '내가 모든 대안을 따져 본' 것은 '내가 무엇을 할지 결정한' 특정 과거 시점보다 이전에 일어난 일이므로 과거완료 시제 had weighed가 올바르게 쓰였다.
③ **부사절 접속사 2: 기타** 문맥상 '연주를 너무 잘해서 ~ 받았다'라는 의미가 되어야 자연스러운데 '매우 ~해서 -하다'는 부사절 접속사 so ~ that으로 나타낼 수 있으므로 so well that he received ~가 올바르게 쓰였다. (불변의 패턴 35)
④ **타동사** 동사 address는 '~에 대해 고심하다'라는 의미로 쓰일 때 전치사 없이 바로 목적어(the problems)를 취하는 타동사이므로 addresses the problems가 올바르게 쓰였다.
⑤ **기타 전치사** 동사 abide는 전치사 by와 함께 abide by(~을 준수하다)의 형태로 자주 쓰이므로 전치사 by가 올바르게 쓰였다.

해석 ① 인간의 평균적인 신장은 지난 백만 년 동안 계속 변화해 왔다.
② 내가 무엇을 할지 결정하기 전에, 나는 모든 대안을 따져 보았다.
③ Tom은 연주를 너무 잘해서 청중들로부터 기립박수를 받았다.
④ 지방 정부는 그 주의 영양실조 문제에 대해 고심하고 있다.
⑤ 모든 회원은 클럽 규정을 준수하는 데 동의해야 한다.

어휘 fluctuate 계속 변화하다, 변동하다 weigh 따져 보다, 무게가 ~이다
standing ovation 기립박수 address (문제 등에 대해) 고심하다, 다루다
malnutrition 영양실조 abide by ~을 준수하다

7 정답 ③

해설 (A) **전치사 + 관계대명사** 관계사 뒤에 완전한 절(later information ~ relevant)이 왔으므로 '전치사 + 관계대명사' 형태인 by which가 들어가야 한다. (불변의 패턴 40)
(B) **현재분사 vs. 과거분사 | 분사구문의 형태** 주절의 주어(he)와 분사구문이 '그가 결론에 도달하다'라는 의미의 능동 관계이므로 현재분사를 써야 하는데, '결론에 도달한' 시점이 '그가 원형과 생각을 가진' 시점보다 이전이므로 분사구문의 완료형 Having reached가 들어가야 한다.
(C) **what vs. that** 명사(the impression)를 수식하기 위해 형용사 역할을 하는 관계절이 와야 하는데, 선행사(the impression)가 사물이고 관계절 내에서 동사 has formed의 목적어 역할을 하므로 명사절 접속사 what이 아닌 목적격 관계대명사 that이 들어가야 한다.

따라서 ③ (A) by which – (B) having reached – (C) that이 정답이다.

해석 첫인상 편향이란 우리의 첫인상이 이 사람에 대해 우리가 수집한 후속 정보가 처리되고, 기억되고, 적절하다고 보여지는 틀을 만든다는 것을 의미한다. 예를 들어, 수업 중인 Ann-Chinn을 관찰한 것을 기반으로, Loern은 그녀를 전형적인 아시아 여성으로 보고 그녀는 조용

하고, 성실하며 내성적이라고 가정했을지도 모른다. 옳건 틀리건, 이러한 결론에 도달한 채, 그는 이제 Ann-Chinn의 행동을 이해하고 해석하는 데 있어 일련의 원형과 생각을 가진다. 시간이 흐르면서, 그는 그의 원형과 생각에 일치하는 행동을 그가 이미 그녀에 대해 만들어 놓은 인상에 맞춘다. 그녀가 그의 범퍼 스티커의 선택지에 대해 불신을 표현하는 것을 그가 알게 될 때, 그는 그의 그것이 기존 원형과 맞지 않기 때문에 단순히 그것을 무시하거나 그녀의 실제 본성에 대한 특이한 예외로 볼 것이다.

어휘 impression 인상 mold 틀 gather 수집하다 observe 관찰하다
stereotypical 전형적인 assume 가정하다
unassertive 내성적인 conclusion 결론 prototype 원형
construct 생각 interpret 해석하다 disbelief 불신
bumper sticker 범퍼 스티커(자동차 범퍼에 붙인 광고 스티커)
dismiss 무시하다 exception 예외 existing 기존의, 현존하는

8
정답 ②

해설 ② **부사절 접속사 2: 기타** 문맥상 '의혹을 불러일으키지 않도록'이라는 의미가 되어야 자연스러운데, '~하지 않도록'은 부사절 접속사 lest를 사용하여 나타낼 수 있고, 접속사 lest가 이끄는 절의 동사는 '(should) + 동사원형(be)'의 형태를 취하므로 lest suspicion be aroused가 올바르게 쓰였다. (불변의 패턴 35)

오답분석 ① **전치사 자리** 전치사(with) 뒤에는 명사 역할을 하는 것이 와야 하므로 동사 use를 동명사 using으로 바꿔야 한다.
③ **능동태·수동태 구별** 동사(made) 뒤에 목적어 the shift가 있고, 문맥상 주어와 동사가 '또 다른 방법은 ~ 전환하는 것이다'라는 의미의 능동 관계이므로 과거분사 made를 동명사 making 또는 to 부정사 to make로 고쳐야 한다.
④ **수량 표현 | 형용사 자리** 수량 표현 one of(~ 중 하나)는 복수 명사 앞에 오는 수량 표현이므로 단수 명사 cause를 복수 명사 causes로 고쳐야 한다. 또한, 명사(cause)를 수식하는 것은 형용사 역할을 하는 것이므로 명사 cause 앞의 동사 lead를 형용사 leading으로 고쳐야 한다.

해석 ① 그 신문은 개인의 목적을 위해 회사의 돈을 사용한 것으로 그녀를 고소했다.
② 그 수사는 의혹을 불러일으키지 않도록 최대한 조심스럽게 다루어져야 한다.
③ 그 과정의 속도를 높이는 또 다른 방법은 새로운 시스템으로 전환하는 것이다.
④ 화석연료를 태우는 것은 기후 변화의 주된 원인 중 하나이다.

어휘 charge 고소하다, 기소하다 investigation 수사, 조사
utmost 최대한의, 최고의 lest ~하지 않도록 suspicion 의혹, 의심
arouse 불러일으키다

Section 6 어순과 특수구문

p.76

불변의 패턴 41 간접 의문문은 「의문사 + 주어 + 동사」 순으로 와야 한다.

기출문제 풀어보기
정답 ④

해설 ④ **간접 의문문의 어순** 전치사 to의 목적어 자리에 명사 역할을 하는 간접 의문문이 왔고, 의문문이 다른 문장 안에 포함된 간접 의문문은 '의문사(how much gray) + 주어(the color) + 동사(contains)'의 어순이 되어야 하므로 how much gray the color contains가 올바르게 쓰였다.

오답분석 ① **지시대명사** 대명사가 지시하는 명사가 단수 명사 The traffic(교통)이므로 복수 지시대명사 those를 단수 지시대명사 that으로 고쳐야 한다.
② **현재 시제** 시간을 나타내는 부사절(when ~ next week)에서는 미래를 나타내기 위해 미래 시제 대신 현재 시제를 사용하므로 미래진행 시제 will be lying을 현재 시제 lie로 고쳐야 한다. 참고로, 현재진행 시제 am lying으로 고쳐도 맞다.
③ **정관사 the** 문맥상 '부유한 사람(부자)들만 그것을 먹었다'라는 의미가 되어야 자연스럽고, '부유한 사람들'은 'the +형용사'(~한 사람들/것들)를 사용하여 나타낼 수 있으므로 명사 wealth(부, 다량)를 형용사 wealthy(부유한)로 고쳐야 한다.

해석 ① 대도시의 교통은 소도시의 그것(교통)보다 더 붐빈다.
② 내가 다음 주에 해변에 누워있을 때 나는 너를 떠올릴 것이다.
③ 건포도는 한때 비싼 음식이어서, 부자들만 그것을 먹었다.
④ 색의 명도는 그 색이 얼마만큼 회색을 포함하고 있는지와 관련되어 있다.

어휘 raisin 건포도 intensity 명도, 강렬함 contain 포함하다

p.77

불변의 패턴 42 enough는 명사의 앞에 오거나, 형용사/부사의 뒤에 와야 한다.

기출문제 풀어보기
정답 ⑤

해설 ⑤ **혼동하기 쉬운 어순** 부사 enough는 형용사(heavy)의 뒤에 와야 하므로, enough heavy를 heavy enough로 고쳐야 한다.

오답분석 ① **현재분사 vs. 과거분사** 수식받는 명사 Water particles와 분사가 '물 입자가 이동되다'라는 의미의 수동 관계이므로 과거분사 carried to가 올바르게 쓰였다.
② **형용사 자리 | 부정관사 a(n)** 명사(height)를 앞에서 수식하는 것은 형용사이므로 형용사 great이 명사 height 앞에 올바르게 쓰였다. 또한, 가산 단수 명사 height 앞에 부정관사 a가 올바르게 쓰였다.
③ **능동태·수동태 구별** 주어 Water particles와 동사가 '물 입자가 위로 쓸려가다'라는 의미의 수동 관계이므로 수동태 are swept가 올바르게 쓰였다.
④ **병치 구문 | 부사 자리** 접속사 and로 연결된 병치 구문에서는 같은 구조끼리 연결되어야 하는데, and 앞에 be 동사(are)와 함께 수동태를 완성하는 과거분사 swept가 쓰였으므로 and 뒤에도 과거분사 refrozen이 올바르게 쓰였다. 또한, 부사가 수동형 동사를 수식할 때 부사는 '조동사 + p.p.' 사이나 그 뒤에 오므로, 부사 repeatedly가 과거분사 refrozen 뒤에 올바르게 쓰였다.

해석 엄청난 높이로 이동하게 된 물 입자는 얼음 입자로 얼어붙고 우박처럼 떨어질 만큼 무거워질 때까지 위로 쓸려가고 반복적으로 다시 언다.

어휘 particle 입자 height 높이 hail 우박

p.78

불변의 패턴 43 「타동사 + 부사」의 목적어가 대명사면 타동사와 부사 사이에 와야 한다.

기출문제 풀어보기   정답 ③

[해설] ③ 관계대명사 선행사(Children)가 사람이고, 관계절 내에서 experience가 누구의 경험인지를 나타내므로 주격 관계대명사 who를 사람을 가리키는 소유격 관계대명사 whose로 고쳐야 한다.

[오답 분석]
① to 부정사의 역할 '의문을 제기하는 것을'이라는 의미를 표현하기 위해 명사처럼 동명사(Learning)의 목적어 자리에 올 수 있는 to 부정사구를 완성하는 pose questions가 올바르게 쓰였다.
② 주어와 동사의 수 일치 | 명사를 수식하는 여러 요소들의 어순 동명사 주어(Learning ~ satisfying)는 단수 취급하므로 단수 동사 is가 올바르게 쓰였다. 또한, 여러 품사가 함께 명사(experience)를 수식하는 경우 '관사(a) + 형용사(key social as well as intellectual) + 명사(experience)'의 어순이 되어야 하므로 a key social이 올바르게 쓰였다.
④ 동명사와 to 부정사 둘 다 목적어로 취하는 동사 동사 stop은 '~하는 것을 멈추다'라는 의미의 타동사로 쓰일 때 동명사를 목적어로 취하는데, 문맥상 '참여하는 것을 멈추다'라는 의미가 되어야 자연스러우므로 동명사 participating이 올바르게 쓰였다.
⑤ 혼동하기 쉬운 어순 '동사(think) + 부사(up)'로 이루어진 구동사는 목적어가 대명사(them)이면 '동사 + 대명사 + 부사'의 어순으로 쓰이므로 thinking them up이 올바르게 쓰였다. 참고로, 동사 stop 뒤에 동명사 thinking이 목적어로 쓰인 형태이다.

[해석] 의문을 제기하고 만족스러운 정보를 얻는 것을 배우는 것은 아동 발달에 있어 중요한 사회적 경험일 뿐만 아니라 지적 경험이다. 이 단계에서 성공적인 경험이 없는 아이들, 즉, 경험이 좌절되거나 그르쳐진 아이들은 학습 과정에 참여하는 것을 멈춘다. 그들은 그들의 의문을 표현하는 것을 멈추고, 결국 그것들(의문)을 생각해 내는 것을 멈출지도 모른다.

[어휘] pose (위협·문제 등을) 제기하다   satisfying 만족스러운
intellectual 지적인   pervert 그르치다, 왜곡하다
think up 생각해 내다

p.79

불변의 패턴 44 관용적으로 원급/비교급/최상급을 쓰는 표현들을 통째로 익혀두어야 한다.

기출문제 풀어보기   정답 ②

[해설] ② 비교급 형태로 최상급 의미를 만드는 표현 'nothing ~ 비교급 + than'(다른 어떤 -도 ~보다 더 ~하지 않다)의 형태를 사용하여 비교급 형태로 최상급 의미를 만들 수 있으므로 as를 than으로 고쳐야 한다.

[오답 분석]
① to 부정사의 의미상 주어 문장의 주어(It)와 to 부정사의 행위 주체(we)가 달라 to 부정사의 의미상 주어가 필요한 경우 'for + 목적격 대명사'를 to 부정사 앞에 써야 하므로 for us가 to learn 앞에 올바르게 쓰였다.
③ 조동사 관련 표현 '아무리 조심해도 지나치지 않다'는 조동사 관련 숙어 표현 cannot ~ too(아무리 -해도 지나치지 않다)의 형태로 나타낼 수 있으므로 cannot be too careful이 올바르게 쓰였다.

④ 명사절 접속사 3: 의문사 동사(say)의 목적어가 없는 불완전한 절(others say)을 이끌며 문장의 목적어 자리에 올 수 있는 명사절 접속사 what이 올바르게 쓰였다.

[어휘] by no means 결코 ~이 아닌   precious 소중한

p.80

불변의 패턴 45 비교급 강조는 much/even/(by) far/still/a lot 등이 해야 한다.

기출문제 풀어보기   정답 ②

[해설] ② 비교급 강조 표현 | 비교급 문맥상 '전통적인 항공기보다 훨씬 더 작고 더 조작하기 쉬운'이라는 의미가 되어야 자연스러우므로 비교급 표현 '형용사/부사의 비교급 + than'으로 나타낼 수 있다. 비교급(smaller)을 강조하기 위해 비교급 표현 앞에 강조 표현 much가 올 수 있고, -able로 끝나는 3음절 이상의 형용사(maneuverable)는 'more + 원급'의 형태로 비교급을 나타내므로, much smaller and more maneuverable로 나타낸 ②번이 정답이다. 부사 very는 비교급을 강조하는 표현으로 쓸 수 없으므로, ①, ⑤번은 정답이 될 수 없다.

[해석] 이러한 이유로, 드론은 전통적인 항공기보다 훨씬 더 작고 더 조작하기 쉬울 수 있다.

[어휘] aircraft 항공기   maneuverable 조작하기 쉬운

p.81

불변의 패턴 46 동사가 주어 앞에 오는 도치 구문의 어순에 주의해야 한다.

기출문제 풀어보기   정답 ④

[해설] ④ 도치 구문: 기타 도치 부사 so가 '~역시 그렇다'라는 의미로 쓰여 절 앞에 오면 주어와 조동사가 도치되어 '조동사(did) + 주어(her son)'의 어순이 되어야 하므로 so did her son이 올바르게 쓰였다. 참고로, 동사 love는 to 부정사와 동명사를 모두 목적어로 취하는 동사이므로 동명사를 목적어로 취한 loved playing이 올바르게 쓰였다.

[오답 분석]
① 동명사 관련 표현 '답장을 ~ 받기를 고대한다'는 동명사 관련 표현 'look forward to -ing'(-을 고대하다)로 나타낼 수 있으므로 동사원형 receive를 동명사 receiving으로 고쳐야 한다.
② 혼동하기 쉬운 자동사와 타동사 '월급을 올리다'는 타동사 raise를 써서 나타낼 수 있으므로 자동사 rise를 타동사 raise(떠오르다)로 고쳐야 한다.
③ 동명사 관련 표현 '고려할 만했다'는 동명사 관련 표현 'be worth -ing'(-할 만하다)로 나타낼 수 있으므로 과거분사 considered를 동명사 considering으로 고쳐야 한다.

[어휘] look forward to ~을 고대하다   salary 월급

Section Test   p. 82-83

1	③	2	①	3	④	4	④
5	①	6	④	7	④	8	⑤

1
정답 ③

[해설] ③ **도치 구문: 부사구 도치 1** 부정을 나타내는 부사구(Never again)가 강조되어 문장 맨 앞에 나오면 주어와 조동사가 도치되어 '부사구(Never again) + 조동사(did) + 주어(lions) + 동사(cross)'의 어순이 되어야 하므로 lions crossed를 did lions cross로 고쳐야 한다. (불변의 패턴 46)

[오답분석]
① **현재분사 vs. 과거분사** 수식받는 명사(LED lights)와 분사가 'LED 조명이 작동되다'라는 의미의 수동 관계이므로 과거분사 powered가 올바르게 쓰였다.
② **관계대명사** 관계절이 콤마(,) 뒤에서 계속적 용법으로 쓰여 앞에 나온 선행사(the lights)에 대한 부가 설명을 하고, 선행사가 관계절 내에서 동사(appeared)의 주어 역할을 하고 있으므로 계속적 용법으로 쓰일 수 있는 주격 관계대명사 which가 올바르게 쓰였다.
④ **부정대명사: another** 문맥상 '인간들, 소들, 그리고 사자들은 마침내 서로 평화를 이룰 수 있었다'라는 의미가 되어야 자연스러운데, '서로'는 부정대명사 'one another'로 나타낼 수 있으므로 one another이 올바르게 쓰였다.

[해석] 많은 시행착오 끝에, Richard는 마침내 태양 전지판에 의해 충전된 오래된 자동차 배터리로 작동되는 번쩍이는 LED 조명 장치를 만들어 냈다. Richard는 울타리를 따라 조명들을 쭉 세웠다. 밤에 그 조명들은 마구간 바깥에서 보일 수 있었는데, 그것은 마치 사람들이 손전등을 들고 이리저리 움직이고 있는 것처럼 교대로 번쩍거렸다. 사자들은 Richard의 울타리를 두 번 다시 넘어오지 않았다. Richard는 그의 장치를 Lion Lights라고 불렀다. 이 간단하고 실용적인 장치는 사자들에게 아무런 해를 끼치지 않았고, 인간들, 소들, 그리고 사자들은 마침내 서로 평화를 이룰 수 있었다.

[어휘] **trial and error** 시행착오 **flash** 번쩍이다
power 작동시키다, 동력을 공급하다 **charge** 충전하다
solar panel 태양 전지판 **set up** ~를 세우다 **fence** 울타리
stable 마구간 **take turns** 교대하다 **torch** 손전등
cattle (집합적으로) 소 **one another** 서로

2
정답 ①

[해설] (A) **수동태로 쓸 수 없는 동사** 빈칸은 문장의 동사 자리이다. 동사 abound(풍부하다)는 목적어를 갖지 않는 자동사이므로 수동태로 쓸 수 없다. 따라서 능동태 동사 abound가 들어가야 한다.
(B) **간접 의문문의 어순** 명사절 뒤에 불완전한 절(complex ~ this system is)이 왔으므로, 빈칸은 의문문이 다른 문장 안에 포함된 간접 의문문 '의문사 + 주어(this system) + 동사(is)'의 형태를 이루는 의문사의 자리이다. 따라서 의문사 how가 들어가야 한다. (불변의 패턴 41)
(C) **현재분사 vs. 과거분사** 문장에 이미 동사(began)가 있으므로 빈칸은 명사 vibrations를 수식하는 분사의 자리이다. 문맥상 수식받는 명사 vibrations와 분사가 '진동이 고동치다(고동치는 진동)'이라는 의미의 능동 관계가 되어야 자연스러우므로 현재분사 throbbing이 들어가야 한다.
따라서 ① (A) abound - (B) how - (C) throbbing이 정답이다.

[해석] 코끼리들에 관한 일화들은 그들의 충성심과 집단 단결력의 예시들로 풍부하다. 이런 종류의 연대감을 유지하는 것은 좋은 의사소통 체계를 필요로 한다. 우리는 이제야 이 체계가 얼마나 복잡하고 광범위한지를 이해하기 시작했다. 연구원 Katharine Payne은 포틀랜드의 워싱턴 파크 동물원을 방문한 후에 처음으로 코끼리 의사소통을 철저하게 조사하기 시작했다. 코끼리 우리에 서 있으면서, 그녀는 공기 중에 고동치는 진동들을 느끼기 시작했고, 잠시 후에 그것들이 코끼리들에게서 나오고 있었다는 것을 깨달았다. Katharine이 느끼고 나중에 나아가 연구한 것은 초저주파 음파라고 불리는 소리의 저주파 형태이다.

[어휘] **anecdote** 일화 **loyalty** 충성심 **cohesion** 단결력, 결합
togetherness 연대감 **call for** ~을 필요로 하다, 요구하다
appreciate 이해하다 **far-reaching** 광범위한
delve into ~을 철저하게 조사하다 **infrasound** 초저주파 음파
abound 풍부하다 **throb** 고동치다, 울리다

3
정답 ④

[해설] ④ **원급** '사람들이 생각했던 만큼 인색하지 않았다'는 두 대상의 동등함을 나타내는 원급 관련 표현 'not + so + 형용사의 원급 + as'(~만큼 -하지 않은)를 사용하여 나타낼 수 있으므로 비교급 stingier를 원급 stingy로 고쳐야 한다. (불변의 패턴 44)

[오답분석]
① **전치사 자리** 전치사(at) 뒤에는 명사 역할을 하는 것이 와야 하므로 전치사 at 뒤에 동명사 getting이 올바르게 쓰였다.
② **비교급 형태로 최상급 의미를 만드는 표현 | 지시대명사** '세계 어느 도시보다 심각하다'는 비교급 형태로 최상급 의미를 만드는 표현 '비교급(more serious) + than any other + 단수 명사(city)'(다른 어떤 -보다 더 ~한)의 형태를 사용하여 나타낼 수 있으므로 more serious than those in any other city가 올바르게 쓰였다. 또한, 지시대명사 those가 가리키는 명사가 복수 명사(The traffic jams)이므로 복수 지시대명사 those가 올바르게 쓰였다.
③ **주어와 동사의 수 일치** 동명사구 주어(Making eye contact)는 단수 취급하므로 단수 동사 is가 올바르게 쓰였다. 참고로, 해당 문장은 the person과 you 사이에 전치사 to의 목적어 역할을 하는 목적격 관계대명사 whom이 생략된 형태이다.

[어휘] **get ~ across** ~을 전달하다 **turn out** ~인 것으로 드러나다
stingy 인색한

4
정답 ④

[해설] ④ **도치 구문: 부사구 도치 1 | 현재완료 시제** 부정을 나타내는 부사구(Hardly)가 강조되어 문장 맨 앞에 나오면 주어와 조동사가 도치되어 '조동사(has) + 주어(the situation) + 동사'의 어순으로 쓰여야 하는데, 문맥상 '더 심각했던 적은 거의 없었다'라는 의미가 되어야 자연스러우므로 Hardly has the situation을 동사 자리에 현재완료 시제를 만드는 been을 쓴 Hardly has the situation been으로 고쳐야 한다. (불변의 패턴 46)

[오답분석]
① **도치 구문: 기타 도치 | 주어와 동사의 수 일치** 분사 보어(Attached)가 강조되어 문장 맨 앞에 나오면 주어와 동사가 도치되어 '동사(is) + 주어(the document file)'의 어순이 되어야 하므로 Attached is the document file이 올바르게 쓰였다. 또한, 주어 자리에 단수 명사 the document file이 왔으므로 단수 동사 is가 올바르게 쓰였다.
② **도치 구문: 부사구 도치 1 | 혼동하기 쉬운 어순** 부정을 나타내는 부사구(Never in ~ life)가 강조되어 문장 맨 앞에 나오면 주어와 조동사가 도치되어 '조동사(have) + 주어(I) + 동사(seen)'의 어순이 되어야 하므로, Never in my life have I seen이 올바르게 쓰였다. 또한, '그렇게 아름다운 여성'은 'such + a/an + 형용사(beautiful) + 명사(woman)'로 나타낼 수 있으므로 such a beautiful woman이 올바르게 쓰였다.
③ **가정법 도치** 문맥상 '혹시라도 ~ 필요하다면'이라는 의미로 가능성의 희박한 미래를 가정하고 있으므로 'If + 주어 + should + 동사원형'의 형태인 가정법 미래가 쓰여야 하는데, 가정법 문장에서 If가 생략되면 주어와 should가 도치되어 'Should + 주어(you) + 동사원형(need)'의 어순이 되므로, Should you need가 올바르게 쓰였다.

Section 6 어순과 특수구문

⑤ to 부정사의 역할 '~ 삶을 살기 시작할 시간'은 형용사처럼 명사를 수식할 수 있는 to 부정사를 사용하여 나타낼 수 있으므로 time to start living~이 올바르게 쓰였다. 참고로, 주어 자리에 쓰인 Now는 '지금'이라는 뜻의 명사이다.

[해석]
① 당신이 요청한 문서 파일은 첨부되었습니다.
② 나의 삶에서 나는 결코 그렇게 아름다운 여성을 본 적이 없다.
③ 혹시라도 추가 정보가 필요하다면, 저에게 연락해 주세요.
④ 지금보다 상황이 더 심각했던 적은 거의 없었다.
⑤ 지금이 네가 항상 상상해 왔던 삶을 살기 시작할 시간이다.

[어휘] attach 첨부하다 contact 연락하다

5
정답 ①

[해설] ① 도치 구문: 부사구 도치 1 부사 neither가 '~도 역시 -않다'라는 의미로 쓰여 문장 앞에 오면 주어와 조동사가 도치되어 '부사(neither) + 조동사(did) + 주어(I)'의 어순이 되어야 하므로 neither did I가 올바르게 쓰였다. (불변의 패턴 46)

[오답분석]
② 전치사 + 관계대명사 선행사 The sport가 사물이고 관계절 내에서 전치사 in의 목적어 역할을 하므로 목적격 관계대명사 which나 that이 올 수 있는데, 전치사 in 뒤에 관계대명사 that은 올 수 없으므로 that을 which로 고치거나, 전치사 in을 관계절 맨 뒤로 보내 in that I am most interested를 that I am most interested in으로 고쳐야 한다.
③ 과거 시제 역사적 사실을 표현할 때는 과거 시제를 사용하므로 제1차 세계대전이 1914년에 발발했다는 사실을 나타내기 위해 과거완료 시제 had broken out을 과거 시제 broke out으로 고쳐야 한다.
④ 5형식 동사 | 목적어 자리 동사 make는 5형식 동사로 쓰일 때 'make(have made) + 목적어 + 목적격 보어(difficult)' 형태를 취하며, '~이 -하게 만들다'라는 의미를 나타낸다. 문맥상 두 가지 요소가 '과학자들을' 어렵게 만드는 것이 아니라 과학자들이 '지구상에 있는 종의 개수를 밝히는 것을' 어렵게 만드는 것이므로, 목적어 자리에는 scientists(과학자들)가 아닌 to 부정사구(to determine ~ Earth)가 와야 한다. 그런데, to 부정사구 목적어가 목적격 보어와 함께 오면 진짜 목적어를 목적격 보어 뒤로 보내고, 목적어가 있던 자리에 가짜 목적어 it을 써야 한다. to 부정사구의 의미상 주어는 'for + 명사'(for scientists)의 형태로 to 부정사 앞에 써야 하므로 have made scientists difficult to determine을 have made it difficult for scientists to determine으로 고쳐야 한다.

[해석]
① 그들은 그의 이야기를 믿지 않았고, 나 역시 그랬다.
② 내가 가장 관심 있는 스포츠는 축구이다.
③ Jamie는 그 책에서 제1차 세계대전이 1914년에 발발했다는 것을 배웠다.
④ 두 가지 요소가 과학자들이 지구상에 있는 종의 개수를 밝히는 것을 어렵게 만들었다.

[어휘] break out 발발하다 factor 요소 determine 밝히다, 결정하다

6
정답 ④

[해설] ④ 도치 구문: 부사구 도치 1 부정을 나타내는 부사구(Under no circumstances)가 강조되어 문장 맨 앞에 나오면 주어와 조동사가 도치되어 '부사구(Under no circumstances) + 조동사(should) + 주어(you) + 동사(leave)'의 어순이 되어야 하므로, Under no circumstances you should not leave를 Under no circumstances should you leave로 고쳐야 한다. 참고로, Under no circumstances는 부정의 의미를 내포하고 있으므로 not과 같은 부정어와 함께 올 수 없다. (불변의 패턴 46)

[오답분석]
① 동명사와 to 부정사 둘 다 목적어로 취하는 동사 동사 regret은 동명사와 to 부정사를 모두 목적어로 취할 수 있는 동사인데, '~한 것을 후회하다'라는 과거의 의미를 나타낼 때는 동명사를 목적어로 취하고, '일하지 않은 것'은 후회하는 시점보다 이전에 일어난 일이므로 동사 regret의 목적어로 동명사의 완료형 not having worked harder가 올바르게 쓰였다.
② 전치사 자리 전치사구(of both ~ knowledge)는 수식어로 명사(a man)를 수식할 수 있으므로 a man 뒤에 of ~ knowledge가 올바르게 쓰였다.
③ 불가산 명사 불가산 명사(Anger)는 부정관사(a/an)와 함께 쓰일 수 없고, 단수 취급하므로 불가산 명사 Anger와 단수 동사 is가 올바르게 쓰였다.

[어휘] regret 후회하다 normal 정상적인 circumstance 상황

7
정답 ④

[해설] ④ 도치 구문: 부사구 도치 1 | 과거 시제 '꿈에도 생각지 않았다'는 부정을 나타내는 부사 little(거의 ~않다)를 써서 '거의 생각하지 못했다'라는 의미로 나타낼 수 있다. 부정을 나타내는 부사(little)가 강조되어 문장 맨 앞에 나오면 주어와 조동사가 도치되어 '조동사 + 주어 + 동사'의 어순이 되어야 하는데, 특정 과거 시점을 나타내는 시간 표현(thirty years ago)이 왔으므로, 현재 시제 조동사 does를 과거 시제 조동사 did로 고쳐야 한다. 따라서 little does he dream을 little did he dream으로 고쳐야 한다. (불변의 패턴 46)

[오답분석]
① 5형식 동사 사역동사 have(had)는 목적격 보어로 동사원형이나 과거분사를 취하는데, 목적어와 목적격 보어가 능동 관계일 때 동사원형이, 수동 관계일 때 과거분사가 와야 한다. 목적어 his political enemies와 목적격 보어가 '그의 정적들을 투옥시키다(그의 정적들이 투옥되다)'라는 의미의 수동 관계이므로 had의 목적격 보어 자리에 과거분사 imprisoned가 올바르게 쓰였다.
② 부사절 접속사 1: 조건 '경제적 자유가 없다면'은 부사절 접속사 unless(만약 ~아니라면)로 나타낼 수 있으므로 unless가 올바르게 쓰였다.
③ 동명사 관련 표현 '당신과 거래할 수 있기를 바란다'는 동명사 관련 표현 'look forward to -ing'(-을 고대하다)의 형태를 사용하여 나타낼 수 있으므로 I look forward to doing business가 올바르게 쓰였다.

[어휘] imprison 투옥하다 liberty 자유 look forward to -을 바라다, 기대하다

8
정답 ⑤

[해설] ⑤ 비교급 강조 표현 비교급(easier)을 강조하여 '훨씬'이라는 의미를 나타내며 비교급 표현 앞에 올 수 있는 강조 부사 much가 올바르게 쓰였다. 참고로, 가주어 it이 쓰인 문장에서 진짜 주어인 to 부정사의 의미상 주어는 'for + (대)명사'(for him)의 형태로 to 부정사 앞에 와야 하므로 to express 앞에 for him이 올바르게 쓰였다. (불변의 패턴 45)

[오답분석]
① 관계대명사 선행사(the alternatives)가 사물이고 문맥상 관계절 내에서 동사(had been offered)의 주어 역할을 하며, 선행사 the alternatives와 관계절의 동사가 '대안이 제안되다'라는 의미의 수동 관계이므로 관계절 내에 수동태 동사 had been offered가 쓰였다. 하지만 주격 관계절에서 '주격 관계대명사(that/which) + be 동사(had been)'는 함께 생략될 수 있으므로 the alternatives had been offered를 the alternative offered로 고치거나 주격 관계대명사(that/which)를 삽입하여 the alternative that/which had been offered로 고쳐야 한

다. 참고로, 해당 문장은 명사 the alternatives를 뒤에서 수식하는 분사 형태를 써서 the alternatives being offered ~로도 고칠 수 있다.

② **가정법 과거완료** '침략하지 않았다면 ~ 일어나지 않았을 것이다'는 과거 상황을 반대로 가정하는 가정법 과거완료로 나타낼 수 있는데, if절에 가정법 과거완료 'If + 주어 + had p.p.' 형태인 If Hitler hadn't invaded가 왔으므로 주절에도 가정법 과거완료를 만드는 '주어 + would/should/could/might + have p.p.' 형태가 와야 한다. 따라서 might not take place를 might not have taken place로 고쳐야 한다.

③ **자동사** 동사 wait는 전치사(for) 없이 목적어(the shadow)를 취할 수 없는 자동사이므로 waited the shadow를 waited for the shadow로 고쳐야 한다.

④ **가산 명사 | 전치사 2: 기간** 가산 명사(accountant)는 단수일 때 관사와 함께 쓰여야 하므로 '정해지지 않은 하나'를 나타내는 부정관사(a/an)를 써서 accountant를 an accountant로 고쳐야 한다. 또한, '~ 동안'이라는 의미로 숫자를 포함한 시간 표현(5 years) 앞에 와서 '얼마나 오래 지속되는가'를 나타내는 전치사는 for이므로, 명사 앞에 와서 '언제 일어나는가'를 나타내는 전치사 during을 for로 고쳐야 한다.

어휘 strongly 굳게, 튼튼하게 alternative 대안, 선택 가능한 것
invade 침략하다, 침입하다 take place 일어나다, 개최되다
shadow 그림자 reappear 다시 나타나다
accountant 회계사, 회계원 express 표현하다

독해

Section 1 신유형

p.88

불변의 패턴 01 이메일의 형식은 정해져 있다.

대표 기출 예제

정답 ①

끊어읽기 해석

To: cbsclients@callbank.com
수신: cbsclients@callbank.com
From: callbanks@calmail.com
발신: callbanks@calmail.com
Date: May 7, 2024
날짜: 2024년 5월 7일
Subject: Important notice
제목: 중요 공지
Dear Valued Clients,
친애하는 고객 여러분께
In today's world, / cybercrime poses a serious threat / to your security.
오늘날의 세상에서 / 사이버 범죄는 심각한 위협을 가하고 있습니다 / 여러분의 보안에
As your trusted partner, / we want to help you / protect your personal and business information.
여러분의 신뢰할 수 있는 파트너로서 / 저희는 여러분에게 도움을 드리고 싶습니다 / 여러분의 개인 정보와 기업 정보를 보호하는 데
Here are five easy ways / to safeguard yourself / from cyber threats:
다섯 가지 쉬운 방법이 있습니다 / 스스로를 보호하는 / 사이버 위협으로부터
1. Use strong passwords / and / change them / frequently.
1. 강력한 비밀번호를 사용하세요 / 그리고 / 그것을 변경하세요 / 자주
2. Keep your software and devices / up to date.
2. 여러분의 소프트웨어와 장치를 유지하세요 / 최신 상태로
3. Be wary / of suspicious emails, links, or telephone calls / that pressure you / to act quickly / or / give out sensitive information.
3. 조심하세요 / 의심스러운 이메일, 링크, 또는 전화 통화를 / 여러분에게 압력을 가하는 / 신속하게 행동하도록 / 또는 / 민감한 정보를 제공하도록
4. Enable Two Factor authentication / and / use it whenever possible.
4. 이중 인증을 활성화하세요 / 그리고 / 가능할 때마다 그것을 사용하세요
When contacting California Bank & Savings, / you will be asked / to use a One Time Passcode (OTP) / to verify your identity.
California Bank & Savings에 연락할 때 / 여러분은 요청받게 될 것입니다 / 일회용 비밀번호(OTP)를 사용하도록 / 여러분의 신원 확인을 위해
5. Back up your data / regularly.
5. 데이터를 백업하세요 / 정기적으로
Visit our Security Center / to learn more / about how you can stay safe / online.
저희 보안 센터에 방문하세요 / 더 알아보기 위해 / 여러분이 어떻게 안전하게 지낼 수 있는지에 대해 / 온라인에서
Remember, / cybersecurity is a team effort.
기억하십시오 / 사이버 보안은 팀의 노력이라는 점을
By working together, / we can build a safer online environment / for ourselves and the world.
함께 협력함으로써 / 우리는 더 안전한 온라인 환경을 구축할 수 있습니다 / 우리 자신과 세상을 위한
Sincerely,
California Bank & Savings
California Bank & Savings 드림

해석 수신: cbsclients@calbank.com
발신: calbanks@calmail.com
날짜: 2024년 5월 7일
제목: 중요 공지
친애하는 고객 여러분께,

오늘날의 세상에서, 사이버 범죄는 여러분의 보안에 심각한 위협을 가하고 있습니다. 여러분의 신뢰할 수 있는 파트너로서, 저희는 여러분의 개인 정보와 기업 정보를 보호하는 데 도움을 드리고 싶습니다. 사이버 위협으로부터 스스로를 보호하는 다섯 가지 쉬운 방법이 있습니다:
1. 강력한 비밀번호를 사용하고 그것을 자주 변경하세요.
2. 소프트웨어와 장치를 최신 상태로 유지하세요.
3. 신속하게 행동하거나 민감한 정보를 제공하도록 압력을 가하는 의심스러운 이메일, 링크, 또는 전화 통화를 조심하세요.
4. 이중 인증을 활성화하고 가능할 때마다 사용하세요. California Bank & Savings에 연락할 때, 여러분은 신원 확인을 위해 일회용 비밀번호(OTP)를 사용하도록 요청받게 될 것입니다.
5. 데이터를 정기적으로 백업하세요.

저희 보안 센터에 방문하여 어떻게 온라인에서 안전하게 지낼 수 있는지에 대해 더 알아보세요. 사이버 보안은 팀의 노력이라는 점을 기억하세요. 함께 협력함으로써, 우리는 우리 자신과 세상을 위한 더 안전한 온라인 환경을 구축할 수 있습니다.

California Bank & Savings 드림

① 고객에게 사이버 위협으로부터 스스로를 안전하게 지키는 방법을 알려주기 위해
② 고객에게 소프트웨어 및 장치를 업데이트하는 방법을 알려주기 위해
③ 고객에게 비밀번호를 더욱 강력하게 만드는 방법을 알려주기 위해
④ 고객에게 OTP를 보호하는 방법을 알려주기 위해

어휘 notice 공지, 알림 client 고객, 의뢰인 cybercrime 사이버 범죄 security 보안 safeguard 보호하다 threat 위협 frequently 자주 up to date 최신의 wary 조심하는, 경계하는 suspicious 의심스러운 sensitive 민감한, 예민한 two factor authentication 이중 인증 identity 신원 cybersecurity 사이버 보안 inform 알려주다, 알리다

기출문제 풀어보기

정답 ③

끊어읽기 해석

To: reserve@metropolitan.com
수신: reserve@metropolitan.com
From: BruceTaylor@westcity.com
발신: BruceTaylor@westcity.com

Date: June 22, 2024
날짜: 2024년 6월 22일
Subject: Venue facilities
제목: 행사장 시설
Dear Sir,
담당자분께,
I am writing / to ask for information / about Metropolitan Conference Center.
저는 씁니다 / 정보를 요청하기 위해 / 메트로폴리탄 컨퍼런스 센터에 대한
We are looking for a venue / for a three-day conference / in September / this year.
저희는 장소를 찾고 있습니다 / 3일간의 컨퍼런스를 위한 / 9월에 있을 / 올해
We need to have enough room / for over 200 delegates / in your main conference room, / and / we would also like three small conference rooms / for meetings.
저희는 충분한 공간이 필요합니다 / 200명 이상의 대표자들을 위한 / 주 회의실에 / 그리고 / 세 개의 작은 회의실도 필요합니다 / 회의용으로
Each conference room needs / wi-fi as well.
각 회의실은 필요합니다 / wi-fi도
We need to have coffee available / mid-morning and mid-afternoon, / and / we would also like to book your restaurant / for lunch / on all three days.
저희는 커피가 필요합니다 / 오전과 오후 중반에 / 그리고 / 귀사의 식당을 예약하고 싶습니다 / 점심 식사를 위해 / 3일 모두
In addition, / could you please let me know / if there are any local hotels / with discount rates / for Metropolitan clients or large groups?
또한, / 알려주실 수 있나요 / 현지 호텔이 있는지 / 할인율이 있는 / 메트로폴리탄 고객이나 대규모 그룹을 위한
We will need accommodations / for over 100 delegates / each night.
저희는 숙박시설이 필요합니다 / 100명 이상의 대표자를 위한 / 매일 밤
I look forward to hearing from you.
답장 기다리겠습니다
Best regards,
Bruce Taylor, Event Manager
행사 기획자 Bruce Taylor 드림

[해석] 수신: reserve@metropolitan.com
발신: BruceTaylor@westcity.com
날짜: 2024년 6월 22일
제목: 행사장 시설

담당자분께,

저는 메트로폴리탄 컨퍼런스 센터에 대한 정보를 요청하기 위해 글을 씁니다.

저희는 올해 9월에 있을 3일간의 컨퍼런스를 위한 장소를 찾고 있습니다. 주 회의실에 200명 이상의 대표자들을 위한 충분한 공간이 필요하며, 회의용으로 세 개의 작은 회의실도 필요합니다. 각 회의실에는 wi-fi도 필요합니다. 오전과 오후 중반에 커피가 필요하며, 3일 모두 점심 식사를 위해 귀사의 식당을 예약하고 싶습니다.

또한, 메트로폴리탄 고객이나 대규모 그룹을 위한 할인율이 있는 현지 호텔이 있는지 알려주실 수 있나요? 매일 밤 100명 이상의 대표자를 위한 숙박시설이 필요합니다.

답장 기다리겠습니다.

행사 기획자 Bruce Taylor 드림

[해설] 이메일 형식의 지문은 보통 지문의 중간에 세부사항이 언급된다. 지문 중간에서 3일 모두 점심 식사를 위해 식당을 예약하고 싶다고 했으므로 '③ 3일간의 저녁 식사를 위한 식당 예약이 필요하다'는 지문의 내용과 일치하지 않는다.

[어휘] **venue** 행사장, 장소 **facility** 시설, 설비 **delegate** 대표자, 사절 **conference room** 회의실 **book** 예약하다 **discount** 할인 **client** 고객 **accommodation** 숙박시설, 수용

p.89

불변의 패턴 02 안내문·웹페이지의 제목/목적은 지문 처음에서 찾는다.

대표 기출 예제 정답 ②

끊어읽기 해석

We're pleased / to announce / the upcoming City Harbour Festival, an annual event / that brings our diverse community together / to celebrate our shared heritage, culture, and local talent.
우리는 기쁩니다 / 발표하게 되어 / 다가오는 연례 행사인 City Harbour 축제를 / 다양한 지역사회를 함께 모으는 / 우리의 공유 유산, 문화, 그리고 지역 인재를 기념하기 위해
Mark your calendars / and / join us for an exciting weekend!
여러분의 달력에 표시하세요 / 그리고 / 신나는 주말을 우리와 함께 보내세요
Details
세부사항
• **Dates:** Friday, June 16 — Sunday, June 18
날짜: 6월 16일 금요일 — 6월 18일 일요일
• **Times:** 10 : 00 a.m. — 8 : 00 p.m. (Friday & Saturday)
시간: 오전 10시 — 오후 8시 (금요일과 토요일)
10 : 00 a.m. — 6 : 00 p.m. (Sunday)
오전 10시 — 오후 6시 (일요일)
• **Location:** City Harbour Park, Main Street, and surrounding areas
장소: City Harbour 공원, 중심가, 그리고 주변 지역
Highlights 주요 행사
• **Live Performances** 실시간 공연
Enjoy a variety of live music, dance, and theatrical performances / on multiple stages / throughout the festival grounds.
다양한 라이브 음악, 춤, 연극 공연을 즐겨보세요 / 여러 무대에서 / 축제장 곳곳의
• **Food Trucks** 푸드 트럭
Have a feast / with a wide selection of food trucks / offering diverse and delicious cuisines, / as well as free sample tastings.
잔치를 벌여보세요 / 각종 푸드 트럭과 함께 / 다양하고 맛있는 요리를 제공하는 / 무료 시식뿐만 아니라
For the full schedule of events and activities, / please visit our website at www.cityharbourfestival.org / or / contact the Festival Office at (552) 234-5678.
전체 행사 일정 및 활동에 관해서는 / 당사 웹사이트 www.cityharbourfestival.org를 방문하세요 / 또는 / 축제 사무실 (552) 234-5678번으로 문의하세요

[해석] [A]
우리는 공유 유산, 문화, 그리고 지역 인재를 기념하기 위해 다양한 지역사회를 함께 모으는 다가오는 연례 행사인 City Harbour 축제를 발표하게 되어 기쁩니다. 여러분의 달력에 표시하고 신나는 주말을 우리와 함께 보내세요!

세부 사항
• 날짜: 6월 16일 금요일 - 6월 18일 일요일
• 시간: 오전 10시 - 오후 8시 (금요일과 토요일)
       오전 10시 - 오후 6시 (일요일)

- 장소: City Harbour 공원, 중심가, 그리고 주변 지역

주요 행사
- 실시간 공연
  축제장 곳곳의 여러 무대에서 다양한 라이브 음악, 춤, 연극 공연을 즐겨보세요.
- 푸드 트럭
  다양하고 맛있는 요리와 무료 시식을 제공하는 각종 푸드 트럭과 함께 잔치를 벌여보세요.

전체 행사 일정 및 활동에 관해서는, 당사 웹사이트 www.cityharbourfestival.org를 방문하거나 축제 사무실 (552) 234-5678번으로 문의하시기 바랍니다.

① 여러분의 지역사회를 위한 안전 규제를 마련하세요
② 우리의 활기찬 지역사회 행사를 기념하세요
③ 여러분의 신나는 해양 체험을 계획해 보세요
④ 우리 도시의 유산을 재현해 보세요

[어휘] upcoming 다가오는 annual 연례의 diverse 다양한
shared heritage 공유 유산 local talent 지역 인재
surrounding 주변의 theatrical 연극의 multiple 여러, 다수의
feast 잔치, 축제 cuisine 요리 regulation 규제, 규정
vibrant 활기찬 maritime 해양의, 바다의
recreate 재현하다, 재창조하다

기출문제 풀어보기 정답 ②

끊어읽기 해석

Consular services 영사 서비스
We welcome all feedback / about our consular services, / whether you receive them in the UK / or from one of our embassies, high commissions or consulates abroad.
저희는 모든 피드백을 환영합니다 / 저희의 영사 서비스에 관한 / 여러분이 영국에서 그것들을 받든 / 또는 저희의 해외에 있는 대사관, 고등 판무관, 또는 영사관 중 한 곳에서 (받든)
Tell us when we get things wrong / so that we can assess and improve our services.
저희가 무언가 잘못하면 알려주세요 / 그래서 저희가 저희의 서비스를 평가하고 개선할 수 있도록
If you want to make a complaint / about a consular service you have received, / we want to help you resolve it / as quickly as possible.
여러분이 불만을 제기하고 싶으시다면 / 여러분이 받은 영사 서비스에 대해 / 저희는 여러분이 그것을 해결하도록 돕고 싶습니다 / 가능한 한 빨리
If you are complaining / on behalf of someone else, / we must have written, signed consent / from that person / allowing us to share their personal information with you / before we can reply.
여러분이 불만을 제기하신다면 / 누군가를 대신하여 / 저희는 서명된 서면 동의서를 받아야 합니다 / 해당 사람으로부터 / 저희가 그들의 개인 정보를 여러분과 공유하도록 허락하는 / 저희가 답변할 수 있기 전에
Send details of your complaint / to our feedback contact form.
여러분의 불만 사항에 대한 자세한 내용을 보내 주세요 / 저희의 피드백 연락 양식으로
We will record and examine your complaint, / and use the information you provide / to help make sure / that we offer the best possible help and support / to our customers.
저희는 여러분의 불만 사항을 기록하고 검토할 것입니다 / 그리고 여러분이 제공하는 정보를 사용할 것입니다 / 확실히 하는 데 도움이 되도록 / 저희가 가능한 최선의 도움과 지원을 제공하는 것을 / 저희의 고객들에게
The relevant embassy, high commission or consulate / will reply to you.
관련 대사관, 고등 판무관, 또는 영사관이 / 여러분에게 답변해 드릴 것입니다

[해석] 영사 서비스
저희는 여러분이 영국에서 받든 해외에 있는 저희의 대사관, 고등 판무관, 또는 영사관 중 한 곳에서 받든 상관없이 저희의 영사 서비스에 관한 모든 피드백을 환영합니다. 저희가 서비스를 평가하고 개선할 수 있도록 저희가 무언가 잘못하면 알려주세요.

여러분이 받은 영사 서비스에 대해 불만을 제기하고 싶으시다면, 저희는 여러분이 가능한 한 빨리 그것을 해결하도록 돕고 싶습니다. 누군가를 대신하여 불만을 제기하신다면, 저희가 답변할 수 있기 전에 저희가 그들의 개인 정보를 여러분과 공유하도록 허락하는 해당 사람으로부터 서명받은 서면 동의서를 받아야 합니다.

여러분의 불만 사항에 대한 자세한 내용을 저희의 피드백 연락 양식으로 보내 주세요. 저희는 여러분의 불만 사항을 기록하고 검토할 것이며, 저희가 고객들에게 가능한 최선의 도움과 지원을 제공하는 것을 확실히 하는 데 도움이 되도록 여러분이 제공하는 정보를 사용할 것입니다. 관련 대사관, 고등 판무관, 또는 영사관이 여러분에게 답변해 드릴 것입니다.

① 영사관에 가는 길을 안내하려고
② 불만 제기 방법을 설명하려고
③ 채용 절차를 설명하려고
④ 영업시간을 알리려고

[해설] 안내문의 목적은 보통 지문 처음에서 찾을 수 있는데, 첫 번째 문장에서 영사 서비스에 관한 모든 피드백을 환영한다고 했고, 두 번째와 세 번째 문단에서 complaint(불만)가 반복해서 등장하며 영사 서비스에 대한 불만 사항을 제기하는 방법과 이후의 처리 과정을 안내하고 있으므로, '② 불만 제기 방법을 설명하려고'가 이 글의 목적이다.

[어휘] consular 영사의 embassy 대사관 high commission 고등 판무관(주권국에서 피보호국 등에, 혹은 후자로부터 전자에 파견하는 상임 사절)
consulate 영사관 abroad 해외에 assess 평가하다 complaint 불만
resolve 해결하다 on behalf of ~을 대신하여 consent 동의서, 동의
reply 답변하다 record 기록하다 examine 검토하다, 조사하다
relevant 관련된

p.90

불변의 패턴 03 안내문·웹페이지의 세부 내용은 소제목 중심으로 확인한다.

대표 기출 예제 정답 ③

끊어읽기 해석

The David Williams Library and Museum is open / 7 days a week, / from 9:00 a.m. to 5:00 p.m. (NOV–MAR) / and / 9:00 a.m. to 6:00 p.m. (APR–OCT).
David Williams 도서관 및 박물관은 운영합니다 / 일주일에 7일 / 오전 9시부터 오후 5시까지(11월-3월) / 그리고 / 오전 9시부터 오후 6시까지 (4월-10월)

Online tickets may be purchased / at the link below.
온라인 입장권은 구매하실 수 있습니다 / 아래 링크에서

You will receive an email confirmation / after making a purchase / (be sure to check your SPAM folder).
여러분은 이메일 확인서를 받게 될 것입니다 / 구매 후에 / (스팸 폴더를 반드시 확인하세요)

Bring this confirmation / —printed or on smart device— / as proof of purchase.
이 확인서를 가져오세요 / 인쇄하거나 스마트 기기에 저장한 / 구매 증명서로

· **Online tickets**: buy.davidwilliams.com/events
온라인 입장권: buy.davidwilliams.com/events

The David Williams Library and Museum and the Home of David Williams (operated by the National Heritage Service) offer / separate $10.00 adult admission tickets.
David Williams 도서관 및 박물관, David Williams의 생가(국가문화유산청에서 운영)는 제공합니다 / 별도의 성인 입장권을 10달러에

Tickets for tours of the Home / may be purchased / on-site / during normal business hours.
생가 투어 입장권은 / 구매하실 수 있습니다 / 현장에서 / 정규 영업시간 동안

· CLOSED: Thanksgiving, Christmas and New Year's Day
휴무: 추수감사절, 크리스마스, 새해 첫날

There is no charge / for conducting research / in the David Williams Library research room.
비용이 들지 않습니다 / 연구를 수행하는 데 / David Williams 도서관 연구실에서

For additional information, call 1 (800) 333-7777.
추가 사항은 / 1 (800) 333-7777로 전화하세요

[해석] David Williams 도서관 및 박물관은 일주일에 7일, 오전 9시부터 오후 5시까지(11월-3월) 그리고 오전 9시부터 오후 6시까지(4월-10월) 운영합니다. 온라인 입장권은 아래 링크에서 구매하실 수 있습니다. 구매 후 이메일 확인서를 받게 될 것입니다. (스팸 폴더를 반드시 확인하세요.) 인쇄하거나 스마트 기기에 저장한 이 확인서를 구매 증명서로 가져오세요.

· 온라인 입장권: buy.davidwilliams.com/events
David Williams 도서관 및 박물관, David Williams의 생가(국가문화유산청에서 운영)는 별도의 성인 입장권을 10달러에 제공합니다. 생가 투어 입장권은 정규 영업시간 동안 현장에서 구매하실 수 있습니다.

· 휴무: 추수감사절, 크리스마스, 새해 첫날
David Williams 도서관 연구실에서 연구를 수행하는 데는 비용이 들지 않습니다.
추가 사항은 1 (800) 333-7777로 전화하시면 됩니다.

① 12월에 도서관과 박물관은 오후 5시에 닫는다.
② 방문객들은 생가 투어 입장권을 현장에서 구매할 수 있다.
③ David Williams의 생가는 일 년 내내 연다.
④ 도서관 연구실에서는 무료로 연구를 할 수 있다.

[어휘] confirmation 확인서 proof 증명(서) operate 운영하다
heritage 문화유산 separate 별도의 admission 입장 on-site 현장의
business hour 영업시간, 업무시간 conduct 수행하다, 실시하다
additional 추가의

기출문제 풀어보기

정답 ②

끊어읽기 해석

Department of Health and Human Services 보건복지부
Mission Statement 강령
①The mission of the Department of Health and Human Services (HHS) / is to enhance the health and well-being / of all individuals in the nation, / by providing for effective health and human services / and by fostering sound, sustained advances / in the sciences underlying medicine, public health, and social services.
보건복지부(HHS)의 사명은 / 건강과 복지를 증진하는 것이다 / 국가 내 모든 개인의 / 효과적인 보건 및 복지 서비스를 제공함으로써 / 그리고 철저하고 지속적인 발전을 촉진함으로써 / 의학, 공중 보건, 그리고 사회 복지 사업의 기반이 되는 학문의

Organizational Structure 조직 구조
HHS accomplishes its mission / through programs and initiatives / that cover a wide spectrum of activities.
HHS는 그것의 사명을 달성한다 / 프로그램과 계획들을 통해 / 다양한 범위의 활동을 포함하는

②Eleven operating divisions, / including eight agencies in the Public Health Service and three human services agencies, / administer HHS's programs.
11개의 운영 부서가 / 공중 보건 서비스의 8개 기관과 3개의 복지 서비스 기관을 포함하는 / HHS의 프로그램을 관리한다

③While HHS is a domestic agency / working to protect and promote / the health and well-being of the American people, / the interconnectedness of our world requires / that HHS engage globally / to fulfill its mission.
HHS는 국내 기관이지만 / 보호하고 증진하기 위해 근무하는 / 미국 국민의 건강과 복지를 / 우리 세계의 상호 연결성은 필요로 한다 / HHS가 전 세계적으로 참여하는 것을 / 그것의 사명을 수행하기 위해

Cross-Agency Collaborations 기관 간 협업
Improving health and human services outcomes / cannot be achieved / by the Department on its own; / collaborations are critical / to achieve our goals and objectives.
보건 및 복지 서비스의 성과를 개선하는 것은 / 달성될 수 없다 / 부서 단독으로는 / 협업이 매우 중요하다 / 우리의 목표와 목적을 달성하기 위해서는

④HHS collaborates closely / with other federal departments and agencies / on cross-cutting topics.
HHS는 긴밀히 협력한다 / 다른 연방 부서 및 기관과 / 공통 주제에 대해

[해석] 보건복지부

강령
보건복지부(HHS)의 사명은 효과적인 보건 및 복지 서비스를 제공하고 의학, 공중 보건, 그리고 사회 복지 사업의 기반이 되는 학문의 철저하고 지속적인 발전을 촉진함으로써 국가 내 모든 개인의 건강과 복지를 증진하는 것이다.

조직 구조
HHS는 다양한 범위의 활동을 포함하는 프로그램과 계획을 통해 사명을 달성한다. 공중 보건 서비스의 8개 기관과 3개의 복지 서비스 기관을 포함하는 11개의 운영 부서가 HHS의 프로그램을 관리한다. HHS는 미국 국민의 건강과 복지를 보호하고 증진하기 위해 근무하는 국내 기관이지만, 우리 세계의 상호 연결성은 HHS가 사명을 수행하기 위해 전 세계적으로 참여하는 것을 필요로 한다.

기관 간 협업
보건 및 복지 서비스의 성과를 개선하는 것은 부서 단독으로는 달성될 수 없으며, 우리의 목표와 목적을 달성하기 위해서는 협업이 매우 중요하다. HHS는 공통 주제에 대해 다른 연방 부서 및 기관과 긴밀히 협력한다.

① HHS는 저소득층 가정의 건강과 복지 향상만을 목표로 한다.
② HHS의 프로그램은 11개의 운영 부서에 의해 관리된다.
③ HHS는 사명을 완수하기 위해 외국과 함께 일하지 않는다.
④ HHS는 목표를 달성하기 위해 다른 연방 부서 및 기관으로부터 독립적으로 활동한다.

[해설] 안내문의 세부 내용은 소제목을 중심으로 확인할 수 있는데, ②번의 키워드인 operating divisions(운영 부서)와 관련된 소제목 Organizational Structure(조직 구조) 주변의 내용에서 11개의 운영 부서가 HHS의 프로그램을 관리한다고 했으므로, '② HHS의 프로그램은 11개의 운영 부서에 의해 관리된다'가 지문의 내용과 일치한다.

[오답분석] ① 첫 번째 문장에서 HHS의 사명은 국가 내 모든 개인의 건강과 복지를 증진하는 것이라고 했으므로, 지문의 내용과 다르다.
③ '조직 구조'에서 세계의 상호 연결성은 HHS가 사명을 수행하기 위해 전 세계적으로 참여하는 것을 필요로 한다고 했으므로, 지문의 내용과 다르다.
④ 마지막 문장에서 HHS는 다른 연방 부서 및 기관과 긴밀히 협력

한다고 했으므로, 지문의 내용과 다르다.

어휘 mission 사명, 임무 enhance 증진하다, 높이다
foster 촉진하다, 조성하다 sound 철저한, 견실한
sustained 지속적인, 한결같은 advance 발전
underlying 기반이 되는, 근본적인 accomplish 달성하다
administer 관리하다, 집행하다 domestic 국내의
interconnectedness 상호 연결성 fulfill 수행하다, 완료하다
outcome 성과, 결과 objective 목적, 목표 federal 연방의
cross-cutting 공통의, 여러 영역이나 분야를 가로지르는
independently 독립적으로

p.91

불변의 패턴 04 유의어 문제는 밑줄 친 어휘의 앞뒤 문맥에서 유의어를 찾을 수 있는 단서가 제공된다.

대표 기출 예제
정답 ④

끊어읽기 해석

Agricultural Marketing Office
농업 마케팅부

Mission 임무

We administer programs / that create / domestic and international marketing opportunities / for national producers / of food, fiber, and specialty crops.

우리는 프로그램을 운영합니다 / 창출하는 / 국내외 마케팅 기회를 / 국내 생산자를 위한 / 식품, 섬유 및 특수작물의

We also provide / the agriculture industry / with valuable services / to ensure the quality and availability / of wholesome food / for consumers / across the country and around the world.

우리는 또한 제공합니다 / 농업 산업에 / 가치 있는 서비스를 / 품질과 가용성을 보장하기 위해 / 건강에 좋은 식품의 / 소비자를 위한 / 전국 및 전 세계의

Vision 비전

We facilitate the strategic marketing / of national agricultural products / in domestic and international markets / while ensuring fair trading practices / and / promoting a competitive and efficient marketplace / to the benefit / of producers, traders, and consumers / of national food, fiber, and specialty crops.

우리는 전략적 마케팅을 활성화합니다 / 국내 농산물의 / 국내외 시장에서 / 공정한 거래 관행을 보장하는 동시에 / 그래서 / 경쟁력 있고 효율적인 시장을 촉진하는 / 이익이 되도록 / 생산자, 거래자, 그리고 소비자에게 / 국내 식품, 섬유 및 특수작물의

Core Values 핵심 가치

· Honesty & Integrity: We expect and require / complete honesty and integrity / in all we do.

정직성과 진실성: 우리는 기대하고 요구합니다 / 완전한 정직성과 진실성을 / 우리가 하는 모든 일에서

· Independence & Objectivity: We act independently and objectively / to create trust / in our programs and services.

독립성과 객관성: 우리는 독립적이고 객관적으로 행동합니다 / 신뢰를 구축하기 위해 / 우리의 프로그램과 서비스에 대한

해석 농업 마케팅부

임무

우리는 식품, 섬유 및 특수작물의 국내 생산자를 위한 국내외 마케팅 기회를 창출하는 프로그램을 운영합니다. 또한 전국 및 전 세계 소비자를 위한 건강에 좋은 식품의 품질과 가용성을 보장하기 위해 농업 산업에 가치 있는 서비스를 제공합니다.

비전

우리는 국내외 시장에서 국내 농산물의 전략적 마케팅을 활성화하는 동시에 공정한 거래 관행을 보장해서 국내 식품, 섬유 및 특수작물의 생산자, 거래자, 그리고 소비자에게 이익이 되도록 경쟁력 있고 효율적인 시장을 촉진합니다.

핵심 가치

· 정직성과 진실성: 우리는 우리가 하는 모든 일에서 완전한 정직성과 진실성을 기대하고 요구합니다.
· 독립성과 객관성: 우리는 우리의 프로그램과 서비스에 대한 신뢰를 구축하기 위해 독립적이고 객관적으로 행동합니다.

① 자유로운
② 상호 간의
③ 수익성이 있는
④ 공정한

어휘 agricultural 농업의 mission 임무, 사명 administer 운영하다, 관리하다
domestic 국내의 national 국내의 fiber 섬유
specialty crop 특수작물 availability 가용성, 이용 가능성
wholesome 건강에 좋은 facilitate 활성화하다, 촉진하다
trading 거래 practice 관행 competitive 경쟁력 있는
trader 거래자, 상인 core 핵심적인, 가장 중요한 integrity 진실성
objectivity 객관성 mutual 상호 간의 profitable 수익성이 있는, 유익한
impartial 공정한

기출문제 풀어보기
정답 ①

끊어읽기 해석

Health for People 사람들을 위한 건강

People should be able to live / a happy, healthy, and prosperous life.

사람들은 살 수 있어야 합니다 / 행복하고, 건강하며, 번영하는 삶을

Health is a substantial part / of human right, / and makes a critical contribution / to societal well-being, economic growth, and peace.

건강은 중요한 부분입니다 / 인권의 / 그리고 중대한 기여를 합니다 / 사회의 안녕, 경제적 성장, 그리고 평화에

But / access to health / is not equitable.

하지만 / 건강에 대한 접근성은 / 공평하지 않습니다

The National Health Center Foundation (NHC Foundation) is here / to support the National Health Center (NHC) / to achieve its vision / of a nation / in which all people attain / the highest level of health.

국립보건센터재단(NHC 재단)은 / 존재합니다 / 국립보건센터(NHC)를 지원하기 위해 / 그것의 비전을 달성하도록 / 국가에 대한 / 모든 사람들이 이루는 / 최고 수준의 건강을

The NHC aims / to promote health / and serve the vulnerable.

NHC는 목표로 합니다 / 건강을 증진하는 것을 / 그리고 취약 계층을 돌보는 것을

The NHC Foundation is committed / to helping the NHC / by partnering with diverse actors, / including businesses, philanthropists, and the general public.

NHC 재단은 전념합니다 / NHC를 돕는 데 / 다양한 주체들과 협력함으로써 / 기업, 자선가, 그리고 일반 대중을 포함하여

해석 사람들을 위한 건강

사람들은 행복하고, 건강하며, 번영하는 삶을 살 수 있어야 합니다. 건강은 인권의 중요한 부분이며, 사회의 안녕, 경제적 성장, 그리고 평화에 중대한 기여를 합니다.

하지만 건강에 대한 접근성은 공평하지 않습니다.

국립보건센터재단(NHC 재단)은 모든 사람들이 최고 수준의 건강을

이루는 국가라는 그것의 비전을 달성하도록 국립보건센터(NHC)를 지원하기 위해 존재합니다. NHC는 건강을 증진하고 취약 계층을 돌보는 것을 목표로 합니다. NHC 재단은 기업, 자선가, 그리고 일반 대중을 포함하여 다양한 주체들과 협력함으로써 NHC를 돕는 데 전념합니다.

① 중요한
② 위험한
③ 분석적인
④ 비판적인

[해설] 밑줄 친 critical을 포함한 앞뒤 문맥에서 유의어를 찾을 수 있는 단서를 파악해야 한다. 밑줄이 포함된 문장 앞부분에서 건강은 인권의 중요한 부분이라고 했고, 뒷부분에서 건강은 사회의 안녕, 경제적 성장, 그리고 평화에 기여를 한다고 했으므로 critical contribution은 중대한 기여라는 것을 알 수 있다. 따라서 '중요한'이라는 의미의 '① pivotal'이 정답이다.

[어휘] prosperous 번영하는 substantial 중요한 human right 인권
critical 중대한 contribution 기여 equitable 공평한, 공정한
foundation 재단 achieve 달성하다 attain 이루다, 이르다
promote 증진하다 vulnerable 취약한 diverse 다양한
philanthropist 자선가 pivotal 중요한 perilous 위험한

Section Test   p. 92–95

1	④	2	③	3	②	4	③
5	②	6	④	7	③	8	④
9	④	10	④	11	②		

1
정답 ④

끊어읽기 해석

The National Independence Museum 국립독립박물관
The National Independence Museum / preserves the national history / through exhibitions, research, and educational programs, / while fostering national pride.
국립독립박물관은 / 국가의 역사를 보존합니다 / 전시회, 연구, 그리고 교육 프로그램을 통해 / 국민적 자긍심을 고취하면서
We invite you / to experience this legacy / and hear the enduring calls for peace / ⓛin a scenic rural setting.
저희는 여러분을 초대합니다 / 이 유산을 경험하도록 / 그리고 평화를 위한 지속적인 외침을 듣도록 / 경치가 좋은 시골 환경에서
Major Projects 주요 프로젝트
– Exhibitions & Collection Management: / ②A total of 150,000 relics / of the independence movement / are displayed / in eight exhibition halls.
전시회 및 소장품 관리 / 총 15만 점의 유물이 / 독립운동의 / 전시되어 있습니다 / 8개의 전시관에
– Research: / Dedicated to the study of the independence movement, / ③the Museum supports scholarly work / on related historical topics.
연구 / 독립운동에 대한 연구에 전념하며 / 박물관은 학술 연구를 지원합니다 / 관련된 역사적 주제에 대한
– Education: / Through educational programs, / the Museum promotes the national identity / and deepens historical understanding / among citizens.
교육 / 교육 프로그램을 통해 / 박물관은 민족 정체성을 증진합니다 / 그리고 역사적 이해를 심화합니다 / 시민들의
– Cultural Events: / ④Regular cultural events are held / to provide visitors with insights / into the national history and culture.
문화 행사 / 정기적인 문화 행사들이 개최됩니다 / 방문객들에게 통찰력을 제공하기 위해 / 국가의 역사와 문화에 대한

[해석] **국립독립박물관**
국립독립박물관은 전시회, 연구, 그리고 교육 프로그램을 통해 국가의 역사를 보존하면서 국민적 자긍심을 고취합니다. 저희는 경치가 좋은 시골 환경에서 이 유산을 경험하고 평화를 위한 지속적인 외침을 들을 수 있도록 여러분을 초대합니다.

주요 프로젝트
- **전시회 및 소장품 관리**: 독립운동과 관련된 총 15만 점의 유물이 8개의 전시관에 전시되어 있습니다.
- **연구**: 독립운동에 대한 연구에 전념하며, 박물관은 관련된 역사적 주제에 대한 학술 연구를 지원합니다.
- **교육**: 교육 프로그램을 통해, 박물관은 민족 정체성을 증진하고 시민들의 역사적 이해를 심화합니다.
- **문화 행사**: 방문객들에게 국가의 역사와 문화에 대한 통찰력을 제공하기 위해 정기적인 문화 행사들이 개최됩니다.

① 많은 고층 건물로 둘러싸인 도시 환경에 위치해 있다.
② 독립운동과 관련된 유물 100만 점 이상을 전시한다.
③ 학술 프로젝트 대신 교육 활동을 지원한다.
④ 방문객들에게 정기적으로 문화 행사를 제공한다.

[해설] 안내문의 세부 내용은 소제목을 중심으로 확인할 수 있는데, ④번의 키워드인 cultural events(문화 행사)가 그대로 언급된 소제목 Cultural Events(문화 행사) 주변의 내용에서 방문객들에게 국가의 역사와 문화에 대한 통찰력을 제공하기 위해 정기적인 문화 행사들이 개최된다고 했으므로, '④ 방문객들에게 정기적으로 문화 행사를 제공한다'가 지문의 내용과 일치한다. (불변의 패턴 03)

[오답분석]
① 지문 앞부분에서 경치가 좋은 시골 환경에서 유산을 경험할 수 있도록 초대한다고 했으므로, 지문의 내용과 다르다.
② '전시회 및 소장품 관리'에서 독립운동과 관련된 총 15만 점의 유물이 전시되어 있다고 했으므로, 지문의 내용과 다르다.
③ '연구'에서 학술 연구를 지원한다고 했으므로, 지문의 내용과 다르다.

[어휘] independence 독립 preserve 보존하다 foster 고취하다
pride 자긍심, 자부심 legacy 유산 enduring 지속적인 call 외침
scenic 경치가 좋은 rural 시골의 setting 환경 collection 소장품
relic 유물 display 전시하다 scholarly 학술적인 identity 정체성
regular 정기적인 insight 통찰력 skyscraper 고층 건물 artifact 유물

2~3
정답 2 ③, 3 ②

끊어읽기 해석

To: Clifton District Office
수신: Clifton 구청
From: Rachael Beasley
발신: Rachael Beasley
Date: June 7
날짜: 6월 7일
Subject: Excessive Noise in the Neighborhood
제목: 동네의 과도한 소음
To whom it may concern,
관계자분께
I hope this email finds you well.
이 이메일이 당신에게 잘 전달되기를 바랍니다
I am writing / to express my concern and frustration / regarding the excessive noise levels / in our neighborhood, / specifically / coming from the new sports field.

저는 글을 씁니다 / 제 우려와 불만을 표현하기 위해 / 과도한 소음 수준에 대한 / 우리 동네의 / 특히 / 새로운 스포츠 경기장에서 나오는
As a resident of Clifton district, / I have always appreciated / the peace of our community.
Clifton 지역의 주민으로서 / 저는 항상 감사하게 생각해 왔습니다 / 우리 지역사회의 평화를
However, / the ongoing noise disturbances / have significantly impacted / my family's well-being / and / our overall quality of life.
하지만 / 계속되는 소음 방해는 / 큰 영향을 끼쳤습니다 / 우리 가족의 행복에 / 그리고 / 우리의 전반적인 삶의 질에
The sources of the noise / include / crowds cheering, players shouting, whistles, and ball impacts.
소음의 원인은 / 포함합니다 / 군중의 환호, 선수들의 고함, 호각, 그리고 공 부딪힘을
I kindly request / that you look into this matter / and / take appropriate steps / to address the noise disturbances.
저는 요청드립니다 / 당신이 이 문제를 조사하시기를 / 그리고 / 적절한 조치를 취해주시기를 / 소음 방해를 해결하기 위한
Thank you for your attention to this matter, / and / I appreciate your prompt response / to help restore the tranquility / in our neighborhood.
이 문제에 관심을 가져 주셔서 감사드립니다 / 그리고 / 당신의 신속한 응답에 감사합니다 / 평온을 되찾는 데 도움이 될 수 있는 / 우리 동네의
Sincerely,
Rachael Beasley
Rachael Beasley 드림

[해석] 수신: Clifton 구청
발신: Rachael Beasley
날짜: 6월 7일
제목: 동네의 과도한 소음

관계자분께,

이 이메일이 당신에게 잘 전달되기를 바랍니다. 저는 우리 동네, 특히 새로운 스포츠 경기장에서 나오는 과도한 소음 수준에 대한 우려와 불만을 표현하기 위해 이메일을 씁니다.

Clifton 지역의 주민으로서, 저는 항상 우리 지역사회의 평화를 감사하게 생각해 왔습니다. 하지만, 계속되는 소음 방해는 우리 가족의 행복과 우리의 전반적인 삶의 질에 큰 영향을 끼쳤습니다. 소음의 원인으로는 군중의 환호, 선수들의 고함, 호각, 그리고 공 부딪힘 등이 있습니다.

이 문제를 조사하여 소음 방해를 해결하기 위한 적절한 조치를 취해주시기를 요청드립니다. 이 문제에 관심을 가져 주셔서 감사드리며, 우리 동네의 평온을 되찾는 데 도움이 될 수 있는 신속한 응답에 감사합니다.

Rachael Beasley 드림

3
① 움직임
② 조치
③ 단계
④ 계단

[해설] 2 이메일은 보통 지문의 앞부분에서 목적을 언급하고 지문 마지막에서 결론을 강조하는데, 지문 처음에서 새로운 스포츠 경기장에서 나오는 과도한 소음 수준에 대한 우려와 불만을 표현하기 위해 이메일을 쓴다고 하고, 지문 마지막에서 소음 방해를 해결하기 위한 적절한 조치를 취해주기를 요청한다고 하고 있으므로, '③ 인근 스포츠 시설의 소음에 대한 조치를 요청하려고'가 이 글의 목적이다. (불변의 패턴 01)

3 밑줄 친 steps를 포함한 문장에서 소음 방해를 해결하기 위해 이 문제를 조사해줄 것을 요청한다고 했고, 뒷문장에서 우리 동네의 평온을 되찾는 데 도움이 될 수 있는 신속한 응답에 감사하다고 했으므로 appropriate steps는 적절한 조치라는 것을 알 수 있다. 따라서 '조치'라는 의미의 action의 복수형인 '② actions'가 정답이다. (불변의 패턴 04)

[어휘] district 행정구, 지역　excessive 과도한　frustration 불만, 좌절　appreciate ~을 감사하게 생각하다　ongoing 계속되는　disturbance 방해　source 원인, 근원　appropriate 적절한　address 해결하다　prompt 신속한　restore 되찾다, 회복하다　tranquility 평온, 고요

4
정답 ③

끊어읽기 해석

To: chlsbrown@cbsys.com
수신: chlsbrown@cbsys.com
From: tomsmith@boogle.com
발신: tomsmith@boogle.com
Date: June 21, 2025
날짜: 2025년 6월 21일
Subject: Thank you for the interview
제목: 면접에 대해 감사합니다
Dear Mr. Charles Brown,
Charles Brown 씨께
I am writing / to thank you / for the interview last week.
저는 글을 씁니다 / 귀하께 감사드리기 위해 / 지난주 면접에 대해
I truly enjoyed / our conversation.
저는 진심으로 즐거웠습니다 / 저희의 대화가
The information you shared / about your new Account Management System / was very valuable.
귀하께서 공유해 주신 정보는 / 새로운 계정 관리 시스템에 대한 / 매우 유익했습니다
I would like to follow up now / to see / if there are any updates / regarding the status of my application.
저는 이제 연락드리고 싶습니다 / 확인하기 위해 / 업데이트된 사항이 있는지 / 저의 지원 상황에 관하여
This position looks like a great fit / for me and my career goals.
이 직무는 정말 잘 맞는 것 같습니다 / 저와 제 경력 목표에
Anything you can share / about your decision timeline or any next steps / would be greatly appreciated.
귀하께서 공유해 주실 수 있는 어떤 것이든 / 결정 일정이나 다음 단계에 대해 / 매우 감사하게 여겨질 것입니다
I would gladly provide / any additional information / if needed.
저는 기꺼이 제공하겠습니다 / 어떠한 추가 정보도 / 필요하다면
Thank you again.
다시 한번 감사드립니다
Sincerely,
Tom Smith
Tom Smith 드림

[해석] 수신: chlsbrown@cbsys.com
발신: tomsmith@boogle.com
날짜: 2025년 6월 21일
제목: 면접에 대해 감사합니다

Charles Brown 씨께,

저는 지난주 면접에 대해 귀하께 감사드리기 위해 글을 씁니다. 저는 저희의 대화가 진심으로 즐거웠습니다. 귀하께서 새로운 계정 관리 시스템에 대해 공유해 주신 정보는 매우 유익했습니다.

저는 이제 저의 지원 상황에 관하여 업데이트된 사항이 있는지 확인하기 위해 연락드립니다.

이 직무는 저와 제 경력 목표에 정말 잘 맞는 것 같습니다. 결정 일정이나 다음 단계에 대해 귀하께서 공유해 주실 수 있는 어떤 것이든 매우 감사하게 여겨질 것입니다.

필요하다면 어떠한 추가 정보도 기꺼이 제공하겠습니다. 다시 한번 감사드립니다.

Tom Smith 드림

① 지원서를 제출하려고
② 면접 약속을 잡으려고
③ 결정 과정에 대한 업데이트 사항을 문의하려고
④ 회사의 사업에 대한 더 많은 정보를 요청하려고

해설 이메일 형식의 지문은 보통 지문의 앞부분에 목적이 언급되고 지문 마지막에서 결론을 강조하는데, 지문 처음에서 지난주 면접에 대해 감사드리기 위해 글을 쓴다고 했고, 지문 마지막에서 자신의 지원 상황에 대해 업데이트된 사항이 있는지 확인하고 싶다며 결정 일정이나 다음 단계에 대해 공유해 달라고 하고 있다. 따라서 '③ 결정 과정에 대한 업데이트 사항을 문의하려고'가 이 글의 목적이다. (불변의 패턴 01)

어휘 truly 진심으로   account 계정   valuable 유익한, 소중한
status 상황, 상태   application 지원   career 경력   timeline 일정
greatly 매우, 대단히   appreciate 감사하게 여기다
gladly 기꺼이, 기쁘게   submit 제출하다   appointment 약속
inquire 문의하다   request 요청하다

5~6
정답 5 ②, 6 ④

끊어읽기 해석

Each year in July / people all over the world / aim to exclude common plastic waste items / from their daily life, / opting instead for reusable containers / or those made from biodegradable materials.
매년 7월에 / 전 세계의 사람들은 / 흔한 플라스틱 쓰레기 물품을 배제하는 것을 목표로 합니다 / 그들의 일상생활에서 / 재사용 가능한 용기를 대신 선택하며 / 또는 생분해성 소재로 만들어진 것들을 (대신 선택하며)

We think this is a great idea / and / why not make it a year-round effort / at home and in the workplace.
저희는 이것이 훌륭한 아이디어라고 생각합니다 / 그리고 / 이것을 연중 계속되는 활동으로 만들어 보는 것은 어떨까요 / 가정과 직장에서

The vision started in Western Australia in 2011 / and has since moved across the world / to help promote the vision / and stop the earth becoming further saturated / with plastic materials / which are part of our convenience lifestyle.
이 비전은 2011년에 서호주에서 시작되었습니다 / 그리고 이후에 전 세계로 확산되었습니다 / 그 비전을 촉진하는 것을 돕기 위해 / 그리고 지구가 더 이상 포화되는 것을 막기 위해 / 플라스틱 재료로 / 우리의 편리한 생활 방식의 일부인

Lots of items are designed / to be used once and disposed of.
많은 물건들이 설계되었습니다 / 한 번 사용되고 버려지도록

They fill up bins / in homes, schools, at work and on streets / across the world.
그것들은 쓰레기통을 가득 채웁니다 / 가정, 학교, 직장, 그리고 거리의 / 전 세계의

You can assist / in achieving the goal / of having a world without plastic waste.
여러분은 도울 수 있습니다 / 목표를 달성하는 것을 / 플라스틱 쓰레기가 없는 세상을 갖는

Choose what you will do 무엇을 할 것인지 선택하세요
☐ Avoid single-use plastic packaging
일회용 플라스틱 포장 피하기
☐ Target the takeaway items / that could end up in the ocean
테이크아웃 물품을 목표로 삼기 / 결국 바다로 갈 수 있는

☐ Go completely plastic free
완전히 플라스틱이 없는 생활하기
I will participate 저는 참여하겠습니다
☐ for 1 day 1일 동안   ☐ for 1 week 1주일 동안
☐ for 1 month 한 달 동안   ☐ from now on 지금부터 계속

해설 [A]
매년 7월에 전 세계의 사람들은 재사용 가능한 용기나 생분해성 소재로 만들어진 것들을 대신 선택하며 그들의 일상생활에서 흔한 플라스틱 쓰레기 물품을 배제하는 것을 목표로 합니다. 저희는 이것이 훌륭한 아이디어라고 생각하며, 이것을 가정과 직장에서의 연중 계속되는 활동으로 만들어 보는 것은 어떨까요.

이 비전은 2011년에 서호주에서 시작되었고, 이후에 그 비전을 촉진하는 것을 돕고 지구가 더 이상 우리의 편리한 생활 방식의 일부인 플라스틱 재료로 포화되는 것을 막기 위해 전 세계로 확산되었습니다.

많은 물건들이 한 번 사용되고 버려지도록 설계되었습니다. 그것들은 전 세계의 가정, 학교, 직장, 그리고 거리의 쓰레기통을 가득 채웁니다.

여러분은 플라스틱 쓰레기가 없는 세상을 갖는 목표를 달성하는 것을 도울 수 있습니다.

무엇을 할 것인지 선택하세요
☐ 일회용 플라스틱 포장 피하기
☐ 결국 바다로 갈 수 있는 테이크아웃 물품을 목표로 삼기
☐ 완전히 플라스틱이 없는 생활하기

저는 참여하겠습니다
☐ 1일 동안   ☐ 1주일 동안
☐ 한 달 동안   ☐ 지금부터 계속

5
① 일회용품의 개발
② 플라스틱 없애기 도전에 함께하세요
③ 플라스틱 물품을 버리는 방법
④ 에너지 절약을 위한 간단한 방법

해설 5 웹페이지의 제목은 지문 처음에서 찾을 수 있는데, 두 번째 문장에서 일상생활에서 플라스틱 쓰레기 물품을 배제하는 것을 연중 계속되는 활동으로 만들어 보는 것은 어떨지 제안하고 있으므로, '② 플라스틱 없애기 도전에 함께하세요'가 이 글의 제목이다. (불변의 패턴 02)
6 웹페이지의 세부 내용은 소제목을 중심으로 확인할 수 있는데, ④번의 키워드인 '참여'와 관련된 소제목 I will participate(저는 참여하겠습니다) 주변의 내용에서 참여는 '1일 동안'부터 '지금부터 계속'까지 할 수 있다는 것을 알 수 있으므로, '④ 최대 한 달까지 참여할 수 있다'는 지문의 내용과 일치하지 않는다. (불변의 패턴 03)

어휘 exclude 배제하다   reusable 재사용 가능한
biodegradable 생분해성의   promote 촉진하다   saturate 포화시키다
target 목표로 삼다

7
정답 ③

끊어읽기 해석

To: citycouncil@woodville.gov
수신: citycouncil@woodville.gov
From: headcouncil@woodville.gov
발신: headcouncil@woodville.gov
Date: April 3, 2025
날짜: 2025년 4월 3일
Subject: Attention Council
제목: 시의회에 알립니다

Section 1 신유형 **37**

Dear Members of the Woodville City Council,
Woodville 시의회 의원 여러분께

I am writing to inform you / of several issues in our community / that need attention.
저는 여러분께 알리고자 글을 씁니다 / 우리 지역사회의 몇 가지 문제에 대해 / 관심이 필요한

A resident, John Smith, / of 123 Elm Street, / has reported problems / with the road conditions on Elm Street, / especially between Maple Avenue and Oak Street.
주민인 John Smith는 / 123 Elm가의 / 문제를 신고했습니다 / Elm가의 도로 상태에 관한 / 특히 Maple가와 Oak가 사이의

There are many potholes and cracks / that have worsened / after recent heavy rain, / causing traffic disruptions and safety hazards.
포트홀과 균열이 많습니다 / 더 나빠진 / 최근의 폭우 이후에 / 교통 혼란과 안전 위험을 초래하는

Even though temporary repairs have been made, / the problems continue.
임시 보수가 이루어졌지만 / 문제는 계속되고 있습니다

The resident is also concerned / about poor lighting in Central Park, / especially along Park Lane, / because broken or missing streetlights have led to minor accidents / and lowered property values.
그 주민은 또한 우려합니다 / 중앙 공원의 조명 불량에 대해 / 특히 Park 길을 따라 있는 / 고장 나거나 없어진 가로등이 경미한 사고로 이어졌기 때문에 / 그리고 부동산 가치를 하락시켰기 때문에

He requests / that the Council repair Elm Street / and improve the lighting in the park.
그는 요청합니다 / 의회가 Elm가를 수리하기를 / 그리고 공원의 조명을 개선하기를

I urge the Council / to address these issues / for the safety and well-being / of our community.
저는 의회에 촉구합니다 / 이 문제들을 해결해 주실 것을 / 안전과 안녕을 위해 / 우리 지역사회의

Thank you for your attention / to these matters.
관심을 가져 주셔서 감사합니다 / 이 문제들에

I trust / we will work together / to resolve these issues effectively.
저는 믿습니다 / 우리가 함께 노력할 것이라고 / 이 문제들을 효과적으로 해결하기 위해

Sincerely,
Stephen James
Head of Woodville City Council
Woodville 시의회 의장 Stephen James 드림

해석 수신: citycouncil@woodville.gov
발신: headcouncil@woodville.gov
날짜: 2025년 4월 3일
제목: 시의회에 알립니다

Woodville 시의회 의원 여러분께,

저는 우리 지역사회에서 관심이 필요한 몇 가지 문제에 대해 여러분께 알리고자 글을 씁니다. 123 Elm가의 주민인 John Smith는 Elm가, 특히 Maple가와 Oak가 사이의 도로 상태에 관한 문제를 신고했습니다. 최근의 폭우 이후에 상태가 더 나빠진 포트홀과 균열이 많아서, 교통 혼란과 안전 위험을 초래하고 있습니다. 임시 보수가 이루어졌지만, 문제는 계속되고 있습니다.

그 주민은 또한 고장 나거나 없어진 가로등이 경미한 사고로 이어지고 부동산 가치를 하락시켰기 때문에 중앙 공원, 특히 Park 길을 따라 있는 조명 불량에 대해 우려합니다. 그는 의회가 Elm가를 수리하고 공원의 조명을 개선해 줄 것을 요청합니다.

저는 우리 지역사회의 안전과 안녕을 위해 의회가 이 문제들을 해결해 주실 것을 촉구합니다. 이 문제들에 관심을 가져 주셔서 감사합니다. 저는 우리가 이 문제들을 효과적으로 해결하기 위해 함께 노력할 것이라고 믿습니다.

Woodville 시의회 의장 Stephen James 드림

① 의회의 노고에 감사를 표현하려고
② 의회를 중앙 공원에 방문하도록 초대하려고
③ 의회에 지역 사회 문제를 해결할 것을 요청하려고
④ 의회에 지역에서 이루어진 최근의 보수 공사에 대한 최신 정보를 알려주려고

해설 이메일은 보통 지문 앞부분에 목적이 언급되고 지문 마지막에서 결론을 강조하는데, 지문 앞부분에서 지역사회에서 관심이 필요한 몇 가지 문제에 대해 알리고자 글을 쓴다고 하고, 지문 마지막에서 지역 사회의 안전과 안녕을 위해 의회가 이 문제들을 해결해 줄 것을 촉구한다고 했으므로, '③ 의회에 지역 사회 문제를 해결할 것을 요청하려고'가 이 글의 목적이다. (불변의 패턴 01)

어휘 council 의회 report 신고하다 pothole 포트홀, (도로에) 움푹 팬 곳
crack 균열, (무엇이 갈라져 생긴) 금 disruption 혼란, 지장 hazard 위험
temporary 임시의, 일시적인 continue 계속되다 property 부동산, 재산
urge 촉구하다, 강력히 권고하다 resolve 해결하다
effectively 효과적으로 gratitude 감사 solicit 요청하다

8
정답 ④

끊어읽기 해석

KIDS SUMMER ART CAMP 2025
2025 어린이 여름 미술 캠프

Join the Stan José Art Museum (SJAM) / for a week of fun!
Stan José 미술관(SJAM)과 함께하세요 / 재미있는 한 주를 위해

Campers get behind-the-scenes access to exhibitions, / experiment with the artistic process, / and show off their own work / in a student exhibition.
캠프 참가자들은 전시회의 비공개 부분에 접근하고 / 예술적 과정을 체험하며 / 그리고 자신의 작품을 뽐낼 수 있습니다 / 학생 전시회에서

WHO 대상

For children ages 6-14 6세부터 14세까지의 어린이 대상

Each camper will receive / individual artistic support, encouragement, and creative challenges / unique to their learning style and skill level.
각 캠프 참가자는 받을 것입니다 / 개인별 예술적 지원, 격려, 그리고 창의적 도전을 / 자신의 학습 방식과 실력 수준에 맞는

WHAT 내용

Join SJAM / for a summer art camp / that pairs creative exploration / of art materials and processes / led by our experienced gallery teachers and studio art educators.
SJAM과 함께하세요 / 여름 미술 캠프를 위해 / 창의적 탐구를 결합하는 / 미술 재료와 과정의 / 저희의 숙련된 갤러리 교사와 스튜디오 미술 교육자들이 이끄는

In addition, / campers will engage / in interpretive art and science lessons / created by Eddie Brown, / a STEM consultant.
또한 / 캠프 참가자들은 참여하게 될 것입니다 / 해석적 미술과 과학 수업에 / Eddie Brown에 의해 만들어진 / STEM 상담가인

ART CAMP EXHIBITION 미술 캠프 전시회

We invite families and caregivers / to attend a weekly exhibition reception / of campers' artwork / to celebrate the artistic achievements / of each participant.
저희는 가족들과 보호자들을 초대합니다 / 주간 전시회 축하 연회에 참석하도록 / 캠프 참가자들의 작품에 대한 / 예술적 성취를 축하하기 위해 / 각 참가자의

WHEN 일정

All camps run 9 am - 3 pm, / Monday - Friday.
모든 캠프는 오전 9시부터 오후 3시까지 운영됩니다 / 월요일부터 금요일까지

Monday, June 9 - Friday, July 25 / (no camp the week of June 30)
6월 9일 월요일부터 7월 25일 금요일까지 / (6월 30일 주간에는 캠프가 없습니다)

해석 **2025 어린이 여름 미술 캠프**

재미있는 한 주를 위해 Stan José 미술관(SJAM)과 함께하세요! 캠프 참가자들은 전시회의 비공개 부분에 접근하고, 예술적 과정을 체험하며, 학생 전시회에서 자신의 작품을 뽐낼 수 있습니다.

대상
6세부터 14세까지의 어린이 대상
각 캠프 참가자는 자신의 학습 방식과 실력 수준에 맞는 개인별 예술적 지원, 격려, 그리고 창의적 도전을 받을 것입니다.

내용
저희의 숙련된 갤러리 교사와 스튜디오 미술 교육자들이 이끄는 미술 재료와 과정의 창의적 탐구를 결합하는 여름 미술 캠프를 위해 SJAM과 함께하세요. 또한, 캠프 참가자들은 STEM 상담가인 Eddie Brown이 만든 해석적 미술과 과학 수업에 참여하게 될 것입니다.

미술 캠프 전시회
저희는 각 참가자의 예술적 성취를 축하하기 위해 캠프 참가자들의 작품에 대한 주간 전시회 축하 연회에 참석하도록 가족들과 보호자들을 초대합니다.

일정
모든 캠프는 월요일부터 금요일까지, 오전 9시부터 오후 3시까지 운영됩니다.
6월 9일 월요일부터 7월 25일 금요일까지 (6월 30일 주간에는 캠프가 없습니다)

① 캠프 참가자들은 자신의 작품을 학생 전시회에 전시할 기회를 가질 것이다.
② 캠프는 6세에서 14세 어린이를 위한 개인별 예술적 지원을 포함한다.
③ 한 STEM 상담가가 해석적 미술과 과학 수업을 개발했다.
④ 캠프는 6월 9일부터 7월 25일까지 쉬는 날 없이 운영된다.

해석 안내문의 세부 내용은 소제목을 중심으로 확인할 수 있는데, ④번의 키워드인 with no break(쉬는 날 없이)와 관련된 소제목 WHEN (일정) 주변의 내용에서 6월 30일 주간에는 캠프가 없다고 했으므로, '④ 캠프는 6월 9일부터 7월 25일까지 쉬는 날 없이 운영된다'는 지문의 내용과 일치하지 않는다. (불변의 패턴 03)

어휘 access 접근, 기회 exhibition 전시회 show off ~을 뽐내다
individual 개인의, 개별의 encouragement 격려 exploration 탐구
experienced 숙련된, 경험 많은 engage in ~에 참여하다
interpretive 해석적인 caregiver 보호자 achievement 성취

9~10
끊어읽기 해석

정답 9 ④, 10 ④

We have been notified / of a scam / targeting people / through text messages / requesting they pay / an overdue parking ticket.
저희는 알림을 받았습니다 / 사기에 대해 / 사람들을 대상으로 하는 / 문자 메시지를 통해 / 그들이 지불하도록 요구하는 / 연체된 주차 위반 딱지의

• These text messages are not from us.
이러한 문자 메시지들은 저희가 보낸 것이 아닙니다

• ①Do not click the link or provide payment details.
링크를 클릭하거나 결제 정보를 제공하지 마십시오

• ②Report these messages / to your cell phone provider / and then delete them.
이러한 메시지를 신고하십시오 / 여러분의 통신사에 / 그러고 나서 그것들을 삭제하십시오

• ③We do not notify the public / of fines / through texting, media, or social media.
저희는 대중에게 고지하지 않습니다 / 벌금을 / 문자 메시지, 매체, 또는 소셜 미디어를 통해

City-approved notification methods / for parking tickets:
시에서 승인한 고지 방법 / 주차 위반 딱지에 대한

• Ticket served to vehicle
차량에 직접 발부된 딱지

• ④Ticket sent by post / to registered owner of vehicle
우편으로 발송된 딱지 / 등록된 차량 소유자에게

해석 [A]
저희는 연체된 주차 위반 딱지를 지불하도록 요구하는 문자 메시지를 통해 사람들을 대상으로 하는 사기에 대한 알림을 받았습니다.

• 이러한 문자 메시지들은 저희가 보낸 것이 아닙니다.
• 링크를 클릭하거나 결제 정보를 제공하지 마십시오.
• 이러한 메시지를 여러분의 통신사에 신고한 다음 삭제하십시오.
• 저희는 문자 메시지, 매체, 또는 소셜 미디어를 통해 대중에게 벌금을 고지하지 않습니다.

주차 위반 딱지에 대한 시에서 승인한 고지 방법:
• 차량에 직접 발부된 딱지
• 등록된 차량 소유자에게 우편으로 발송된 딱지

9
① 시의 주차 위반 딱지 지불 방법
② 주차 위반 딱지를 받지 않는 방법
③ 시간과 돈을 절약하세요! 유용한 주차 팁
④ 경고! 가짜 주차 위반 딱지 지불 문자 메시지

해설 9 웹페이지의 제목은 지문 처음에서 찾을 수 있는데, 지문 처음에서 연체된 주차 위반 딱지를 지불하도록 요구하는 문자 메시지를 통해 사람들을 대상으로 하는 사기에 대한 알림을 받았다고 한 후, 이러한 문자 메시지들을 신고하라고 하고 있다. 따라서 '④ 경고! 가짜 주차 위반 딱지 지불 문자 메시지'가 이 글의 제목이다. (불변의 패턴 02)

10 웹페이지의 세부 내용은 소제목을 중심으로 확인할 수 있는데, ④번의 키워드인 '등록된 차량 소유주'가 그대로 언급된 지문 마지막 중점(·)의 registered owner of vehicle 주변의 내용에서 고지 방법 중 한 가지로 등록된 차량 소유자에게 우편으로 딱지를 발송한다는 것을 알 수 있으므로, '④ 고지서는 등록된 차량 소유주에게 우편으로 발송된다'가 지문의 내용과 일치한다. (불변의 패턴 03)

오답분석 10
① 두 번째 단락에서 링크를 클릭하거나 결제 정보를 제공하지 말라고 했으므로, 지문의 내용과 다르다.
② 두 번째 단락에서 사기성 문자를 신고한 다음 삭제하라고 했으므로, 지문의 내용과 다르다.
③ 두 번째 단락에서 문자 메시지, 매체, 또는 소셜 미디어를 통해 대중에게 벌금을 고지하지 않는다고 했으므로, 지문의 내용과 다르다.

어휘 scam 사기 target 대상으로 하다 overdue 연체된 report 신고하다
fine 벌금 fake 가짜의, 거짓된

11

정답 ②

끊어읽기 해석

THE LARGEST AVIATION COLLECTIBLES SHOW IN THE EAST COAST
동해안 지역의 최대 항공 수집품 전시회
When 언제
Saturday, September 6, 2025 2025년 9월 6일 토요일
10 a.m. - 6 p.m. 오전 10시 - 오후 6시
Where 어디서
Grand Exposition Center Grand 박람회 센터
160 Airport Avenue Airport가 160
• $10 Admission 입장료 10달러
• Children under 12 Free 12세 미만 어린이 무료
Hourly Door Prizes 시간마다 있는 추첨 상품
Over 90 Tables / of Hard-to-find Airline and Transportation Collectibles!
90개 이상의 테이블 / 구하기 어려운 항공사 및 운송 수집품이 있는
Discover and Buy / Sensational Domestic and Foreign Airline Collectibles / such as:
발견하고 구매하세요 / 놀랄 만한 국내 및 해외 항공사 수집품을 / ~과 같은
Airline & Travel Posters, Diecast Models, Thousands of Other Historic Airline & Transportation Artifacts and Much More!
항공사 및 여행 포스터, 주형으로 만든 모형, 수천 점의 기타 역사적 항공사 및 운송 유물, 그리고 훨씬 더 많은 품목들

해석 동해안 지역의 최대 항공 수집품 전시회

언제
2025년 9월 6일 토요일
오전 10시 - 오후 6시
어디서
Grand 박람회 센터
Airport가 160

• 입장료 **10달러**
• 12세 미만 어린이 **무료**
시간마다 있는 **추첨 상품**

구하기 어려운 항공사 및 운송 수집품이 있는 90개 이상의 테이블!
다음과 같은 놀랄 만한 국내 및 해외 항공사 수집품을 발견하고 구매하세요:
항공사 및 여행 포스터, 주형으로 만든 모형, 수천 점의 기타 역사적 항공사 및 운송 유물, 그리고 훨씬 더 많은 품목들!

① 동해안 지역의 최대 항공 수집품 전시회가 9월에 열릴 것이다.
② 추첨 상품은 12세 미만 어린이에게만 제공된다.
③ 희귀한 항공사 및 운송 수집품들이 전시회에서 전시될 것이다.
④ 방문객들은 국내외 수집품들을 모두 볼 수 있다.

해설 안내문의 세부 내용은 소제목을 중심으로 확인할 수 있는데, ②번의 키워드인 children under 12(12세 미만 어린이)가 그대로 언급된 지문 주변의 내용에서 12세 미만 어린이는 무료라고 했지만, 추첨 상품이 12세 미만 어린이에게만 제공되는지는 알 수 없다. 따라서 '② 추첨 상품은 12세 미만 어린이에게만 제공된다'는 지문의 내용과 일치하지 않는다. (불변의 패턴 03)

어휘 aviation 항공 collectible 수집품 exposition 박람회
admission 입장료 door prize 추첨 상품 sensational 놀랄 만한
domestic 국내의 diecast 주형으로 만든, 다이캐스트로 제조된
exclusively 오직(~만), 오로지

Section 2 글의 내용 파악 유형

p.98

불변의 패턴 05 주제·제목·요지·목적은 처음과 마지막 두세 문장에서 제시된다.

대표 기출 예제

정답 ③

끊어읽기 해석

Every organization has resources / that it can use / to perform its mission.
모든 조직은 자원이 있다 / 사용할 수 있는 / 그것의 임무를 수행하는 데
How well your organization does its job / is partly a function of / how many of those resources you have, / but mostly / it is a function of / how well you use the resources you have, / such as people and money.
당신의 조직이 임무를 얼마나 잘 수행하는가는 / 부분적으로는 ~에 달려 있다 / 당신이 얼마나 많은 자원을 가지고 있느냐 / 하지만 대부분은 / ~에 달려 있다 / 당신이 가진 자원을 얼마나 잘 사용하느냐 / 인력과 돈과 같은
You as the organization's leader / can always make the use of those resources / more efficient and effective, / provided that / you have control of / the organization's personnel and agenda, / a condition / that does not occur automatically.
조직의 리더로서 당신이 / 항상 이러한 자원을 사용할 수 있다 / 더 효율적이고 효과적으로 / ~한 경우에 / 당신이 ~를 통제하는 / 조직의 인력과 의제를 / 조건인 / 자동으로 발생하지 않는
By managing your people and your money carefully, / by treating the most important things as the most important, / by making good decisions, / and by solving the problems / that you encounter, / you can get the most out of / what you have available to you.
당신의 직원과 돈을 신중하게 관리함으로써 / 가장 중요한 문제를 가장 중요한 것으로 취급함으로써 / 올바른 결정을 내림으로써 / 그리고 문제들을 해결함으로써 / 당신이 직면한 / 당신은 최대한 활용할 수 있다 / 당신이 이용할 수 있는 것을

해석 모든 조직은 그것의 임무를 수행하는 데 사용할 수 있는 자원이 있다. 당신의 조직이 임무를 얼마나 잘 수행하는가는 부분적으로는 당신이 얼마나 많은 자원을 가지고 있느냐에 달려 있지만, 대부분은 당신이 가진 인력과 돈과 같은 자원을 얼마나 잘 사용하느냐에 달려 있다. 조직의 리더로서 당신이 자동으로 발생하지 않는 조건인 조직의 인력과 의제를 통제할 수 있는 경우에, 당신은 항상 이러한 자원을 더 효율적이고 효과적으로 사용할 수 있다. 당신의 직원과 돈을 신중하게 관리하고, 가장 중요한 것을 가장 중요한 것으로 취급하고, 올바른 결정을 내리고, 직면한 문제들을 해결함으로써, 당신은 당신이 이용할 수 있는 것을 최대한 활용할 수 있다.

① 조직 내 자원의 교환
② 외부 통제를 설정하는 리더의 능력
③ 자원을 최대한 활용하기: 리더의 방법
④ 조직의 기술적 역량: 성공의 장벽

어휘 organization 조직 resource 자원 mission 임무 partly 부분적으로
personnel 인력, 직원 agenda 의제, 안건 condition 조건
automatically 자동으로 encounter 직면하다, 마주치다
external 외부의 technical 기술적인, 기술의 capacity 역량, 능력

기출문제 풀어보기
정답 ①

끊어읽기 해석

The reason / artificial blue light in devices / can be so harmful / in the evening / is that it mimics / the sun's natural blue light / —which confuses the body's circadian clock.
이유는 / 기기의 인공 청색광이 / 매우 해로울 수 있는 / 저녁에 / 그것이 모방하기 때문이다 / 태양의 자연 청색광을 / 이는 신체의 생체 시계를 혼란스럽게 한다

A study showed / that viewing artificial blue light / in the evening / will push sleep-inducing melatonin hormones down / drastically, / disrupting bedtimes and affecting daytime behavior.
한 연구는 보여주었다 / 인공 청색광을 보는 것은 / 저녁에 / 수면을 유도하는 멜라토닌 호르몬을 감소시킬 것이다 / 급격히 / 수면 시간을 방해하고 낮 시간 행동에 영향을 주며

But / getting that same blue light / from the sun, / which contains / a health-boosting full spectrum of light, / does the opposite.
하지만 / 같은 청색광을 받는 것은 / 태양으로부터 / 포함하는 / 건강을 증진하는 빛의 전체 스펙트럼을 / 반대의 효과를 낸다

According to the study, / the more daytime blue light a person gets, / the better defense they have / against the harms / of evening blue light / from screens.
연구에 따르면 / 사람이 낮의 청색광을 더 많이 받을수록 / 더 나은 방어력을 갖게 된다 / 해로움에 대한 / 저녁 청색광의 / 스크린에서 나오는

Thus, / packing the day with sunshine / creates a blue-light build-up / that helps counteract / the consequences of that artificial light / at night.
따라서 / 낮을 햇빛으로 채우는 것은 / 청색광의 증가를 만들어낸다 / 상쇄하는 데 도움을 주는 / 인공광의 영향을 / 밤에

In other words, / the more sunlight exposure a child gets / during the day, / the better their brain can build a wall / against the harms / of artificial blue light / later.
다시 말해 / 아이가 더 많은 햇빛 노출을 받을수록 / 낮 동안 / 그들의 뇌가 방어벽을 더 잘 구축할 수 있다 / 해로움에 대한 / 인공 청색광의 / 이후에(저녁에)

해석 기기의 인공 청색광이 저녁에 매우 해로울 수 있는 이유는 그것이 태양의 자연 청색광을 모방하여 신체의 생체 시계를 혼란스럽게 하기 때문이다. 한 연구는 저녁에 인공 청색광을 보는 것이 수면을 유도하는 멜라토닌 호르몬을 급격히 감소시켜 수면 시간을 방해하고 낮 시간 행동에 영향을 줄 것이라는 것을 보여주었다. 하지만 건강을 증진하는 빛의 전체 스펙트럼을 포함하는, 태양으로부터의 같은 청색광을 받는 것은 반대의 효과를 낸다. 연구에 따르면, 사람이 낮의 청색광을 더 많이 받을수록, 스크린에서 나오는 저녁 청색광의 해로움에 대한 더 나은 방어력을 갖게 된다. 따라서, 낮을 햇빛으로 채우는 것은 밤에 인공광의 영향을 상쇄하는 것을 돕는 청색광의 증가를 만들어 낸다. 다시 말해, 아이가 낮 동안 더 많은 햇빛 노출을 받을수록, 그들의 뇌가 이후에(저녁에) 인공 청색광의 해로움에 대한 방어벽을 더 잘 구축할 수 있다.

① 인공 청색광의 영향과 맞서 싸우는 데 있어서의 햇빛의 조력
② 낮 동안에 기기를 사용하는 것의 위험성
③ 화면이 아이들의 수면 주기에 영향을 미치는 방법
④ 저녁에 멜라토닌 수치가 감소하는 이유

해설 지문의 마지막 두 번째 문장에서 낮을 햇빛으로 채우는 것은 밤에 인공광의 영향을 상쇄시키는 것을 돕는 청색광의 증가를 만들어 낸다고 하고, 마지막 문장에서 낮 동안 더 많은 햇빛 노출을 받을수록 뇌가 저녁에 인공 청색광의 해로움에 대한 방어벽을 더 잘 구축할 수 있다고 설명하고 있다. 따라서 '① 인공 청색광의 영향과 맞서 싸우는 데 있어서의 햇빛의 조력'이 이 글의 주제이다.

어휘 artificial 인공의 blue light 청색광, 블루라이트 device 기기
mimic 모방하다, 흉내 내다 circadian clock 생체 시계
induce 유도하다, 유발하다
counteract 상쇄하다, (부정적인 영향에) 대응하다 exposure 노출

p.99

불변의 패턴 06 자주 출제되는 오답의 유형은 정해져 있다.

대표 기출 예제
정답 ④

끊어읽기 해석

It seems incredible / that one man could be responsible for / opening our eyes / to an entire culture, / but until British archaeologist Arthur Evans successfully excavated / the ruins of the palace of Knossos / on the island of Crete, / the great Minoan culture of the Mediterranean / was more legend than fact.
믿을 수 없는 것처럼 보인다 / 한 사람이 책임을 질 수 있다는 것은 / 우리의 눈을 뜨게 하는 / 전체 문화에 대해 / 하지만 영국의 고고학자 Arthur Evans가 성공적으로 발굴하기 전까지 / 크노소스 궁전의 유적을 / 크레타섬에 있는 / 지중해의 위대한 미노아 문화는 / 사실이라기보다는 더 전설이었다

Indeed / its most famed resident / was a creature of mythology: / the half-man, half-bull Minotaur, / said to have lived / under the palace of mythical King Minos.
실제로 / 그곳의 가장 유명한 거주자는 / 신화 속 생명체였다 / 반은 인간이고 반은 황소인 미노타우로스는 / 살았다고 한다 / 신화 속 미노스 왕의 궁전 아래에서

But / as Evans proved, / this realm was no myth.
그러나 / Evans가 증명했듯이 / 이 왕국은 신화가 아니었다

In a series of excavations / in the early years of the 20th century, / Evans found a trove of artifacts / from the Minoan age, / which reached its height from 1900 to 1450 B.C.: / jewelry, / carvings, / pottery, / altars shaped like bull's horns, / and wall paintings / showing Minoan life.
일련의 발굴에서 / 20세기 초의 / Evans는 유물 발굴품을 발견했다 / 미노아 시대의 / 기원전 1900년에서 1450년 사이에 절정에 달했던 / 보석 / 조각품 / 도자기 / 황소 뿔 모양의 제단 / 그리고 벽화를 / 미노아의 삶을 보여주는

해석 한 사람이 전체 문화에 대해 우리의 눈을 뜨게 하는 책임을 질 수 있다는 것은 믿을 수 없는 것처럼 보이지만, 영국의 고고학자 Arthur Evans가 크레타섬에 있는 크노소스 궁전의 유적을 성공적으로 발굴하기 전까지 지중해의 위대한 미노아 문화는 사실이라기보다는 더 전설이었다. 실제로 그곳의 가장 유명한 거주자는 신화 속의 생명체였다. 반은 인간이고 반은 황소인 미노타우로스는 신화 속 미노스 왕의 궁전 아래에서 살았다고 한다. 그러나 Evans가 증명했듯이, 이 왕국은 신화가 아니었다. 20세기 초의 일련의 발굴에서, Evans는 기원전 1900년에서 1450년 사이에 절정에 달했던 미노아 시대의 유물 발굴품인 보석, 조각품, 도자기, 황소 뿔 모양의 제단, 그리고 미노아의 삶을 보여주는 벽화를 발견했다.

① 미노스 왕의 성공적인 발굴
② 미노아 시대의 유물 감상
③ 크레타섬에 있는 궁전의 웅장함
④ 미노아 문화를 현실의 영역으로 끌어들이기

어휘 archaeologist 고고학자 excavate ~을 발굴하다 ruin 유적
Mediterranean 지중해의 indeed 실제로, 정말로 famed 유명한
mythology 신화 bull 황소 realm 왕국, 영역
trove 발굴품, 귀중한 수집품 artifact 유물 carving 조각품
pottery 도자기 altar 제단 horn 뿔 appreciate 감상하다
magnificence 웅장함

기출문제 풀어보기

정답 ①

끊어읽기 해석

We are living in perhaps the most exciting times / in all of human history.
우리는 아마도 가장 흥미로운 시기에 살고 있다 / 인류 역사상

The technological advances / we are witnessing today / are giving birth to / new industries that are producing / devices, systems, and services / that were once only reflected / in the realm of science fiction and fantasy.
기술 발전은 / 오늘날 우리가 목격하고 있는 / 탄생시키고 있다 / 새로운 산업을 / 생산하는 / 기기, 시스템, 그리고 서비스를 / 한때 반영되었던 / 공상 과학과 판타지의 영역에만

Industries are being completely restructured / to become better, faster, stronger, and safer.
산업은 완전히 재구성되고 있다 / 더 좋고, 더 빠르고, 더 강하고, 더 안전해지기 위해

You no longer have to settle for something / that is "close enough," / because customization is reaching levels / that provide you with / exactly what you want or need.
당신은 더 이상 무언가에 만족할 필요가 없다 / '충분히 가까운' / 맞춤화는 수준에 도달하고 있기 때문에 / 당신에게 제공하는 / 당신이 원하거나 필요로 하는 것을 정확하게

We are on the verge of / releasing the potential of / genetic enhancement, nanotechnology, and other technologies / that will lead to curing many diseases / and / maybe even slowing the aging process itself.
우리는 직전에 있다 / 잠재력을 공개하기 / 유전자 향상, 나노 기술 및 기타 기술의 / 많은 질병을 치료하도록 이끌 / 그리고 / 심지어 어쩌면 노화 과정 자체를 늦추도록 (이끌)

Such advances are due to discoveries / in separate fields / to produce these wonders.
그러한 발전은 발견에 기인한다 / 별개의 분야에서의 / 이러한 경이로움을 만들어내는

In the not so distant future, / incredible visions of imagination / such as robotic surgeons / that keep us healthy, / self-driving trucks / that deliver our goods, / and / virtual worlds / that entertain us / after a long day / will be commonplace.
그리 머지않은 미래에, / 놀라운 상상의 모습이 / 로봇 외과 의사와 같은 / 우리를 계속 건강하게 해주는 / 자율 주행 트럭(과 같은) / 우리의 상품을 배달하는 / 그리고 / 가상 세계(와 같은) / 우리를 즐겁게 해주는 / 긴 하루 끝에 / 흔해질 것이다

If ever there were a time / that we were about to capture perfection, / it is now / —and the momentum is only increasing.
때가 있었다면 / 우리가 완벽함을 정확히 포착하려고 했던 / 그것은 바로 지금이다 / 그리고 그 기세는 점점 더 커지기만 할 뿐이다

해석 우리는 아마도 인류 역사상 가장 흥미로운 시기에 살고 있다. 오늘날 우리가 목격하고 있는 기술 발전은 한때 공상 과학과 판타지의 영역에만 반영되었던 기기, 시스템, 그리고 서비스를 생산하는 새로운 산업을 탄생시키고 있다. 산업은 더 좋고, 더 빠르고, 더 강하고, 더 안전해지기 위해 완전히 재구성되고 있다. 맞춤화는 당신이 원하거나 필요로 하는 것을 정확하게 제공하는 수준에 도달하고 있기 때문에 당신은 더 이상 '충분히 가까운' 것에 만족할 필요가 없다. 우리는 많은 질병을 치료하고 심지어 어쩌면 노화 과정 자체를 늦추도록 이끌 유전자 향상, 나노 기술 및 기타 기술의 잠재력을 공개하기 직전에 있다. 그러한 발전은 이러한 경이로움을 만들어내는 별개의 분야에서의 발견에 기인한다. 그리 머지않은 미래에, 우리를 계속 건강하게 해주는 로봇 외과 의사, 우리의 상품을 배달하는 자율 주행 트럭, 그리고 긴 하루 끝에 우리를 즐겁게 해주는 가상 세계와 같은 놀라운 상상의 모습이 흔해질 것이다. 우리가 완벽함을 정확히 포착하려고 했던 때가 있었다면, 그것은 바로 지금이고, 그 기세는 점점 더 커지기만 할 뿐이다.

① 전례 없는 기술 발전의 시대
② 현대 산업의 불완전한 해결책과의 분투
③ 기술 진보에 대한 역사적 관점
④ 현대 산업의 정체된 상태

해설 지문 전반에 걸쳐 산업은 더 좋고, 더 빠르고, 더 강하고, 더 안전해지기 위해 완전히 재구성되고 있고, 우리가 완벽함을 정확히 포착하려고 했던 때가 있었다면 그것은 바로 지금이라고 설명하고 있다. 따라서 '① 전례 없는 기술 발전의 시대'가 이 글의 제목이다.

오답분석
② 현대 산업의 불완전한 해결책에 대해서는 언급되지 않았다.
③ 기술 진보에 대한 역사적 관점에 대해서는 언급되지 않았다.
④ 두 번째 문장에서 산업은 더 좋고, 더 빠르고, 더 강하고, 더 안전해지기 위해 완전히 재구성되고 있다고 설명하고, 마지막 문장에서 기세는 점점 더 커지기만 할 뿐이라고 하고 있으므로 '현대 산업의 정체된 상태'는 지문의 내용과 반대이다.

어휘 reflect 반영하다, 나타내다 realm 영역 science fiction 공상 과학
restructure 재구성하다 settle for ~에 만족하다
customization 맞춤화, 주문에 따라 만듦 on the verge of ~하기 직전에
genetic 유전자의, 유전(학)의 enhancement 향상, 증대
nanotechnology 나노 기술 vision 모습 surgeon 외과 의사
commonplace 흔한 capture 정확히 포착하다, 포획하다
momentum 기세, 추진력 era 시대 unprecedented 전례 없는
imperfect 불완전한 perspective 관점 stagnant 정체된
contemporary 현대의, 동시대의

불변의 패턴 07 내용 일치·불일치 파악 문제의 선택지는 글의 순서대로 나온다.

대표 기출 예제

정답 ③

끊어읽기 해석

①Glass Beach was created by accident.
Glass Beach는 우연히 만들어졌다

Beginning in 1906, / people were permitted to throw away their garbage / in the ocean near the city.
1906년부터, / 사람들은 쓰레기를 버리는 것이 허용되었다 / 도시 근처의 바다에

People threw away glass bottles, appliances, and even cars.
사람들은 유리병, 가전제품, 심지어 자동차까지 버렸다

②In 1967, / the local government / made it illegal / to throw away trash in the water.
1967년에, / 지방 정부는 / 불법으로 만들었다 / 쓰레기를 물에 버리는 것을

③After this, / there were many cleanup efforts / to recycle the metal and the other non-biodegradable waste.
이후, / 많은 정화 노력이 있었다 / 금속과 다른 비(非)생분해성 폐기물을 재활용하기 위한

However, / most of the glass / had already been broken into tiny pieces.
하지만, / 대부분의 유리는 / 이미 아주 작은 조각들로 깨져 있었다

④The glass was too difficult to remove, / so it was left in the water.
그 유리는 제거하기가 너무 어려웠다 / 그래서 물속에 남겨졌다

Over time, / the pounding waves / caused the rough pieces of glass to become smooth.
시간이 지나면서, / 파도의 타격이 / 거친 유리조각들을 매끄럽게 만들었다

⑤These green, white, and brown pieces of smooth glass / began washing up on shore, / creating Glass Beach.
이 녹색, 흰색, 그리고 갈색의 매끄러운 유리조각들이 / 해안가로 씻겨 내려오기 시작했다 / 그리고 Glass Beach를 만들었다

[해석] Glass Beach는 우연히 만들어졌다. 1906년부터, 사람들은 도시 근처의 바다에 쓰레기를 버리는 것이 허용되었다. 사람들은 유리병, 가전제품, 심지어 자동차까지 버렸다. 1967년에, 지방 정부는 쓰레기를 물에 버리는 것을 불법으로 만들었다. 이후, 금속과 다른 비(非)생분해성 폐기물을 재활용하기 위한 많은 정화 노력이 있었다. 하지만, 대부분의 유리는 이미 아주 작은 조각들로 깨져 있었다. 그 유리는 제거하기가 너무 어려워서, 물속에 남겨졌다. 시간이 지나면서, 파도의 타격이 거친 유리조각들을 매끄러워지게 만들었다. 이 녹색, 흰색, 그리고 갈색의 매끄러운 유리조각들이 해안가로 씻겨 내려오기 시작했고, Glass Beach를 만들었다.

[어휘] **by accident** 우연히 **permit** 허용하다 **appliance** 가전제품
biodegradable 생분해성의 **remove** 제거하다 **shore** 해안가

기출문제 풀어보기   정답 ④

끊어읽기 해석

According to the historians, / neckties date back to 1660.
역사가들에 따르면 / 넥타이의 역사는 1660년까지 거슬러 올라간다
In that year, / a group of soldiers from Croatia / visited Paris.
그 해에 / 크로아티아에서 온 한 무리의 군인들이 / 파리를 방문했다
These soldiers were war heroes / whom King Louis XIV admired very much.
이 군인들은 전쟁 영웅들이었다 / 루이 14세가 매우 존경했던
Impressed with the colored scarves / that they wore around their necks, / the king decided to honor the Croats / by creating a military regiment / called the Royal Cravattes.
색깔이 있는 스카프에 감명을 받아서 / 그들이 목에 둘렀던 / 그 왕은 크로아티아인들을 기리기로 결정했다 / 군사 연대를 창설하여 / Royal Cravattes라고 불리는
The word *cravat* / comes from the word *Croat*.
'크라바트'라는 단어는 / Croat라는 단어에서 왔다
All the soldiers in this regiment / wore colorful scarves or cravats / around their necks.
이 연대의 모든 군인들은 / 다채로운 스카프나 크라바트를 둘렀다 / 그들의 목에
This new style of neckwear / traveled to England.
이 새로운 스타일의 넥웨어는 / 영국으로 전파되었다
Soon / all upper class men were wearing cravats.
곧 / 모든 상류층 남성들이 크라바트를 맸다
Some cravats were quite extreme.
어떤 크라바트는 상당히 지나쳤다
At times, / they were so high / that a man could not move his head / without turning his whole body.
때때로 / 그것들은 너무 높아서 / 머리를 움직일 수 없었다 / 그의 전신을 돌리지 않고는
The cravats were made of many different materials / from plaid to lace, / which made them suitable / for any occasion.
크라바트는 다양한 재료들로 만들어졌다 / 격자무늬 천부터 레이스까지 / 이는 그것들을 적합하게 만들었다 / 어떤 경우에도

[해석] 역사가들에 따르면, 넥타이의 역사는 1660년까지 거슬러 올라간다. 그 해에, 크로아티아에서 온 한 무리의 군인들이 파리를 방문했다. 이 군인들은 루이 14세가 매우 존경했던 전쟁 영웅들이었다. 그들이 목에 둘렀던 색깔이 있는 스카프에 감명을 받은 왕은 Royal Cravattes라고 불리는 군사 연대를 창설하여 크로아티아인들을 기리기로 결정했다. '크라바트'라는 단어는 Croat라는 단어에서 왔다. 이 연대의 모든 군인들은 목에 다채로운 스카프나 크라바트를 둘렀다. 이 새로운 스타일의 넥웨어는 영국으로 전파되었다. 곧 모든 상류층 남성들이 크라바트를 맸다. 어떤 크라바트는 상당히 지나쳤다. 때때로, 그것들은 너무 높아서 전신을 돌리지 않고는 머리를 움직일 수 없었다. 크라바트는 격자무늬 천부터 레이스까지 다양한 재료들로 만들어졌고, 이는 그것들을 어떤 경우에도 적합하게 만들었다.

① 1660년에 한 무리의 크로아티아 군인들이 파리를 방문했다.
② Royal Cravattes는 스카프를 맨 크로아티아 군인들을 기리기 위해 창설되었다.
③ 일부 크라바트는 머리를 자유롭게 움직이기에 너무 불편했다.
④ 크라바트를 만드는 데 사용된 재료는 제한적이었다.

[해설] ④번의 키워드인 'The materials(재료들)'가 그대로 언급된 지문 주변의 내용에서 크라바트는 격자무늬 천부터 레이스까지 다양한 재료들(many different materials)로 만들어졌다고 했으므로 '④ 크라바트를 만드는 데 사용된 재료는 제한적이었다'는 지문의 내용과 일치하지 않는다.

[어휘] **historian** 역사가, 사학자 **date back to** ~까지 거슬러 올라가다
admire 존경하다, 동경하다 **honor** 기리다, 예우하다
regiment (군사) 연대 **cravat** 크라바트(넥타이처럼 매는 남성용 스카프)
neckwear 넥웨어(넥타이·스카프 등 목에 두르는 물건들)
extreme (유행 등이) 지나친, 극심한 **material** 재료 **plaid** 격자무늬 천
lace 레이스 **suitable** 적합한 **occasion** 경우, 때
limited 제한적인, 한정된

p.101

불변의 패턴 08 내용 일치·불일치 파악 문제의 선택지는 글에 나온 정보가 일부 변형된 것이다.

대표 기출 예제   정답 ①

끊어읽기 해석

Despite such losses, / Germany as a country is rich, / but a recent study from the European Central Bank suggests / that the typical German household is not.
그러한 손실에도 불구하고, / 한 국가로서의 독일은 부유하다 / 하지만 유럽 중앙은행의 최근 연구는 시사한다 / 일반적인 독일 가구는 그렇지 않다는 것을
Astonishingly, / the median household's net assets, / at €51,400, / are less than / those of the typical Italian, Spanish or even Greek household.
놀랍게도, / 중위 가구의 순자산은 / 51,400유로로, / ~보다 더 적다 / 일반적인 이탈리아, 스페인, 또는 심지어 그리스 가구의 그것들(순자산)보다
These figures need / careful interpretation.
이 수치들은 필요하다 / 신중한 해석이
Households in Germany are / smaller than in those countries, / and their average is / dragged down by the east, / where 20 years ago / no one had any assets to speak of.
독일의 가구들은 / 그 나라들(이탈리아, 스페인, 그리스)보다 더 작다 / 그리고 그들의 평균은 / 동부에 의해 끌어내려진다 / 이곳은 20년 전에 / 아무도 말할 자산이 없었다
Moreover, / the figures do not include / pension promises.
게다가, / 그 수치는 포함하지 않는다 / 연금 보장을
But / the main reason / for the poor showing is / that far fewer people than in other European countries / own their homes.
하지만 / 주된 이유는 / 나쁜 성과의 / 다른 유럽 국가들보다 훨씬 더 적은 사람들이 / 집을 소유하고 있기 때문이다

Section 2 글의 내용 파악 유형 43

Most households rent, / and the housing stock is / owned by a relatively small number of people, / so Germany ends up with / the most unequal distribution of household wealth / in the euro zone.
대부분의 가구가 임대한다 / 그리고 주택 재고는 / 상대적으로 적은 수의 사람들이 소유한다 / 따라서 독일은 결국 ~가 되었다 / 가계 부(富)의 분배가 / 가장 불평등한 국가가 / 유로존에서

해석 그러한 손실에도 불구하고, 한 국가로서의 독일은 부유하지만, 유럽 중앙은행의 최근 연구는 일반적인 독일 가구는 그렇지 않다는 것을 시사한다. 놀랍게도, 중위 가구의 순자산은 51,400유로로, 일반적인 이탈리아, 스페인, 또는 심지어 그리스 가구의 그것들(순자산)보다 더 적다. 이 수치들은 신중한 해석이 필요하다. 독일의 가구들은 그 나라들(이탈리아, 스페인, 그리스)보다 더 작고, 그들의 평균은 동부에 의해 끌어내려지는데, 이곳은 20년 전에 아무도 말할 만한 자산이 없었다. 게다가, 그 수치는 연금 보장을 포함하지 않는다. 하지만 나쁜 성과의 주된 이유는 다른 유럽 국가들보다 훨씬 더 적은 사람들이 집을 소유하기 때문이다. 대부분의 가구가 임대하고, 주택 재고는 상대적으로 적은 수의 사람들이 소유하고 있기 때문에, 독일은 결국 유로존(유로화를 통화로 사용하는 유럽 연합 국가들)에서 가계 부(富)의 분배가 가장 불평등한 국가가 되었다.

어휘 median 중위의, 중간의 household 가구, 가정 net asset 순자산 figure 수치 drag down ~을 끌어내리다 pension 연금 showing 성과, 실적 rent 임대하다 stock 재고 unequal 불평등한 distribution 분배

기출문제 풀어보기

정답 ④

끊어읽기 해석

①Around 1700 / there were, / by some accounts, / more than 2,000 London coffeehouses, / occupying more premises / and paying more rent / than any other trade.
약 1700년경에 / ~가 있었다 / 일부 기록에 따르면, / 2,000개 이상의 런던 커피하우스가 / 더 많은 부지를 차지하는 / 그리고 더 많은 임대료를 지불하는 / 다른 어떤 업종보다도

②They came to be known / as penny universities, / because / for that price / one could purchase a cup of coffee / and sit for hours / listening to extraordinary conversations.
그것들은 알려지게 되었다 / 페니 대학으로 / 왜냐하면 / 그 가격에 / 커피 한 잔을 구매할 수 있었다 / 그리고 몇 시간 동안 앉아 있을 수 있었다 / 엄청난 대화를 들으면서

Each coffeehouse / specialized in a different type of clientele.
각 커피하우스는 / 서로 다른 유형의 고객을 전문으로 했다

In one, / physicians could be consulted.
한 곳에서는, / 의사와 상담할 수 있었다

③Others served / Protestants, Puritans, Catholics, Jews, literati, merchants, traders, Whigs, Tories, army officers, actors, lawyers, or clergy.
다른 곳에서는 주문을 받았다 / 신교도, 청교도, 가톨릭교도, 유대인, 지식인, 상인, 무역업자, 휘그당원, 토리당원, 육군 장교, 배우, 법조인, 또는 성직자의

④The coffeehouses provided / England's first egalitarian meeting place, / where a man chatted with his tablemates / whether he knew them or not.
그 커피하우스는 제공했다 / 영국 최초의 평등주의적 만남의 장소를 / 그곳에서 함께 식사하는 사람들과 대화를 나누었다 / 그들을 알든 모르든

해석 1700년경에, 일부 기록에 따르면, 2,000개 이상의 런던 커피하우스가 있었으며, 다른 어떤 업종보다도 더 많은 부지를 차지하고 더 많은 임대료를 지불했다. 그것들은 페니 대학으로 알려지게 되었는데, 그 가격에 커피 한잔을 구매하고 엄청난 대화를 들으면서 몇 시간 동안 앉아 있을 수 있었기 때문이다. 각 커피하우스는 서로 다른 유형의 고객을 전문으로 했다. 한 곳에서는 의사와 상담할 수 있었다. 다른 곳에서는 신교도, 청교도, 가톨릭교도, 유대인, 지식인, 상인, 무역업자, 휘그당원, 토리당원, 육군 장교, 배우, 법조인, 또는 성직자의 주문을 받았다. 그 커피하우스는 영국 최초의 평등주의적 만남의 장소를 제공했으며, 그곳에서 함께 식사하는 사람들과 알든 모르든 대화를 나눴다.

① 커피하우스의 수는 다른 어떤 사업의 수보다도 적었다.
② 고객들은 커피하우스에서 한 시간 이상 머무를 수 없었다.
③ 종교인들은 대화를 나누기 위해 커피하우스에서 만나지 않았다.
④ 커피하우스에서는 심지어 알지 못하는 사람들과도 대화를 나눌 수 있었다.

해설 지문 마지막에서 커피하우스에서 함께 식사하는 사람들과 알든 모르든 대화를 나눴다고 했으므로, '④ 커피하우스에서는 심지어 알지 못하는 사람들과도 대화를 나눌 수 있었다'는 지문의 내용과 일치한다.

오답분석 ① 첫 번째 문장에서 커피하우스는 다른 어떤 업종보다도 더 많은 부지를 차지하고 더 많은 임대료를 지불했다고 했으므로 지문의 내용과 일치하지 않는다.
② 두 번째 문장에서 커피하우스는 커피 한잔을 구매하고 엄청난 대화를 듣는 동안 몇 시간 동안 앉아 있을 수 있었다고 했으므로 지문의 내용과 일치하지 않는다.
③ 다섯 번째 문장에서 커피하우스에서는 신교도, 청교도, 가톨릭교도, 유대인 등의 사람들에게 주문을 받았다고 했으므로 지문의 내용과 일치하지 않는다.

어휘 account 기록, 설명 occupy 차지하다 premises 부지 rent 임대료 trade 업종, 직업 extraordinary 엄청난, 특별한 clientele 고객 physician 의사 consult 상담하다 serve 주문을 받다, 시중들다 Protestant 신교도 Puritan 청교도 literati 지식인 merchant 상인 trader 무역업자, 상인 Whig 휘그당(원) Tory 토리당(원) army officer 육군 장교 clergy 성직자 egalitarian 평등주의적인

Section Test

p. 102-105

1	2	3	4
③	①	③	②

5	6	7	8
③	④	③	④

1

정답 ③

끊어읽기 해석

Young people are fast learners.
젊은이들은 빠른 학습자들이다

They are energetic, active / and have a 'can-do' mentality.
그들은 활기차고, 활동적이다 / 그리고 '할 수 있다'는 사고방식을 가지고 있다

Given the support and right opportunities, / they can take the lead in their own development / as well as the development of their communities.
지원과 적절한 기회가 주어진다면 / 그들은 자신의 발전을 주도할 수 있다 / 그들의 지역사회 발전뿐만 아니라

In many developing countries, / agriculture is still the largest employer / and / young farmers play an important role / in ensuring food security / for future generations.
많은 개발도상국에서 / 농업은 여전히 가장 큰 고용 부문이다 / 그리고 젊은 농부들은 중요한 역할을 한다 / 식량 안보를 보장하는 데 / 미래 세대를 위한

They face many challenges, however.
그러나, 그들은 많은 도전에 직면한다

For example, / it is very difficult / to own land or get a loan / if you do not have a house / —which, if you are young and only just starting your career, / is often not yet possible.

예를 들어 / 매우 어렵다 / 토지를 소유하거나 대출을 받는 것이 / 만약 당신이 집이 없다면 / 그것은 만약 당신이 젊고 이제 막 경력을 시작하는 것이라면 / 보통 아직 가능하지 않다

Working in agriculture requires / substantial and long-term investments.
농업에 종사하는 것은 필요로 한다 / 상당하고 장기적인 투자를

It is also quite risky and uncertain, / because it relies heavily on the climate: / flooding, drought and storms / can damage and destroy farmers' crops / and affect livestock.
그것은 또한 상당히 위험하고 불확실하다 / 그것이 기후에 크게 의존하기 때문이다 / 홍수, 가뭄, 그리고 폭풍은 / 농부들의 작물을 손상시키고 파괴할 수 있다 / 그리고 가축에 영향을 미칠 수 있다

[해석] 젊은이들은 빠른 학습자이다. 그들은 활기차고, 활동적이며, '할 수 있다'는 사고방식을 가지고 있다. 지원과 적절한 기회가 주어진다면, 그들은 자신의 발전뿐만 아니라 그들의 지역사회 발전도 주도할 수 있다. 많은 개발도상국에서, 농업은 여전히 가장 큰 고용 부문이며 젊은 농부들은 미래 세대를 위한 식량 안보를 보장하는 데 중요한 역할을 한다. 그러나, 그들은 많은 도전에 직면한다. 예를 들어, 만약 당신이 집이 없다면 토지를 소유하거나 대출을 받는 것이 매우 어려운데, 만약 당신이 젊고 이제 막 경력을 시작하는 것이라면, 그것(토지를 소유하거나 대출을 받는 것)은 보통 아직 가능하지 않다. 농업에 종사하는 것은 상당하고 장기적인 투자를 필요로 한다. 그것은 또한 기후에 크게 의존하기 때문에 상당히 위험하고 불확실한데, 홍수, 가뭄, 그리고 폭풍은 농부들의 작물을 손상시키고 파괴할 수 있으며 가축에 영향을 미칠 수 있다.

① 농업 부문에 종사하는 것의 경제적 이점
② 현대 농업 관행에서의 기술의 중요성
③ 젊은 농부들의 역할과 그들이 직면하는 도전
④ 도시 개발을 위한 젊은이들의 노력

[해설] 지문 처음에서 젊은이들은 자신의 발전뿐만 아니라 지역사회 발전도 주도할 수 있다고 하며 젊은 농부들이 미래 세대의 식량 안보를 보장하는 데 중요한 역할을 하고 있다고 하고, 이어서 하지만 그들은 많은 도전에 직면한다고 하며 젊은 농부들이 직면하는 도전에 대해 설명하고 있으므로, '③ 젊은 농부들의 역할과 그들이 직면하는 도전'이 이 글의 주제이다. (불변의 패턴 05)

[어휘] energetic 활기찬 active 활동적인 mentality 사고방식
opportunity 기회 agriculture 농업 generation 세대
challenge 도전, 난제 own 소유하다 loan 대출 substantial 상당한
long-term 장기적인 investment 투자 risky 위험한
uncertain 불확실한 rely 의존하다 flooding 홍수 drought 가뭄
crop 작물 affect 영향을 미치다 livestock 가축 sector 부문, 분야

2
정답 ①

끊어읽기 해석

Despite ongoing efforts / to address educational disparities, / the persistent achievement gap / among students / continues to highlight / significant inequities / in the education system.
지속적인 노력에도 불구하고 / 교육 격차를 해결하기 위한 / 지속적인 성취 격차는 / 학생들 사이의 / 계속 강조하고 있다 / 심각한 불평등을 / 교육 체계의

Recent data reveal / that marginalized students, / including those from low-income backgrounds and vulnerable groups, / continue to lag behind their peers / in academic performance.
최근의 자료는 드러낸다 / 소외된 학생들이 / 저소득층 배경과 취약 계층의 학생들을 포함하는 / 그들의 또래들보다 계속 뒤처진다는 것을 / 학업 성취에서

The gap poses a challenge / to achieving educational equity and social mobility.
이 격차는 어려움을 제기한다 / 교육적 평등과 사회적 유동성을 달성하는 데

Experts emphasize the need / for targeted interventions, / equitable resource allocation, / and / inclusive policies / to bridge this gap / and / ensure equal opportunities / for all students, / irrespective of their socioeconomic status or background.
전문가들은 필요성을 강조한다 / 표적 개입의 / 공평한 자원 배분(의) / 그리고 / 포용적 정책(의) / 이러한 격차를 해소하기 위해 / 그리고 / 평등한 기회를 보장하기 위해 / 모든 학생에게 / 그들의 사회경제적 지위나 배경에 관계없이

The issue of continued educational divide / should be addressed / at all levels of education system / in an effort to find a solution.
지속적인 교육 격차 문제는 / 다뤄져야 한다 / 모든 수준의 교육 체계에서 / 해결책을 찾기 위해

[해석] 교육 격차를 해결하기 위한 지속적인 노력에도 불구하고, 학생들 사이의 지속적인 성취 격차는 교육 체계의 심각한 불평등을 계속 강조하고 있다. 최근의 자료는 저소득층 배경과 취약 계층의 학생들을 포함하는 소외된 학생들이 학업 성취에서 그들의 또래보다 계속 뒤처진다는 것을 드러낸다. 이 격차는 교육적 평등과 사회적 유동성을 달성하는 데 어려움을 제기한다. 전문가들은 이러한 격차를 해소하고 사회경제적 지위나 배경에 관계없이 모든 학생에게 평등한 기회를 보장하기 위해 표적 개입, 공평한 자원 배분, 그리고 포용적 정책에 대한 필요성을 강조한다. 지속적인 교육 격차 문제는 해결책을 찾기 위해 모든 수준의 교육 체계에서 다뤄져야 한다.

① 우리는 지속적인 교육 불평등을 해결해야 한다.
② 교육 전문가들은 새로운 학교 정책에 집중해야 한다.
③ 성취 격차를 해소하기 위해 새로운 교수법이 필요하다.
④ 교육 논의에서 가족 소득이 고려되어서는 안 된다.

[해설] 지문 처음에서 학생들 사이의 지속적인 성취 격차가 교육 체계의 심각한 불평등을 계속 강조하고 있다고 했고, 지문 마지막에서 지속적인 교육 격차 문제는 해결책을 찾기 위해 모든 수준의 교육 체계에서 다뤄져야 한다고 설명하고 있으므로, '① 우리는 지속적인 교육 불평등을 해결해야 한다'가 이 글의 요지이다. (불변의 패턴 05)

[어휘] ongoing 지속적인, 계속 진행 중인 address 해결하다, 다루다
disparity 격차, 차이 persistent 지속적인 achievement 성취, 업적
inequality 불평등 reveal 드러내다, 밝히다 marginalized 소외된
vulnerable 취약한 academic 학업의 pose 제기하다
equity 평등, 공평 mobility 유동성, 이동성 intervention 개입
equitable 공평한, 공정한 allocation 배분, 할당
inclusive 포용적인, 포괄적인 irrespective of ~와 관계없이
socioeconomic 사회경제적인 status 지위, 신분

3
정답 ③

끊어읽기 해석

The tragedies of the Greek dramatist Sophocles / have come to be regarded / as the high point of classical Greek drama.
그리스 극작가 소포클레스의 비극은 / 여겨지게 되었다 / 그리스 고전극의 정점으로

Sadly, / only seven of the 123 tragedies / he wrote / have survived, / but of these / perhaps the finest is *Oedipus the King*.
안타깝게도 / 123편의 비극 중 단지 7편만이 / 그가 쓴 / 살아남았다 / 하지만 그중에서 / 아마도 가장 훌륭한 것은 『오이디푸스 왕』일 것이다

The play was one of three / written by Sophocles / about Oedipus, / the mythical king of Thebes / (the others being *Antigone* and *Oedipus at Colonus*), / known collectively as / the Theban plays.

이 연극은 세 편 중 하나였다 / 소포클레스에 의해 쓰인 / 오이디푸스에 대해 / 테베의 신화 속 왕인 / (다른 것들은 『안티고네』와 『콜로노스의 오이디푸스』이다) / 집합적으로 알려져 있다 / 테베 연극으로
Sophocles conceived each of these / as a separate entity, / and / they were written and produced / several years apart / and / out of chronological order.
소포클레스는 이들 각각을 생각했다 / 별도의 실체로 / 그리고 / 그것들은 집필되고 제작되었다 / 몇 년 간격을 두고 / 그리고 / 연대순에서 벗어나서
Oedipus the King follows / the established formal structure / and / it is regarded / as the best example of classical Athenian tragedy.
『오이디푸스 왕』은 따른다 / 확립된 형식적 구조를 / 그리고 / 그것은 여겨진다 / 고전 아테네 비극의 가장 좋은 예로

[해석] 그리스 극작가 소포클레스의 비극은 그리스 고전극의 정점으로 여겨지게 되었다. 안타깝게도, 그가 쓴 123편의 비극 중 단지 7편만이 살아남았는데, 그중에서 아마도 가장 훌륭한 것은 『오이디푸스 왕』일 것이다. 이 연극은 소포클레스가 테베의 신화 속 왕인 오이디푸스에 대해 쓴 세 편(다른 것들은 『안티고네』와 『콜로노스의 오이디푸스』이다) 중 하나였고, 이는 집합적으로 테베 연극으로 알려져 있다. 소포클레스는 이들 각각을 별도의 실체로 생각했고, 그것들은 몇 년 간격을 두고 연대순에서 벗어나서 집필되고 제작되었다. 『오이디푸스 왕』은 확립된 형식적 구조를 따르며 고전 아테네 비극의 가장 좋은 예로 여겨진다.

① 소포클레스는 총 123편의 비극을 썼다.
② 『안티고네』도 오이디푸스 왕에 관한 것이다.
③ 테베 연극은 시간 순서대로 만들어졌다.
④ 『오이디푸스 왕』은 고전적인 아테네 비극을 대표한다.

[해설] 지문 마지막에서 테베 연극들은 몇 년 간격을 두고 연대순에서 벗어나서 집필되고 제작되었다고 했으므로 이 내용을 일부 변형한 '③ 테베 연극은 시간 순서대로 만들어졌다'는 지문의 내용과 일치하지 않는다. (불변의 패턴 08)

[어휘] tragedy 비극 dramatist 극작가 high point 정점
mythical 신화 속에 나오는, 가공의 collectively 집합적으로, 전체적으로
conceive 생각하다, 여기다 separate 별도의, 개별적인 entity 실체, 존재
out of ~에서 벗어나 chronological 연대순의
establish 확립하다, 설립하다 formal 형식적인, 정식의 structure 구조

4
정답 ②

끊어읽기 해석

The assumption that politics and administration could be separated / was ultimately disregarded / as utopian.
정치와 행정이 분리될 수 있다는 가정은 / 결국 무시되었다 / 비현실적이라고
Wilson and Goodnow's idea / of apolitical public administration / proved unrealistic.
Wilson과 Goodnow의 생각은 / 정파와 관련되지 않은 공공 행정에 대한 / 비현실적인 것으로 판명되었다
A more realistic view / —the so-called "politics school" / —is that politics is very much a part of administration.
더 현실적인 견해는 / 소위 '정치 학파'라고 불리는 / 정치가 행정의 일부라는 것이다
The politics school maintains / that in a pluralistic political system, / in which many diverse groups have a voice, / public administrators with considerable knowledge / play key roles.
정치 학파는 주장한다 / 다원적 정치 체제에서 / 다양한 집단이 목소리를 내는 / 상당한 지식을 갖춘 공공 행정가가 / 핵심적 역할을 한다고
Legislation, / for instance, / is written by public administrators / as much as by legislators.
법령은 / 예를 들어 / 공공 행정가에 의해 작성된다 / 입법자 못지않게

The public bureaucracy / is as capable of engendering support for its interests / as any other participant / in the political process, / and / public administrators / are as likely as any to be part of a policymaking partnership.
공공 관료는 / 자신의 이익에 대한 지원을 발생시킬 수 있다 / 다른 어떤 참여자와 마찬가지로 / 정치 과정의 / 그리고 / 공공 행정가는 / 정책 입안 파트너십의 일부가 될 가능성이 크다
Furthermore, / laws are interpreted / by public administrators / in their execution, / which includes many and often unforeseen scenarios.
게다가 / 법률은 해석된다 / 공공 행정가에 의해 / 그것들이 집행될 때 / 여기에는 많은 그리고 종종 예기치 않은 시나리오가 포함된다

[해석] 정치와 행정이 분리될 수 있다는 가정은 결국 비현실적이라고 무시되었다. 정파와 관련되지 않은 공공 행정에 대한 Wilson과 Goodnow의 생각은 비현실적인 것으로 판명되었다. 소위 '정치 학파'라고 불리는 더 현실적인 견해는 정치가 행정의 일부라는 것이다. 정치 학파는 다양한 집단이 목소리를 내는 다원적 정치 체제에서 상당한 지식을 갖춘 공공 행정가가 핵심적 역할을 한다고 주장한다. 예를 들어, 법령은 입법자 못지않게 공공 행정가에 의해 작성된다. 공공 관료는 정치 과정의 다른 어떤 참여자와 마찬가지로 자신의 이익에 대한 지원을 발생시킬 수 있고, 공공 행정가는 정책 입안 파트너십의 일부가 될 가능성이 크다. 게다가, 법률은 집행될 때 공공 행정가에 의해 해석되는데, 여기에는 많은 그리고 종종 예기치 않은 시나리오가 포함된다.

① 정치에서 예측 불가능한 상황에 대처하는 방법
② 공공 행정가의 정치 체제에 대한 놀라운 영향력
③ 정치와 행정을 분리하려는 반복적인 시도
④ 정치와 행정은 분리될 수 없다는 견해의 허점

[해설] 지문 처음에서 정치는 행정의 일부라는 것이 현실적인 견해이며 법령은 입법자 못지않게 공공 행정가에 의해 작성된다고 하고, 지문 전반에 걸쳐 이를 예시를 들어 설명하고 있다. 따라서, '② 공공 행정가의 정치 체제에 대한 놀라운 영향력'이 이 글의 제목이다. (불변의 패턴 05)

[어휘] assumption 가정, 추정 politics 정치 administration 행정, 정부
ultimately 결국, 마침내 disregard 무시하다
utopian 비현실적인; 이상적인 apolitical 어떤 정파[정당]에 관련되지 않은
prove 판명하다, 증명하다 so-called 소위 pluralistic 다원적인
considerable 상당한 legislation 법령, 입법
legislator 입법자, 법률 제정자 bureaucracy 관료, 관료제
engender ~을 발생시키다, 일으키다 policymaking 정책 입안
execution 집행, 실행 unforeseen 예기치 않은, 의외의
cope with ~에 대처하다 unpredictable 예측 불가능한
repetitive 반복적인 attempt 시도 loophole 허점, 빠져나갈 구멍
inseparable 분리할 수 없는

5
정답 ③

끊어읽기 해석

In recent years / Latin America has made huge strides / in exploiting / its incredible wind, solar, geothermal and biofuel energy resources.
최근 몇 년 동안 / 라틴 아메리카는 큰 진전을 이루었다 / 개발하는 데 / 엄청난 풍력, 태양열, 지열 및 바이오 연료 에너지 자원을
Latin America's electricity sector / has already begun to gradually decrease / its dependence on oil.
라틴 아메리카의 전력 부문은 / 이미 점차 낮추기 시작했다 / 그것의 석유에 대한 의존을
Latin America is expected to / almost double its electricity output / between 2015 and 2040.
라틴 아메리카는 예상된다 / 그것의 전력 생산량을 거의 두 배로 늘릴 것으로 / 2015년에서 2040년 사이에

Practically / none of Latin America's new large-scale power plants / will be oil-fueled, / which opens up the field / for different technologies.
사실상 / 라틴 아메리카의 새로운 대규모 발전소 중 어떤 것도 / 석유를 연료로 사용하지 않을 것이다 / 이는 장을 열어준다 / 다른 기술들을 위한

Countries in Central America and the Caribbean, / which traditionally imported oil, / were the first to move away / from oil-based power plants, / after suffering a decade of high and volatile prices / at the start of the century.
중앙아메리카와 카리브해 국가들은 / 전통적으로 석유를 수입했던 / 가장 먼저 벗어났다 / 석유 기반 발전소에서 / 10년 동안 높고 변동성이 큰 가격을 겪은 후에 / 금세기 초에

[해석] 최근 몇 년 동안 라틴 아메리카는 엄청난 풍력, 태양열, 지열 및 바이오 연료 에너지 자원을 개발하는 데 큰 진전을 이루었다. 라틴 아메리카의 전력 부문은 이미 석유에 대한 의존을 점차 낮추기 시작했다. 라틴 아메리카는 2015년에서 2040년 사이에 전력 생산량을 거의 두 배로 늘릴 것으로 예상된다. 사실상 라틴 아메리카의 새로운 대규모 발전소 중 어떤 것도 석유를 연료로 사용하지 않을 것이고, 이는 다른 기술들을 위한 장을 열어준다. 전통적으로 석유를 수입했던 중앙아메리카와 카리브해 국가들은 금세기 초에 10년 동안 높고 변동성이 큰 가격을 겪은 후에 석유 기반 발전소에서 가장 먼저 벗어났다.

① 라틴 아메리카에서의 석유 산업 호황
② 라틴 아메리카에서의 전력 사업 감소
③ 라틴 아메리카에서의 재생 가능 에너지 발전
④ 라틴 아메리카에서의 석유 기반 자원의 적극적인 개발

[해설] 지문 처음에서 라틴 아메리카는 풍력 등의 에너지 자원을 개발하는 데 큰 진전을 이루었으며, 이미 석유에 대한 의존도를 점차 낮추기 시작했다고 하고, 이어서 지문 중간에서 2015년에서 2040년 사이에 전력 생산량을 거의 두 배로 늘릴 것으로 예상된다고 설명하고 있다. 따라서 '③ 라틴 아메리카에서의 재생 가능 에너지 발전'이 이 글의 주제이다. (불변의 패턴 05)

[어휘] stride 진전, 발전   exploit 개발하다, 활용하다   geothermal 지열의
biofuel 바이오 연료   sector 부문, 분야   gradually 점차, 점진적으로
output 생산량, 출력   practically 사실상, 실제로   power plant 발전소
import 수입하다   volatile 변동성이 큰, 변덕스러운
renewable 재생 가능한   aggressive 적극적인, 공격적인

6

정답 ④

끊어읽기 해석

Are you getting enough choline?
당신은 콜린을 충분히 섭취하고 있는가

Chances are, / this nutrient isn't even on your radar.
아마도, / 이 영양소는 당신의 관심사에도 없을 것이다

It's time / choline gets the attention / it deserves.
이제는 ~할 때이다 / 콜린이 주목을 받을 / 마땅히 받아야 할

A shocking 90 percent of Americans / aren't getting enough choline, / according to a recent study.
충격적인 90퍼센트의 미국인들이 / 콜린을 충분히 섭취하지 않고 있다 / 최근의 연구에 따르면

Choline is essential to health / at all ages and stages, / and is especially critical / for brain development.
콜린은 건강에 필수적이다 / 모든 연령과 단계에서 / 그리고 특히 중요하다 / 뇌 발달에

Why aren't we getting enough?
우리는 왜 충분히 섭취하지 않는가

Choline is found / in many different foods / but in small amounts.
콜린은 발견된다 / 많은 다양한 음식에서 / 하지만 소량이다

Plus, / the foods that are rich in choline / aren't the most popular: / think liver, egg yolks and lima beans.
게다가, / 콜린이 풍부한 음식은 / 가장 인기 있는 것이 아니다 / 간, 달걀노른자, 그리고 리마콩을 생각해 보라

Taylor Wallace, who worked on a recent analysis of choline intake in the United States, says, / "There isn't enough awareness about choline / even among health-care professionals / because our government hasn't reviewed the data / or set policies around choline / since the late '90s."
미국에서의 콜린 섭취에 대한 최근의 분석을 진행한 Taylor Wallace는 말한다 / "콜린에 대한 인식이 충분하지 않다 / 심지어 의료 전문가들 사이에서도 / 우리 정부가 자료를 검토하지 않았기 때문에 / 또는 콜린에 대한 정책을 수립하지 않거나 / 90년대 후반 이후로"

[해석] 당신은 콜린을 충분히 섭취하고 있는가? 아마도, 이 영양소는 당신의 관심사에도 없을 것이다. 이제는 콜린이 마땅히 받아야 할 주목을 받을 때이다. 최근의 연구에 따르면, 충격적인 90퍼센트의 미국인들이 콜린을 충분히 섭취하지 않고 있다. 콜린은 모든 연령과 단계에서 건강에 필수적이며, 특히 뇌 발달에 중요하다. 우리는 왜 충분히 섭취하지 않는가? 콜린은 많은 다양한 음식에서 발견되지만, 소량이다. 게다가, 콜린이 풍부한 음식은 가장 인기 있는 것이 아니다. 간, 달걀노른자, 그리고 리마콩을 생각해 보라. 미국에서의 콜린 섭취에 대한 최근의 분석을 진행한 Taylor Wallace는 "우리 정부가 90년대 후반 이후로 콜린에 대한 자료를 검토하거나 정책을 수립하지 않았기 때문에 심지어 의료 전문가들 사이에서도 콜린에 대한 인식이 충분하지 않다"고 말한다.

① 대다수의 미국인들은 콜린을 충분히 섭취하지 못하고 있다.
② 콜린은 뇌 발달에 필요한 필수적인 영양소이다.
③ 간과 리마콩과 같은 음식은 콜린의 좋은 공급원이다.
④ 미국에서는 90년대 후반부터 콜린의 중요성이 강조되어 왔다.

[해설] 지문 마지막에서 Taylor Wallace는 미국 정부가 90년대 후반 이후로 콜린에 대한 자료를 검토하거나 정책을 수립하지 않았기 때문에 심지어 의료 전문가들 사이에서도 콜린에 대한 인식이 충분하지 않다고 말한다고 했으므로 이 내용을 일부 변형한 '④ 미국에서는 90년대 후반부터 콜린의 중요성이 강조되어 왔다'는 지문의 내용과 일치하지 않는다. (불변의 패턴 08)

[어휘] choline 콜린(비타민 B 복합체의 하나)   nutrient 영양소
radar 관심사, 탐지기   essential 필수적인   critical 중요한   liver 간
yolk 노른자   analysis 분석   intake 섭취   awareness 인식

7

정답 ③

끊어읽기 해석

The feeling of being loved / and the biological response it stimulates / is triggered by nonverbal cues: / the tone in a voice, the expression on a face, or the touch that feels just right.
사랑을 받고 있다는 느낌은 / 그리고 그것이 촉진시키는 생물학적 반응은 / 비언어적인 신호에 의해 촉발된다 / 바로 목소리의 어조, 얼굴의 표정, 또는 딱 알맞은 느낌의 접촉이다

Nonverbal cues—rather than spoken words— / make us feel / that the person we are with is / interested in, understands, and values us.
비언어적인 신호는 구어적인 말보다 / 우리가 느끼게 한다 / 우리와 함께 있는 사람이 / 우리에게 관심을 갖고, 이해하고, 중시하고 있다고

When we're with them, / we feel safe.
우리가 그들과 함께 있을 때, / 우리는 안전하다고 느낀다

We even see / the power of nonverbal cues / in the wild.
우리는 심지어 본다 / 비언어적인 신호의 힘을 / 야생에서

After evading the chase of predators, / animals often nuzzle each other / as a means of stress relief.

This bodily contact / provides / reassurance of safety / and relieves stress.
이 신체상의 접촉은 / 제공한다 / 안전에 대한 확신을 / 그리고 스트레스를 완화한다

[해석] 사랑을 받고 있다는 느낌과 그것이 촉진시키는 생물학적 반응은 비언어적인 신호에 의해 촉발된다. 바로 목소리의 어조, 얼굴의 표정, 또는 딱 알맞은 느낌의 접촉이다. 비언어적인 신호는 구어적인 말보다 우리가 함께 있는 사람이 우리에게 관심을 갖고, 이해하고, 중시하고 있다는 것을 느끼게 한다. 우리가 그들과 함께 있을 때, 우리는 안전하다고 느낀다. 우리는 심지어 야생에서 비언어적인 신호의 힘을 본다. 포식자의 추적을 피한 후에, 동물들은 종종 스트레스 해소의 수단으로 서로 코를 비빈다. 이 신체상의 접촉은 안전에 대한 확신을 제공하고 스트레스를 완화한다.

① 야생 동물들은 어떻게 생각하고 느끼는가?
② 효과적으로 의사소통하는 것은 성공의 비결이다
③ 비언어적 의사소통은 말보다 더 중요하다
④ 언어적 단서: 감정을 표현하는 주요 도구

[해설] 지문 처음에서 비언어적인 신호는 사랑을 받고 있다는 느낌과 그것이 촉발시키는 생물학적 반응을 촉발하며, 구어적인 말보다 우리가 함께 있는 사람이 우리에게 관심을 갖고, 이해하고, 중시하고 있다는 것을 느끼게 한다고 설명하고 있다. 따라서 '③ 비언어적 의사소통은 말보다 더 중요하다'가 이 글의 제목이다. (불변의 패턴 05)

[어휘] biological 생물학적인 response 반응 stimulate 촉진시키다, 자극하다
trigger 촉발하다 nonverbal 비언어적인 cue 신호 tone 어조
evade 피하다 nuzzle 코를 비비다 reassurance 확신
primary 주요한

8
정답 ④
끊어읽기 해석

The traditional way / of making maple syrup / is interesting.
전통적인 방법은 / 단풍나무시럽을 만드는 / 흥미롭다
A sugar maple tree produces a watery sap each spring, / when there is still lots of snow on the ground.
사탕단풍나무는 매년 봄에 물기를 머금은 수액을 생산한다 / 그때 땅에는 여전히 많은 눈이 있다
To take the sap / out of the sugar maple tree, / a farmer makes a slit / in the bark / with a special knife, / and puts a "tap" on the tree.
수액을 얻기 위해 / 사탕단풍나무에서 / 농부는 기다란 구멍을 낸다 / 나무껍질에 / 특수한 칼로 / 그리고 나무에 '꼭지'를 끼운다
Then the farmer hangs a bucket from the tap, / and the sap drips into it.
그러고 나서 농부는 꼭지에 양동이를 매단다 / 그리고 수액은 그 안으로 떨어진다
That sap is collected and boiled / until a sweet syrup remains / —forty gallons of sugar maple tree "water" make / one gallon of syrup.
그 수액은 수집되어 끓여진다 / 달콤한 시럽이 남을 때까지 / 40갤론의 사탕단풍나무 '물'이 만든다 / 1갤론의 시럽을
That's a lot of buckets, a lot of steam, and a lot of work.
그것은 많은 양동이, 많은 열기, 그리고 많은 일이다
Even so, / most of maple syrup producers are family farmers / who collect the buckets by hand / and boil the sap into syrup themselves.
그럼에도 불구하고, / 대부분의 단풍나무시럽 생산자들은 가족 농부들이다 / 양동이를 직접 수거하고 / 수액을 시럽으로 직접 끓이는

[해석] 단풍나무시럽을 만드는 전통적인 방법은 흥미롭다. 사탕단풍나무는 매년 봄에 물기를 머금은 수액을 생산하는데, 그때 땅에는 여전히 많은 눈이 있다. 사탕단풍나무에서 수액을 얻기 위해, 농부는 특수한 칼로 나무껍질에 기다란 구멍을 내고, 나무에 '꼭지'를 끼운다. 그러고 나서 농부는 꼭지에 양동이를 매달고, 수액은 그 안으로 떨어진다. 그 수액은 수집되어 달콤한 시럽이 남을 때까지 끓여지는데, 40갤런의 사탕단풍나무 '물'이 1갤런의 시럽을 만든다. 그것은 많은 양동이, 많은 열기, 그리고 많은 일이다. 그럼에도 불구하고, 대부분의 단풍나무시럽 생산자들은 양동이를 직접 수거하고 수액을 시럽으로 직접 끓이는 가족 농부들이다.

[해설] 지문 마지막에서 대부분의 단풍나무시럽 생산자들은 양동이를 직접 수거하고 수액을 시럽으로 직접 끓이는 가족 농부들이라고 했으므로, '④ 단풍나무시럽을 만들기 위해 기계로 수액 통을 수거한다'는 지문의 내용과 일치하지 않는다. (불변의 패턴 07)

[어휘] traditional 전통적인 watery 물기를 머금은 sap 수액
slit 기다란 구멍, 틈 bark 나무껍질 tap 꼭지 bucket 양동이
steam 열기

Section 3 추론 유형

p.108

불변의 패턴 09 글의 초반부에 나온 빈칸 문장은 주제문이다.

대표 기출 예제
정답 ③
끊어읽기 해석

Active listening / is an art, a skill and a discipline / that takes a high degree of self-control.
적극적 경청은 / 예술, 기술, 그리고 훈련이다 / 높은 수준의 자제력을 요구하는
To develop good listening skills, / you need to understand / what is involved in effective communication / and develop the techniques / to sit quietly and listen.
좋은 경청 기술을 발전시키기 위해 / 당신은 이해해야 한다 / 효과적인 의사소통에 무엇이 포함되는지 / 그리고 기술을 개발해야 한다 / 조용히 앉아서 듣기 위한
This involves ignoring your own needs / and focusing on the person speaking / —a task made more difficult / by the way the human brain works.
이것은 자신의 욕구를 무시하는 것을 포함한다 / 그리고 말하는 사람에게 집중하는 것을 (포함한다) / 더욱 어려워진 과제 / 인간의 뇌가 작동하는 방식으로 인해
When someone talks to you, / your brain immediately begins processing / the words, body language, tone, inflection and perceived meanings / coming from the other person.
누군가가 당신에게 말할 때 / 당신의 뇌는 즉시 처리하기 시작한다 / 단어, 몸짓 언어, 어조, 억양, 그리고 인식된 의미를 / 상대방으로부터 오는
Instead of hearing one noise, / you hear two: / the noise the other person is making / and the noise in your own head.
한 가지 소리만 듣는 대신 / 당신은 두 가지를 듣는다 / 상대방이 내는 소리 / 그리고 당신 자신의 머릿속에 있는 소리
Unless you train yourself to remain vigilant, / the brain usually ends up paying attention / to the noise in your own head.
당신이 방심하지 않게 유지하도록 스스로를 훈련하지 않는 한 / 뇌는 보통 결국 주의를 기울이게 된다 / 당신 자신의 머릿속에 있는 소리에
That's where active listening techniques come into play.
그것이 적극적 경청 기술이 효과를 발휘하는 지점이다

> Hearing becomes listening / only when you pay attention / to what the person is saying / and follow it very closely.
> 듣는 것은 경청이 된다 / 오직 당신이 주의를 기울일 때만 / 그 사람이 말하는 것에 / 그리고 그것을 매우 세심하게 따를 때(만)

해석 적극적 경청은 예술이자 기술이며, 높은 수준의 자제력을 요구하는 훈련이다. 좋은 경청 기술을 발전시키기 위해, 당신은 효과적인 의사소통에 무엇이 포함되는지 이해하고 조용히 앉아서 듣기 위한 기술을 개발해야 한다. 이것은 자신의 욕구를 무시하고 말하는 사람에게 집중하는 것을 포함하는데, 이는 인간의 뇌가 작동하는 방식으로 인해 더욱 어려워진 과제이다. 누군가가 당신에게 말할 때, 당신의 뇌는 상대방으로부터 오는 단어, 몸짓 언어, 어조, 억양, 그리고 인식된 의미를 즉시 처리하기 시작한다. 한 가지 소리만 듣는 대신, 당신은 두 가지를 듣는데, 바로 상대방이 내는 소리와 당신 자신의 머릿속에 있는 소리이다. 당신이 방심하지 않게 유지하도록 스스로를 훈련하지 않는 한, 뇌는 보통 결국 당신 자신의 머릿속에 있는 소리에 주의를 기울이게 된다. 그것이 적극적 경청 기술이 효과를 발휘하는 지점이다. 듣는 것은 오직 당신이 그 사람이 말하는 것에 주의를 기울이고 그것을 매우 세심하게 따를 때만 경청이 된다.

① 자율성의 감각
② 창의적인 사고방식
③ 높은 수준의 자제력
④ 외향적인 성격

어휘 active 적극적인 discipline 훈련, 수련, 규율 ignore 무시하다
inflection 억양 vigilant 방심하지 않는, 경계하는
come into play 효과를 발휘하다 closely 세심하게 autonomy 자율성
extroverted 외향적인

기출문제 풀어보기
정답 ①

끊어읽기 해석

> As global temperatures rise, / so do sea levels, / threatening coastal communities / around the world.
> 지구 기온이 상승함에 따라 / 해수면도 상승하여 / 해안 지역 사회를 위협하고 있다 / 전 세계의
>
> Surprisingly, even small organisms like oysters can come to our defense.
> 놀랍게도, 굴과 같은 작은 유기체들도 우리의 방어물이 될 수 있다
>
> Oysters are keystone species with ripple effects / on the health of their ecosystems and its inhabitants.
> 굴은 파급효과가 있는 중심종이다 / 그것들의 생태계와 그것의 서식 동물들의 건강에
>
> Just one adult oyster can filter / up to fifty gallons of water / in a single day, making waterways cleaner.
> 성체 굴 한 마리만으로도 여과할 수 있다 / 최대 50갤런의 물을 / 하루에 / 수로를 더 깨끗하게 만든다
>
> Healthy oyster reefs also provide a home / for hundreds of other marine organisms, / promoting biodiversity and ecosystem balance.
> 건강한 굴 암초는 또한 집을 제공한다 / 수백 개의 다른 해양 생물들에게 / 생물 다양성과 생태계 균형을 촉진하면서
>
> As rising sea levels lead to pervasive flooding, / oyster reefs act as walls / to buffer storms / and protect against further coastal erosion.
> 해수면 상승이 만연하는 홍수로 이어질 때 / 굴 암초는 벽의 역할을 한다 / 폭풍을 완충하고 / 추가적인 해안 침식으로부터 보호하는

해석 지구 기온이 상승함에 따라 해수면도 상승하여 전 세계 해안 사회를 위협하고 있다. 놀랍게도, 굴과 같은 작은 유기체들도 우리의 방어물이 될 수 있다. 굴은 생태계와 서식 동물들의 건강에 파급효과가 있는 중심종이다. 성체 굴 한 마리만으로도 하루에 최대 50갤런의 물을 여과할 수 있고, 이는 수로를 더 깨끗하게 만든다. 건강한 굴 암초는 또한 생물 다양성과 생태계 균형을 촉진하면서 수백 개의 다른 해양 생물들에게 집을 제공한다. 해수면 상승이 만연하는 홍수로 이어질 때, 굴 암초는 폭풍을 완충하고 추가적인 해안 침식으로부터 보호하는 벽의 역할을 한다.

① 우리의 방어물이 될 수 있다
② 비상식량이 될 수 있다
③ 미세 플라스틱에 의해 오염될지도 모른다
④ 지역 주민들의 수입을 증가시킬 수 있다

해설 글의 초반부에 빈칸이 나왔으므로 이어지는 글의 내용을 종합하여 주제가 무엇인지를 파악해야 한다. 지문 처음에 지구 기온이 상승함에 따라 해수면도 상승하여 전 세계 해안 지역 사회를 위협하고 있다는 내용이 있고, 빈칸 뒤 문장에서 굴이 생태계와 서식 동물들의 건강에 파급효과가 있는 중심종이라고 하면서 지문 전반에 걸쳐 굴이 생태계 파괴와 자연 재해로부터 생태계를 보호하는 역할을 한다고 설명하고 있으므로, 빈칸에는 굴과 같은 작은 유기체들도 '① 우리의 방어물이 될 수 있다'는 내용이 들어가야 한다.

어휘 temperature 기온, 온도 threaten 위협하다 coastal 해안의
oyster 굴 keystone 중심, 중추 inhabitant 서식 동물, 주민
filter 여과하다, 거르다 reef 암초 promote 촉진하다
biodiversity 생물 다양성 pervasive 만연한, 퍼지는 buffer 완충하다
erosion 침식

불변의 패턴 10 글의 중반부에 나온 빈칸 문장은 보통 주제문을 뒷받침하는 구체적인 설명이나 예시이다.

대표 기출 예제
정답 ③

끊어읽기 해석

> Usually / you will find / that each scene / in a fictional narrative film / uses an establishing shot; / that is / a shot that gives the setting / in which the scene is to take place / and / enables the viewer / to establish the spatial relationships / between characters / involved in the scene.
> 보통 / 당신은 발견할 것이다 / 각 장면이 / 이야기 영화의 / 설정 샷을 사용한다는 것을 / 그것은 / 배경을 제공하는 샷이다 / 장면이 발생할 / 그리고 / 시청자가 ~할 수 있도록 해주는 / 공간적 관계를 확립하도록 / 등장인물들 사이의 / 장면과 관련된
>
> But, / although this is what might be known / as the Hollywood standard / and / was certainly the expected norm / throughout the period of Classical Hollywood, / the practice of using an establishing shot / has not always been followed / by filmmakers.
> 그러나 / 이것이 알려져 있을 수도 있는 것이지만 / 할리우드의 표준이라고 / 그리고 / 확실히 기대되는 표준이었지만 / 고전 할리우드 시대 내내 / 설정 샷을 사용하는 관행이 / 항상 따라졌던 것은 아니다 / 영화 제작자들에 의해
>
> By omitting an establishing shot / the viewer is put in the position / of struggling to make sense of the relationship / between the characters shown.
> 설정 샷을 생략함으로써 / 시청자는 위치에 놓이게 된다 / 관계를 이해하기 위해 고군분투하는 / 보여지는 등장인물들 사이의
>
> We are effectively disorientated / and / this will be part / of what the filmmakers are attempting to achieve; / as well as perhaps defying the expected filmic norm / and / thereby challenging any presumption / that there are certain correct (and therefore, certain incorrect) ways / of making films.

Section 3 추론 유형

우리는 사실상 방향감각을 상실한다 / 그리고 / 이것은 일부일 것이다 / 영화 제작자들이 성취하려고 시도하는 것의 / 또한 아마도 기대되는 영화적 표준을 거부한다 / 그리고 / 어떤 가정에도 도전할 수도 있다 / 특정한 정확한 (따라서, 특정한 잘못된) 방법이 있다는 / 영화를 만드는

해석 보통 당신은 허구적인 이야기 영화의 각 장면이 설정 샷을 사용한다는 것을 발견할 것이다. 그것은 장면이 발생할 배경을 제공하고 시청자가 장면과 관련된 등장인물들 사이의 공간적 관계를 확립할 수 있도록 해주는 샷이다. 그러나, 이것이 할리우드의 표준이라고 알려져 있을 수도 있는 것이고 고전 할리우드 시대 내내 확실히 기대되는 표준이었지만, 설정 샷을 사용하는 관행이 영화 제작자들에 의해 항상 따랐던 것은 아니다. 설정 샷을 생략함으로써 시청자는 보여지는 등장인물들 사이의 관계를 이해하기 위해 고군분투하는 위치에 놓이게 된다. 우리는 사실상 방향감각을 상실하고 이것은 영화 제작자들이 성취하려고 시도하는 것의 일부일 것이다. 또한, 아마도 기대되는 영화적 표준을 거부하고 영화를 만드는 특정한 정확한 (따라서, 특정한 잘못된) 방법이 있다는 어떤 가정에도 도전할 수도 있다.

① 과소평가함
② 유발함
③ 생략함
④ 유지함
⑤ 통제함

어휘 fictional 허구의, 소설적인 narrative 이야기
establishing shot 설정 샷(다음 사건이나 장면의 배경을 설정하는 장면)
spatial 공간적인 standard 표준 norm 표준, 규범
disoriented 방향 감각을 상실한, 혼란에 빠진 attempt 시도
defy 거부하다 presumption 가정, 추정 omit 생략하다, 제외하다

기출문제 풀어보기   정답 ③

끊어읽기 해석

How many different ways / do you get information?
얼마나 많은 다른 방법으로 / 당신은 정보를 얻는가?

Some people might have six different kinds of communications / to answer / —text messages, voice mails, paper documents, regular mail, blog posts, messages on different online services.
일부 사람들은 여섯 가지 다른 종류의 통신 수단을 가질지도 모른다 / 응답해야 할 / 문자 메시지, 음성 메일, 종이 문서, 일반 메일, 블로그 게시물, 서로 다른 온라인 서비스의 메시지 등의

Each of these is a type of in-box, / and each must be processed / on a continuous basis.
각 항목은 받은 편지함 유형이다 / 그리고 각각은 처리되어야 한다 / 지속적으로

It's an endless process, / but it doesn't have to be exhausting or stressful.
그것은 끝이 없는 과정이다 / 그러나 피곤해하거나 스트레스를 받을 필요는 없다

Getting your information management down / to a more manageable level / and into a productive zone / starts by minimizing the number of in-boxes you have.
당신의 정보 관리를 낮추는 것은 / 보다 관리하기 쉬운 수준으로 / 그리고 생산적인 영역으로 가져오는 것은 / 당신이 가진 받은 편지함의 수를 최소화하는 것부터 시작한다

Every place you have to go / to check your messages / or to read your incoming information / is an in-box, / and the more you have, / the harder it is to manage everything.
당신이 가야 하는 모든 곳은 / 메시지를 확인하기 위해 / 또는 들어오는 정보를 읽기 위해 / 받은 편지함이다 / 그리고 그것을 더 많이 가질수록 / 모든 것을 관리하기가 더 어렵다

Cut the number of in-boxes you have / down to the smallest number possible / for you still to function in the ways you need to.
당신이 가진 받은 편지함의 수를 / 가능한 한 최소로 줄여라 / 당신이 필요한 방식으로 계속 기능할 수 있도록

해석 당신은 얼마나 많은 다른 방법으로 정보를 얻는가? 일부 사람들은 문자 메시지, 음성 메일, 종이 문서, 일반 메일, 블로그 게시물, 서로 다른 온라인 서비스의 메시지 등 응답해야 할 여섯 가지 다른 종류의 통신 수단을 가질지도 모른다. 각 항목은 받은 편지함 유형이며, 각각은 지속적으로 처리되어야 한다. 그것은 끝이 없는 과정이지만, 피곤해하거나 스트레스를 받을 필요는 없다. 당신의 정보 관리를 보다 관리하기 쉬운 수준으로 낮추고 생산적인 영역으로 가져오는 것은 당신이 가진 받은 편지함의 수를 최소화하는 것부터 시작한다. 메시지를 확인하거나 들어오는 정보를 읽기 위해 당신이 가야 하는 모든 곳은 받은 편지함이며, 그것을 더 많이 가질수록 모든 것을 관리하기가 더 어렵다. 당신이 필요한 방식으로 계속 기능할 수 있도록 당신이 가진 받은 편지함의 수를 가능한 한 최소로 줄여라.

① 한 번에 여러 목표를 설정하는 것
② 들어오는 정보에 스스로 몰두하는 것
③ 당신이 가진 받은 편지함의 수를 최소화하는 것
④ 당신이 열정을 가지고 있는 정보를 선택하는 것

해설 글의 중반부에 빈칸이 나왔으므로 주제문에 대한 구체적인 설명이 어떻게 들어가야 하는지 확인해야 한다. 맨 마지막 문장에서 당신이 가진 받은 편지함의 수를 가능한 한 최소로 줄이라고 했으므로, 지문 전반에 걸쳐 받은 편지함의 수를 줄이는 것과 관련된 내용이 구체적으로 설명되어야 하는 것을 알 수 있다. 빈칸 뒤 문장에서 메시지를 확인하거나 들어오는 정보를 읽기 위해 당신이 가야 하는 모든 곳은 받은 편지함이며, 그것을 더 많이 가질수록 모든 것을 관리하기가 더 어렵다고 설명하고 있다. 따라서 빈칸에는 당신의 정보 관리를 보다 관리하기 쉬운 수준으로 낮추고 생산적인 영역으로 가져오는 것은 '③ 당신이 가진 받은 편지함의 수를 최소화하는 것'부터 시작한다는 내용이 들어가야 한다.

어휘 document 문서 in-box 받은 편지함, 수신함 process 처리하다; 과정
continuous 지속적인 exhausting 피곤하게 하는 management 관리
productive 생산적인 immerse 몰두시키다

불변의 패턴 11 글의 후반부에 나온 빈칸 문장은 주제문을 재진술하는 문장이다.

대표 기출 예제   정답 ①

끊어읽기 해석

It is important to note / that for adults, / social interaction mainly occurs / through the medium of language.
유의하는 것이 중요하다 / 성인의 경우 / 사회적 상호작용은 주로 발생한다 / 언어라는 매개체를 통해

Few native-speaker adults / are willing to devote time / to interacting with someone / who does not speak the language, / with the result / that the adult foreigner will have little opportunity / to engage in meaningful and extended language exchanges.
원어민인 성인은 거의 없다 / 기꺼이 시간을 할애하려는 / 누군가와 상호작용을 하는 데 / 해당 언어를 구사하지 못하는 / 그 결과 / 성인 외국인은 기회가 거의 없게 될 것이다 / 의미 있고 확장된 언어 교환에 참여할

In contrast, / the young child is often readily accepted / by other children, / and even adults.
대조적으로 / 어린아이는 종종 쉽게 받아들여진다 / 다른 아이들에게 / 그리고 심지어 어른들에게도

For young children, / language is not as essential / to social interaction.
어린아이들에게 / 언어는 그만큼 필수적인 것은 아니다 / 사회적 상호작용에서

So-called 'parallel play', / for example, / is common / among young children.
소위 '병행 놀이'는 / 예를 들어 / 흔하다 / 어린아이들 사이에서

They can be content / just to sit in each other's company / speaking only occasionally / and / playing on their own.
그들은 만족할 수 있다 / 서로의 친구와 앉아서 / 가끔만 이야기하는 것으로 / 그리고 / 혼자 노는 것만으로도

Adults rarely find themselves in situations / where language does not play a crucial role / in social interaction.
성인들은 상황에 처하는 경우가 거의 없다 / 언어가 중요한 역할을 하지 않는 / 사회적 상호작용에서

해석 성인의 경우, 사회적 상호작용은 주로 언어라는 매개체를 통해 발생한다는 점에 유의하는 것이 중요하다. 해당 언어를 구사하지 못하는 사람과 상호작용을 하는데 기꺼이 시간을 할애하려는 원어민인 성인은 거의 없으며, 그 결과 성인 외국인은 의미 있고 확장된 언어 교환에 참여할 기회가 거의 없게 될 것이다. 대조적으로, 어린아이는 종종 다른 아이들, 그리고 심지어 어른들에게도 쉽게 받아들여진다. 어린아이들에게, 언어는 사회적 상호작용에서 그만큼 필수적인 것은 아니다. 예를 들어, 소위 '병행 놀이'는 어린아이들 사이에서 흔하다. 그들은 가끔만 서로의 친구와 앉아서 이야기하고 혼자 노는 것만으로도 만족할 수 있다. 성인들은 언어가 사회적 상호작용에서 중요한 역할을 하지 않는 상황에 처하는 경우가 거의 없다.

① 언어가 사회적 상호작용에서 중요한 역할을 하지 않는다
② 그들의 의견은 그들의 동료들에게 쉽게 받아들여진다
③ 그들은 다른 언어를 말하도록 요청받는다
④ 의사소통 능력이 매우 요구된다

어휘 note 유의하다 medium 매개체 devote 할애하다, 헌신하다 engage in ~에 참여하다 meaningful 의미 있는 extended 확장된 readily 쉽게 parallel play 병행 놀이(유아가 같은 종류의 장난감을 사용하면서 나란히 앉아 놀이를 하나, 실제로 장난감을 함께 나누면서 놀이하는 것이 아니라 각각 독립적으로 하는 놀이) content 만족하는 occasionally 가끔, 때때로

기출문제 풀어보기

정답 ②

끊어읽기 해석

A hunter-gatherer in the Stone Age / knew how to make her own clothes, / how to start a fire, / how to hunt rabbits / and how to escape lions.
석기 시대의 한 수렵채집인은 / 자신의 옷을 만드는 방법을 알고 있었다 / 불을 피우는 방법(을 알았고) / 토끼를 사냥하는 방법(을 알았고) / 그리고 사자에서 도망치는 방법(을 알았다)

We think / we know far more today, / but as individuals, / we actually know far less.
우리는 생각한다 / 오늘날 우리가 훨씬 더 많이 안다고 / 그러나 개인으로서 / 우리는 실제로 훨씬 덜 알고 있다

We rely on the expertise of others / for almost all our needs.
우리는 다른 사람들의 전문 지식에 의존한다 / 우리의 거의 모든 필요에 대해

In one humbling experiment, / people were asked to evaluate / how well they understood the workings / of an ordinary zipper.
한 겸손해지게 만드는 실험에서 / 사람들은 평가해 보라는 요청을 받았다 / 그들이 작동 방식을 얼마나 잘 이해하고 있는지 / 일반적인 지퍼의

Most people confidently replied / that they understood zippers very well / —after all, / they use them all the time.
대부분의 사람들은 자신 있게 대답했다 / 그들이 지퍼를 매우 잘 이해하고 있다고 / 어쨌든 / 그들은 그것들을 항상 사용한다

They were then asked to describe / in as much detail as possible / all the steps / involved in the zipper's operation.
그들은 그다음 설명해달라는 요청을 받았다 / 가능한 한 자세하게 / 모든 단계를 / 지퍼의 작동에 포함된

Most people had no idea.
대부분의 사람들은 전혀 몰랐다

This is what Steven Sloman and Philip Fernbach have termed / 'the knowledge illusion'.
이것이 Steven Sloman과 Philip Fernbach가 명명한 것이다 / '지식 착각'이라고

We think / we know a lot, / even though individually we know very little, / because we treat / knowledge in the minds of others / as if it were our own.
우리는 생각한다 / 우리가 많이 안다고 / 비록 우리가 개인적으로는 매우 적게 알지만 / 왜냐하면 우리는 여기기 때문이다 / 다른 사람들의 머릿속에 있는 지식을 / 마치 그것이 우리 자신의 것인 것처럼

해석 석기 시대의 한 수렵채집인은 자신의 옷을 만드는 방법, 불을 피우는 방법, 토끼를 사냥하는 방법, 그리고 사자에서 도망치는 방법을 알았다. 우리는 오늘날 우리가 훨씬 더 많이 안다고 생각하지만, 개인으로서, 우리는 실제로 훨씬 덜 알고 있다. 우리는 우리의 거의 모든 필요에 대해 다른 사람들의 전문 지식에 의존한다. 한 겸손해지게 만드는 실험에서, 사람들은 일반적인 지퍼의 작동 방식을 얼마나 잘 이해하고 있는지 평가해 보라는 요청을 받았다. 대부분의 사람들은 어쨌든 지퍼를 항상 사용하기 때문에 지퍼를 매우 잘 이해하고 있다고 자신 있게 대답했다. 그들은 그다음 지퍼의 작동에 포함된 모든 단계를 가능한 한 자세하게 설명해달라는 요청을 받았다. 대부분의 사람은 전혀 몰랐다. 이것이 Steven Sloman과 Philip Fernbach가 '지식 착각'이라고 명명한 것이다. 비록 우리는 개인적으로는 매우 적게 알지만, 다른 사람들의 머릿속에 있는 지식이 마치 우리 자신의 것인 것처럼 여기기 때문에 많이 안다고 생각한다.

① 직접적인 경험으로부터의
② 다른 사람들의 머릿속에 있는
③ 교육 동안 얻은
④ 시행착오를 통해 배운

해설 글의 후반부에 빈칸이 나왔으므로 주제문이 어떻게 재진술되어야 하는지 확인해야 한다. 지문 처음에서 오늘날 우리는 우리가 훨씬 더 많이 안다고 생각하지만 거의 모든 필요에 대해 다른 사람들의 전문 지식에 의존한다고 하고, 지문 중간에서 사람들이 지퍼의 작동 방식을 매우 잘 이해하고 있다고 생각하지만 사실 전혀 몰랐던 한 실험 내용을 설명하고 있으므로, 주제문은 '우리는 실제로 훨씬 덜 알고 있고, 전문 지식에 의존한다'라는 것을 알 수 있다. 따라서 빈칸에는 비록 우리는 개인적으로는 매우 적게 알지만 '② 다른 사람들의 머릿속에 있는' 지식이 마치 우리 자신의 것인 것처럼 여기기 때문에 많이 안다고 생각한다는 주제를 재진술한 내용이 들어가야 한다.

어휘 hunter-gatherer 수렵채집인 Stone Age 석기 시대 rely 의존하다 expertise 전문 지식 humbling 겸손해지게 만드는 evaluate 평가하다 ordinary 일반적인 confidently 자신 있게 illusion 착각, 환상 individually 개인적으로 treat 여기다 hands-on 직접 해 보는 trial and error 시행착오

불변의 패턴 12 빈칸이 두 개 있는 경우, 보통 글의 주제문이나 중심 소재와 관련된 키워드가 정답이다.

대표 기출 예제

정답 ①

끊어읽기 해석

> When an organism is alive, / it takes in carbon dioxide / from the air around it.
> 유기체가 살아있을 때 / 그것은 이산화탄소를 흡수한다 / 그것 주변의 공기로부터
>
> Most of that carbon dioxide / is made of carbon-12, / but a tiny portion consists of carbon-14.
> 그 이산화탄소의 대부분은 / 탄소 12로 이루어져 있다 / 하지만 아주 적은 부분은 탄소 14로 구성되어 있다
>
> So the living organism always contains / a very small amount of radioactive carbon, carbon-14.
> 따라서 살아있는 유기체는 항상 포함한다 / 매우 적은 양의 방사성 탄소인 탄소 14를
>
> A detector next to the living organism / would record radiation / given off by the carbon-14 / in the organism.
> 살아있는 유기체 옆의 탐지기는 / 방사능을 기록한다 / 탄소 14에 의해 방출된 / 그 유기체 안의
>
> When the organism dies, / it no longer takes / in carbon dioxide.
> 그 유기체가 죽으면 / 그것은 더 이상 흡수하지 않는다 / 이산화탄소를
>
> No new carbon-14 is added, / and the old carbon-14 slowly decays / into nitrogen.
> 어떠한 새로운 탄소 14도 추가되지 않는다 / 그리고 기존의 탄소 14는 천천히 붕괴된다 / 질소로
>
> The amount of carbon-14 slowly (A) decreases / as time goes on.
> 탄소 14의 양은 천천히 (A) 감소한다 / 시간이 지나면서
>
> Over time, / less and less radiation from carbon-14 / is produced.
> 시간이 흐르면서 / 탄소 14로부터 점점 더 적은 방사능이 / 생산된다
>
> The amount of carbon-14 radiation / detected for an organism / is a measure, / therefore, / of how long the organism has been (B) dead.
> 탄소 14의 방사능의 양이 / 유기체에서 감지되는 / 척도이다 / 따라서 / 그 유기체가 얼마나 오랫동안 (B) 죽어있었는지에 대한
>
> This method / of determining the age of an organism / is called carbon-14 dating.
> 이러한 방식은 / 유기체의 연대를 결정하는 / 탄소 14 연대 측정법이라고 불린다
>
> The decay of carbon-14 / allows archaeologists to find / the age of once-living materials.
> 탄소 14의 붕괴는 / 고고학자들이 알아내도록 한다 / 한때 살아있던 물질들의 연대를
>
> Measuring the amount of radiation remaining / indicates the approximate age.
> 남아있는 방사능의 양을 측정하는 것은 / 대략적인 연대를 알려준다

해석 유기체가 살아있을 때, 그것은 주변의 공기로부터 이산화탄소를 흡수한다. 그 이산화탄소의 대부분은 탄소 12로 이루어져 있지만, 아주 적은 부분은 탄소 14로 구성되어 있다. 따라서 살아있는 유기체는 항상 매우 적은 양의 방사성 탄소인 탄소 14를 포함한다. 살아있는 유기체 옆의 탐지기는 그 유기체 안의 탄소 14에 의해 방출된 방사능을 기록한다. 그 유기체가 죽으면 그것은 더 이상 이산화탄소를 흡수하지 않는다. 어떠한 새로운 탄소 14도 추가되지 않고, 기존의 탄소 14는 질소로 천천히 붕괴된다. 시간이 지나면서 탄소 14의 양은 천천히 (A) 감소한다. 시간이 흐르면서, 탄소 14로부터 점점 더 적은 방사능이 생산된다. 따라서, 유기체에서 감지되는 탄소 14의 방사능의 양이 그 유기체가 얼마나 오랫동안 (B) 죽어 있었는지에 대한 척도이다. 유기체의 연대를 결정하는 이러한 방식은 탄소 14 연대 측정법이라고 불린다. 탄소 14의 붕괴는 고고학자들이 한때 살아있던 물질들의 연대를 알아내도록 한다. 남아있는 방사능의 양을 측정하는 것은 대략적인 연대를 알려준다.

(A)	(B)
① 감소하다	죽은
② 증가하다	살아있는
③ 감소하다	생산적인
④ 증가하다	활동하지 않는

어휘 organism 유기체 take in 흡수하다, 섭취하다
carbon dioxide 이산화탄소 radioactive 방사성의 detector 탐지기
give off 방출하다 decay (방사성 물질이) 붕괴하다; 붕괴 nitrogen 질소

기출문제 풀어보기

정답 ⑤

끊어읽기 해석

> Over the past four decades / a fundamental shift has been occurring / in the world economy.
> 지난 40년간 / 근본적인 변화가 일어나고 있다 / 세계 경제에
>
> We have been moving away / from a world / in which national economies were relatively self-contained entities, / (A) isolated from each other / by barriers to cross-border trade and investment; / by distance, time zones, and language; / and by national differences / in government regulation, culture, and business systems.
> 우리는 멀어지고 있다 / 세계에서 / 국가 경제가 상대적으로 자립적인 주체였던 / 서로 (A) 고립되어 / 국경 간 무역과 투자에 대한 장벽으로 인해 / 거리, 시간대, 그리고 언어로 인해 / 그리고 국가적 차이로 인해 / 정부의 규제, 문화, 그리고 비즈니스 시스템의
>
> We are moving toward a world / in which barriers to cross-border trade and investment are (B) declining; / perceived distance is shrinking / due to advances in transportation and telecommunications technology; / material culture is starting to look similar / the world over; / and national economies are merging / into an interdependent, integrated global economic system.
> 우리는 세계로 나아가고 있다 / 국경 간 무역과 투자의 장벽이 (B) 낮아지고 / 인식되는 거리가 줄어들고 / 교통과 원격 통신 기술의 발전으로 인해 / 물질문화가 비슷해 보이기 시작한다 / 전 세계적으로 / 그리고 국가 경제가 융합되는 / 상호 의존적이고 통합적인 세계 경제 체제로
>
> The process / by which this transformation is occurring is / commonly referred to as globalization.
> 과정은 / 이러한 변화가 일어나는 / 흔히 세계화라고 불린다

해석 지난 40년간 세계 경제에 근본적인 변화가 일어나고 있다. 우리는 국경 간 무역과 투자에 대한 장벽으로 인해, 거리, 시간대, 그리고 언어로 인해, 그리고 정부의 규제, 문화, 그리고 비즈니스 시스템의 국가적 차이로 인해 서로 (A) 고립되어 국가 경제가 상대적으로 자립적인 주체였던 세계에서 멀어지고 있다. 우리는 국경 간 무역과 투자의 장벽이 (B) 낮아지고, 교통과 원격 통신 기술의 발전으로 인해 인식되는 거리가 줄어들고, 물질문화가 전 세계적으로 비슷해 보이기 시작하고, 국가 경제가 상호 의존적이고 통합적인 세계 경제 체제로 융합되는 세계로 나아가고 있다. 이러한 변화가 일어나는 과정은 흔히 세계화라고 불린다.

(A)	(B)
① ~에 도입되는	- 충족시키는
② ~을 돌보는	- 확대되는
③ ~와 통합되는	- 감소하는
④ ~을 사로잡는	- 단호한

⑤ ~로부터 고립되는 - 낮아지는

해설 빈칸이 두 개 있으므로 글의 주제문이나 중심 소재와 관련된 키워드가 무엇인지 확인해야 한다. 지문 전반에 걸쳐 국가 경제가 상호 의존적이고 통합적인 세계 경제 체제로 융합되는 세계화에 대해 설명하고 있다. (A) 빈칸 뒷부분에서 국경 간 무역과 투자에 대한 장벽, 거리, 시간대, 그리고 언어와 같은 장벽들에 대해 설명하고 있으므로, (A)에는 우리는 서로 '고립되어(isolated from)' 국가 경제가 상대적으로 자립적인 주체였던 세계에서 멀어지고 있다는 내용이 들어가야 한다. (B) 빈칸 앞부분에서 국경 간 무역과 투자의 장벽에 대해 언급하고 있고 빈칸 뒷부분에서 인식되는 거리가 줄어들고, 물질문화가 전체적으로 비슷해 보이기 시작한다는 내용을 언급하고 있으므로, (B)에는 국경 간 무역과 투자의 장벽이 '낮아진다(declining)'는 내용이 들어가야 한다. 따라서 ⑤ (A) isolated from(~로부터 고립되는) - (B) declining(낮아지는)이 정답이다.

어휘 fundamental 근본적인 shift 변화 occur 일어나다, 발생하다
relatively 상대적으로 self-contained 자립적인, 독립의
entity 주체, 실체 cross-border 국경 간의, 국경을 넘는
telecommunication 원격 통신 merge 융합하다, 합병하다
interdependent 상호 의존적인 integrate 통합하다, 융합하다
converge 통합하다 unfaltering 단호한

p.112

불변의 패턴 13 빈칸 앞뒤 문장의 논리적 관계를 나타내는 연결어가 정답이다.

대표 기출 예제
정답 ②

끊어읽기 해석

Beliefs about maintaining ties / with those who have died / vary from culture to culture.
유대 관계를 유지하는 것에 대한 생각은 / 죽은 사람들과의 / 문화마다 다르다

For example, / maintaining ties / with the deceased / is accepted and sustained / in the religious rituals of Japan.
예를 들어 / 유대 관계를 유지하는 것은 / 고인과의 / 받아들여지고 지속된다 / 일본의 종교의식에서

Yet / among the Hopi Indians of Arizona, / the deceased are forgotten / as quickly / as possible / and life goes on / as usual.
하지만 / 애리조나주의 호피족 인디언들 사이에서 / 고인은 잊힌다 / 빠르게 / 가능한 한 / 그리고 삶은 계속된다 / 평소처럼

(A) In fact, / the Hopi funeral ritual / concludes with a break-off / between mortals and spirits.
(A) 실제로 / 호피족의 장례 의식은 / 단절로 마무리된다 / 인간들과 영혼들 사이의

The diversity of grieving / is nowhere clearer / than in two Muslim societies / —one in Egypt, / the other in Bali.
애도의 차이가 / 더 뚜렷한 곳은 없다 / 두 이슬람 사회보다 / 이집트와 발리에 있는

Among Muslims in Egypt, / the bereaved are encouraged / to dwell at length / on their grief, / surrounded by others / who relate / to similarly tragic accounts / and express their sorrow.
이집트의 이슬람교도들 사이에서 / 유족들은 격려된다 / 오랫동안 자세히 이야기하도록 / 자신들의 슬픔에 대해 / 다른 사람들에 둘러싸여 / 언급하는 / 유사한 비극적 이야기에 대해 / 그리고 슬픔을 표하는

(B) By contrast, / in Bali, / bereaved Muslims are encouraged / to laugh / and be joyful / rather than be sad.
(B) 그에 반해 / 발리에서는 / 이슬람교도 유족들은 격려된다 / 웃고 / 기뻐하도록 / 슬퍼하기보다는

해석 죽은 사람들과의 유대 관계를 유지하는 것에 대한 생각은 문화마다 다르다. 예를 들어, 고인과의 유대 관계를 유지하는 것은 일본의 종교의식에서 받아들여지고 지속된다. 하지만 애리조나주의 호피족 인디언들 사이에서, 고인은 가능한 한 빠르게 잊히고 삶은 평소처럼 계속된다. (A) 실제로, 호피족의 장례 의식은 인간들과 영혼들 사이의 단절로 마무리된다. 애도의 차이가 이집트와 발리에 있는 두 이슬람 사회보다 더 뚜렷한 곳은 없다. 이집트의 이슬람교도들 사이에서, 유족들은 유사한 비극적 이야기에 대해 언급하고 슬픔을 표하는 다른 사람들에 둘러싸여 자신들의 슬픔을 오랫동안 자세히 이야기하도록 격려된다. (B) 그에 반해, 발리에서는, 이슬람교도 유족들은 슬퍼하기보다는 웃고 기뻐하도록 격려된다.

	(A)	(B)
①	하지만	비슷하게
②	실제로	그에 반해
③	그러므로	예를 들어
④	마찬가지로	그 결과

어휘 tie 유대 관계, 인연 vary 다르다 the deceased 고인 sustain 지속하다
ritual 의식 as usual 평소처럼 funeral 장례의; 장례식
conclude with ~으로 마무리되다 mortal 인간; 언젠가는 반드시 죽는
spirit 영혼 diversity 차이, 다양성 grieve 애도하다
the bereaved 유족 dwell on ~을 자세히 이야기하다
surround 둘러싸다 tragic 비극적인 account 이야기, 계좌

기출문제 풀어보기
정답 ③

끊어읽기 해석

Scientists are working / on many other human organs and tissues.
과학자들은 연구하고 있다 / 다른 많은 인간의 장기와 조직에 대해

For example, / they have successfully generated, or grown, / a piece of liver.
예를 들어 / 그들은 성공적으로 생성하거나 발달시켰다 / 간의 한 부분을

This is an exciting achievement / since people cannot live without a liver.
이것은 흥미진진한 업적이다 / 사람들이 간 없이 살 수 없기 때문이다

In other laboratories, / scientists have created a human jawbone and a lung.
다른 실험실에서 / 과학자들은 인간의 턱뼈와 폐를 만들었다

While these scientific breakthroughs are very promising, / they are also limited.
이러한 과학적 발전은 매우 기대되지만 / 그것들은 제한적이기도 하다

Scientists cannot use cells / for a new organ / from a very diseased or damaged organ.
과학자들은 세포를 사용할 수 없다 / 새로운 장기에 / 매우 병들거나 손상된 장기로부터 나온

(A) Consequently, / many researchers are working / on a way to use stem cells / to grow completely new organs.
(A) 그 결과 / 많은 연구원들은 연구하고 있다 / 줄기세포를 사용하는 방법에 대해 / 완전히 새로운 장기를 만들기 위해

Stem cells are very simple cells / in the body / that can develop into any kind of complex cells, / such as skin cells or blood cells and even heart and liver cells.
줄기세포는 매우 단순한 세포이다 / 몸 안의 / 어떤 종류의 복잡한 세포로든 발달할 수 있는 / 피부 세포나 혈액 세포, 그리고 심지어는 심장과 간세포와 같은

(B) In other words, / stem cells can grow / into all different kinds of cells.
(B) 다시 말해서 / 줄기세포는 자랄 수 있다 / 모든 다른 종류의 세포로

해석 과학자들은 다른 많은 인간의 장기와 조직에 대해 연구하고 있다. 예

Section 3 추론 유형 **53**

를 들어, 그들은 성공적으로 간의 한 부분을 생성하거나 발달시켰다. 사람들은 간 없이 살 수 없기 때문에 이것은 흥미진진한 업적이다. 다른 실험실에서, 과학자들은 인간의 턱뼈와 폐를 만들었다. 이러한 과학적 발전은 매우 기대되지만, 그것들은 제한적이기도 하다. 과학자들은 매우 병들거나 손상된 장기로부터 나온 세포를 새로운 장기에 사용할 수 없다. (A) 그 결과, 많은 연구원들은 완전히 새로운 장기를 만들기 위해 줄기세포를 사용하는 방법에 대해 연구하고 있다. 줄기세포는 피부 세포나 혈액 세포, 그리고 심지어는 심장과 간세포와 같은 어떤 종류의 복잡한 세포로든 발달할 수 있는 몸 안의 매우 단순한 세포이다. (B) 다시 말해서, 줄기세포는 모든 다른 종류의 세포로 자랄 수 있다.

	(A)	(B)
①	특히	예를 들어
②	게다가	반면에
③	그 결과	다시 말해서
④	따라서	대조적으로

[해설] (A) 빈칸 앞 문장은 과학자들은 매우 병들거나 손상된 장기로부터 나온 세포를 새로운 장기에 사용할 수 없다는 내용이고, (A) 빈칸 뒤 문장은 많은 연구원들이 완전히 새로운 장기를 만들기 위해 줄기세포를 사용하는 방법을 연구하고 있다는 결과적인 내용이므로 (A)에는 Consequently(그 결과)가 나와야 한다. (B) 빈칸 앞 문장에 줄기세포는 어떤 종류의 복잡한 세포로든 발달할 수 있다는 내용이 있고, (B) 빈칸 뒤 문장에 줄기세포가 모든 다른 종류의 세포로 자랄 수 있다고 하며 앞 문장을 다시 설명하는 내용이 있으므로 (B)에는 In other words(다시 말해서)가 나와야 한다. 따라서 ③ (A) Consequently(그 결과) - (B) In other words(다시 말해서)가 정답이다.

[어휘] tissue (세포들로 이뤄진) 조직 liver 간 laboratory 실험실 lung 폐 promising 기대되는, 장래성 있는 cell 세포 organ 장기 diseased 병든 complex 복잡한

p.113

불변의 패턴 14 지문의 흐름을 자연스럽게 이어주는 연결어가 정답이다.

대표 기출 예제   정답 ①

끊어읽기 해석

Duration shares an inverse relationship with frequency.
지속 시간은 빈도와 반비례 관계를 갖는다

If you see a friend frequently, / then the duration of the encounter will be shorter.
만약 당신이 한 친구를 자주 만난다면 / 그렇다면 만남의 지속 시간은 더 짧을 것이다

Conversely, / if you don't see your friend very often, / the duration of your visit will typically increase significantly.
반대로 / 만약 당신이 친구를 자주 보지 않는다면 / 당신의 만남의 지속 시간은 일반적으로 상당히 늘어날 것이다

(A) For example, / if you see a friend every day, / the duration of your visits can be low / because you can keep up with / what's going on as events unfold.
(A) 예를 들어 / 만약 당신이 매일 친구를 본다면 / 당신의 만남의 지속 시간이 저조할 수 있다 / 당신은 ~에 대해 계속 알 수 있기 때문에 / 일이 전개될 때 무엇이 일어나고 있는지

If, however, you only see your friend / twice a year, / the duration of your visits will be greater.
그러나, 만약 당신이 오직 친구를 만난다면 / 일 년에 두 번 / 당신의 만남의 지속 시간은 더 커질 것이다

Think back to a time / when you had dinner in a restaurant / with a friend you hadn't seen / for a long period of time.
때를 생각해 보아라 / 당신이 식당에서 저녁을 먹었던 / 당신이 보지 못했던 친구와 / 오랜 기간 동안

You probably spent several hours / catching up on each other's lives.
당신은 아마도 몇 시간을 보냈을 것이다 / 서로의 삶에 대한 소식을 주고받는 데

The duration of the same dinner would be considerably shorter / if you saw the person / on a regular basis.
같은 저녁 식사의 지속 시간은 상당히 짧아질 것이다 / 만약 당신이 그 사람을 본다면 / 정기적으로

(B) Conversely, / in romantic relationships / the frequency and duration are very high / because couples, especially newly minted ones, want to spend / as much time with each other as possible.
(B) 반대로 / 연인 관계에서 / 빈도와 지속 시간이 매우 높다 / 연인들, 특히 최근에 생겨난 연인들은 보내고 싶어 하기 때문에 / 가능한 한 많은 시간을 서로와

The intensity of the relationship will also be very high.
관계의 강렬함 또한 매우 높을 것이다

[해석] 지속 시간은 빈도와 반비례 관계를 갖는다. 만약 당신이 한 친구를 자주 만난다면, 만남의 지속 시간은 더 짧을 것이다. 반대로, 만약 당신이 친구를 자주 보지 않는다면, 당신의 만남의 지속 시간은 일반적으로 상당히 늘어날 것이다. (A) 예를 들어, 만약 당신이 매일 친구를 본다면, 당신은 일이 전개될 때 무엇이 일어나고 있는지에 대해 계속 알 수 있기 때문에 만남의 지속 시간이 저조할 수 있다. 그러나, 만약 당신이 오직 일 년에 두 번 친구를 만난다면, 당신의 만남의 지속 시간은 더 커질 것이다. 당신이 오랜 기간 동안 보지 못했던 친구와 식당에서 저녁을 먹었던 때를 생각해 보아라. 당신은 아마도 서로의 삶에 대한 소식을 주고받는 데 몇 시간을 보냈을 것이다. 만약 당신이 그 사람을 정기적으로 본다면 같은 저녁 식사의 지속 시간은 상당히 짧아질 것이다. (B) 반대로, 연인 관계에서, 연인들, 특히 최근에 생겨난 연인들은 가능한 한 많은 시간을 서로와 보내고 싶어 하기 때문에 빈도와 지속 시간이 매우 높다. 관계의 강렬함 또한 매우 높을 것이다.

	(A)	(B)
①	예를 들어	반대로
②	그럼에도 불구하고	게다가
③	그러므로	결과적으로
④	같은 방법으로	따라서

[어휘] duration 지속 시간 inverse 반비례의, 역의 frequency 빈도, 주파수 encounter 만남; 만나다, 접하다 keep up with ~에 대해 계속 알다, ~을 따라 잡다 unfold 전개되다, 펴다 catch up on 소식을 주고받다 minted 최근에 생겨난 intensity 강렬함, 격렬함

기출문제 풀어보기   정답 ①

끊어읽기 해석

More and more people and communities / are changing their habits / in order to protect the environment.
점점 더 많은 사람들과 공동체들은 / 그들의 습관을 바꾸고 있다 / 환경을 보호하기 위해

One reason / for this change / is that / space in landfills / is running out / and the disposal of waste / has become difficult.
한 가지 이유는 / 이 변화를 위한 / ~라는 점이다 / 매립지의 공간이 / 부족해지고 있다 / 그리고 쓰레기 처리가 / 어려워졌다

(A) As a result, / the practices of recycling, reusing, and reducing waste / are becoming more commonplace.
(A) 그 결과 / 재활용, 재사용, 그리고 쓰레기 감소의 실천이 / 더 흔해지고 있다

In some countries / the technology for / disposing of, or getting rid of, waste / has actually become big business.
어떤 국가들에서는 / ~하기 위한 기술이 / 쓰레기를 처리하거나 제거하기 / 실제로 큰 사업이 되었다

Individuals have also taken actions / to reduce landfill waste; / for example, / people are recycling newspapers / and donating clothes to charities.
개인들 또한 조치를 취했다 / 매립 쓰레기를 줄이기 위해 / 예를 들어 / 사람들은 신문지를 재활용하고 있다 / 그리고 자선 단체에 옷을 기부(하고 있다)

(B) In addition, / some people take leftover food / and turn it into rich garden compost, / an excellent fertilizer / for vegetable and flower gardens.
(B) 게다가 / 어떤 사람들은 남은 음식을 가져간다 / 그리고 그것을 비옥한 정원 퇴비로 탈바꿈시킨다 / 한 훌륭한 비료 / 채소와 꽃밭을 위한

해석 점점 더 많은 사람들과 공동체들은 환경을 보호하기 위해 그들의 습관을 바꾸고 있다. 이 변화를 위한 한 가지 이유는 매립지의 공간이 부족해지고 있고 쓰레기 처리가 어려워졌다는 점이다. (A) 그 결과, 재활용, 재사용, 그리고 쓰레기 감소의 실천이 더 흔해지고 있다. 어떤 국가들에서는 쓰레기를 처리하거나 제거하기 위한 기술이 실제로 큰 사업이 되었다. 개인들 또한 매립 쓰레기를 줄이기 위해 조치를 취했다. 예를 들어, 사람들은 신문지를 재활용하거나 자선 단체에 옷을 기부하고 있다. (B) 게다가, 어떤 사람들은 남은 음식을 가져가서 그것을 채소나 꽃밭을 위한 훌륭한 비료인, 비옥한 정원 퇴비로 탈바꿈시킨다.

	(A)	(B)
①	그 결과	게다가
②	그러나	일반적으로
③	우연히	전반적으로
④	결과적으로	예를 들어
⑤	따라서	특히

해설 지문 처음에서 점점 더 많은 사람들과 공동체가 환경을 보호하기 위해 습관을 바꾸고 있다고 하고 있으므로, 이후 지문의 흐름이 이 변화에 대한 설명이 될 것임을 예상할 수 있다. (A) 빈칸 뒤 문장은 재활용, 재사용, 쓰레기 감소의 실천이 더 흔해졌다는 결과적인 내용이므로, (A)에는 As a result(그 결과)가 들어가야 한다. (B) 빈칸 앞 문장은 쓰레기를 줄이기 위해 신문지 재활용을 하거나 옷을 기부하는 사람들에 대한 내용이고, 빈칸 뒤 문장은 남은 음식을 가져가 비료로 사용하는 사람들도 있다는 추가적인 내용이므로, (B)에는 이러한 흐름을 자연스럽게 이어주는 In addition(게다가)이 들어가야 한다. 따라서 ① (A) As a result(그 결과) - (B) In addition(게다가)이 정답이다.

어휘 landfill 매립지 run out 부족하다 disposal 처리, 처분 commonplace 흔한 dispose of ~을 처리하다 get rid of ~을 제거하다 take action 조치를 취하다 leftover 남은 음식 compost 퇴비 fertilizer 비료 incidentally 우연히

Section Test   p. 114~117

1	2	3	4
①	①	④	②
5	**6**	**7**	**8**
②	①	①	④

1 정답 ①

끊어읽기 해석

Javelin Research noticed / that not all Millennials are currently in the same stage of life.
Javelin 리서치는 주목했다 / 모든 밀레니얼 세대가 현재 동일한 삶의 단계에 있는 것은 아니라는 점에

While all Millennials were born / around the turn of the century, / some of them are still in early adulthood, / wrestling with new careers / and / settling down.
모든 밀레니얼 세대는 태어났지만 / 세기가 바뀔 무렵에 / 그들 중 일부는 여전히 성인 초기에 있다 / 새로운 직업과 씨름하면서 / 그리고 / 정착하면서

On the other hand, / the older Millennials have a home / and / are building a family.
반면에 / 더 나이가 많은 밀레니얼 세대는 집을 가지고 있다 / 그리고 / 가족을 이루고 있다

You can imagine / how having a child / might change your interests and priorities, / so / for marketing purposes, / it's useful to split this generation / into Gen Y.1 and Gen Y.2.
당신은 상상할 수 있다 / 아이를 갖는 것이 어떻게 / 당신의 관심사와 우선순위를 바꿀 수 있는지 / 그러므로 / 마케팅 목적으로 / 이 세대를 나누는 것이 유용하다 / Y.1 세대와 Y.2 세대로

Not only are the two groups culturally different, / but they're in vastly different phases / of their financial life.
두 그룹은 문화적으로 다를 뿐만 아니라 / 그들은 매우 다른 단계에 있다 / 경제적 생활에서

The younger group is financial beginners, / just starting to show their buying power.
더 어린 그룹은 금융 초보자이다 / 이제 막 그들의 구매력을 보여주기 시작하는

The latter group / has a credit history, / may have their first mortgage / and / is raising young children.
후자의 그룹은 / 신용 이력이 있다 / 그들의 첫 번째 주택 담보 대출을 가지고 있을 수 있다 / 그리고 / 어린아이들을 키우고 있다

The contrast in priorities and needs / between Gen Y.1 and Gen Y.2 / is vast.
우선순위와 필요한 것에 있어서의 차이는 / Y.1 세대와 Y.2 세대 사이의 / 엄청나다

해석 Javelin 리서치는 모든 밀레니얼 세대가 현재 동일한 삶의 단계에 있는 것은 아니라는 점에 주목했다. 모든 밀레니얼 세대는 세기가 바뀔 무렵에 태어났지만, 그들 중 일부는 여전히 성인 초기에 있으며, 새로운 직업과 씨름하면서 정착하고 있다. 반면에, 더 나이가 많은 밀레니얼 세대는 집을 가지고 있고 가족을 이루고 있다. 아이를 갖는 것이 관심사와 우선순위를 어떻게 바꿀 수 있는지 상상할 수 있으므로, 마케팅 목적으로 이 세대를 Y.1세대와 Y.2세대로 나누는 것이 유용하다. 두 그룹은 문화적으로 다를 뿐만 아니라, 그들은 경제적 생활에서 매우 다른 단계에 있다. 더 어린 그룹은 이제 막 그들의 구매력을 보여주기 시작하는 금융 초보자이다. 후자의 그룹은 신용 이력이 있고, 그들의 첫 번째 주택 담보 대출을 가지고 있을 수 있으며 어린아이들을 키우고 있다. Y.1 세대와 Y.2 세대 사이의 우선순위와 필요한 것에 있어서의 차이는 엄청나다.

① 차이
② 감소
③ 반복
④ 능력

해설 글의 후반부에 빈칸이 나왔으므로 주제문이 어떻게 재진술되어야 하는지 확인해야 한다. 지문 처음에서 모든 밀레니얼 세대가 현재 동일한 삶의 단계에 있는 것은 아니라고 했고 지문 전반에 걸쳐 더 나이가 어린 밀레니얼(Y.1) 세대와 더 나이가 많은 밀레니얼(Y.2) 세대의 문화적, 경제적 차이에 대해 설명하고 있으므로, 빈칸에는 Y.1 세대와 Y.2 세대 사이의 우선순위와 필요한 것에 있어서의 '① 차이'는 엄청

나다는 주제를 재진술한 내용이 들어가야 한다. (불변의 패턴 11)

어휘 settle down 정착하다, 안정되다 priority 우선순위 split 나누다
generation 세대 vastly 매우 phase 단계 financial 경제적인, 금융의
buying power 구매력 latter 후자의 credit history 신용 이력
mortgage 주택 담보 대출 reduction 감소 repetition 반복

2
정답 ①

끊어읽기 해석

Cost pressures / in liberalized markets / have different effects / on existing and future hydropower schemes.
비용 압박은 / 자유화된 시장에서의 / 서로 다른 영향을 미친다 / 기존 및 미래의 수력 발전 계획에

Because of the cost structure, / existing hydropower plants / will always be able to earn / a profit.
비용 구조 때문에 / 기존의 수력 발전소는 / 항상 얻을 수 있을 것이다 / 이익을

Because / the planning and construction / of future hydropower schemes / is not a short-term process, / it is not a popular investment, / in spite of low electricity generation costs.
~이기 때문에 / 구상과 건설은 / 미래 수력 발전 계획의 / 단기적인 과정이 아니다 / 그것은 대중적인 투자가 아니다 / 낮은 전기 생산 비용에도 불구하고

Most private investors / would prefer to finance / more short-term technologies, / leading to / the paradoxical situation / that although an existing hydropower plant seems / to be a cash cow, / nobody wants to invest / in a new one.
대부분의 민간 투자자들은 / 자금을 조달하는 것을 선호할 것이다 / 더 단기적인 기술에 / 이는 이어진다 / 역설적인 상황으로 / 비록 기존 수력 발전소가 ~인 것처럼 보이지만 / 효자 사업 / 누구도 투자하고 싶어 하지 않는다는 / 새로운 것(수력 발전소)에

Where public shareholders/owners (states, cities, municipalities) are involved, / the situation looks very different / because they can see / the importance of the security of supply / and / also appreciate / long-term investments.
공공 주주/소유주(주, 도시, 지방 자치 단체)가 참여하는 경우 / 상황은 매우 다르게 보인다 / 그들이 인식할 수 있기 때문에 / 공급 보안의 중요성을 / 그리고 / 또한 이해하기 때문에 / 장기적인 투자를

해석 자유화된 시장에서의 비용 압박은 기존 및 미래의 수력 발전 계획에 서로 다른 영향을 미친다. 비용 구조 때문에 기존의 수력 발전소는 항상 이익을 얻을 수 있을 것이다. 미래 수력 발전 계획의 구상과 건설은 단기적인 과정이 아니기 때문에, 낮은 전기 생산 비용에도 불구하고 대중적인 투자가 아니다. 대부분의 민간 투자자들은 <u>더 단기적인 기술</u>에 자금을 조달하는 것을 선호할 것이고, 이는 기존 수력 발전소가 효자 사업인 것처럼 보이지만, 누구도 새로운 것(수력 발전소)에 투자하고 싶어 하지 않는다는 역설적인 상황으로 이어진다. 공공 주주/소유주(주, 도시, 지방 자치 단체)가 참여하는 경우, 공급 보안의 중요성을 인식하고 장기적인 투자를 이해할 수 있기 때문에 상황은 매우 다르게 보인다.

① 더 단기적인 기술
② 모든 첨단 기술 산업
③ 공익의 증진
④ 전력 공급의 강화

해설 글의 중반부에 빈칸이 나왔으므로 주제문에 대한 구체적인 설명이 어떻게 들어가야 하는지 확인해야 한다. 지문 처음에서 비용 압박이 기존 및 미래의 수력 발전 계획에 서로 다른 영향을 미친다고 했고, 빈칸 앞 문장에서 미래 수력 발전 계획의 구상과 건설은 단기적인 과정이 아니기 때문에 대중적인 투자가 아니라고 언급하고 있으므로 비용 압박과 수력 발전 계획과의 관계와 관련된 내용이 구체적으로 설명되어야 하는 것을 알 수 있다. 빈칸이 있는 문장에서 기존 수력 발전소가 효자 사업인 것처럼 보이지만 누구도 새로운 수력 발전소에 투자하고 싶어 하지 않는 역설적인 상황으로 이어진다고 설명하고 있으므로, 빈칸에는 대부분의 민간 투자자들은 '① 더 단기적인 기술'에 자금을 조달하는 것을 선호할 것이라는 내용이 들어가야 한다. (불변의 패턴 10)

어휘 cost 비용, 가격 pressure 압박, 압력 liberalize 자유화하다, 완화하다
existing 기존의 hydropower 수력 발전력 scheme 계획, 기획
structure 구조 plant 발전소 earn 얻다 profit 이익
short-term 단기적인 investment 투자 private 민간의, 개인의
shareholder 주주 municipality 지방 자치 단체 security 보안
appreciate 이해하다, 감사하다 long-term 장기적인
promotion 증진, 진흥 public interest 공익 enhancement 강화

3
정답 ④

끊어읽기 해석

Antibiotics are among the most commonly prescribed drugs / for people.
항생제는 가장 흔하게 처방되는 약들 중 하나이다 / 사람들에게

Antibiotics are effective / against bacterial infections, / such as strep throat, / some types of pneumonia, / eye infections, / and ear infections.
항생제는 효과적이다 / 박테리아 감염에 / 패혈성 인두염과 같은 / 일부 유형의 폐렴 / 눈 감염 / 그리고 귀 감염

But / these drugs / don't work at all / against viruses, / such as those that cause colds or flu.
하지만 / 이 약들은 / 전혀 효과가 없다 / 바이러스에 / 감기나 독감을 유발하는 것과 같은

Unfortunately, / many antibiotics / prescribed to people and to animals / are unnecessary.
불행하게도 / 많은 항생제는 / 사람과 동물에게 처방되는 / 불필요하다

(A) Furthermore, / the overuse and misuse of antibiotics / help to create / drug-resistant bacteria.
(A) 게다가 / 항생제의 남용과 오용은 / 생성하는 것을 돕는다 / 약물에 내성이 있는 박테리아를

Here's how that might happen.
그것이 어떻게 일어날 수 있는지는 다음과 같다

When used properly, / antibiotics can help / destroy disease-causing bacteria.
적절하게 사용되면 / 항생제는 도움이 될 수 있다 / 질병을 일으키는 박테리아를 파괴하는 데

(B) However, / if you take an antibiotic / when you have a viral infection / like the flu, / the drug won't affect the viruses / making you sick.
(B) 하지만 / 항생제를 복용하면 / 당신이 바이러스 감염이 있을 때 / 독감과 같은 / 그 약은 바이러스에 영향을 미치지 않는다 / 당신을 아프게 하는

해석 항생제는 사람들에게 가장 흔하게 처방되는 약들 중 하나이다. 항생제는 패혈성 인두염, 일부 유형의 폐렴, 눈 감염, 그리고 귀 감염과 같은 박테리아 감염에 효과적이다. 하지만 이 약들은 감기나 독감을 유발하는 것과 같은 바이러스에는 전혀 효과가 없다. 불행하게도, 사람과 동물에게 처방되는 많은 항생제는 불필요하다. (A) 게다가, 항생제의 남용과 오용은 약물에 내성이 있는 박테리아를 생성하는 것을 돕는다. 그것이 어떻게 일어날 수 있는지는 다음과 같다. 항생제는 적절하게 사용되면 질병을 일으키는 박테리아를 파괴하는 데 도움이 될 수 있다. (B) 하지만, 독감과 같은 바이러스 감염이 있을 때 항생제를 복용하면, 그 약은 당신을 아프게 하는 바이러스에 영향을 미치지 않는다.

	(A)	(B)
①	하지만	대신에
②	게다가	그러므로

③ 반면에　　　예를 들어
④ 게다가　　　하지만

해설 (A) 빈칸 앞 문장은 사람과 동물에게 처방되는 많은 항생제는 불필요하다는 내용이고, 빈칸 뒤 문장은 항생제의 남용과 오용은 약물에 내성이 있는 박테리아를 생성하는 것을 돕는다는 추가적인 내용이다. 따라서 빈칸에는 추가를 나타내는 연결어인 Furthermore(게다가)가 들어가야 한다. (B) 빈칸 앞 문장은 항생제는 적절하게 사용되면 질병을 일으키는 박테리아를 파괴하는 데 도움이 될 수 있다는 내용이고, 빈칸 뒤 문장은 바이러스 감염이 있을 때 항생제를 복용하면 그 약은 바이러스에 영향을 미치지 않는다는 내용으로 앞 문장과 대조적인 내용이다. 따라서 빈칸에는 대조를 나타내는 연결어인 However(하지만)가 들어가야 한다. 따라서 ④ (A) Furthermore(게다가) - (B) However(하지만)가 정답이다. (불변의 패턴 13)

어휘 antibiotic 항생제, 항균　prescribe 처방하다　effective 효과적인
infection 감염　strep throat 패혈성 인두염　pneumonia 폐렴
overuse 남용　misuse 오용　resistant 내성이 있는, 저항력이 있는
properly 적절하게, 제대로　viral 바이러스의

4 　　　　　　　　　　　　　　　　　　　　정답 ②

끊어읽기 해석

> Persuasion shows up / in almost every walk of life.
> 설득은 나타난다 / 삶의 거의 모든 직업에서
> Nearly every major politician / hires / media consultants and political experts / to provide advice / on how to appeal / to the public.
> 거의 모든 주요 정치인들은 / 고용한다 / 미디어 컨설턴트와 정치 전문가를 / 조언을 제공하기 위해 / 어떻게 호소할 것인지에 대해 / 대중들에게
> Virtually every major business and special-interest group / has hired a lobbyist / to take its concerns to Congress / or / to state and local governments.
> 거의 모든 주요 사업체와 특수 이익 단체들은 / 로비스트를 고용해 왔다 / 그들의 우려 사항을 의회에 전달하기 위해 / 또는 / 주정부 및 지방정부에
> In nearly every community, / activists try to persuade / their fellow citizens / on important policy issues.
> 거의 모든 지역사회에서 / 활동가들은 설득하려고 노력한다 / 그들의 동료 시민들을 / 중요한 정책 문제에 대해
> The workplace, too, has always been fertile ground / for office politics and persuasion.
> 직장 또한 항상 비옥한 땅이었다 / 사내 정치와 설득을 위한
> One study estimates / that general managers spend upwards of 80% of their time / in verbal communication / —most of it with the intent / of persuading their fellow employees.
> 한 연구는 추정한다 / 일반 관리자들은 그들의 시간의 80% 이상을 소비한다고 / 언어적 의사소통에 / 대부분은 의도를 가지고 있다 / 그들의 동료 직원들을 설득하려는
> With the advent of the photocopying machine, / a whole new medium for office persuasion was invented / —the photocopied memo.
> 복사기의 출현으로 / 설득을 위한 완전히 새로운 매체가 발명되었다 / 즉 복사된 메모이다
> The Pentagon alone / copies / an average of 350,000 pages / a day, / the equivalent of 1,000 novels.
> 국방부에서만 / 복사한다 / 평균 35만 페이지를 / 하루에 / 이것은 소설 1,000권에 해당한다

해석 설득은 삶의 거의 모든 직업에서 나타난다. 거의 모든 주요 정치인들은 미디어 컨설턴트와 정치 전문가를 고용하여 대중들에게 어떻게 호소할 것인지에 대한 조언을 제공하도록 한다. 거의 모든 주요 사업체와 특수 이익 단체는 의회나 주정부 및 지방정부에 그들의 우려 사항을 전달하기 위해 로비스트를 고용해 왔다. 거의 모든 지역사회에서, 활동가들은 중요한 정책 문제에 대해 그들의 동료 시민들을 설득하려고 노력한다. 직장 또한 항상 사내 정치와 설득을 위한 비옥한 땅이었다. 한 연구는 일반 관리자들은 그들의 시간의 80% 이상을 언어적 의사소통에 소비한다고 추정하는데, 대부분은 그들의 동료 직원들을 설득하려는 의도를 가지고 있다. 복사기의 출현으로 사내 설득을 위한 완전히 새로운 매체, 즉 복사된 메모가 발명되었다. 국방부에서만 하루에 평균 35만 페이지를 복사하는데, 이것은 소설 1,000권에 해당한다.

① 사업가들은 뛰어난 설득 기술을 지녀야 한다.
② 설득은 삶의 거의 모든 직업에서 나타난다.
③ 당신은 수많은 광고판과 포스터를 만나게 될 것이다.
④ 대중 매체 캠페인은 정부에 유용하다.

해설 글의 초반부에 빈칸이 나왔으므로 이어지는 글의 내용을 종합하여 주제가 무엇인지를 파악해야 한다. 지문 전반에 걸쳐 정치인들은 대중들에게 호소하기 위한 조언을 받고, 사업체와 특수 이익 단체들은 그들의 우려 사항을 정부에 전달하고, 활동가들은 동료 시민들을 설득하고, 직장의 일반 관리자들은 동료 직원들을 설득하는 데 언어적 의사소통의 대부분을 사용하는 등 여러 분야에서 설득이 이루어지는 예시를 설명하고 있으므로, 빈칸에는 '② 설득은 삶의 거의 모든 직업에서 나타난다'는 내용이 들어가야 한다. (불변의 패턴 09)

어휘 politician 정치인　hire 고용하다　appeal 호소하다
virtually 거의, 사실상　lobbyist 로비스트(특정 압력 단체의 이익을 위해 입법에 영향을 줄 목적으로 정당이나 의원을 상대로 활동하는 전문가)
congress 의회　activist 활동가　persuade 설득하다　fellow 동료
citizen 시민　fertile 비옥한　estimate 추정하다　upwards 이상의
intent 의도　advent 출현, 도래　photocopy 복사하다
pentagon 국방부, 펜타곤(미국 국방부 건물)　equivalent 해당하는, 맞먹는
walk of life 직업, 사회적 계급　encounter 만나다, 마주치다
countless 수많은　billboard 광고판, 게시판　mass media 대중 매체

5 　　　　　　　　　　　　　　　　　　　　정답 ②

끊어읽기 해석

> In recent years, / the increased popularity / of online marketing and social media sharing / has boosted the need / for advertising standardization / for global brands.
> 최근에, / 높아진 인기는 / 온라인 마케팅과 소셜 미디어 공유의 / 필요성을 북돋웠다 / 광고 표준화의 / 글로벌 브랜드에 대한
> Most big marketing and advertising campaigns / include a large online presence.
> 대부분의 대규모 마케팅과 광고 캠페인은 / 대규모의 온라인상에서의 존재감을 포함한다
> Connected consumers / can now zip easily across borders / via the internet and social media, / making it difficult for advertisers / to roll out adapted campaigns / in a controlled, orderly fashion.
> 연결된 소비자들은 / 이제 국경을 쉽게 넘나들 수 있다 / 인터넷과 소셜 미디어를 통해 / 광고주들을 어렵게 만든다 / 적합한 캠페인을 시작하는 것을 / 통제되고 질서정연한 방식으로
> As a result, / most global consumer brands / coordinate their digital sites / internationally.
> 결과적으로, / 대부분의 글로벌 소비자 브랜드는 / 그들의 디지털 사이트를 동등하게 한다 / 국제적으로
> For example, / Coca-Cola web and social media sites around the world, / from Australia and Argentina / to France, Romania, and Russia, / are surprisingly uniform.
> 예를 들어, / 전 세계의 코카콜라 웹 사이트와 소셜 미디어 사이트는 / 호주와 아르헨티나부터 / 프랑스, 루마니아, 그리고 러시아에 이르기까지 / 놀랍게도 똑같다

Section 3 추론 유형 57

All feature / splashes of familiar Coke red, / iconic Coke bottle shapes, / and Coca-Cola's music and "Taste the Feeling" themes.
전부 특징으로 한다 / 친숙한 코카콜라 빨간색의 물방울들을, / 상징적인 콜라병 모양을 / 그리고 코카콜라의 음악과 '이 맛, 이 느낌' 테마를

해석 최근에, 온라인 마케팅과 소셜 미디어 공유의 높아진 인기는 글로벌 브랜드에 대한 광고 표준화의 필요성을 북돋웠다. 대부분의 대규모 마케팅과 광고 캠페인은 대규모의 온라인상에서의 존재감을 포함한다. 연결된 소비자들은 이제 인터넷과 소셜 미디어를 통해 국경을 쉽게 넘나들 수 있고, 이는 광고주들이 적합한 캠페인을 통제되고 질서 정연한 방식으로 시작하는 것을 어렵게 만든다. 결과적으로, 대부분의 글로벌 소비자 브랜드는 그들의 디지털 사이트를 국제적으로 동등하게 한다. 예를 들어, 호주와 아르헨티나부터 프랑스, 루마니아, 그리고 러시아에 이르기까지, 전 세계의 코카콜라 웹 사이트와 소셜 미디어 사이트는 놀랍게도 똑같다. 전부 친숙한 코카콜라 빨간색의 물방울들, 상징적인 콜라병 모양, 그리고 코카콜라의 음악과 '이 맛, 이 느낌' 테마를 특징으로 한다.

① 실험의   ② 똑같은
③ 국한된   ④ 다양한

해설 글의 후반부에 빈칸이 나왔으므로 주제문이 어떻게 재진술되어야 하는지 확인해야 한다. 지문 처음에서 최근에 온라인 마케팅과 소셜 미디어 공유의 높아진 인기는 글로벌 브랜드에 대한 광고 표준화의 필요성을 북돋았다고 했고, 지문 마지막에서 대부분의 글로벌 소비자 브랜드는 그들의 디지털 사이트를 국제적으로 동등하게 하는데, 코카콜라 웹 사이트는 전부 친숙한 코카콜라 빨간색의 물방울들, 상징적인 콜라병 모양, 그리고 코카콜라의 음악과 '이 맛, 이 느낌' 테마를 특징으로 한다고 했으므로, 빈칸에는 전 세계의 코카콜라 웹 사이트와 소셜 미디어 사이트는 놀랍게도 '② 똑같다'는 주제를 재진술한 내용이 들어가야 한다. (불변의 패턴 11)

어휘 popularity 인기 advertising 광고 standardization 표준화
online presence 온라인상에서의 존재감, 영향력 consumer 소비자
border 국경 via (특정한 사람·시스템 등을) 통해
roll out 시작하다, 출시하다 adapted 적합한, 알맞은 fashion 방식
coordinate 동등하게 하다, 조정하다 feature ~을 특징으로 하다
iconic 상징적인 experimental 실험의 uniform 같은
localize ~을 국한시키다

6
정답 ①

끊어읽기 해석

Child psychologist Jean Piaget was one of the first / to study questions of moral development.
아동 심리학자 장 피아제는 최초의 사람 중 한 명이다 / 도덕적 발달에 대한 의문을 연구한

He suggested / that moral development, like cognitive development, proceed in stages.
그는 시사했다 / 인지 발달과 같은 도덕적 발달이 단계적으로 진행된다고

The earliest stage is a broad form of moral thinking / he called heteronomous morality, / in which rules are seen / as invariant and unchangeable.
가장 초기 단계는 도덕적 사고의 광범위한 형성이다 / 그가 타율적 도덕성이라고 부르는 / 그리고 이 안에서 규칙은 간주된다 / 변함없고 바꿀 수 없는 것으로

During this stage, / which lasts from about age 4 to age 7, / children play games rigidly, / assuming that there is one, and only one, way / to play / and that every other way is wrong.
이 단계 동안 / 약 4세부터 7세까지 지속되는 / 아이들은 융통성 없이 놀이를 한다 / 유일한 단 한 가지 방법만 있다고 가정하면서 / 놀이를 하는 / 그리고 다른 모든 방법이 틀렸다고

At the same time, though, / preschool-age children may not even fully grasp game rules.
그러나, 동시에 / 미취학 아동들은 놀이 규칙을 완전히 이해하지 못할 수도 있다

(A) Consequently, / a group of children may be playing together, / with each child playing / according to a slightly different set of rules.
(A) 그 결과 / 아이들 무리는 함께 놀고 있는 것일지도 모른다 / 각각의 아이가 노는 상태로 / 약간 다른 규칙들에 따르며

Nevertheless, / they enjoy playing with others.
그럼에도 불구하고 / 그들은 다른 사람들과 노는 것을 즐긴다

Piaget suggests / that every child may "win" such a game / (B) because winning is equated with having a good time, / as opposed to truly competing with others.
피아제는 시사한다 / 모든 아이들이 이러한 놀이에서 '이길' 수 있다고 / 이기는 것은 즐거운 시간을 보내는 것과 같기 (B) 때문에 / 진정으로 다른 사람들과 경쟁하는 것이 아니라

해석 아동 심리학자 장 피아제는 도덕적 발달에 대한 의문을 연구한 최초의 사람 중 한 명이다. 그는 인지 발달과 같은 도덕적 발달이 단계적으로 진행된다고 시사했다. 가장 초기 단계는 그가 타율적 도덕성이라고 부르는 도덕적 사고의 광범위한 형성이며, 이 안에서 규칙은 변함없고 바꿀 수 없는 것으로 간주된다. 약 4세부터 7세까지 지속되는 이 단계 동안, 아이들은 놀이를 하는 유일한 단 한 가지 방법만 있고 다른 모든 방법이 틀렸다고 가정하면서 융통성 없이 놀이를 한다. 그러나, 동시에 미취학 아동들은 놀이 규칙을 완전히 이해하지 못할 수도 있다. (A) 그 결과, 아이들 무리는 각각의 아이가 약간 다른 규칙들에 따르며 노는 상태로 함께 놀고 있는 것일지도 모른다. 그럼에도 불구하고, 그들은 다른 사람들과 노는 것을 즐긴다. 피아제는 이기는 것은 진정으로 다른 사람들과 경쟁하는 것이 아니라 즐거운 시간을 보내는 것과 같기 (B) 때문에 모든 아이들이 이러한 놀이에서 '이길' 수 있다고 시사한다.

(A)	(B)
① 그 결과	~ 때문에
② 예를 들어	비록 ~일지라도
③ 사실은	반면에
④ 하지만	~할 무렵에
⑤ 게다가	~하는 경우에 대비해서

해설 (A) 빈칸 앞부분은 약 4세부터 7세까지의 아이들은 놀이를 하는 유일한 단 한 가지 방법만 있고 다른 모든 방법이 틀렸다고 가정하면서 융통성 없이 놀이를 하고, 놀이 규칙을 완전히 이해하지 못할 수도 있다는 내용이고, (A) 빈칸 뒤 문장은 아이들 무리가 각자 약간 다른 규칙들에 따르며 함께 놀고 있는 것일지도 모른다는 결론적인 내용이므로, (A)에는 Consequently(그 결과)가 들어가야 한다. (B) 빈칸이 있는 문장에서 (B) 빈칸 앞부분은 이러한 놀이에서는 모든 아이들이 '이길' 수 있다는 내용이고, (B) 빈칸 뒷부분은 이기는 것이 진정으로 다른 사람들과 경쟁하는 것이 아니라 즐거운 시간을 보내는 것과 같다고 하며 그 이유를 설명하는 내용이므로, (B)에는 because(~ 때문에)가 들어가야 한다. 따라서 ① (A) Consequently(그 결과) - because(~ 때문에)가 정답이다. (불변의 패턴 13)

어휘 moral 도덕적인 cognitive 인지의 proceed 진행되다
broad 광범위한, 넓은 heteronomous morality 타율적 도덕성(도덕적 판단의 기준을 부모와 같은 권위자에게서 받아들이는 도덕 발달단계의 일종)
invariant 변함없는 last 지속되다 rigidly 융통성 없이
assume 가정하다 grasp 이해하다, 움켜쥐다 slightly 약간
be equated with ~와 같다

7 정답 ①

끊어읽기 해석

To speak of 'the aim' of scientific activity / may perhaps sound a little (A) naive; / for clearly, different scientists have different aims, / and science itself / (whatever that may mean) / has no aims.
과학 활동의 '목표'에 대해 말하는 것은 / 아마도 약간 (A) 순진하게 들릴지도 모른다 / 왜냐하면 분명히, 서로 다른 과학자들은 서로 다른 목표를 가지고 있기 때문이다 / 그리고 과학 그 자체는 / (그것이 무엇을 의미하든) / 목표가 없다

I admit all this.
나는 이 모든 것을 인정한다

And yet it seems / that when we speak of science we do feel, / more or less clearly, / that there is something characteristic of scientific activity; / and since scientific activity looks pretty much like a rational activity, / and since a rational activity must have some aim, / the attempt to describe the aim of science / may not be entirely (B) futile.
그럼에도 불구하고 ~인 것처럼 보인다 / 우리가 과학에 대해 말할 때 우리는 느낀다 / 다소 분명하게 / 과학 활동 특유의 무언가가 있다는 것을 / 그리고 과학 활동이 이성적인 활동과 거의 비슷해 보이기 때문에 / 그리고 이성적인 활동은 어떤 목표를 가지고 있어야 하기 때문에 / 과학의 목표를 설명하려는 시도가 / 완전히 (B) 헛된 것은 아닐 수도 있다

해석 과학 활동의 '목표'에 대해 말하는 것은 아마도 약간 (A) 순진하게 들릴지도 모르는데, 왜냐하면 분명히, 서로 다른 과학자들은 서로 다른 목표를 가지고 있고, 과학 그 자체는 (그것이 무엇을 의미하든) 목표가 없기 때문이다. 나는 이 모든 것을 인정한다. 그럼에도 불구하고 우리가 과학에 대해 말할 때, 우리는 과학 활동 특유의 무언가가 있다는 것을 다소 분명하게 느끼는 것처럼 보인다. 그리고 과학 활동이 이성적인 활동과 거의 비슷해 보이고, 이성적인 활동은 어떤 목표를 가지고 있어야 하기 때문에, 과학의 목표를 설명하려는 시도가 완전히 (B) 헛된 것은 아닐 수도 있다.

	(A)	(B)
①	순진한	헛된
②	합리적인	유익한
③	혼란스러운	용인되는
④	일관성 있는	버려진

해설 빈칸이 두 개 있으므로 글의 주제문이나 중심 소재와 관련된 키워드가 무엇인지 확인해야 한다. 이 지문의 중심 소재는 과학 활동의 목표인데, (A) 빈칸 앞부분에 과학 활동의 목표에 대해 말하는 것이 어떻게 들릴 수 있는지에 대한 내용이 있고, 빈칸 뒤 문장에 서로 다른 과학자들은 서로 다른 목표를 가지고 있으며 과학 그 자체는 목표가 없다는 내용이 있으므로, (A)에는 naive(순진한)가 들어가야 한다. (B) 빈칸 앞부분에 과학 활동이 이성적인 활동과 거의 비슷해 보이고, 이성적인 활동은 어떤 목표를 가지고 있어야 한다고 하며 과학의 목표를 설명하려는 시도가 어떤 것이 아닐 수 있다고 설명하는 내용이 있으므로, (B)에는 futile(헛된)이 들어가야 한다. 따라서 ① naive(순진한) – futile(헛된)이 정답이다. (불변의 패턴 12)

어휘 aim 목표 admit 인정하다 characteristic 특유의 rational 이성적인 attempt 시도 describe 설명하다, 묘사하다 naive 순진한 futile 헛된 reasonable 합리적인 fruitful 유익한, 생산적인 chaotic 혼란스러운 consistent 일관성 있는 discard 버리다

8 정답 ④

끊어읽기 해석

The holiday season is a time / to give thanks, / reflect on the past year, / and spend time with family and friends.
연말연시는 시기이다 / 감사를 전하는 / 지난해를 되돌아보는 / 그리고 가족 및 친구들과 시간을 보내는

However, / if you're not careful, / it can also be a time / you overspend on holiday purchases.
하지만 / 당신이 주의하지 않으면 / 그것은 시기가 될 수도 있다 / 당신이 연말연시 구매에 과소비하는

People have an innate impulse / to overspend, / experts say.
사람들은 타고난 충동을 가지고 있다 / 과소비하려는 / 전문가들은 말한다

They are "wired" / to be consumers.
그들은 '연결되어' 있다 / 소비자가 되도록

The short-term gratification / of giving gifts to loved ones / can eclipse the long-term focus / that's needed to be good with money.
단기적인 만족감은 / 사랑하는 사람들에게 선물을 주는 것의 / 장기적인 초점을 무색하게 만들 수 있다 / 돈을 잘 쓰는 데 필요한

That's where many people fall short.
그 부분이 많은 사람들이 부족해지는 부분이다

We can overspend / because our long-term goals are much more abstract, / and it actually requires us / to do extra levels of cognitive processing / to delay instant gratification.
우리는 과소비를 할 수 있다 / 우리의 장기적인 목표가 훨씬 더 추상적이기 때문에 / 그리고 그것은 실제로 우리가 ~하도록 한다 / 추가적인 수준의 인지 처리를 하도록 / 즉각적인 만족을 늦추기 위해

Additionally, / consumers may feel the social pressure / to spend more than they might like / because they don't want to appear "cheap."
또한 / 소비자들은 사회적 압박을 느낄 수도 있다 / 그들이 원하는 것보다 더 많이 소비해야 한다는 / 그들이 '인색해' 보이고 싶지 않기 때문에

Many companies also promote deals / during the holidays / that can encourage people / to spend more than usual.
많은 기업들은 할인 행사를 홍보하기도 한다 / 연말연시 동안 / 사람들을 장려할 수 있는 / 평소보다 더 많이 소비하도록

해석 연말연시는 감사를 전하고, 지난해를 되돌아보며, 가족 및 친구들과 시간을 보내는 시기이다. 하지만, 당신이 주의하지 않으면, 그것(연말연시)은 당신이 연말연시 구매에 과소비하는 시기가 될 수도 있다. 전문가들은 사람들이 과소비하려는 타고난 충동을 가지고 있다고 말한다. 그들은 소비자가 되도록 '연결되어' 있다. 사랑하는 사람들에게 선물을 주는 것의 단기적인 만족감은 돈을 잘 쓰는 데 필요한 장기적인 초점을 무색하게 만들 수 있다. 그 부분이 많은 사람들이 부족해지는 부분이다. 우리의 장기적인 목표가 훨씬 더 추상적이고, 그것은 실제로 우리가 즉각적인 만족을 늦추기 위해 추가적인 수준의 인지 처리를 하도록 하기 때문에 우리는 과소비를 할 수 있다. 또한, 소비자들은 '인색해' 보이고 싶지 않기 때문에 그들이 원하는 것보다 더 많이 소비해야 한다는 사회적 압박을 느낄 수도 있다. 많은 기업은 연말연시 동안 사람들이 평소보다 더 많이 소비하도록 장려할 수 있는 할인 행사를 홍보하기도 한다.

① 해외 기업에서 일할 욕구
② 그들의 장기적인 목표를 수립하는 것에 대한 책임
③ 연말연시 동안 그들의 소비를 제한하는 것처럼
④ 그들이 원하는 것보다 더 많이 소비해야 한다는 사회적 압박

해설 글의 후반부에 빈칸이 나왔으므로 주제문이 어떻게 재진술되어야 하는지 확인해야 한다. 지문 처음에서 연말연시는 구매에 과소비하는 시기가 될 수도 있다며 사람들은 과소비하려는 타고난 충동을 가지고 있다고 했고, 빈칸 뒷부분에서 소비자들은 '인색해' 보이고 싶지 않으며 많은 기업이 연말연시 동안 사람들이 평소보다 더 많이 소비하도록 장려할 수 있는 할인 행사를 홍보하기도 한다고 설명하고 있다. 따라서 빈칸에는 소비자들은 '④ 그들이 원하는 것보다 더 많이 소비해야 한다는 사회적 압박'을 느낄 수도 있다는 주제를 재진술한 내용이 들어가야 한다. (불변의 패턴 11)

어휘 reflect 되돌아보다, 깊이 생각하다 overspend 과소비하다
purchase 구매 innate 타고난, 선천적인 impulse 충동 expert 전문가
consumer 소비자 gratification 만족감
eclipse 무색하게 만들다, 가리다 fall short 부족해지다
abstract 추상적인 cognitive 인지적인 instant 즉각적인
cheap 인색한 promote 홍보하다 desire 욕구 overseas 해외의
establish 수립하다 social pressure 사회적 압박

Section 4 논리적 흐름 파악 유형

p.120

불변의 패턴 15 대명사나 연결어를 찾으면 앞뒤 글의 순서가 보인다.

대표 기출 예제
정답 ③

끊어읽기 해석

For people who are blind, / everyday tasks / such as sorting through the mail or doing a load of laundry / present a challenge.
시각장애가 있는 사람들에게 / 일상적인 일들은 / 우편물을 분류하거나 빨래를 많이 하는 것과 같은 / 도전을 제기한다

(A) That's the thinking behind Aira, / a new service that enables its thousands of users / to stream live video of their surroundings / to an on-demand agent, / using either a smartphone or Aira's proprietary glasses.
그것은 Aira의 이면에 있는 생각이다 / 그것의 수천 명의 사용자들이 할 수 있게 해주는 새로운 서비스인 / 그들 주변 환경의 실시간 영상을 스트리밍하는 것을 / 언제든지 에이전트에게 / 스마트폰이나 Aira의 전매 안경을 사용하여

(B) But what if they could "borrow" the eyes of someone / who could see?
하지만 만약 그들이 누군가의 눈을 '빌릴' 수 있다면 어떻겠는가 / 앞을 볼 수 있는

(C) The Aira agents, / who are available 24/7, / can then answer questions, describe objects / or guide users through a location.
Aira 에이전트는 / 24시간 연중무휴로 이용할 수 있는 / 질문에 답하거나, 사물을 묘사할 수 있다 / 혹은 위치 추적을 통해 사용자들에게 길을 안내한다

해석

시각장애가 있는 사람들에게, 우편물을 분류하거나 빨래를 많이 하는 것과 같은 일상적인 일들은 도전을 제기한다.

(B) 하지만 만약 그들이 앞을 볼 수 있는 누군가의 눈을 '빌릴' 수 있다면 어떻겠는가?
(A) 그것은 수천 명의 사용자들이 스마트폰이나 Aira의 전매 안경을 사용하여 그들 주변 환경의 실시간 영상을 언제든지 에이전트에게 스트리밍할 수 있게 해주는 새로운 서비스인 Aira의 이면에 있는 생각이다.
(C) 24시간 연중무휴로 이용할 수 있는 Aira 에이전트는 질문에 답하거나, 사물을 묘사하거나, 위치 추적을 통해 사용자들에게 길을 안내할 수 있다.

어휘 sort 분류하다 enable ~을 할 수 있게 하다
stream 스트리밍하다(음악 파일이나 동영상 파일을 내려받거나 저장하여 재생하지 않고 인터넷에 연결된 상태에서 실시간으로 재생하다)
proprietary 전매의, 독점의 borrow 빌리다 describe 묘사하다
location 위치 추적

기출문제 풀어보기
정답 ②

끊어읽기 해석

Usually / toddlers picking things up / from the ground / means trouble.
보통 / 유아들이 물건을 줍는 것은 / 땅에서 / 문제를 의미한다

(A) The family reported the find / to the Israel Antiquities Authority, / which determined / it is a beetle-shaped seal / from the Middle Bronze Age.
그 가족은 발견한 것을 신고했다 / 이스라엘 고대유물관리국에 / 그곳(관리국)은 판정했다 / 그것이 딱정벌레 모양의 인장이라고 / 중기 청동기 시대의

(B) But / as 3-year-old Ziv Nitzan of Israel brushed away the sand / on what seemed to be a rock, / she revealed / a nearly 4,000-year-old Egyptian artifact.
하지만 / 이스라엘의 세 살배기 Ziv Nitzan이 모래를 털어냈을 때 / 돌처럼 보이는 것의 / 그녀는 드러내 보였다 / 거의 4,000년 된 이집트 유물을

(C) Ziv was awarded a certificate / for good citizenship, / and / the Heritage Minister of Israel said / the seal "connects us to a grand story," / and that "even children can be a part of discovering history."
Ziv는 표창장을 받았다 / 훌륭한 시민의 자질에 대한 / 그리고 / 이스라엘 문화유산부 장관은 말했다 / 그 인장이 "우리를 위대한 이야기에 연결해 준다" / 그리고 "심지어 아이들도 역사를 발견하는 데 참여할 수 있다"고

해석

보통 유아들이 땅에서 물건을 줍는 것은 문제를 의미한다.

(B) 하지만 이스라엘의 세 살배기 Ziv Nitzan이 돌처럼 보이는 것의 모래를 털어냈을 때, 그녀는 거의 4,000년 된 이집트 유물을 드러내 보였다.
(A) 그 가족은 발견한 것을 이스라엘 고대유물관리국에 신고했고, 그곳은 그것이 중기 청동기 시대의 딱정벌레 모양 인장이라고 판정했다.
(C) Ziv는 훌륭한 시민의 자질에 대한 표창장을 받았고, 이스라엘 문화유산부 장관은 그 인장이 "우리를 위대한 이야기에 연결해 준다"고 하며, "심지어 아이들도 역사를 발견하는 데 참여할 수 있다"고 말했다.

해설 주어진 문장에서 보통 유아들이 땅에서 물건을 줍는 것은 문제를 의미한다고 언급한 후, (B)에서 하지만(But) 세 살배기 Ziv Nitzan이 땅에서 이집트 유물을 발견했다며 반대되는 사례를 들고 있다. 이어서 (A)에서 가족은 발견한 것(the find)을 고대유물관리국에 신고했는데 관리국은 그것이 중기 청동기 시대의 인장이라고 판정했다고 하고, (C)에서 Ziv는 훌륭한 시민의 자질에 대한 표창장을 받았다는 결과를 설명하고 있다. 따라서 ② (B) – (A) – (C)가 정답이다.

어휘 toddler 유아 pick up ~을 줍다 antiquity 유물 determine 판정하다
beetle 딱정벌레 seal 인장 brush away ~을 털어내다 artifact 유물
minister 장관

p.121

불변의 패턴 16 주어진 글을 보고 뒤에 나올 글의 구조를 예측할 수 있다.

대표 기출 예제
정답 ③

끊어읽기 해석

All civilizations rely on government administration.
모든 문명은 정부의 행정에 의존한다

Perhaps / no civilization better exemplifies this / than ancient Rome.
아마도 / 이것을 더 잘 보여주는 문명은 없을 것이다 / 고대 로마보다

(A) To rule an area that large, / the Romans, / based in what is now central Italy, / needed an effective system / of government administration.
그렇게 넓은 지역을 통치하기 위해, / 로마인들은 / 현재의 중부 이탈리아에 기반을 둔 / 효과적인 시스템이 필요했다 / 정부 행정의

(B) Actually, / the word "civilization" itself / comes from the Latin word *civis*, / meaning "citizen."
사실, / '문명'이라는 단어 자체는 / 라틴어 'civis'에서 왔다 / '시민'을 의미하는

(C) Latin was the language of ancient Rome, / whose territory stretched / from the Mediterranean basin / all the way to parts of Great Britain in the north / and the Black Sea to the east.
라틴어는 고대 로마의 언어였다 / 그들의 영토는 뻗어 있었다 / 지중해의 분지에서 / 북쪽의 그레이트브리튼 섬의 일부까지 / 그리고 동쪽의 흑해까지

[해석] 모든 문명은 정부의 행정에 의존한다. 아마도 고대 로마보다 이것을 더 잘 보여주는 문명은 없을 것이다.

(B) 사실, '문명'이라는 단어 자체는 '시민'을 의미하는 라틴어 'civis'에서 왔다.
(C) 라틴어는 고대 로마의 언어였는데, 그들의 영토는 지중해의 분지에서 북쪽의 그레이트브리튼 섬의 일부와 동쪽의 흑해까지 뻗어 있었다.
(A) 로마인들은 현재의 중부 이탈리아에 기반을 둔 그렇게 넓은 지역을 통치하기 위해, 효과적인 정부 행정 시스템이 필요했다.

[어휘] civilization 문명　administration 행정　exemplify 보여주다　ancient 고대의　rule 통치하다　effective 효과적인　territory 영토　stretch 뻗어 있다, 이르다　basin 분지

기출문제 풀어보기   정답 ③

끊어읽기 해석

Past research has shown / that experiencing frequent psychological stress / can be a significant risk factor / for cardiovascular disease, / a condition that affects almost half of those / aged 20 years and older in the United States.
과거 연구는 보여주었다 / 잦은 정신적인 스트레스를 경험하는 것은 / 상당한 위험 요소가 될 수 있다는 것을 / 심혈관 질병에 / ~인 사람들 중 거의 절반에게 영향을 끼치는 질환인 / 미국의 20세 이상인

(A) Does this mean, / though, / that people / who drive on a daily basis / are set to develop heart problems, / or is there a simple way / of easing the stress / of driving?
이것은 의미할까 / 하지만 / 사람들이 / 매일 운전하는 / 심장병이 생길 예정이라는 것을 / 혹은 간단한 방법이 있을까 / 스트레스를 푸는 / 운전으로 인한

(B) According to a new study, / there is.
새로운 연구에 따르면 / (그 방법이) 있다

The researchers noted / that listening to music / while driving / helps relieve the stress / that affects heart health.
연구원들은 언급했다 / 음악을 듣는 것이 / 운전하는 동안 / 스트레스를 줄이도록 돕는다고 / 심장 건강에 영향을 끼치는

(C) One source / of frequent stress / is driving, / either due to the stressors / associated with heavy traffic / or the anxiety / that often accompanies / inexperienced drivers.
한 가지 원인은 / 잦은 스트레스의 / 운전이다 / 스트레스 요인 때문이든 / 극심한 교통량과 관련된 / 불안감 때문이든 / 종종 동반되는 / 미숙한 운전자들에게

[해석] 과거 연구는 잦은 정신적인 스트레스를 경험하는 것은 미국의 20세 이상인 사람들 중 거의 절반에게 영향을 끼치는 질환인 심혈관 질병에 상당한 위험 요소가 될 수 있다는 것을 보여주었다.

(C) 잦은 스트레스의 한 가지 원인은, 극심한 교통량과 관련된 스트레스 요인 때문이든 미숙한 운전자들에게 종종 동반되는 불안감 때문이든, 운전이다.
(A) 하지만, 이것은 매일 운전하는 사람들이 심장병이 생길 예정이라는 것을 의미할까? 혹은 운전으로 인한 스트레스를 푸는 간단한 방법이 있을까?
(B) 새로운 연구에 따르면 (그 방법이) 있다. 연구원들은 운전하는 동안 음악을 듣는 것이 심장 건강에 영향을 끼치는 스트레스를 줄이도록 돕는다고 언급했다.

[해설] 주어진 글에서 잦은 정신적인 스트레스를 경험하는 것은 심혈관 질병에 엄청난 위험 요소(a significant risk factor)가 될 수 있다고 하고 있으므로, 뒤에는 정신적 스트레스의 예시가 나올 것임을 예측할 수 있다. (C)에서 잦은 스트레스의 한 가지 원인(One source of frequent stress)인 운전에 대해서 설명하고, 이어서 (A)에서 운전으로 인한 스트레스(stress of driving)를 푸는 방법이 있는지에 대해 언급한 후, 이어서 (B)에서 그 방법으로 운전하는 동안 음악을 듣는 것에 대해서 이야기하고 있다. 따라서 ③ (C) – (A) – (B)가 정답이다.

[어휘] frequent 잦은, 빈번한　significant 상당한　cardiovascular 심혈관의　condition 질병, 질환　stressor 스트레스 요인　accompany 동반되다, 딸리다　inexperienced 미숙한

p.122

불변의 패턴 17 주어진 문장에는 문장이 들어갈 위치에 대한 결정적인 단서가 있다.

대표 기출 예제   정답 ②

끊어읽기 해석

However, / according to Mike Tipton, / a professor at University of Portsmouth, / this is far from the quickest way / of lowering your body temperature.
그러나 / Mike Tipton에 따르면 / Portsmouth 대학의 교수인 / 이것은 가장 빠른 방법과는 거리가 멀다 / 당신의 체온을 낮추는

There are plenty of simple, scientifically supported techniques / that will help you handle the heat.
많은 간단하고 과학적으로 입증된 기술들이 있다 / 당신이 더위에 대처하는 데 도움을 줄

(①) If you're feeling the heat / and / somebody offers you a fan, / it's likely that you'll try and cool your face first.
만약 당신이 더위를 느끼고 있다면 / 그리고 / 누군가가 당신에게 선풍기를 제공한다면 / 당신은 아마도 당신의 얼굴을 먼저 식히려고 할 것이다

(②) Certainly, / all that breeze on your face / will stimulate cold receptors there, / which will give you / a very powerful sensation of comfort.
물론 / 당신의 얼굴에 부는 그 모든 바람은 / 그곳의 냉감 수용체를 자극할 것이다 / 이는 당신에게 줄 것이다 / 매우 강한 편안함의 느낌을

But actually, / it's not going to extract the heat / from your body.
하지만 실제로 / 그것은 열을 빼내지 않을 것이다 / 당신의 몸에서

Instead, / a better cooling strategy / is to immerse your hands / in cold water / for 15 to 20 minutes.

대신 / 더 나은 냉각 전략은 / 당신의 손을 담그는 것이다 / 찬물에 / 15분에서 20분 동안

(③) Your hands have a high surface area / to mass area / — they have lots of blood flowing in them / when you're hot.
당신의 손은 높은 표면적을 가지고 있다 / 질량 대비 / 그곳에 많은 혈액이 흐른다 / 당신이 더울 때는

(④) If your core temperature is hot, / your body will send blood / to the extremities / in order to lose heat.
만약 당신의 심부 체온이 높다면 / 당신의 몸은 혈액을 보낼 것이다 / 심장에서 가장 먼 신체 부위(손발)로 / 열을 방출하기 위해

[해석] 당신이 더위에 대처하는 데 도움을 줄 많은 간단하고 과학적으로 입증된 기술들이 있다. 만약 당신이 더위를 느끼고 있고 누군가가 당신에게 선풍기를 제공한다면, 당신은 아마도 얼굴을 먼저 식히려고 할 것이다. ② 그러나, Portsmouth 대학의 교수인 Mike Tipton에 따르면, 이것은 체온을 낮추는 가장 빠른 방법과는 거리가 멀다. 물론, 당신의 얼굴에 부는 그 모든 바람은 그곳의 냉감 수용체를 자극하여, 당신에게 매우 강한 편안함의 느낌을 줄 것이다. 하지만 실제로, 그것은 당신의 몸에서 열을 빼내지 않을 것이다. 대신, 더 나은 냉각 전략은 손을 15분에서 20분 동안 찬물에 담그는 것이다. 손은 질량 대비 높은 표면적을 가지고 있고, 더울 때는 그곳에 많은 혈액이 흐른다. 만약 당신의 심부 체온이 높다면, 당신의 몸은 열을 방출하기 위해 심장에서 가장 먼 신체 부위(손발)로 혈액을 보낼 것이다.

[어휘] far from ~과는 거리가 멀다 plenty of 많은 breeze 바람
stimulate 자극하다 receptor 수용체 sensation 느낌
extract 빼내다 immerse 담그다 surface area 표면적 mass 질량
core temperature 심부 체온 extremity 심장에서 가장 먼 신체 부위, 손발

기출문제 풀어보기   정답 ④

끊어읽기 해석

But / she quickly popped her head out / again.
하지만 / 그녀는 재빨리 고개를 내밀었다 / 다시

The little mermaid swam right up / to the small window / of the cabin, / and / every time a wave lifted her up, / she could see a crowd / of well-dressed people / through the clear glass.
인어공주는 헤엄쳐 올라갔다 / 작은 창문으로 / 선실의 / 그리고 / 파도가 그녀를 들어 올릴 때마다 / 그녀는 무리를 볼 수 있었다 / 옷을 잘 차려입은 사람들의 / 투명한 유리를 통해

Among them was a young prince, / the handsomest person there, / with large dark eyes.
그들 중에는 어린 왕자가 있었다 / 그곳에서 가장 잘생긴 사람인 / 크고 어두운 눈을 가진

(①) It was his birthday, / and / that's why there was so much excitement.
그날은 그의 생일이었다 / 그리고 / 그래서 신나는 일이 매우 많았다

(②) When the young prince came out / on the deck, / where the sailors were dancing, / more than a hundred rockets / went up into the sky / and / broke into a glitter, / making the sky / as bright as day.
어린 왕자가 나왔을 때 / 갑판으로 / 선원들이 춤을 추고 있는 / 백 개가 넘는 로켓이 / 하늘로 솟아올랐다 / 그리고 / 불빛으로 부서졌다 / 하늘을 만들며 / 대낮처럼 밝게

(③) The little mermaid was so startled / that she dove down / under the water.
인어공주는 너무 놀랐다 / 그래서 그녀는 뛰어들었다 / 물속으로

(④) And look!
그리고 보아라

It was just as if / all the stars up in heaven / were falling down / on her.
마치 ~인 것 같았다 / 하늘에 있는 모든 별들이 / 떨어지고 있다 / 그녀에게

Never had she seen such fireworks.
그녀는 그런 불꽃놀이를 본 적이 없었다

[해석] 인어공주는 선실의 작은 창문으로 헤엄쳐 올라갔고, 파도가 그녀를 들어 올릴 때마다, 그녀는 투명한 유리를 통해 옷을 잘 차려입은 사람들의 무리를 볼 수 있었다. 그들 중에는, 크고 어두운 눈을 가진, 그곳에서 가장 잘생긴 사람인 어린 왕자가 있었다. 그날은 그의 생일이었고, 그래서 신나는 일이 매우 많았다. 어린 왕자가 선원들이 춤을 추고 있는 갑판으로 나왔을 때, 백 개가 넘는 로켓이 하늘로 솟아올라 반짝이는 불빛으로 부서져 하늘을 대낮처럼 밝게 만들었다. 인어공주는 너무 놀라서 물속으로 뛰어들었다. ④ 하지만 그녀는 재빨리 다시 고개를 내밀었다. 그리고 보아라! 마치 하늘에 있는 모든 별들이 그녀 위로 떨어지고 있는 것 같았다. 그녀는 그런 불꽃놀이를 본 적이 없었다.

[해설] 주어진 문장에 역접 연결어 But(하지만)과 함께 그녀가 재빨리 다시 고개를 내밀었다는 내용이 있는데, ④번 앞 문장에 인어공주가 물속으로 뛰어들었다는 내용이 있으므로 ④번 자리에 주어진 문장이 나와야 지문이 자연스럽게 연결된다.

[어휘] the little mermaid 인어공주 cabin (배의) 선실, 오두막 deck 갑판
sailor 선원 glitter 반짝이는 불빛 firework 불꽃놀이

불변의 패턴 18 뜬금없는 대명사나 지시어, 어색한 연결어가 있는 문장 앞이 주어진 문장이 들어갈 위치이다.

대표 기출 예제   정답 ②

끊어읽기 해석

But here it's worth noting / that more than half the workforce has little or no opportunity for remote work.
그러나 여기에서, 주목할 가치가 있다 / 노동력의 절반 이상이 원격 근무를 할 기회가 거의 또는 전혀 없다는 점에

COVID-19's spread flattened the cultural and technological barriers / standing in the way of remote work.
코로나19의 확산은 문화적, 기술적 장벽을 허물었다 / 원격 근무를 가로막는

One analysis of the potential for remote work to persist showed that / 20 to 25 percent of workforces in advanced economies could work from home / in the range of three to five days a week.
원격 근무의 지속 가능성에 대한 한 분석에 따르면 / 선진국 노동력의 20에서 25퍼센트가 집에서 일할 수 있었다 / 일주일에 3일에서 5일의 범위에서

(①) This is four to five times more remote work / than pre-COVID-19.
이는 4배에서 5배 더 많은 원격 근무이다 / 코로나19 이전보다

(②) Moreover, / not all work that can be done remotely should be; / for example, / negotiations, brainstorming, and providing sensitive feedback are activities / that may be less effective / when done remotely.
게다가, / 원격으로 할 수 있는 모든 업무가 원격으로 이루어져야 하는 것은 아니다 / 예를 들어, / 협상, 브레인스토밍, 그리고 민감한 피드백 제공은 활동이다 / 덜 효과적일 수 있는 / 원격으로 수행될 때

(③) The outlook for remote work, / then, / depends on the work environment, job, and the tasks at hand, / so hybrid work setups, / where some work happens on-site and some remotely, / are likely to persist.

원격 근무에 대한 전망은, / 그러면, / 업무 환경, 직업, 그리고 당면한 과업에 달려있다 / 따라서 혼합 근무 구성이 / 일부 업무는 현장에서 수행되고 일부는 원격으로 수행되는 / 지속될 가능성이 높다

(④) To unlock sustainable performance and well-being in a hybrid world, / the leading driver of performance and productivity / should be the sense of purpose work provides to employees, / not compensation.
혼합의 세계에서 지속 가능한 성과와 복지를 실현하려면, / 성과와 생산성의 주요 동인은 / 업무가 직원에게 제공하는 목적의식이어야 한다 / 보상이 아니라

해석 코로나19의 확산은 원격 근무를 가로막는 문화적, 기술적 장벽을 허물었다. 원격 근무의 지속 가능성에 대한 한 분석에 따르면 선진국 노동력의 20에서 25퍼센트가 일주일에 3일에서 5일의 범위에서 집에서 일할 수 있었다. 이는 코로나19 이전보다 4배에서 5배 더 많은 원격 근무이다. ② 그러나 여기에서, 노동력의 절반 이상이 원격 근무를 할 기회가 거의 또는 전혀 없다는 점에 주목할 가치가 있다. 게다가, 원격으로 할 수 있는 모든 업무가 원격으로 이루어져야 하는 것은 아니다. 예를 들어, 협상, 브레인스토밍, 그리고 민감한 피드백 제공은 원격으로 수행될 때 덜 효과적일 수 있는 활동이다. 그러면, 원격 근무에 대한 전망은 업무 환경, 직업, 그리고 당면한 과업에 달려있으므로, 일부 업무는 현장에서 수행되고 일부는 원격으로 수행되는 혼합 근무 구성이 지속될 가능성이 높다. 혼합의 세계에서 지속 가능한 성과와 복지를 실현하려면, 성과와 생산성의 주요 동인은 보상이 아니라 업무가 직원에게 제공하는 목적의식이어야 한다.

어휘 note 주목하다 workforce 노동력 remote work 원격 근무
flatten 허물다, 깨부수다 barrier 장벽 analysis 분석
potential 가능성 persist 지속되다 negotiation 협상
sensitive 민감한 outlook 전망 at hand 당면한 setup 구성
unlock 실현하다, 드러내다 driver 동인 productivity 생산성
compensation 보상

기출문제 풀어보기
정답 ④

끊어읽기 해석

But there is also clear evidence / that millennials, / born between 1981 and 1996, / are saving more aggressively / for retirement / than Generation X did / at the same ages, 22~37.
그러나 분명한 근거가 있다 / 밀레니얼 세대는 / 1981년과 1996년 사이에 태어난 / 더 적극적으로 저축하고 있다는 / 은퇴를 대비하기 위해 / X세대가 그랬던 것보다 / 동일한 22~37살 시기에

Millennials are often labeled / the poorest, most financially burdened generation / in modern times.
밀레니얼 세대는 종종 ~라고 불린다 / 가장 가난하고 가장 재정적으로 부담을 지고 있는 세대 / 현대에 들어서

Many of them / graduated from college / into one of the worst labor markets / the United States has ever seen, / with a staggering load of student debt / to boot.
그들 중 많은 사람들은 / 대학을 졸업해서 / 최악의 노동 시장 중 하나로 (진입했다) / 미국이 이제까지 경험했었던 / 충격적인 양의 학자금 대출과 함께 / 그것도

① Not surprisingly, / millennials have accumulated less wealth / than Generation X did / at a similar stage in life, / primarily because fewer of them own homes.
놀랄 것 없이 / 밀레니얼 세대는 부를 덜 축적했다 / X세대가 그랬던 것 보다 / 인생의 비슷한 단계에서 / 주로 그들 중 극소수가 집을 소유하고 있기 때문이다

② But newly available data / providing the most detailed picture / to date / about what Americans of different generations save / complicates that assessment.

그러나 새롭게 이용 가능한 자료는 / 가장 자세한 설명을 제공하는 / 지금까지 / 서로 다른 세대의 미국인들이 무엇을 저축하는지에 대해 / 그 평가를 더 복잡하게 만든다

③ Yes, / Gen Xers, / those born between 1965 and 1980, / have a higher net worth.
그렇다 / X세대들은 / 1965년과 1980년 사이에서 태어난 사람들인 / 더 많은 순자산을 소유하고 있다

④ And that might put them / in better financial shape / than many assume.
그리고 그것은 아마 그들을 이르게 할 수도 있다 / 더 나은 재정 상태에 / 많은 사람들이 추측하는 것보다

해석 밀레니얼 세대는 현대에 들어서 가장 가난하고 가장 재정적으로 부담을 지고 있는 세대라고 종종 불린다. 그들 중 많은 사람들은 대학을 졸업해서, 그것도 충격적인 양의 학자금 대출과 함께, 미국이 이제까지 경험했었던 최악의 노동 시장 중 하나로 진입했다. 놀랄 것 없이, 밀레니얼 세대는 X세대가 인생의 비슷한 단계에서 그랬던(부를 축적했던) 것보다 부를 덜 축적했는데, 이는 주로 그들 중 극소수가 집을 소유하고 있기 때문이다. 그러나 지금까지 서로 다른 세대의 미국인들이 무엇을 저축한 지에 대해 가장 자세한 설명을 제공하는, 새롭게 이용 가능한 자료는 그 평가를 더 복잡하게 만든다. 그렇다, 1965년과 1980년 사이에서 태어난 사람들인 X세대들은 더 많은 순자산을 소유하고 있다. ④ 그러나 1981년과 1996년 사이에 태어난 밀레니얼 세대는 동일한 22~37살 시기에 X세대가 그랬던(저축했던) 것보다 은퇴를 대비하기 위해 더 적극적으로 저축하고 있다는 분명한 근거도 있다. 그리고 그것은 아마 많은 사람들이 추측하는 것보다 그들을 더 나은 재정 상태에 이르게 할 수도 있다.

해설 ④번 뒤 문장에 대명사 that(그것)이 왔으므로, ④번에 주어진 문장을 넣어 자연스럽게 연결되는지 확인한다. ④번 앞 문장에 X세대들이 밀레니얼 세대보다 더 많은 순자산을 소유하고 있다는 내용이 있고, ④번 뒤 문장에 그것(더 적극적으로 저축하는 것)이 그들(밀레니엄 세대)을 더 나은 재정 상태에 이르게 할 수도 있다는 내용이 있으므로, ④번 자리에 그러나(But) 밀레니얼 세대가 X세대보다 은퇴를 대비하기 위해 더 적극적으로 저축하고 있다는 분명한 근거도 있다는 내용의 주어진 문장이 나와야 지문이 자연스럽게 연결된다.

어휘 aggressively 적극적으로, 공격적으로 label ~을 부르다, ~에 라벨을 붙이다
staggering 충격적인 to boot 그것도, 더구나 to date 지금까지
complicate (더) 복잡하게 만들다; 복잡한 net worth 순자산

불변의 패턴 19 주제만 파악하면 흐름과 무관한 문장이 보인다.

대표 기출 예제
정답 ③

끊어읽기 해석

The skill to have a good argument is critical / in life.
좋은 논쟁을 하는 기술은 매우 중요하다 / 인생에서
But it's one / that few parents teach / to their children.
하지만 그것은 ~한 것이다 / 극소수의 부모들만이 가르치는 / 그들의 아이들에게

① We want to give kids a stable home, / so we stop siblings from quarreling / and we have our own arguments behind closed doors.
우리는 아이들에게 안정적인 가정을 만들어주고 싶어 한다 / 그래서 우리는 형제자매들이 언쟁하는 것을 막는다 / 그리고 우리 자신의 논쟁은 비밀로 한다

② Yet if kids never get exposed to disagreement, / we may eventually limit their creativity.

그러나 만약 아이들이 전혀 의견 차이에 노출되지 않는다면 / 우리는 결국 그들의 창의력을 제한하게 될지도 모른다

③ Children are most creative / when they are free to brainstorm / with lots of praise and encouragement / in a peaceful environment.
아이들은 가장 창의적이다 / 그들이 자유롭게 브레인스토밍을 할 수 있을 때 / 많은 칭찬과 격려로 / 평화로운 환경에서

④ It turns out / that highly creative people often grow up / in families full of tension.
밝혀졌다 / 대단히 창의적인 사람들은 대개 자라는 것으로 / 갈등이 넘치는 가정에서

They are not surrounded / by fistfights or personal insults, / but real disagreements.
그들은 둘러싸여 있지 않다 / 주먹다짐이나 인신공격적인 모욕으로 / 그것이 아니라 진정한 의견 차이로

When adults in their early 30s were asked / to write imaginative stories, / the most creative ones came / from those whose parents had the most conflict a quarter-century earlier.
30대 초반의 어른들이 요청을 받았을 때 / 상상의 이야기를 쓰라고 / 가장 창의적인 것들은 나왔다 / 25년 전에 부모가 가장 많은 갈등을 겪었던 사람들에게서

[해석] 좋은 논쟁을 하는 기술은 인생에서 매우 중요하다. 하지만 그것은 극소수의 부모들만이 그들의 아이들에게 가르치는 것이다. ① 우리는 아이들에게 안정적인 가정을 만들어주고 싶어서, 형제자매들이 언쟁하는 것을 막고 우리 자신의 논쟁은 비밀로 한다. ② 그러나 만약 아이들이 전혀 의견 차이에 노출되지 않는다면, 우리는 결국 그들의 창의력을 제한하게 될지도 모른다. ③ 아이들은 평화로운 환경에서 많은 칭찬과 격려로 자유롭게 브레인스토밍을 할 수 있을 때 가장 창의적이다. ④ 대단히 창의적인 사람들은 대개 갈등이 넘치는 가정에서 자라는 것으로 밝혀졌다. 그들은 주먹다짐이나 인신공격적인 모욕이 아니라, 진정한 의견 차이로 둘러싸여 있다. 30대 초반의 어른들이 상상의 이야기를 쓰라고 요청을 받았을 때, 가장 창의적인 것들은 25년 전에 부모가 가장 많은 갈등을 겪었던 사람들에게서 나왔다.

[어휘] argument 논쟁, 언쟁   stable 안정적인   behind closed doors 비밀로
disagreement 의견 차이   praise 칭찬   tension 갈등, 긴장
fistfight 주먹다짐   personal 인신공격적인, 개인의   insult 모욕
imaginative 상상의, 상상력이 풍부한   conflict 갈등

기출문제 풀어보기

정답 ③

끊어읽기 해석

In the early 1980s, / a good friend of mine discovered / that she was dying of multiple myeloma, / an especially dangerous, painful form of cancer.
1980년대 초 / 나의 좋은 친구 하나는 발견했다 / 그녀가 다발성 골수종으로 죽어가고 있다는 것을 / 특히 위험하고 고통스러운 형태의 암인

I had lost elderly relatives and family friends to death / before this, / but I had never lost a personal friend.
나는 나이 든 친척들과 가족의 친구들을 죽음으로 잃은 적이 있었다 / 이보다 전에 / 그러나 개인적인 친구를 잃은 적은 없었다

① I had never watched a relatively young person die / slowly and painfully of disease.
나는 비교적 젊은 사람이 죽는 것을 본 적이 없었다 / 질병으로 천천히 고통스럽게

It took my friend a year to die, / and ② I got into the habit of visiting her every Saturday / and taking along the latest chapter of the novel / I was working on.
나의 친구가 죽기까지 일 년이 걸렸다 / 그리고 나는 토요일마다 그녀를 찾아가는 버릇이 생겼다 / 그리고 소설의 최신 장을 가지고 / 내가 작업하고 있었던

This happened to be *Clay's Ark*.
이것(소설)은 우연히도 『진흙 방주』였다

With its story of disease and death, / it was thoroughly inappropriate / for the situation.
질병과 죽음에 대한 그것의 줄거리 때문에 / 그것은 대단히 부적절했다 / 그 상황에

But my friend had always read my novels.
하지만 나의 친구는 항상 나의 소설을 읽었다

③ She insisted / that she no longer wanted to read this one as well.
그녀는 고집했다 / 그녀가 더 이상 이것(『진흙 방주』)을 읽고 싶지 않다고

I suspect / that neither of us believed / she would live to read it / in its completed form / —④ although, of course, we didn't talk about this.
나는 짐작하고 있다 / 우리 둘 중 누구도 믿지 않았다고 / 그녀가 그것을 읽을 때까지 살 것이라고 / 그것의 완성된 형태로 / 물론, 우리가 이것에 대해 이야기하지는 않았지만

[해석] 1980년대 초, 나의 좋은 친구 하나는 그녀가 특히 위험하고 고통스러운 형태의 암인 다발성 골수종으로 죽어가고 있다는 것을 발견했다. 나는 이보다 전에 나이 든 친척들과 가족의 친구들을 죽음으로 잃은 적이 있었지만, 개인적인 친구를 잃은 적은 없었다. ① 나는 비교적 젊은 사람이 질병으로 천천히 고통스럽게 죽는 것을 본 적이 없었다. 나의 친구가 죽기까지 일 년이 걸렸고, ② 나는 토요일마다 내가 작업하고 있었던 소설의 최신 장을 가지고 그녀를 찾아가는 버릇이 생겼다. 이것(소설)은 우연히도 『진흙 방주』였다. 질병과 죽음에 대한 그것의 줄거리 때문에, 그것은 그 상황에 대단히 부적절했다. 하지만 나의 친구는 항상 나의 소설을 읽었다. ③ 그녀는 더 이상 이것(『진흙 방주』)을 읽고 싶지 않다고 주장했다. ④ 물론, 우리가 이것에 대해 이야기하지는 않았지만, 나는 우리 둘 중 누구도 그녀가 그것을 완성된 형태로 읽을 때까지 살 것이라고 믿지 않았다고 짐작하고 있다.

[해설] 화자의 친구 중 한 명이 다발성 골수종으로 죽어가고 있다는 것에 대한 이야기가 이 글의 주제이다. ①번에서 비교적 젊은 사람이 질병으로 천천히 고통스럽게 죽는 것을 본 적이 없음을 설명한 뒤 ②번에서 화자는 토요일마다 자신이 작업하던 소설의 최신 장을 가지고 그 친구를 찾아가는 버릇이 생겼다고 하며 그 책이 질병과 죽음에 대한 줄거리 때문에 상황상 부적절했지만 친구가 항상 화자의 책을 읽었다고 하고 있다. 이어서 ④번에서 서로 이야기하지는 않았지만 둘 중 누구도 그녀가 책을 완성된 형태로 읽을 때까지 살 것이라고 믿지 않았음을 언급하고 있다. 그러나 ③번은 친구가 더 이상 『진흙 방주』를 읽고 싶지 않다고 주장했다는 내용으로, 화자의 아픈 친구가 자신을 위해 화자가 가져오던 소설을 항상 읽었다는 지문 전반의 흐름과 관련이 없다.

[어휘] myeloma 골수종   get into the habit of ~하는 버릇이 생기다
clay 진흙   ark 방주   thoroughly 대단히, 철저히
inappropriate 부적절한   insist 주장하다, 고집하다
suspect 짐작하다, 의심하다

p.125

불변의 패턴 20 핵심 소재만 같고 주제에서 살짝 벗어나는 문장이 글의 흐름과 무관한 문장이다.

대표 기출 예제

정답 ④

끊어읽기 해석

Scientists in the UK / grew special tomatoes / with extra vitamin D, / which is important for people's health.

영국의 과학자들은 / 특별한 토마토를 재배했다 / 비타민 D가 더 많이 있는 / 이는 사람들의 건강에 중요하다

Vitamin D deficiency affects / about one billion people / worldwide.
비타민 D 결핍은 영향을 미친다 / 약 10억 명에게 / 전 세계적으로

① Tomatoes naturally contain / a substance / that gets converted into vitamin D.
토마토는 자연적으로 포함한다 / 물질을 / 비타민 D로 전환되는

② The team altered / the genes of the tomato plants, / breeding them / to have more of this substance / than usual.
그 연구팀은 변형했다 / 토마토 식물의 유전자를 / 그것들을 재배하여 / 이 물질을 더 많이 함유하도록 / 보통보다

③ Each tomato came to have / about as much vitamin D as two medium-sized eggs.
각 토마토는 갖게 되었다 / 약 중간 크기 달걀 두 개에 해당하는 정도의 비타민 D를

④ Moreover, / tomatoes are commonly eaten raw / in salads / and served as a cooked vegetable.
게다가 / 토마토는 일반적으로 생으로 먹는다 / 샐러드에서 / 그리고 익힌 채소로 제공된다

The scientists think / the technique could be used / with other foods, too.
과학자들은 생각한다 / 이 기술이 사용될 수 있다고 / 다른 식품에도 역시

해석 영국의 과학자들은 비타민 D가 더 많이 있는 특별한 토마토를 재배했는데, 이는 사람들의 건강에 중요하다. 비타민 D 결핍은 전 세계적으로 약 10억 명에게 영향을 미친다. ① 토마토는 비타민 D로 전환되는 물질을 자연적으로 포함한다. ② 그 연구팀은 토마토 식물의 유전자를 변형하여, 보통보다 이 물질을 더 많이 함유하도록 재배했다. ③ 각 토마토는 약 중간 크기 달걀 두 개에 해당하는 정도의 비타민 D를 갖게 되었다. ④ 게다가, 토마토는 일반적으로 샐러드에 생으로 넣어 먹고 익힌 채소로 제공된다. 과학자들은 이 기술이 다른 식품에도 역시 사용될 수 있다고 생각한다.

어휘 deficiency 결핍 naturally 자연적으로 contain 포함하다, 함유하다 substance 물질 convert 전환하다 alter 변형하다 gene 유전자 breed 재배하다 raw 생의, 날것의

기출문제 풀어보기

정답 ④

끊어읽기 해석

As OECD countries prepare for an AI revolution, / underscored by rapid advancements in generative AI / and an increased availability of AI-skilled workers, / the landscape of employment is poised for significant change.
OECD 국가들이 AI 혁명에 대비함에 따라 / 생성형 AI의 급속한 발전에 의해 강조되는 / 그리고 AI 기술을 갖춘 근로자들의 증가된 가용성으로 (강조되는) / 고용 풍경은 중대한 변화를 앞두고 있다

① To navigate this shift, / it's critical / to prioritise training and education / to equip both current and future workers / with the necessary skills, / and to support displaced workers / with adequate social protection.
이러한 변화에 대응하기 위해 / 중요하다 / 훈련과 교육을 우선시하는 것이 / 현재와 미래 모두의 근로자들이 갖추도록 / 필요한 기술을 / 그리고 일자리를 잃은 근로자들에게는 지원하는 것이 / 적절한 사회적 보호를

② Additionally, / safeguarding workers' rights / in the face of AI integration / and ensuring inclusive labour markets / become paramount.
또한 / 근로자의 권리를 보호하는 것이 / AI 통합에 직면하여 / 그리고 포용적인 노동 시장을 보장하는 것이 / 가장 중요해진다

③ Social dialogue will also be key to success / in this new era.
사회적 대화 또한 성공의 열쇠가 될 것이다 / 이 새로운 시대에서

④ Many experts believe / that AI will completely replace / all human jobs / within the next decade.
많은 전문가들은 믿는다 / AI가 완전히 대체할 것이라고 / 모든 인간의 일자리를 / 다음 10년 이내에

Together, / these actions will ensure / that the AI revolution benefits all, / transforming potential risks into opportunities / for growth and innovation.
함께 / 이러한 조치들은 보장할 것이다 / AI 혁명이 모두에게 혜택을 준다는 것을 / 잠재적 위험을 기회로 전환하면서 / 성장과 혁신을 위한

해석 OECD 국가들이 생성형 AI의 급속한 발전과 AI 기술을 갖춘 근로자들의 증가된 가용성으로 강조되는 AI 혁명에 대비함에 따라, 고용 풍경은 중대한 변화를 앞두고 있다. ① 이러한 변화를 다루기 위해, 현재와 미래 모두의 근로자들이 필요한 기술을 갖추도록 하기 위한 훈련과 교육을 우선시하고, 일자리를 잃은 근로자들에게는 적절한 사회적 보호를 지원하는 것이 중요하다. ② 또한, AI 통합에 직면하여 근로자의 권리를 보호하는 것과 포용적인 노동 시장을 보장하는 것이 가장 중요해진다. ③ 사회적 대화 또한 이 새로운 시대에서 성공의 열쇠가 될 것이다. ④ 많은 전문가들은 AI가 다음 10년 이내에 모든 인간의 일자리를 완전히 대체할 것이라고 믿는다. 함께, 이러한 조치들은 AI 혁명이 모두에게 혜택을 주는 것을 보장하며, 잠재적 위험을 성장과 혁신을 위한 기회로 전환할 것이다.

해설 지문 처음에서 OECD 국가들이 AI 혁명에 대비함에 따라 고용 풍경은 중대한 변화를 앞두고 있다고 언급하고, ①, ②, ③번에서 이러한 변화를 다루기 위한 방안들을 설명하고 있다. 그러나 ④번은 많은 전문가들이 AI가 다음 10년 이내에 모든 인간의 일자리를 완전히 대체할 것이라고 믿는다는 내용으로, 핵심 소재인 AI에 대해 다루긴 하지만 AI 혁명에 따른 고용 풍경의 변화를 다루기 위한 방안에 대해 설명하는 지문 전반의 내용과 관련이 없다.

어휘 revolution 혁명 underscore 강조하다 advancement 발전 landscape 풍경 navigate (힘들거나 복잡한 상황을) 다루다, 처리하다 prioritise 우선시하다 equip 갖추게 하다 displaced 일자리를 잃은, 추방된 adequate 적절한 safeguard 보호하다 integration 통합 inclusive 포용적인 paramount 가장 중요한 dialogue 대화 expert 전문가 replace 대체하다 decade 10년 transform 전환하다 potential 잠재적인 innovation 혁신

Section Test

p. 126-129

1	②	2	③	3	③	4	③
5	③	6	②	7	④	8	③

1

정답 ②

끊어읽기 해석

For others, / activism is controversial and disruptive; / after all, / it often manifests / as confrontational activity / that directly challenges the order of things.
다른 사람들에게 / 행동주의는 논란이 많고 파괴적이다 / 결국 / 그것은 종종 나타난다 / 대립적인 활동으로 / 사물의 질서에 직접적으로 도전하는

Activism is frequently defined / as intentional, vigorous or energetic action / that individuals and groups practice / to bring about a desired goal.
행동주의는 종종 정의된다 / 의도적이고, 격렬하거나 활기찬 행동으로 / 개인과 집단이 실천하는 / 원하는 목표를 달성하기 위해

(①) For some, / activism is a theoretically or ideologically focused project / intended to effect a perceived need / for political or social change.

일부 사람들에게 / 행동주의는 이론적 또는 이념적으로 집중된 계획이다 / 인식된 필요에 영향을 미치기 위해 / 정치적 또는 사회적 변화에 대한
(②) Activism is uncomfortable, / sometimes messy, / and almost always strenuous.
행동주의는 불편하다 / 때로는 지저분하다 / 그리고 거의 항상 힘이 많이 든다
(③) In addition, / it does not occur / without the presence and commitment of activists, / that is, / folks who develop workable strategies, / focus a collective spotlight onto particular issues, / and / ultimately move people into action.
또한 / 그것은 일어나지 않는다 / 활동가들의 존재와 헌신 없이는 / 즉 / 실행 가능한 전략을 개발하는 사람들 / 특정한 문제에 집단적인 스포트라이트를 집중하며 / 그리고 / 궁극적으로 사람들을 행동으로 옮기는
(④) As a noted scholar suggests, / effective activists also make noise, / sometimes loudly.
한 저명한 학자가 시사하듯 / 효과적인 활동가들은 소음을 내기도 한다 / 때때로 큰 소리로

[해석] 행동주의는 종종 개인과 집단이 원하는 목표를 달성하기 위해 실천하는 의도적이고, 격렬하거나 활기찬 행동으로 정의된다. 일부 사람들에게, 행동주의는 정치적 또는 사회적 변화에 대한 인식된 필요에 영향을 미치기 위해 이론적 또는 이념적으로 집중된 계획이다. ② 다른 사람들에게, 행동주의는 논란이 많고 파괴적인데, 결국, 그것(행동주의)은 종종 사물의 질서에 직접적으로 도전하는 대립적인 활동으로 나타난다. 행동주의는 불편하고, 때로는 골치 아프며, 거의 항상 힘이 많이 든다. 또한, 그것(행동주의)은 실행 가능한 전략을 개발하고, 특정한 문제에 공동의 스포트라이트를 집중하며, 궁극적으로 사람들을 행동으로 옮기는 활동가들의 존재와 헌신 없이는 일어나지 않는다. 한 유명한 학자가 시사하듯이, 효과적인 활동가들은 때때로 큰 소리로 소음을 내기도 한다.

[해설] 주어진 문장에 다른 사람들(others)에게 행동주의는 논란의 여지가 있고 파괴적이라는 내용이 있는데, ②번 앞 문장에 일부 사람들에게 행동주의는 정치적 또는 사회적 변화에 대한 인식된 필요에 영향을 미치기 위해 이론적 또는 이념적으로 집중된 계획이라는 내용이 있으므로, ②번 자리에 주어진 문장이 나와야 지문이 자연스럽게 연결된다. (불변의 패턴 17)

[어휘] activism (정치적 목적을 위한) 행동주의   controversial 논란이 많은
disruptive 파괴적인, 지장을 주는   manifest 나타나다, 드러내 보이다
confrontational 대립적인   intentional 의도적인, 고의로 한
vigorous 격렬한, 활기찬   theoretically 이론적으로
ideologically 이념적으로   political 정치적인
messy 골치 아픈, 지저분한   strenuous 힘이 많이 드는
commitment 헌신, 전념   workable 실행 가능한, 이용할 수 있는
collective 공동의, 집단적인   noted 유명한, 잘 알려져 있는   scholar 학자

2
정답 ③
끊어읽기 해석

The idea / that society should allocate / economic rewards and positions of responsibility / according to merit / is appealing for several reasons.
생각은 / 사회가 할당해야 한다는 / 경제적 보상과 책임 있는 지위를 / 우수성에 따라 / 여러 가지 이유로 매력적이다

(A) An economic system / that rewards effort, initiative, and talent / is likely to be more productive / than one that pays everyone the same, / regardless of contribution, / or that hands out desirable social positions / based on favoritism.
경제 체계는 / 노력, 주도성, 그리고 재능에 보상하는 / 더 생산적일 가능성이 크다 / 모든 사람에게 똑같이 지불하는 것보다 / 기여도와 상관없이 / 또는 가치 있는 사회적 지위를 부여하는 (것보다) / 편애에 기반한

(B) Rewarding people strictly on their merits / also has the virtue of fairness; / it does not discriminate / on any basis other than achievement.
사람들에게 절대적으로 그들의 우수성만을 기준으로 보상하는 것은 / 또한 공정성이라는 미덕을 가진다 / 그것은 차별하지 않는다 / 성취 이외의 어떤 기준으로도

(C) Two of these reasons / are generalized versions / of the case for merit in hiring / —efficiency and fairness.
이러한 이유 중 두 가지는 / 일반화된 형태이다 / 채용에서의 우수성에 대한 주장의 / 효율성과 공정성이다

[해석] 사회가 경제적 보상과 책임 있는 지위를 우수성에 따라 할당해야 한다는 생각은 여러 가지 이유로 매력적이다.
(C) 이러한 이유 중 두 가지는 채용에서의 우수성에 대한 주장의 일반화된 형태인 효율성과 공정성이다.
(A) 노력, 주도성, 그리고 재능에 보상하는 경제 체계는 기여도와 상관없이 모든 사람에게 똑같이 지불하거나, 편애에 기반하여 가치 있는 사회적 지위를 부여하는 것보다 더 생산적일 가능성이 크다.
(B) 사람들에게 절대적으로 그들의 우수성만을 기준으로 보상하는 것은 또한 공정성이라는 미덕을 가지는데, 이는 성취 이외의 어떤 기준으로도 차별하지 않는다.

[해설] 주어진 문장에서 사회가 경제적 보상과 책임 있는 지위를 우수성에 따라 할당해야 한다는 생각이 여러 가지 이유로 매력적이라고 하고, (C)는 그러한 이유 중 두 가지(Two of these reasons)가 효율성과 공정성이라고 소개하고 있다. 이어서 (A)에서 생산성, 즉 효율성에 관해, (B)에서 공정성에 관해 설명하고 있으므로, ③ (C) – (A) – (B)가 정답이다. (불변의 패턴 15)

[어휘] allocate 할당하다   reward 보상   merit 우수성, 능력, 가치
appealing 매력적인   initiative 주도성   talent 재능
contribution 기여도   desirable 가치 있는, 바람직한
favoritism 편애, 편파   virtue 미덕   fairness 공정성
discriminate 차별하다   generalized 일반화된

3
정답 ③
끊어읽기 해석

Computer assisted language learning (CALL) / is both exciting and frustrating / as a field of research and practice.
컴퓨터 보조 언어 학습(CALL)은 / 흥미롭기도 하고 좌절감을 주기도 한다 / 연구 및 실습 분야로서

(A) Yet / the technology changes so rapidly / that CALL knowledge and skills / must be constantly renewed / to stay apace / of the field.
하지만 / 그 기술은 매우 빠르게 변화한다 / 그래서 CALL 지식과 기술은 / 지속적으로 새로 교체되어야 한다 / 발맞추어 나가기 위해 / 그 분야에

(B) It is exciting / because it is complex, dynamic and quickly changing / —and it is frustrating / for the same reasons.
그것은 흥미롭다 / 그것은 복잡하고, 역동적이며, 빠르게 변화하기 때문에 / 그리고 그것은 좌절감을 준다 / 같은 이유로

(C) Technology adds dimensions / to the domain of language learning, / requiring new knowledge and skills / for those who wish to apply it / into their professional practice.
기술은 차원을 추가한다 / 언어 학습 영역에 / 새로운 지식과 기술을 요구한다 / 이를 적용하려는 사람들에게 / 그들의 전문적인 실습에

[해설] 컴퓨터 보조 언어 학습(CALL)은 연구 및 실습 분야로서 흥미롭기도 하고 좌절감을 주기도 한다.

(B) 그것은 복잡하고, 역동적이며, 빠르게 변화하기 때문에 흥미롭고, 같은 이유로 좌절감을 준다.
(C) 기술은 언어 학습 영역에 차원을 추가하여 이를 전문적인 실습에 적용하려는 사람들에게 새로운 지식과 기술을 요구한다.
(A) 하지만 그 기술은 매우 빠르게 변화하기 때문에 CALL 지식과 기술은 그 분야에 발맞추어 나가기 위해 지속적으로 새로 교체되어야 한다.

해설 주어진 문장에서 컴퓨터 보조 언어 학습은 흥미롭기도 하고 좌절감을 주기도 한다고 하고, (B)에서 그것(It)이 복잡하고, 역동적이며, 빠르게 변화하기 때문에 흥미롭고 좌절감을 준다며 주어진 문장을 부연 설명하고 있다. 이어서 (C)에서 기술은 언어 학습 영역에 차원을 추가한다고 하면서 앞서 언급한 흥미로운 예시를 설명하고, (A)에서 하지만(Yet) 그 기술은 매우 빠르게 변화하기 때문에 지속적으로 새로 교체되어야 한다고 하며 좌절감을 주는 예시를 설명하고 있다. 따라서 ③ (B) – (C) – (A)가 정답이다. (불변의 패턴 15)

어휘 assist 보조하다, 조력하다 frustrating 좌절감을 주는 field 분야
rapidly 빠르게 constantly 지속적으로, 끊임없이
renew 새로 교체하다, 갱신하다 apace 발맞추어 dynamic 역동적인
dimension 차원 domain 영역 require 요구하다
professional 전문적인, 직업적인

감정이 없다고 생각하기를 좋아하기 때문에, 감정이 나타나면, 이것(비판적 사고)이 특히 어려울 수 있다. ③ 예를 들어, 같은 정보를 여러 관점에서 보는 것은 중요하지 않다. ④ 그러한 상황에서 당신의 감정을 관리할 수 있는 것은 유용한 기술이다. 만약 당신이 침착함을 유지하고, 당신의 이유를 논리적으로 제시할 수 있다면, 당신은 당신의 관점을 설득력 있는 방식으로 주장할 수 있을 것이다.

해설 비판적 사고는 감정과 격렬한 반응을 끌 수 있다는 것이 이 글의 주제이다. ①, ②, ④번에서 비판적 사고가 분노, 좌절, 불안과 같은 감정을 불러일으킬 수 있고, 감정이 나타나면 비판적 사고가 특히 어려울 수 있으며, 감정을 관리할 수 있는 것이 유용한 기술이라고 설명하고 있으므로 모두 주제와 관련이 있다. 그러나 ③번은 같은 정보를 여러 관점에서 보는 것은 중요하지 않다는 내용으로 비판적 사고가 비감정적인 과정처럼 들리지만 감정을 수반할 수 있다는 지문 전반의 흐름과 관련이 없다. (불변의 패턴 19)

어휘 critical thinking 비판적 사고 unemotional 비감정적인, 이지적인
engage (마음·주의 등을) 끌다, 관여하다 passionate 격렬한, 열정적인
evidence 증거 contradict 모순되다 challenging 어려운, 도전적인
rouse 불러일으키다 frustration 좌절 academic world 학계
traditionally 전통적으로 logical 논리적인 emerge 나타나다, 떠오르다
circumstance 상황, 환경 convincing 설득력 있는, 그럴듯한

4 정답 ③

끊어읽기 해석

Critical thinking sounds / like an unemotional process / but it can engage emotions / and even passionate responses.
비판적 사고는 들린다 / 비감정적인 과정처럼 / 하지만 감정을 끌 수 있다 / 그리고 심지어 격렬한 반응을

In particular, / we may not like evidence / that contradicts our own opinions or beliefs.
특히 / 우리는 증거를 좋아하지 않을 수도 있다 / 우리 자신의 의견이나 신념과 모순되는

① If the evidence points in a direction / that is challenging, / that can rouse / unexpected feelings of anger, frustration or anxiety.
만약 그 증거가 방향을 가리키면 / 어려운 / 그것은 불러일으킬 수 있다 / 예상치 못한 분노, 좌절, 또는 불안의 감정을

② The academic world / traditionally likes to consider itself / as logical and free of emotions, / so / if feelings do emerge, / this can be especially difficult.
학계는 / 전통적으로 그 자체를 생각하기를 좋아한다 / 논리적이고 감정이 없다고 / 그래서 / 감정이 나타나면 / 이것은 특히 어려울 수 있다

③ For example, / looking at the same information / from several points of view / is not important.
예를 들어 / 같은 정보를 보는 것은 / 여러 관점에서 / 중요하지 않다

④ Being able to manage your emotions / under such circumstances / is a useful skill.
당신의 감정을 관리할 수 있는 것은 / 그러한 상황에서 / 유용한 기술이다

If you can remain calm, / and present your reasons logically, / you will be better able to argue your point of view / in a convincing way.
만약 당신이 침착함을 유지할 수 있다면 / 그리고 당신의 이유를 논리적으로 제시할 수 있다면 / 당신은 당신의 관점을 주장할 수 있을 것이다 / 설득력 있는 방식으로

해석 비판적 사고는 비감정적인 과정처럼 들리지만, 감정과 심지어 격렬한 반응을 끌 수 있다. 특히, 우리는 우리 자신의 의견이나 신념과 모순되는 증거를 좋아하지 않을 수도 있다. ① 만약 그 증거가 어려운 방향을 가리키면, 그것은 예상치 못한 분노, 좌절, 또는 불안의 감정을 불러일으킬 수 있다. ② 학계는 전통적으로 그 자체를 논리적이고

5 정답 ③

끊어읽기 해석

However, / there are now a lot of issues / with the current application / of unmanned distribution.
그러나 / 현재 많은 문제가 있다 / 현행 적용에는 / 무인 유통의

The city lockdown policy / during COVID-19 / has facilitated / the rapid growth of / numerous takeaways, / vegetable shopping, / community group buying, / and / other businesses.
도시 봉쇄 정책은 / 코로나19 동안의 / 촉진했다 / ~의 급속한 성장을 / 수많은 테이크아웃 전문점 / 채소 쇼핑 / 지역사회 공동 구매 / 그리고 / 기타 사업의

(①) Last-mile delivery / became an important livelihood support / during the epidemic.
최종 단계의 배송은 / 중요한 생계 지원이 되었다 / 그 전염병 동안

(②) At the same time, / as viruses can be transmitted / through aerosols, / the need for contactless delivery / for last-mile delivery / has gradually increased, / thus / accelerating the use / of unmanned logistics / to some extent.
동시에 / 바이러스가 전파될 수 있기 때문에 / 에어로졸을 통해 / 비접촉 배송의 필요성이 / 최종 단계의 배송을 위한 / 점차 증가했다 / 그래서 / 사용이 가속화되었다 / 무인 물류의 / 어느 정도

(③) For example, / the community space is not suitable / for the operation / of unmanned delivery facilities / due to the lack / of supporting logistics infrastructure.
예를 들어 / 공동체 공간은 적합하지 않다 / 운영에 / 무인 배송 시설의 / 부족 때문에 / 물류 지원 인프라의

(④) In addition, / the current technology is unable to complete / the delivery process / and / requires the collaboration / of relevant space / as well as personnel / to help dock unmanned delivery nodes.
또한 / 현재 기술로는 완료할 수 없다 / 배송 과정을 / 그리고 / 협조가 필요하다 / 관련 공간의 / 인력뿐만 아니라 / 무인 배송 중심점의 도킹을 도울

해석 코로나19 동안의 도시 봉쇄 정책은 수많은 테이크아웃 전문점, 채소 쇼핑, 지역사회 공동 구매 및 기타 사업의 급속한 성장을 촉진했다. 최종 단계의 배송은 그 전염병 동안 중요한 생계 지원이 되었다. 동시에, 바이러스가 에어로졸을 통해 전파될 수 있기 때문에, 최종 단계의 배송을 위한 비접촉 배송의 필요성이 점차 증가하여, 무인 물류 사용

이 어느 정도 가속화되었다. ③ 그러나, 현재 무인 유통의 현행 적용에는 많은 문제가 있다. 예를 들어, 공동체 공간은 물류 지원 인프라의 부족 때문에 무인 배송 시설 운영에 적합하지 않다. 또한, 현재 기술로는 배송 과정을 완료할 수 없으며 무인 배송 중심점의 도킹을 도울 인력뿐만 아니라 관련 공간의 협조가 필요하다.

해설 ③번 뒤 문장에 연결어 For example(예를 들어)이 왔으므로 ③번에 주어진 문장을 넣어 자연스럽게 연결되는지 확인한다. ③번 앞 문장에 바이러스가 에어로졸을 통해 전파될 수 있기 때문에 비접촉 배송의 필요성이 증가하여 무인 물류 사용이 가속화되었다는 내용이 있고, ③번 뒤 문장에 예를 들어(For example) 공동체 공간은 물류 지원 인프라의 부족 때문에 무인 배송 시설 운영에 적합하지 않다는 내용이 있으므로, ③번 자리에 그러나 현재 무인 유통의 현행 적용에는 많은 문제가 있다는 내용의 주어진 문장이 나와야 지문이 자연스럽게 연결된다. (불변의 패턴 18)

어휘 application 적용, 응용, 활용 unmanned 무인의
distribution 유통, 분배 takeaway 테이크아웃 전문점
livelihood 생계, 민생 epidemic 전염병, 유행병 transmit 전파하다
aerosol 에어로졸(대기 중 부유하는 고체 및 액체 입자)
contactless 비접촉의 logistics 물류, 화물
to some extent 어느 정도는, 다소 suitable 적합한 operation 운영
infrastructure 인프라, 기반, 시설 personnel 인력
dock (하역·승하선기 위해) 도킹하다, 정박하다 node 중심점, 교점

6
정답 ②

끊어읽기 해석

Interest in movie and sports stars / goes beyond their performances / on the screen and in the arena.
영화와 스포츠 스타에 대한 관심은 / 그들의 활약의 범위를 넘어선다 / 스크린과 경기장에서의

(A) The doings of skilled baseball, football, and basketball players / out of uniform / similarly attract public attention.
뛰어난 야구, 축구, 그리고 농구 선수들의 행동은 / 유니폼을 벗고 하는 / 비슷하게 대중의 관심을 끈다

(B) Newspaper columns, specialized magazines, television programs, and Web sites record / the personal lives / of celebrated Hollywood actors, / sometimes accurately.
신문 칼럼, 전문 잡지, 텔레비전 프로그램, 그리고 웹사이트는 기록한다 / 개인 생활을 / 유명 할리우드 배우들의 / 때로는 정확하게

(C) Both industries / actively promote such attention, / which expands audiences / and thus increases revenues.
두 업계 모두 / 이러한 관심을 적극적으로 홍보한다 / 이는 관객을 확장한다 / 그리고 따라서 수익도 증가시킨다

But a fundamental difference / divides them: / What sports stars do for a living is authentic / in a way that what movie stars do is not.
그러나 근본적인 차이점이 / 그들을 나눈다 / 스포츠 스타가 생계를 위해 하는 일은 진짜이다 / 영화배우들이 하지 않는 방식으로

해석 영화와 스포츠 스타에 대한 관심은 스크린과 경기장에서의 그들의 활약의 범위를 넘어선다.
(B) 신문 칼럼, 전문 잡지, 텔레비전 프로그램, 그리고 웹사이트는 유명 할리우드 배우들의 개인 생활을 때로는 정확하게 기록한다.
(A) 뛰어난 야구, 축구, 그리고 농구 선수들이 유니폼을 벗고 하는 행동도 비슷하게 대중의 관심을 끈다.
(C) 두 업계 모두 이러한 관심을 적극적으로 홍보하는데, 이는 관객을 확장하고 따라서 수익도 증가시킨다. 그러나 근본적인 차이점이 그들을 나눈다. 스포츠 스타가 생계를 위해 하는 일은 영화배우들이 하지 않는 방식으로 진짜이다.

해설 주어진 글에서 영화와 스포츠 스타에 대한 관심은 스크린과 경기장에서의 그들의 활약의 범위를 넘어선다고 하고 있으므로, 뒤에는 영화와 스포츠 스타에 대한 관심의 예시가 나올 것임을 예측할 수 있다. (B)에서 각종 매체들은 유명 배우들의 개인 생활을 기록한다고 설명하고 있고, 이어서 (A)에서 운동선수들이 경기 중이 아닐 때 하는 행동도 배우들과 비슷하게 대중의 관심을 끈다고 한 뒤, (C)에서 배우와 운동선수 두 업계 모두 그러한 관심을 적극적으로 홍보한다고 설명하고 있다. 따라서 ② (B) – (A) – (C)가 정답이다. (불변의 패턴 16)

어휘 arena 경기장, 시합장 attract 끌다, 유인하다 specialized 전문의
accurately 정확하게 actively 적극적으로 expand 확장하다, 확대하다
revenue 수익 fundamental 근본적인 divide 나누다
authentic 진짜의, 진정한

7
정답 ④

끊어읽기 해석

I once took a course in short-story writing / and during that course / a renowned editor of a leading magazine / talked to our class.
나는 한 때 단편 소설 쓰기 수업을 들은 적이 있다 / 그리고 그 수업에서 / 일류 잡지의 유명한 편집자가 / 우리 학급에 강연했다

① He said / he could pick up / any one of the dozens of stories / that came to his desk every day / and after reading a few paragraphs / he could feel / whether or not the author liked people.
그는 말했다 / 그는 고를 수 있다고 / 수십 개의 이야기들 중 아무거나 / 매일 그의 책상으로 오는 / 그리고 몇 단락을 읽고 나면 / 그는 느낄 수 있다고 / 그 작가가 사람을 좋아하는지 아닌지를

② "If the author doesn't like people," / he said, / "people won't like his or her stories."
"만약 작가가 사람을 좋아하지 않는다면," / 그는 말했다 / "사람들은 그나 그녀의 이야기를 좋아하지 않을 것입니다."

③ The editor kept stressing / the importance of being interested in people / during his talk on fiction writing.
그 편집자는 계속 강조했다 / 사람들에게 관심을 갖는 것의 중요성을 / 그가 소설 쓰기에 대해 강연을 하는 동안

④ Thurston, a great magician, said that / every time he went on stage / he said to himself, / "I am grateful because I'm successful."
훌륭한 마술사인 Thurston은 말했다 / 그가 무대에 오를 때마다 / 혼잣말을 했다고 / "성공해서 감사합니다."라고

At the end of the talk, / he concluded, / "Let me tell you again. / You have to be interested in people / if you want to be a successful writer of stories."
강연 말미에, / 그는 끝맺었다 / "다시 한번 말씀드리겠습니다 / 여러분은 사람들에게 관심을 가져야 합니다 / 여러분이 성공적인 이야기 작가가 되고 싶다면"

해석 나는 한 때 단편 소설 쓰기 수업을 들은 적이 있는데, 그 수업에서 일류 잡지의 유명한 편집자가 우리 학급에게 강연했다. ① 그는 매일 그의 책상으로 오는 수십 개의 이야기들 중 아무거나 고를 수 있고, 몇 단락을 읽고 나면 그 작가가 사람을 좋아하는지 아닌지를 느낄 수 있다고 말했다. ② "만약 작가가 사람을 좋아하지 않는다면, 사람들은 그나 그녀의 이야기를 좋아하지 않을 것입니다."라고 그는 말했다. ③ 그 편집자는 소설 쓰기에 대해 강연을 하는 동안 사람들에게 관심을 갖는 것의 중요성을 계속 강조했다. ④ 훌륭한 마술사인 Thurston은 그가 무대에 오를 때마다 "성공해서 감사합니다."라고 혼잣말을 했다고 말했다. 강연 말미에, 그는 "다시 한번 말씀드리겠습니다. 여러분이 성공적인 이야기 작가가 되고 싶다면, 사람들에게 관심을 가져야 합니다."라며 끝맺었다.

[해설] 화자의 학급에서 유명한 편집자가 강연한 것에 대한 이야기가 이 글의 주제이다. ①, ②, ③번에서는 그 편집자가 소설 쓰기에 대해 강연하는 동안 사람들에게 관심을 갖는 것의 중요성에 대해 강조한 내용을 설명하고 있다. 그러나 ④번은 훌륭한 마술사가 무대에 오를 때마다 "성공해서 감사합니다."라고 혼잣말을 했다는 내용으로, 성공적인 이야기 작가가 되고 싶다면 사람들에게 관심을 가져야 한다고 강조한 편집자의 강연에 대한 지문 전반의 흐름과 관련이 없다. (불변의 패턴 19)

[어휘] **renowned** 유명한 **editor** 편집자 **leading** 일류의, 선두적인 **dozens of** 수십의 **paragraph** 단락 **stress** 강조하다

8
정답 ③

끊어읽기 해석

They installed video cameras / at places known for illegal crossings, / and put live video feeds from the cameras / on a Web site.
그들은 비디오카메라를 설치했다 / 불법 횡단로로 알려진 장소에 / 그리고 카메라의 생중계 영상 피드를 올렸다 / 웹 사이트에

Immigration reform is a political minefield.
이민 개혁은 정치적 지뢰밭이다
(①) About the only aspect of immigration policy / that commands broad political support / is the resolve to secure the U.S. border with Mexico / to limit the flow of illegal immigrants.
이민 정책의 거의 유일한 측면은 / 광범위한 정치적 지지를 받는 / 멕시코와의 미국 국경을 확보하려는 결의이다 / 불법 이민자의 유입을 제한하기 위해
(②) Texas sheriffs / recently developed / a novel use of the Internet / to help them keep watch on the border.
텍사스 보안관들은 / 최근에 개발했다 / 새로운 인터넷 사용 방법을 / 국경을 감시하는 데 도움이 되는
(③) Citizens who want to help monitor the border / can go online and serve as "virtual Texas deputies."
국경 감시를 돕고 싶은 시민들은 / 온라인에서 '가상 텍사스 대표' 역할을 할 수 있다
(④) If they see anyone / trying to cross the border, / they send a report to the sheriff's office, / which follows up, / sometimes with the help of the U.S. Border Patrol.
그들이 누군가를 보면 / 국경을 넘으려는 / 그들은 보안관 사무실로 보고서를 보낸다 / 그것은 후속 조치를 취한다 / 때때로 미국 국경 순찰대의 도움을 받아서

[해석] 이민 개혁은 정치적 지뢰밭이다. 광범위한 정치적 지지를 받는 이민 정책의 거의 유일한 측면은 불법 이민자의 유입을 제한하기 위해 멕시코와의 미국 국경을 확보하려는 결의이다. 텍사스 보안관들은 최근에 국경을 감시하는 데 도움이 되는 새로운 인터넷 사용 방법을 개발했다. ③ 그들은 불법 횡단로로 알려진 장소에 비디오카메라를 설치했고, 웹 사이트에 카메라의 생중계 영상 피드를 올렸다. 국경 감시를 돕고 싶은 시민들은 온라인에서 '가상 텍사스 대표' 역할을 할 수 있다. 그들이 국경을 넘으려는 누군가를 보면, 그들은 보안관 사무실로 보고서를 보내고, 그곳(보안관 사무실)은 때때로 미국 국경 순찰대의 도움을 받아서 후속 조치를 취한다.

[해설] 주어진 문장에 그들(They)이 불법 횡단로로 알려진 장소에 비디오카메라를 설치했고, 웹 사이트에 카메라의 생중계 영상 피드를 올렸다는 내용이 있는데, ③번 앞 문장에 텍사스 보안관들이 최근에 국경을 감시하는 데 도움이 되는 새로운 인터넷 사용 방법을 개발했다는 내용이 있고, ③번 뒤 문장에 국경 감시를 돕고 싶은 시민들은 온라인에서 '가상 텍사스 대표' 역할을 할 수 있다는 내용이 있으므로, ③번 자리에 주어진 문장이 나와야 지문이 자연스럽게 연결된다. (불변의 패턴 17)

[어휘] **install** 설치하다 **illegal** 불법의 **crossing** 횡단로 **immigration** 이민 **reform** 개혁 **political** 정치적인 **minefield** 지뢰밭 **aspect** 측면 **command** 받다 **resolve** 결의 **secure** 확보하다 **border** 국경 **sheriff** 보안관 **novel** 새로운 **keep watch** 감시하다, 망을 보다 **citizen** 시민 **virtual** 가상의 **deputy** 대표, 대리인 **patrol** 순찰대

어휘&생활영어

Section 1 어휘

p.134

불변의 패턴 01 선택지가 형용사로 구성된 경우, 형용사가 수식하거나 서술하는 명사에서 단서를 찾는다.

대표 기출 예제
정답 ③

해석 분명히, 언어 예술의 어떤 측면도 배움이나 가르침에 있어 분리되지 않는다. 듣기, 말하기, 읽기, 쓰기, 보기, 그리고 시각적으로 표현하기는 상호 연관되어 있다.
① 뚜렷한
② 왜곡된
③ 상호 연관된
④ 독립된

어휘 obviously 분명히, 확실히 aspect 측면
stand alone 분리되다, 혼자 떨어져 있다 visually 시각적으로
represent 표현하다, 나타내다 distinct 뚜렷한, 분명한
distorted 왜곡된, 비뚤어진 interrelated 상호 연관된
independent 독립된

기출문제 풀어보기

Q1
정답 ①

해설 선택지가 형용사로 구성되어 있으므로 명사 forest rangers(산림 경비원들)가 문맥 속에서 어떻게 서술되어야 하는지 파악해야 한다. 문장 앞부분에 캘리포니아에는 비가 거의 오지 않았다는 내용이 있으므로, '산림 경비원들은 특히 경계하고 있어야 한다'는 내용이 되어야 함을 파악할 수 있다. 따라서 빈칸에 들어갈 형용사는 '경계하고 있는'이라는 의미의 ① vigilant이다.

해석 지난 6년 동안 캘리포니아에는 비가 거의 오지 않았기 때문에 산림 경비원들은 산불을 감시할 때 특히 경계하고 있어야 한다.
① 경계하고 있는   ② 느긋한
③ 무관심한   ④ 주의가 산만한

어휘 ranger 경비원, 관리원 especially 특히
vigilant 경계하고 있는, 방심 않는 indifferent 무관심한
distracted 주의가 산만한

Q2
정답 ②

해설 선택지가 형용사로 구성되어 있으므로 밑줄 친 형용사 intimate이 명사 her friends(그녀의 친구들)를 어떤 의미로 수식하고 있는지 파악해야 한다. 밑줄이 있는 문장 앞 문장에 Jane이 작은 결혼식을 하고 싶어 한다는 내용이 있으므로, '그녀의 가족과 몇몇 친한 친구들을 초대하기로 계획했다'는 내용이 되어야 함을 파악할 수 있다. 따라서 밑줄 친 형용사 intimate과 의미가 가장 가까운 것은 '친한'이라는 의미의 ② close이다.

해석 Jane은 화려한 결혼식보다는 작은 결혼식을 하고 싶었다. 그래서, 그녀는 맛있는 음식을 먹고 즐거운 시간을 보내기 위해 그녀의 가족과 몇몇 친한 친구들을 초대하기로 계획했다.
① 참견하기 좋아하는
② 친한
③ 사교적인
④ 사려 깊은

어휘 fancy 화려한 intimate 친한 nosy 참견하기 좋아하는
outgoing 사교적인, 외향적인 considerate 사려 깊은

p.135

불변의 패턴 02 선택지가 동사(구)로 구성된 경우, 문맥상 주어/목적어의 동작이나 상태를 가장 잘 나타내는 것이 정답이다.

대표 기출 예제
정답 ③

해석 슈퍼마켓의 자동문은 가방이나 쇼핑 카트를 가진 고객의 출입을 용이하게 한다.
① 무시하다
② 용서하다
③ 용이하게 하다
④ 과장하다

어휘 automatic 자동의 entry and exit 출입
facilitate 용이하게 하다, 촉진하다 exaggerate 과장하다

기출문제 풀어보기

Q1
정답 ①

해설 선택지가 동사로 구성되어 있으므로 목적어 critics(비평가들)의 동작이나 상태를 문맥 속에서 어떻게 나타내야 하는지 파악해야 한다. 문장 뒷부분에 '라디오 업계가 출퇴근 시간대 라디오에서 공교육 캠페인을 시작했다'는 내용이 있으므로, '비평가들을 달래기 위해서'라는 의미가 되어야 한다. 따라서 밑줄 친 동사 appease와 의미가 가장 가까운 것은 '달래다'라는 의미의 ① soothe이다.

해석 비평가들을 달래기 위해, 라디오 업계는 출퇴근 시간대 라디오에서 1,200만 달러의 공교육 캠페인을 시작했다.
① 달래다
② 반박하다
③ 이해시키다
④ 동화시키다

어휘 appease 달래다, 누그러뜨리다 wireless 라디오; 무선의
industry 업계, 산업 drive-time 출퇴근 시간대, 드라이브 타임
soothe 달래다 counter 반박하다 enlighten 이해시키다
assimilate 동화시키다, 완전히 이해하다

Q2
정답 ①

해설 선택지가 동사구로 구성되어 있으므로 주어 The Prime Minister(총리)의 동작이나 상태를 문맥 속에서 어떻게 나타내야 하는지 파악해야 한다. 문장 뒷부분에 '아동 수당이나 연금의 삭감'이라는 내용이 있고, 밑줄 친 ruled out에서 rule은 '결정을 내리다', out은 '나가다'라는 의미로, '결정해서 밖으로 빼내다', 즉, '배제하다'라는 의미를 가지는 것을 알 수 있다. 따라서 밑줄 친 동사구 ruled out과 의미가 가장 가까운 것은 '배제했다'는 의미의 ① excluded이다.

[해석] 총리는 아동 수당이나 연금의 삭감을 배제했다고 여겨진다.
① 배제했다
② 지지했다
③ 제출했다
④ 인가했다

[어휘] prime minister 총리, 수상　rule out 배제하다, 제외하다
cut 삭감, 인하　benefit 수당, 혜택　pension 연금
authorize 인가하다, 승인하다

p.136

불변의 패턴 03 선택지가 명사로 구성된 경우, 빈칸/밑줄 앞뒤에 나온 정의/설명/예시에서 단서를 찾는다.

대표 기출 예제
정답 ②

[해석] 모든 국제 여행자들은 캐나다에 입국할 때 허용되는 신분증을 소지해야 한다. 예를 들어, 여권은 해외여행을 할 때 유일하게 신뢰할 수 있고 전 세계적으로 인정받는 문서이다.
① 통화
② 신분증
③ 보험
④ 수하물

[어휘] acceptable 허용되는　reliable 신뢰할 수 있는　currency 통화, 화폐
identification 신분(증)　insurance 보험　luggage 수하물, 짐

기출문제 풀어보기

Q1 정답 ②

[해설] 선택지가 명사로 구성되어 있으므로 빈칸 앞뒤에 나온 정의에서 단서를 찾아야 한다. 콜론(:) 뒷부분에 '카우치 포테이토가 텔레비전 앞에서 그러는 것과 거의 동일한 방식으로 컴퓨터 앞에서 많은 여가 시간을 보내는 경향이 있는 사람이다'라는 정의가 있으므로, '마우스 포테이토는 카우치 포테이토의 컴퓨터 상당어구'라는 의미가 되어야 한다. 따라서 빈칸에 들어갈 명사는 '상당어구'라는 의미의 ② equivalent이다.

[해석] 마우스 포테이토(컴퓨터 중독자)는 텔레비전의 카우치 포테이토(TV만 보는 사람)의 컴퓨터 상당어구인데, 카우치 포테이토가 텔레비전 앞에서 그러는 것과 거의 동일한 방식으로 컴퓨터 앞에서 많은 여가 시간을 보내는 경향이 있는 사람이다.
① 기술자
② 상당어구
③ 통신망
④ 모의실험

[어휘] equivalent 상당어구, 동의어

Q2 정답 ①

[해설] 선택지가 명사로 구성되어 있으므로 밑줄 앞뒤에 나온 설명에서 단서를 찾아야 한다. 밑줄 뒷부분에서 '2학년 학생들의 이것이 임시 교사가 참을 수 있는 것 이상에 가까웠다'는 내용이 있으므로, 밑줄 친 flippancy는 참을 수 있는 것 이상의 어떤 것임을 알 수 있다. 따라서 밑줄 친 명사 flippancy(경솔한 언행)와 의미가 가장 가까운 것은 '실례되는 말'이라는 의미의 ① disrespect이다.

[해석] 2학년 학생들의 경솔한 언행은 임시 교사가 참을 수 있는 것 이상에 가까웠다.
① 실례되는 말
② 유머가 없음
③ 심각함
④ 봉급
⑤ 가장자리

[어휘] flippancy 경솔한 언행, 경박
substitute teacher 임시 교사, 대체 교사　stand 참다, 견디다
disrespect 실례되는 말, 무례　stipend 봉급, 장학금　verge 가장자리

p.137

불변의 패턴 04 선택지가 부사로 구성된 경우, 부사가 수식하는 형용사나 서술어에서 단서를 찾는다.

대표 기출 예제
정답 ②

[해석] 셰익스피어의 희극은 많은 유사점을 공유하지만, 또한 서로 현저하게 다르기도 하다.
① 부드럽게
② 분명히
③ 미미하게
④ 분간할 수 없게

[어휘] markedly 현저하게　obviously 분명히, 명백히
marginally 미미하게, 조금만　indiscernibly 분간할 수 없게

기출문제 풀어보기

Q1 정답 ⑤

[해설] 선택지가 부사로 구성되어 있으므로 밑줄 친 부사 ostentatiously가 수식하는 동사 hang(걸다)에서 정답의 단서를 찾아야 한다. 문장에 젊은 변호사가 그의 사무실 문에 대학 졸업장을 걸었다는 내용이 있으므로, 동사 hang은 '과시하듯이'라는 의미로 수식되는 것이 자연스럽다. 따라서 밑줄 친 부사 ostentatiously와 의미가 가장 가까운 것은 '자랑하면서'라는 의미의 ⑤ boastfully이다.

[해석] 젊은 변호사는 그의 사무실 문에 그의 대학 졸업장을 과시하듯이 걸었다.
① 예외적으로
② 확신을 갖고
③ 시험적으로
④ 비이성적으로
⑤ 자랑하면서

[어휘] ostentatiously 과시하듯이, 허세 부려서　diploma 졸업장
boastfully 자랑하면서, 뽐내며

Q2 정답 ①

[해설] 선택지가 부사로 구성되어 있으므로 부사 inextricably가 수식하는 동사 bind together(관련 짓다)에서 정답의 단서를 찾아야 한다. 두 번째 문장에서 '우리는 강인한 사람을 지도자로서 기대한다'는 내용이 있으므로, 동사 bind together는 '밀접하게'라는 의미로 수식되는 것이 자연스럽다. 따라서 밑줄 친 부사 inextricably와 의미가 가장 가까운 것은 '불가분하게'라는 의미의 ① inseparably이다.

[해석] 리더십과 강인함은 밀접하게 관련되어 있다. 우리는 강인한 사람을 지도자로서 기대하는데, 왜냐하면 그들은 우리 집단을 향한 위협으로부터 우리를 보호할 수 있기 때문이다.
① 불가분하게
② 활기가 없이
③ 헛되게
④ 경솔하게

[어휘] inextricably 밀접하게, 불가분하게　bind together 관련 짓다
look to 기대하다　inseparably 불가분하게, 밀접하게
inanimately 활기가 없이　ineffectively 헛되게, 무능하게

Section Test   p.138-141

1	②	2	②	3	②	4	④
5	③	6	③	7	④	8	①
9	②	10	④	11	③	12	②
13	①	14	①	15	④	16	②
17	①	18	④	19	④	20	②
21	④	22	①	23	②	24	②

1 정답 ②
해설 선택지가 명사로 구성되어 있으므로, 빈칸 앞에 나온 설명에서 단서를 찾아야 한다. 문장 앞부분에서 '해결되어야 할 문제가 많지만'이라고 하고 있으므로, 국민의 안전이 최우선이라는 점을 강조하고 싶다는 의미가 되어야 자연스러운 것을 알 수 있다. 따라서 빈칸에 들어갈 명사는 '우선'이라는 의미의 ② priority이다. 〈불변의 패턴 03〉

해석 해결되어야 할 문제가 많지만, 저는 우리 국민의 안전이 최우선이라는 점을 강조하고 싶습니다.
① 비밀
② 우선
③ 해결책
④ 기회

어휘 emphasize 강조하다   safety 안전   citizen 국민, 시민

2 정답 ②
해설 선택지가 형용사로 구성되어 있으므로 밑줄 친 형용사 concealed가 명사 The money(그 돈)를 어떤 의미로 서술하고 있는지 파악해야 한다. 문장 뒷부분에 '그것(돈)을 찾는 것을 포기할 수밖에 없었다'는 내용이 있으므로, 그 돈은 '숨겨진'이라는 의미의 형용사로 서술되어야 함을 파악할 수 있다. 따라서 밑줄 친 형용사 concealed와 의미가 가장 가까운 것은 '숨겨진'이라는 의미의 ② hidden이다. 〈불변의 패턴 01〉

해석 그 돈은 너무 교묘하게 숨겨져서 우리는 그것을 찾는 것을 포기할 수밖에 없었다.
① 소비된
② 숨겨진
③ 투자된
④ 배달된

어휘 cleverly 교묘하게, 영리하게   conceal 숨기다, 감추다
abandon 포기하다, 그만두다   invest 투자하다

3 정답 ②
해설 선택지가 동사로 이루어져 있으므로 주어인 Some plant diseases(일부 식물 질병)의 동작이나 상태를 문맥 속에서 어떻게 나타내야 하는지 파악해야 한다. 문장 뒷부분에 '그것들이 빠르고 쉽게 퍼져서 방대한 지역의 여러 식물에 영향을 미칠 수 있기 때문'이라는 내용이 있으므로, 주어(Some plant diseases)는 '근절하기' 어렵다는 의미로 서술되어야 한다. 따라서 빈칸에 들어갈 동사는 '근절하다'라는 의미의 ② eradicate이다. 〈불변의 패턴 02〉

해석 일부 식물 질병은 빠르고 쉽게 퍼져서 방대한 지역의 여러 식물에 영향을 미칠 수 있기 때문에 정말로 근절하기 어렵다.
① 영양분을 공급하다
② 근절하다
③ 확산되다
④ 감지하다

어휘 disease 질병   spread 퍼지다   rapidly 빠르게   vast 방대한
nourish 영양분을 공급하다   eradicate 근절하다, 박멸하다
proliferate 확산되다, 급증하다   detect 감지하다, 발견하다

4 정답 ④
해설 선택지가 명사로 구성되어 있으므로 빈칸 뒤에 나온 설명에서 단서를 찾아야 한다. 빈칸 뒤에 '기한을 맞추고 다른 사람의 시간을 존중하는 한 사람의 헌신을 보여준다'는 내용이 있으므로, 재계에서는 '시간 엄수'가 매우 높이 평가된다는 의미가 되어야 자연스러운 것을 알 수 있다. 따라서 빈칸에 들어갈 명사는 '시간 엄수'라는 의미의 ④ punctuality이다. 〈불변의 패턴 03〉

해석 재계에서는, 시간 엄수가 매우 높이 평가되는데, 이는 그것이 기한을 맞추고 다른 사람의 시간을 존중하는 한 사람의 헌신을 보여주기 때문이다.
① 겸손
② 진정성
③ 검소함
④ 시간 엄수

어휘 commitment 헌신   respect 존중하다   humility 겸손
sincerity 진정성, 성실   frugality 검소함   punctuality 시간 엄수

5 정답 ③
해설 선택지가 형용사로 구성되어 있으므로 명사 space(공간)가 문맥 속에서 어떻게 수식되어야 하는지 파악해야 한다. 문장 앞부분에 '대형 벽화를 전시하기 위해'라는 내용이 있으므로, 공간은 '충분한'이라는 의미의 형용사로 서술되어야 함을 파악할 수 있다. 따라서 빈칸에 들어갈 형용사는 '충분한'이라는 의미의 ③ ample이다. 〈불변의 패턴 01〉

해석 대형 벽화를 전시하기 위해, 박물관 큐레이터들은 충분한 공간을 확보해야 했다.
① 아늑한
② 답답한
③ 충분한
④ 비좁은

어휘 exhibit 전시하다   mural 벽화
curator 큐레이터(박물관·미술관 등의 전시 책임자)   cozy 아늑한
stuffy 답답한   ample 충분한   cramped 비좁은

6 정답 ③
해설 선택지가 동사로 구성되어 있으므로 주어인 she(그녀)의 동작이나 상태를 문맥 속에서 어떻게 나타내야 하는지 파악해야 한다. 문장 뒷부분에 '자신의 사업을 시작하겠다는 그녀의 꿈을 추구하기 위해'라는 내용이 있으므로 she(그녀)는 유명한 회사로부터의 매력적인 일자리 제안을 '거절하기'로 선택했다는 의미로 서술되어야 한다. 따라서 밑줄 친 동사 spurn과 의미가 가장 가까운 것은 '거절하다'라는 의미의 ③ decline이다. 〈불변의 패턴 02〉

해석 유명한 회사로부터 매력적인 일자리 제안을 받은 후에, 그녀는 자신의 사업을 시작하겠다는 그녀의 꿈을 추구하기 위해 결국 그것을 거절하기로 선택했다.
① 숙고하다
② 연기하다
③ 거절하다
④ 비난하다

어휘 attractive 매력적인   offer 제안   renowned 유명한
spurn 거절하다, 일축하다   pursue 추구하다   contemplate 숙고하다
postpone 연기하다, 미루다   decline 거절하다
denounce 비난하다, 비판하다

7
정답 ④

해설 선택지가 명사로 구성되어 있으므로 빈칸 뒤에 나온 설명에서 단서를 찾아야 한다. 빈칸 뒤에 '유권자들이 그것(선거 과정)을 명확하게 보고 이해할 수 있도록'이라는 내용이 있으므로, 유권자들은 선거 과정의 '투명성'을 높여야 한다고 요구했다는 의미가 되어야 자연스러운 것을 알 수 있다. 따라서 빈칸에 들어갈 명사는 '투명성'이라는 의미의 ④ transparency이다. (불변의 패턴 03)

해석 유권자들은 선거 과정을 명확하게 보고 이해할 수 있도록 그것의 투명성을 높여야 한다고 요구했다.
① 기만
② 융통성
③ 경쟁
④ 투명성

어휘 voter 유권자 demand 요구하다 election 선거 deception 기만 flexibility 융통성 transparency 투명성

8
정답 ①

해설 선택지가 동사로 구성되어 있으므로 주어인 Crop yields(농작물 수확량)의 동작이나 상태를 문맥 속에서 어떻게 나타내야 하는지 파악해야 한다. 문장 뒷부분에 '일부 지역에서는 개선되고 다른 지역에서는 줄어든다'는 내용이 있으므로, 주어(Crop yields)는 '달라진다'는 의미로 서술되어야 한다. 따라서 밑줄 친 동사 vary와 의미가 가장 가까운 것은 '달라지다'라는 의미의 ① change이다. (불변의 패턴 02)

해석 농작물 수확량은 달라지며, 일부 지역에서는 개선되고 다른 지역에서는 줄어든다.
① 달라지다
② 줄어들다
③ 확대되다
④ 포함하다

어휘 vary 달라지다 decline 줄어들다 expand 확대되다, 확장하다 include 포함하다

9
정답 ②

해설 선택지가 동사로 구성되어 있으므로 주어인 People(사람들)의 동작이나 상태를 문맥 속에서 어떻게 나타내야 하는지 파악해야 한다. 문장 뒷부분에 '경쟁력을 가지고 성공하기 위해'라는 내용이 있으므로, 주어(People)는 일자리에서 기술을 '축적할' 필요가 있다는 의미로 서술되어야 한다. 따라서 빈칸에 들어갈 동사는 '축적하다'라는 의미의 ② accumulate이다. (불변의 패턴 02)

해석 사람들은 경쟁력을 가지고 성공하기 위해 그들의 일자리에서 기술을 축적할 필요가 있다.
① 폐지하다
② 축적하다
③ 약화시키다
④ 분리하다

어휘 competitive 경쟁력을 가진 abolish 폐지하다 accumulate 축적하다, 모으다 diminish 약화시키다, 줄다 isolate 분리하다, 고립시키다

10
정답 ④

해설 선택지가 명사로 구성되어 있으므로 빈칸 뒤에 나온 정의에서 단서를 찾아야 한다. 빈칸 뒤에 '글에 다른 사람의 말이나 발상을 그대로 사용하고, 원래 작가나 책, 잡지, 영상, 팟캐스트 또는 그것들을 발견한 웹사이트의 이름을 밝히지 않는 것'이라는 내용이 있으므로, 빈칸에 들어갈 명사는 '표절'이라는 의미의 ④ plagiarism이다. (불변의 패턴 03)

해석 표절은 당신의 글에 다른 사람의 말이나 발상을 그대로 사용하고, 원래 작가나 책, 잡지, 영상, 팟캐스트 또는 당신이 그것들을 발견한 웹사이트의 이름을 밝히지 않는 것이다.
① 인용
② 발표
③ 수정
④ 표절

어휘 citation 인용 modification 수정, 변경 plagiarism 표절

11
정답 ③

해설 선택지가 명사로 구성되어 있으므로 빈칸 앞에 나온 설명에서 단서를 찾아야 한다. 빈칸 앞에 '세계화는 더 많은 나라들이 시장을 개방하도록 이끌고 상품과 서비스를 더 낮은 가격에 자유롭게 거래할 수 있게 한다'는 내용이 있으므로, 세계화는 더 많은 나라들이 상품과 서비스를 더 좋은 '효율'로 거래할 수 있게 한다는 의미가 되어야 한다. 따라서 빈칸에 들어갈 명사는 '효율'이라는 의미의 ③ efficiency이다. (불변의 패턴 03)

해석 세계화는 더 많은 나라들이 그들의 시장을 개방하도록 이끌고, 그들이 상품과 서비스를 더 낮은 가격에 더 좋은 효율로 자유롭게 거래할 수 있게 한다.
① 멸종
② 우울
③ 효율
④ 경고

어휘 extinction 멸종 efficiency 효율

12
정답 ②

해설 선택지가 형용사로 구성되어 있으므로 밑줄 친 형용사 pervasive가 명사 The influence of Jazz(재즈의 영향력)를 어떤 의미로 서술하고 있는지 파악해야 한다. 문장 뒷부분에 '대부분의 대중음악이 양식의 뿌리를 재즈에 두고 있다'는 내용이 있으므로, 재즈의 영향력은 '만연한'이라는 형용사로 서술되어야 함을 파악할 수 있다. 따라서 밑줄 친 형용사 pervasive와 의미가 가장 가까운 것은 '어디에나 있는'이라는 의미의 ② ubiquitous이다. (불변의 패턴 01)

해석 재즈의 영향력은 너무 만연해서 대부분의 대중음악은 양식의 뿌리를 재즈에 두고 있다.
① 현혹하는
② 어디에나 있는
③ 설득력 있는
④ 처참한

어휘 pervasive 만연하는 popular music 대중음악 stylistic 양식의

13
정답 ①

해설 선택지가 형용사로 구성되어 있으므로 명사 weather patterns(기상 패턴)가 문맥 속에서 어떻게 수식되어야 하는지 파악해야 한다. 문장 뒷부분에 '이상 기후라고 불리는 기상 패턴이 세계 곳곳에서 관찰되고 있다'는 내용이 있으므로, 이 기상 패턴은 '불규칙적인'이라는 의미의 형용사로 수식되어야 함을 파악할 수 있다. 따라서 빈칸에 들어갈 형용사는 '불규칙적인'이라는 의미의 ① irregular이다. (불변의 패턴 01)

해석 최근에, 보통 '이상 기후'라고 불리는 점점 더 불규칙적인 기상 패턴이 세계 곳곳에서 관찰되고 있다.
① 불규칙적인
② 일관된
③ 예측할 수 있는
④ 효과 없는

어휘 abnormal 이상한, 비정상적인 observe 관찰하다 irregular 불규칙적인 consistent 일관된 predictable 예측할 수 있는 ineffective 효과 없는, 효력 없는

14
정답 ①

해설 선택지가 동사로 구성되어 있으므로 주어인 We(우리)의 동작이나 상태를 문맥 속에서 어떻게 나타내야 하는지 파악해야 한다. 문장 앞부분에 '우리는 바다를 오염시키고, 물고기를 죽이고 있다'는 내용이 있으므로, 주어(We)는 매우 귀중한 식량 공급원을 '빼앗고 있다'는 의미로 서술되어야 한다. 따라서 빈칸에 들어갈 동사는 be 동사 are과 함께 현재진행형을 만들며 '빼앗는'이라는 의미를 갖는 ① depriving이다. (불변의 패턴 02)

해석 우리는 바다를 오염시키고, 물고기를 죽이고 있으며, 그렇게 함으로써 우리 자신에게서 매우 귀중한 식량 공급원을 빼앗고 있다.
① 빼앗는 ② 알리는
③ 비난하는 ④ 치료하는

어휘 pollute 오염시키다 thereby 그렇게 함으로써 invaluable 매우 귀중한
deprive 빼앗다, 박탈하다 inform 알리다, 통지하다
accuse 비난하다, 고발하다 cure 치료하다, 고치다

15
정답 ④

해설 선택지가 동사로 구성되어 있으므로 주어인 She(그녀)의 동작이나 상태를 문맥 속에서 어떻게 나타내야 하는지 파악해야 한다. 문장 앞부분에 '그녀가 부지런히 일했다'는 내용이 있으므로, 주어(She)는 원하는 것을 얻기 위해 애쓸 '용기가 있었다'는 의미로 서술되어야 한다. 따라서 밑줄 친 동사구 had the guts와 의미와 가장 가까운 것은 '용기가 있었다'는 의미의 ④ was courageous이다. (불변의 패턴 02)

해석 그녀는 부지런히 일했고 그녀가 원하는 것을 얻기 위해 애쓸 용기가 있었다.
① 불안해했다
② 운이 좋았다
③ 평판이 좋았다
④ 용기가 있었다

어휘 diligently 부지런히, 열심히 have the guts to ~할 용기가 있다
go for ~을 얻으려고 애쓰다

16
정답 ②

해설 선택지가 동사로 구성되어 있으므로 주어인 Jane의 동작이나 상태를 문맥 속에서 어떻게 나타내야 하는지 파악해야 한다. 문장 앞부분에 'Jane이 진하고 짙은 차를 따랐다'는 내용이 있으므로, 주어(Jane)는 그것(차)을 '희석했다'는 의미로 서술되어야 한다. 따라서 밑줄 친 동사 diluted와 의미가 가장 가까운 것은 '묽게 했다'는 의미의 ② weakened이다. (불변의 패턴 02)

해석 Jane은 진하고 짙은 차를 따르고 그것을 우유로 희석했다.
① 씻었다
② 묽게 했다
③ 연결했다
④ 발효시켰다

어휘 pour 따르다, 붓다 strong (차가) 진한 dark (색이) 짙은, 어두운
dilute 희석하다, 묽게 하다 ferment ~을 발효시키다

17
정답 ①

해설 선택지가 동사로 구성되어 있으므로 주어인 you(너)의 동작이나 상태를 문맥 속에서 어떻게 나타내야 하는지 파악해야 한다. 문장 뒷부분에 '아빠는 너에게 질문을 멈추지 않을 것이다'라는 내용이 있으므로, 주어(you)는 '털어놓다'라는 의미로 서술되어야 한다. 따라서 밑줄 친 동사구 let on과 의미가 가장 가까운 것은 '밝히다'라는 의미의 ① reveal이다. (불변의 패턴 02)

해석 우리가 깜짝 파티를 계획하고 있다고 네가 털어놓으면, 아빠는 너에게 질문을 멈추지 않을 것이다.
① 밝히다
② 관찰하다
③ 믿다
④ 소유하다

어휘 let on 털어놓다, 폭로하다 reveal 밝히다 possess 소유하다

18
정답 ④

해설 선택지가 동사로 구성되어 있으므로 주어인 They(그들)의 동작이나 상태를 문맥 속에서 어떻게 나타내야 하는지 파악해야 한다. 첫 번째 문장에 '보스턴 스포츠 팬들은 좋은 점과 나쁜 점을 함께 받아들이는 법을 배웠다'는 내용이 있고, '그들은 다른 어떤 도시보다 더 많은 농구 선수권 대회를 경험했다'고 하면서 역접의 접속사 but(그러나)으로 연결하고 있으므로, 주어(They)는 75년 넘게 월드 시리즈 타이틀을 '자랑하지' 못했다는 의미로 서술되어야 한다. 따라서 밑줄 친 동사 boasted와 의미가 가장 가까운 것은 '자랑했다'는 의미의 ④ bragged이다. (불변의 패턴 02)

해석 1918년에 레드삭스가 베이브 루스를 양키스와 트레이드한 이후로, 보스턴 스포츠 팬들은 좋은 점과 나쁜 점을 함께 받아들이는 법을 배웠다. 그들은 다른 어떤 도시보다 더 많은 농구 선수권 대회를 경험했지만, 75년 넘게 월드 시리즈 타이틀을 자랑하지 못했다.
① 포기했다 ② 산출했다
③ 포기했다 ④ 자랑했다

어휘 trade (선수를) 트레이드하다, 교환하다 see 경험하다, 체험하다
championship 선수권 대회 boast 자랑하다
title (스포츠에서) 타이틀 waive 포기하다, 보류하다 yield 산출하다, 내다
renounce 포기하다 brag 자랑하다

19
정답 ④

해설 선택지가 명사로 구성되어 있으므로 빈칸 앞뒤에 나온 설명에서 단서를 찾아야 한다. 빈칸 뒤에 '우리가 꽤 오랫동안 지루함을 느끼게 했다'는 내용이 있으므로, 기조연설자가 장황했던 '진부한 이야기'를 꺼냈다는 의미가 되어야 자연스러운 것을 알 수 있다. 따라서 빈칸에 들어갈 명사는 '진부한 이야기'라는 의미의 ④ platitude이다. (불변의 패턴 03)

해석 우리에게 현재 다루고 있는 문제에 대한 혁신적인 아이디어를 제시하는 대신, 기조연설자는 장황했던 진부한 이야기를 꺼냈고 우리가 꽤 오랫동안 지루함을 느끼게 했다.
① 브레인스토밍 ② 재담
③ 비문 ④ 진부한 이야기

어휘 matter 문제 in hand 현재 다루고 있는(일·문제 등)
keynote speaker 기조연설자 bring up (의제·제안·화제 등을) 꺼내다
tedium 지루함, 단조로움 brainstorming 브레인스토밍(무엇에 대해 여러 사람들이 동시에 자유롭게 자기 생각을 제시하는 방법)
witticism 재담, 재치 있는 말 epigraph (건물·동상 등에 새기는) 비문
platitude 진부한 이야기

20
정답 ②

해설 선택지가 형용사로 구성되어 있으므로 밑줄 친 형용사 incessant가 명사 The public curiosity(대중의 호기심)를 어떤 의미로 수식하고 있는지 파악해야 한다. 문장 뒷부분에 '기능성 식품에 대한 관심을 높였다'는 내용이 있고, 대중의 호기심이 '건강상의 이익과 더 낮은 가격으로 인한' 것이라고 설명하고 있으므로, 대중의 호기심은 '끊임없는'이라는 의미의 형용사로 수식되어야 함을 파악할 수 있다. 따

라서 밑줄 친 형용사 incessant와 의미가 가장 가까운 것은 '끊임없는'이라는 의미의 ② constant이다. (불변의 패턴 01)

[해석] 건강상의 이익과 더 낮은 가격으로 인한 끊임없는 대중의 호기심과 소비자의 수요가 기능성 식품에 대한 관심을 높였다.
① 급속한
② 끊임없는
③ 중요한
④ 간헐적인

[어휘] incessant 끊임없는   curiosity 호기심   consumer 소비자
demand 수요   functional 기능성의   intermittent 간헐적인

21   정답 ④

[해설] 선택지가 명사로 구성되어 있으므로 밑줄 앞뒤에 나온 예시에서 단서를 찾아야 한다. 밑줄이 있는 문장 다음 문장에서 재채기를 할 때 '실례합니다'라고 말하는 미국의 관습을 예시로 들고 있으므로, 밑줄 친 courtesy는 '따를 것으로 기대되는 풍습'이라는 의미임을 알 수 있다. 따라서 밑줄 친 명사 courtesy와 의미가 가장 가까운 것은 '예의'라는 의미의 ④ politeness이다. (불변의 패턴 03)

[해석] 관습은 한 집단의 구성원들이 다른 사람들에게 예의를 보이기 위해 따를 것으로 기대되는 풍습이다. 예를 들어, 재채기를 할 때 "실례합니다"라고 말하는 것은 미국의 관습이다.
① 자선
② 겸손
③ 대담함
④ 예의

[어휘] folkways 관습, 어떤 사회 집단의 관행적인 생활 양식·사고방식·행동
courtesy 예의   sneeze 재채기하다   charity 자선   humility 겸손
boldness 대담함   politeness 예의

22   정답 ①

[해설] 선택지가 부사로 구성되어 있으므로 밑줄 친 부사 inevitably가 수식하는 동사(rebound)에서 정답의 단서를 찾아야 한다. 문장 뒷부분에 '향후 브렌트유와 서부 텍사스산 중질유의 가격을 상승시킨다'는 내용이 있으므로 동사 rebound는 '반드시'라는 의미로 수식되어야 자연스럽다. 따라서 밑줄 친 부사 inevitably와 의미가 가장 가까운 것은 '반드시'라는 의미의 ① necessarily이다. (불변의 패턴 04)

[해석] 수요가 반드시 활발하게 반응하며, 향후 브렌트유와 서부 텍사스산 중질유의 가격을 상승시킬 것이라고 생각하는 것은 타당하다.
① 반드시   ② 상당히
③ 기적적으로   ④ 완전히
⑤ 엄청나게

[어휘] demand 수요   rebound 반응하다, 제자리로 돌아오다   briskly 활발하게
substantially 상당히   utterly 완전히

23   정답 ②

[해설] 선택지가 형용사로 구성되어 있으므로 밑줄 친 형용사 opulent가 명사 their four-bedroom house(그들의 침실 4개짜리 집)를 어떤 의미로 서술하고 있는지 파악해야 한다. 문장 앞부분에 '그 부부가 부모가 되는 것을 경험하기 전에'라는 내용이 있으므로 침실 4개짜리 집은 '호화로운'이라는 의미의 형용사로 서술되어야 함을 파악할 수 있다. 따라서 밑줄 친 형용사 opulent와 의미가 가장 가까운 것은 '호화로운'이라는 의미의 ② luxurious이다. (불변의 패턴 01)

[해석] 그 부부가 부모가 되는 것을 경험하기 전에, 그들의 침실 4개짜리 집은 불필요하게 호화로운 것처럼 보였다.

① 숨겨진
② 호화로운
③ 비어 있는
④ 단단한

[어휘] opulent 호화로운   luxurious 호화로운, 사치스러운   solid 단단한, 견고한

24   정답 ②

[해설] 선택지가 형용사로 구성되어 있으므로 명사 they(그것들), 즉 plastic bottles(플라스틱병)가 문맥 속에서 어떻게 수식되어야 하는지 파악해야 한다. 문장 뒷부분에 기온이 상승하기 시작하면 물도 뜨거워질 것이라는 내용이 있으므로, 플라스틱병은 '절연 처리되(지 않는)'이라는 의미의 형용사로 수식되어야 함을 파악할 수 있다. 따라서 빈칸에 들어갈 형용사는 '절연 처리가 된'이라는 의미의 ② insulated이다. (불변의 패턴 01)

[해석] 플라스틱병의 문제는 그것들이 절연 처리가 되지 않는다는 것이어서, 기온이 상승하기 시작하면, 당신의 물도 뜨거워질 것이다.
① 위생적인   ② 절연 처리가 된
③ 재활용 가능한   ④ 방수의

[어휘] sanitary 위생적인   insulated 절연 처리가 된   waterproof 방수의

Section 2 생활영어

p.144

> **불변의 패턴 05** 대화 초반부에 나온 빈칸 문장은 빈칸 다음 문장에서 단서를 찾는다.

대표 기출 예제   정답 ②

[해석]
Brian: 안녕하세요, 귀사의 시티 투어에 대한 정보를 좀 얻을 수 있을까요?
Ace 관광: 연락해 주셔서 감사합니다. 구체적인 질문이 있으신가요?
Brian: 시티 투어에는 무엇이 포함되나요?
Ace 관광: 도시의 주요 명소를 모두 안내해 드립니다.
Brian: 얼마인가요?
Ace 관광: 4시간 투어에 1인당 50달러입니다.
Brian: 알겠습니다. 금요일 오후 티켓 4장을 예매할 수 있나요?
Ace 관광: 물론입니다. 곧 결제 정보를 보내드리겠습니다.

① 투어 시간은 얼마나 되나요?
② 시티 투어에는 무엇이 포함되나요?
③ 투어 패키지 목록이 있나요?
④ 좋은 여행 가이드북을 추천해 주실 수 있나요?

[어휘] contact 연락하다   specific 구체적인, 특정한
book 예매하다, 예약하다   include 포함하다   recommend 추천하다

기출문제 풀어보기   정답 ④

[해설] 대화 초반부에 빈칸이 나왔으므로 다음 문장인 'It's my pleasure'에서 정답의 단서를 찾아야 한다. 빈칸 다음 문장에서 B가 '도움이 되어서 나도 기뻐'라고 말하고 있으므로, '네가 그걸 도와줘서 얼마나 고마운지 몰라'라고 하는 '④ I can't thank you enough for helping me with it'이 정답이다.

해석
A: 이봐! 지리 시험은 어땠어?
B: 나쁘지 않았어, 고마워. 나는 그저 그게 끝나서 기뻐! 너는 어때? 과학 시험은 어땠어?
A: 오, 그건 정말 결과가 좋았어. 네가 그걸 도와줘서 얼마나 고마운지 몰라. 그것 때문에 너한테 한턱내야 해.
B: 도움이 되어서 나도 기뻐. 그러면, 다음 주에 예정된 수학 시험을 준비하지 않을래?
A: 물론이지. 같이 공부하자.
B: 좋은 생각이야. 나중에 보자.

① 이 일로 너 스스로 자책하는 건 무의미해
② 여기서 너를 만날 줄은 몰랐어
③ 사실, 우리는 매우 실망했어
④ 네가 그걸 도와줘서 얼마나 고마운지 몰라

어휘 geography 지리(학) owe (남의 은혜를 입었으므로) ~해야 한다
treat 한턱, 대접 beat oneself 자책하다 disappointed 실망한

p.145

불변의 패턴 06 대화 후반부에 나온 빈칸 문장은 빈칸 앞 문장에서 단서를 찾는다.

대표 기출 예제
정답 ③

해석
A: 당신이 어제 마지막으로 퇴근하셨죠, 맞나요?
B: 네. 무슨 문제라도 있나요?
A: 오늘 아침에 사무실 전등과 에어컨이 켜져 있는 것을 발견했어요.
B: 정말요? 이런. 제가 어젯밤에 끄는 걸 깜빡했나 봐요.
A: 아마 밤새 켜져 있었을 거예요.
B: 죄송해요. 앞으로 더 조심할 것을 약속할게요.

① 걱정하지 마세요. 이 기계는 잘 작동합니다.
② 맞아요. 모두가 당신과 함께 일하는 것을 좋아합니다.
③ 죄송해요. 앞으로 더 조심할 것을 약속할게요.
④ 안됐군요. 당신은 너무 늦게 퇴근해서 피곤하겠어요.

어휘 get off work 퇴근하다

기출문제 풀어보기
정답 ④

해설 대화의 후반부에 빈칸이 나왔으므로 빈칸 앞 문장에서 단서를 찾아야 한다. Park 씨가 프로젝트를 담당하고 있으니 그가 서류를 가지고 있을 거라는 B의 말에 A가 대답하고 있으므로, '알려주셔서 감사해요. 그에게 연락해 볼게요'라고 하는 '④ Thank you for letting me know. I'll contact him'이 정답이다.

해석
A: 어제 회의에서 말씀하신 서류를 받아볼 수 있을까요?
B: 물론이죠. 서류 제목이 어떻게 되나요?
A: 제목은 기억이 안 나는데, 지역사회 축제에 관한 내용이었어요.
B: 아, 무엇을 말씀하시는지 알겠어요.
A: 좋아요. 이메일로 보내주실 수 있나요?
B: 저는 가지고 있지 않아요. Park 씨가 프로젝트를 담당하고 있으니, 그가 가지고 있을 거예요.
A: 알려주셔서 감사해요. 그에게 연락해 볼게요.
B: 행운을 빌어요. 원하시는 서류를 꼭 받으시길 바라요.

① 그가 사무실에 있는지 확인해 주시겠어요?
② Park 씨가 당신에게 이메일을 다시 보냈어요.
③ 지역사회 축제에 오시나요?
④ 알려주셔서 감사해요. 그에게 연락해 볼게요.

어휘 document 서류, 문서 refer to 말하다, 참고하다
via ~를 통하여, ~에 의해 in charge of 담당하는, 책임이 있는

Section Test
p. 146-149

1	①	2	②	3	④	4	①
5	②	6	②	7	③	8	④
9	③	10	②	11	①	12	②

1
정답 ①

해설 대화의 후반부에 빈칸이 나왔으므로 빈칸 앞 문장에서 단서를 찾아야 한다. 빈칸 앞에서 Alex Brown이 회의를 위해서 시청에 직접 갈 필요는 없는 거 알고 있냐고 묻고, 빈칸 뒤에서 Cathy Miller가 It's sometimes more convenient(가끔은 그게 더 편리해요)라고 말하고 있으므로, '네, 온라인 회의죠'라고 말하는 '① Yes, it's an online meeting'이 정답이다. (불변의 패턴 06)

해석
Alex Brown: 안녕하세요. 오늘 오후에 시청 직원들과 회의가 있는 것을 기억하시나요?
Cathy Miller: 그거 오늘이에요? 내일 아닌가요?
Alex Brown: 제 달력을 확인해 볼게요. 죄송해요, 제가 착각했어요. 회의는 내일 오후 2시예요.
Cathy Miller: 네, 맞아요.
Alex Brown: 회의를 위해 우리가 시청에 갈 필요는 없는 거 알고 계시죠?
Cathy Miller: 네, 온라인 회의죠. 가끔은 그게 더 편리해요.
Alex Brown: 동의해요. 회의 URL 좀 공유해 주세요. 그리고 ID랑 비밀번호도 보내 주실 수 있나요?
Cathy Miller: 물론이죠, 이메일이랑 문자로 공유해 드릴게요.

① 네, 온라인 회의죠
② 네, 이메일에 꼭 답장해 주세요
③ 아니요, 당신의 문자 메시지를 못 받았어요
④ 아니요, 오늘 다른 회의는 없어요

어휘 city hall 시청 convenient 편리한 share 공유하다 via ~로, ~를 통해

2
정답 ②

해설 대화의 후반부에 빈칸이 나왔으므로 빈칸 앞 문장에서 단서를 찾아야 한다. 빈칸 앞 문장이 평서문이므로 앞에 나온 대화의 흐름을 파악하고 자연스럽게 이어질 수 있는 보기를 골라야 하는데, 빈칸 앞에서 B가 예상보다 참석자가 많을 경우에 대비해서 발표 자료를 75부 준비하자고 하고, A가 질문한 뒤 빈칸 뒤에서 다시 B가 Absolutely. We are going to have people asking for the presentation materials after the presentation(그럼요. 발표 후에 발표 자료를 요청하는 사람들이 있을 거예요)이라고 대답하고 있으므로, '공유

를 위한 디지털 버전도 준비해야 할까요'라고 하는 '② Should we also have a digital version for sharing'이 정답이다. (불변의 패턴 06)

해석
A: 발표 자료가 몇 부 정도 필요할 거라고 생각하세요?
B: 60부면 충분하겠지만, 여분이 있는 게 항상 좋아요.
A: 맞아요. 나중에 후회하는 것보다 조심하는 것이 낫죠. 그럼 몇 부를 추천하시겠어요?
B: 지난번처럼 예상보다 참석자가 많을 경우에 대비해서 75부로 합시다.
A: 좋은 생각이에요. 공유를 위한 디지털 버전도 준비해야 할까요?
B: 그럼요. 발표 후에 발표 자료를 요청하는 사람들이 있을 거예요.
A: 맞아요, 그렇게 하면 누구든 필요할 때 쉽게 받을 수 있겠네요.

① 자료를 얼마나 일찍 배포해야 할까요
② 공유를 위한 디지털 버전도 준비해야 할까요
③ 자료는 컬러로 인쇄되나요, 흑백으로 되나요
④ 포함하지 말아야 할 특정한 자료가 있나요

어휘 attendee 참석자 distribute 배포하다

3
정답 ④

해설 대화의 후반부에 빈칸이 나왔으므로 빈칸 앞 문장에서 단서를 찾아야 한다. 부장님이 350명 이상 올 거라고 말했다는 A의 말에 B가 대답하고 있으므로, '제가 예상했던 것보다 훨씬 더 많네요'라고 하는 '④ That's a lot more than I expected'가 정답이다. (불변의 패턴 06)

해석
A: Charles, 다가오는 행사에 의자가 더 필요할 것 같아요.
B: 정말요? 의자가 이미 충분하다고 생각했는데요.
A: 부장님께서 350명 이상 올 거라고 말씀하셨어요.
B: 제가 예상했던 것보다 훨씬 더 많네요.
A: 동의해요. 저도 조금 놀랐어요.
B: 그럼 제가 더 주문해야 할 것 같네요. 감사합니다.

① 부장님이 행사에 참석하실지 궁금해요.
② 350명 이상 올 거라고 생각했어요.
③ 그것은 사실 많은 숫자가 아니네요.
④ 제가 예상했던 것보다 훨씬 더 많네요.

어휘 upcoming 다가오는, 곧 있을 attend 참석하다
expect 예상하다, 기대하다

4
정답 ①

해설 대화의 초반부에 빈칸이 나왔으므로 빈칸 다음 문장인 'One of my friends is a used car dealer. He can give you a good deal'에서 단서를 찾아야 한다. 빈칸 앞에서 Yuna가 SUV는 세단보다 더 비싸다고 한 뒤 빈칸 다음 문장에서 Jenny가 '내 친구 중 한 명이 중고차 딜러야. 그가 너에게 좋은 가격을 제시해 줄 수 있어'라고 말하고 있으므로, '나는 예산이 빠듯해'라고 하는 '① I'm on a tight budget'이 정답이다. (불변의 패턴 05)

해석
Yuna: 안녕 Jenny, 자동차를 사는 것에 대해 네 조언이 필요해.
Jenny: 안녕, 자동차를 사고 싶어? 어떤 차종?
Yuna: 아마도 중형 세단이나 SUV.
Jenny: SUV가 더 실용적이야.
Yuna: SUV는 세단보다 더 비싸. 나는 예산이 빠듯해.
Jenny: 내 친구 중 한 명이 중고차 딜러야. 그가 너에게 좋은 가격을 제시해 줄 수 있어.
Yuna: 정말? 그러면 좋겠다.
Jenny: 그 친구 전화번호 줄까?
Yuna: 좋아.
Jenny: 잠깐만.
       707-123-5678번이야.
Yuna: 고마워!

① 나는 예산이 빠듯해
② 나는 몸을 좀 만들어야 해
③ 곧 해결될 거야
④ 내가 나중에 너를 데리러 갈 수 있어

어휘 practical 실용적인 dealer (특정 상품을 사고파는) 딜러, 중개인
get in shape 몸을 만들다 clear up ~을 해결하다, (날씨가) 개다

5
정답 ②

해설 대화의 후반부에 빈칸이 나왔으므로 빈칸 앞 문장에서 단서를 찾아야 한다. 『The Lucky Club』을 누가 쓴 거냐고 묻는 A의 말에 B가 대답하고 있으므로, 'Lin Lee가 저자야'라고 하는 '② Lin Lee is the author'가 정답이다. (불변의 패턴 06)

해석
A: 점심 안 먹을 거야?
B: 아니, 배 안 고파. 차라리 책을 읽을래. 나는 『The Lucky Club』을 읽는 중이야.
A: 『The Lucky Club』? 그건 어떤 내용이야?
B: 음, 로스앤젤레스에 사는 한국 여성 그룹에 관한 거야. 주인공은 미국에서 태어난 여자인데, 그녀의 엄마는 한국에서 왔어.
A: 흥미롭네. 누가 쓴 거야?
B: Lin Lee가 저자야.
A: 그녀는 『The Heroine Generation』도 썼지, 맞지?
B: 아니, 그건 May Lee가 쓴 거야.
A: 아, 그렇구나.

① 나는 이미 그것을 읽었어
② Lin Lee가 저자야
③ 그건 원래 내 거야
④ 그녀는 한국에 있는 내 친척 중 한 명이야

어휘 author 저자, 작가 originally 원래, 본래 relative 친척

6
정답 ②

해설 대화의 후반부에 빈칸이 나왔으므로 빈칸 앞 문장에서 단서를 찾아야 한다. 주문을 제시간에 완료해 주겠다는 A의 말에 B가 전화를 해야 하는지 물었으므로, '그러실 필요 없습니다. 11시에 오시면 서류를 준비해 드리겠습니다'라고 하는 '② No need for that. Come at 11:00 and I'll have your documents ready'가 정답이다. (불변의 패턴 06)

해석
A: 기다리시게 해서 죄송합니다, Krauss 씨.
B: 음, 오늘은 할 일이 많은 것 같군요. 당신을 더 이상 붙잡아 두지 않을게요.
A: 걱정하지 마세요, Krauss 씨. 주문을 제시간에 완료해 드리겠습니다.

Section 2 생활영어 77

B: 제가 전화를 드려야 할까요?
A: 그러실 필요 없습니다. 11시에 오시면 서류를 준비해 드리겠습니다.

① 음, 당신은 좋은 고객이시군요. 제가 무엇을 할 수 있는지 알아보겠습니다.
② 그러실 필요 없습니다. 11시에 오시면 서류를 준비해 드리겠습니다.
③ 내일 아침이요? 걱정하지 마세요. 정오 전에 서류를 저에게 가져다주실 수 있나요?
④ 그건 어려울 것 같습니다. 오늘 아침에 완료해야 할 주문이 많습니다.

[어휘] have a lot on one's plate 해야 할 일이 산더미처럼 있다
order 주문   on time 제시간에   no sweat 걱정 마라

---

7 정답 ③

[해설] 대화의 후반부에 빈칸이 나왔으므로 빈칸 앞 문장에서 단서를 찾아야 한다. 워크숍에 참석하려면 자리를 예약하는 것을 잊지 말라는 Kate Anderson의 말에 Jim Henson이 그걸 어떻게 하는지 물었으므로, '게시판에 있는 지침을 따르세요'라고 하는 '③ Follow the instructions on the bulletin board'가 정답이다. (불변의 패턴 06)

[해석]
Kate Anderson: 다음 주 금요일 워크숍에 오실 건가요?
Jim Henson: 확실하지 않아요. 저는 그날 병원 예약이 있어요.
Kate Anderson: 꼭 오세요! 워크숍은 우리의 업무 효율을 향상할 수 있는 인공지능 도구에 관한 거예요.
Jim Henson: 와, 주제가 정말 흥미롭게 들리네요!
Kate Anderson: 맞아요. 하지만 워크숍에 참석하려면 자리를 예약하는 것을 잊지 마세요.
Jim Henson: 그걸 어떻게 하나요?
Kate Anderson: 게시판에 있는 지침을 따르세요.

① 노트북을 직접 가져와야 해요.
② 저는 이미 예약을 했어요.
③ 게시판에 있는 지침을 따르세요.
④ 예약을 위해서는 병원에 전화해야 해요.

[어휘] efficiency 효율   reserve 예약하다   laptop 노트북
instruction 지침, 설명   bulletin board 게시판

---

8 정답 ④

[해설] 대화의 후반부에 빈칸이 나왔으므로 빈칸 앞 문장에서 단서를 찾아야 한다. 청구서에 항공 운송비가 추가될 것이라는 A의 말에 B가 대답하고, 빈칸 뒤에서 A가 I am afraid the free delivery service is no longer available(죄송하지만 무료 배송 서비스는 더 이상 제공되지 않습니다)이라고 말하고 있으므로, '잠시만요. 배송비는 귀사 부담인 줄 알았는데요'라고 하는 '④ Wait a minute. I thought the delivery costs were at your expense'가 정답이다. (불변의 패턴 06)

[해석]
A: 감사합니다. 주문해 주셔서 고맙습니다.
B: 별말씀을요. 상품을 항공 화물로 보내주실 수 있나요? 저희가 그것들이 빨리 필요해서요.
A: 물론이죠. 지금 바로 귀하의 부서로 보내드리겠습니다.
B: 알겠습니다. 저희가 다음 주 초에 상품을 받을 수 있으면 좋겠습니다.
A: 모든 일이 계획대로 진행되면, 월요일까지 받아 보실 수 있을 것입니다.

B: 월요일이 좋은 것 같네요.
A: 2주 이내에 결제해 주시기 바랍니다. 청구서에 항공 운송비가 추가될 것입니다.
B: 잠시만요. 배송비는 귀사 부담인 줄 알았는데요.
A: 죄송하지만 무료 배송 서비스는 더 이상 제공되지 않습니다.

① 그렇군요. 청구서는 언제 받을 수 있나요?
② 저희 부서에서는 2주 이내에 지불하지 못할 수도 있습니다.
③ 월요일에 귀하의 법인 계좌로 대금을 보내 드려도 될까요?
④ 잠시만요. 배송비는 귀사 부담인 줄 알았는데요.

[어휘] appreciate 고마워하다   goods 상품, 물품   air freight 항공 화물
invoice 청구서, 송장   business account 법인 계좌
at one's expense 부담으로, 비용으로

---

9 정답 ③

[해설] 대화의 후반부에 빈칸이 나왔으므로 빈칸 앞 문장에서 단서를 찾아야 한다. 스웨터를 찾는다는 B의 말에 A가 120달러짜리 최신 스타일의 스웨터를 권하고, 빈칸 뒤에서 다시 A가 Then how about this sweater?(그럼 이 스웨터는 어때요?)라고 하면서 50달러로 할인 중인 지난 시즌 제품을 다시 권하고 있으므로, '제 가격대를 조금 벗어나요'라고 하는 '③ It's a little out of my price range'가 정답이다. (불변의 패턴 06)

[해석]
A: 안녕하세요. 무엇을 도와드릴까요?
B: 네, 저는 스웨터를 찾고 있어요.
A: 음, 이건 이번 가을 컬렉션의 최신 스타일이에요. 어떤가요?
B: 멋져요. 얼마인가요?
A: 가격을 확인해 볼게요. 120달러네요.
B: 제 가격대를 조금 벗어나요.
A: 그럼 이 스웨터는 어때요? 이건 지난 시즌 제품인데 50달러로 할인 중이에요.
B: 완벽해요! 한 번 입어볼게요.

① 저는 이것과 어울리는 바지 하나도 필요해요
② 그 재킷은 나를 위한 완벽한 선물이에요
③ 제 가격대를 조금 벗어나요
④ 우리는 토요일에 오후 7시까지 영업해요

[어휘] latest 최신의   on sale 할인 중인

---

10 정답 ②

[해설] 대화의 후반부에 빈칸이 나왔으므로 빈칸 앞 문장에서 단서를 찾아야 한다. 빈칸 앞 문장이 평서문이므로 앞에 나온 대화의 흐름을 파악하고 자연스럽게 이어질 수 있는 보기를 골라야 하는데, 빈칸 앞에서 Tim Jones가 17명을 위한 방이 필요하고, 회의는 다음 달로 예정되어 있다고 한 뒤, 빈칸 뒤에서 다시 Tim Jones가 회의는 7월 15일 월요일에 열릴 예정이라고 대답하고 있으므로, '정확한 회의 날짜를 말씀해 주실 수 있나요?'라고 하는 '② Can you tell me the exact date of your meeting?'이 정답이다. (불변의 패턴 06)

[해석]
Tim Jones: 안녕하세요, 회의실 중 하나를 빌리고 싶습니다.
Jane Baker: 관심을 가져주셔서 감사합니다. 회의의 규모에 따라 여러 공간을 이용하실 수 있습니다. 5명에서 20명까지의 그룹을 수용할 수 있어요.
Tim Jones: 좋네요. 저희는 17명을 위한 방이 필요하고, 회의는 다음 달로 예정되어 있어요.

Jane Baker: 정확한 회의 날짜를 말씀해주실 수 있나요?
Tim Jones: 회의는 7월 15일 월요일에 열릴 예정입니다. 그날 이용 가능한 회의실이 있나요?
Jane Baker: 네, 있습니다. 공간을 예약하고 모든 세부 사항이 포함된 확인 이메일을 보내드릴 수 있습니다.

① 연락처를 알려주실 수 있나요?
② 정확한 회의 날짜를 말씀해 주실 수 있나요?
③ 빔 프로젝터나 복사기가 필요하신가요?
④ 회의에 몇 명이 참석할 예정인가요?

어휘 rent 빌리다, 임대하다 accommodate 수용하다 confirmation 확인
exact 정확한 copy machine 복사기

11

정답 ①

해설 대화의 후반부에 빈칸이 나왔으므로 빈칸 앞 문장에서 단서를 찾아야 한다. 청소 점검표를 검토하는 것을 잊었다는 B의 말에 A가 You know how important a clean kitchen is(당신은 깨끗한 주방이 얼마나 중요한지 알잖아요)라고 말하고 있으므로, '이런 일이 다시 일어나지 않도록 할게요'라고 하는 '① I won't let it happen again'가 정답이다. (불변의 패턴 06)

해석
A: 어젯밤에 여기 왔었나요?
B: 네. 저는 마감 교대 조로 일했어요. 왜 그러세요?
A: 오늘 아침에 부엌이 엉망이었어요. 레인지 위에 음식이 흩어져 떨어져 있었고, 제빙 그릇들은 냉동고 안에 없었어요.
B: 제 생각에 제가 청소 점검표를 검토하는 것을 잊은 것 같아요.
A: 당신은 깨끗한 주방이 얼마나 중요한지 알잖아요.
B: 죄송합니다. 이런 일이 다시 일어나지 않도록 할게요.

① 이런 일이 다시 일어나지 않도록 할게요.
② 지금 당신의 계산서를 원하시나요?
③ 그것이 어제 제가 그것을 잊어버린 이유입니다.
④ 주문하신 대로 옳게 받으실 수 있도록 하겠습니다.

어휘 shift 교대 조 spatter 흩어져 떨어지다 stove 레인지
go over 검토하다 bill 계산서

12

정답 ②

해설 대화 초반부에 빈칸이 나왔으므로 다음 문장인 'That's a good idea. I want to ride the roller coaster'에서 단서를 찾아야 한다. 빈칸 다음 문장에서 '좋은 생각이야. 나는 롤러코스터를 타고 싶어'라고 말하고 있으므로, '다른 놀이기구를 찾아보자'라고 말하는 '② Let's look for another ride'가 정답이다. (불변의 패턴 05)

해석
A: 우와! 저 긴 줄을 봐. 내 생각에 틀림없이 우리는 최소한 30분은 기다려야 할 거야.
B: 네 말이 맞아. 다른 놀이기구를 찾아보자.
A: 좋은 생각이야. 나는 롤러코스터를 타고 싶어.
B: 그건 내가 좋아하는 것이 아니야.
A: 그렇다면 플룸라이드는 어때? 그거 재미있고 줄도 그렇게 길지 않아.
B: 좋은 생각이야! 가자!

① 마술 쇼 자리를 찾아보자.
② 다른 놀이기구를 찾아보자.
③ 퍼레이드를 위한 의상을 사자.
④ 분실물 보관소에 가보자.

어휘 one's cup of tea 좋아하는 것, 기호에 맞는 것, 취미 ride 놀이기구
costume 의상, 복장 lost and found 분실물 보관소

해커스공무원 gosi.Hackers.com

공무원 학원 · 공무원 인강 · 공무원 영어 무료 특강 ·
공무원 보카 어플 · 합격예측 온라인 모의고사